高等教育"十三五"规划教材

立信精品教材

财政学教程

主编　张素勤

立信会计出版社

LIXIN ACCOUNTING PUBLISHING HOUSE

图书在版编目(CIP)数据

财政学教程 / 张素勤主编. —上海：立信会计出版社,2019.9
高等教育"十三五"规划教材 立信精品教材
ISBN 978 - 7 - 5429 - 6202 - 7

Ⅰ.①财… Ⅱ.①张… Ⅲ.①财政学－高等学校－教材 Ⅳ.①F810

中国版本图书馆 CIP 数据核字(2019)第 145376 号

策划编辑 陈 旻
责任编辑 陈 旻

财政学教程

出版发行	立信会计出版社		
地　　址	上海市中山西路 2230 号	邮政编码	200235
电　　话	(021)64411389	传　　真	(021)64411325
网　　址	www.lixinaph.com	电子邮箱	lixinaph2019@126.com
网上书店	http://lixin.jd.com		http://lxkjcbs.tmall.com
经　　销	各地新华书店		

印　　刷	上海肖华印务有限公司		
开　　本	787 毫米×1092 毫米	1/16	
印　　张	19.75		
字　　数	456 千字		
版　　次	2019 年 9 月第 1 版		
印　　次	2019 年 9 月第 1 次		
印　　数	1—3100		
书　　号	ISBN 978 - 7 - 5429 - 6202 - 7/F		
定　　价	45.00 元		

如有印订差错　请与本社联系调换

前　　言

作为一门应用经济学学科,财政学是研究财政理论、财政收支和财政政策的学科,在整个学科体系中起着衔接一般经济理论课和财政业务课的作用。随着我国社会主义市场经济体制的逐步确立,在市场经济条件下,受内外部多重因素的影响,经济发展的周期性波动难以避免,需要政府运用财政和其他手段调控经济运行,减少经济波动的频率和震荡幅度。伴随我国经济的发展,财政运行会面临新形势、新情况和新问题,健全公共财政框架,完善财政对资源配置、收入分配、经济稳定与发展的调节功能,既是我国社会主义市场经济体制的客观要求,也是今后我国财政改革与发展的长期目标。

本书以中国财政的制度创新为背景,结合国际发展,将财政理论研究的最新成果与财政发展的实践经验相结合,适应我国财政理论和实践的发展需要,为经济类、管理类相关专业的教学与研究提供帮助。本书系统地阐述了财政的产生和发展、财政的本质和职能,探讨财政与市场的关系,构建适合中国国情的财政理论框架;全面、系统地介绍了财政支出、财政收入、税收、国债所具有的特点及内容,并对中国的社会保险制度改革、国债规模和限度等问题作了阐述;同时,结合我国财政改革情况,阐述了 2019 年个人所得税法、企业所得税与增值税等税制改革的最新内容;结合中国实际,对财政政策和货币政策搭配、我国财政政策的实践等进行了详尽的分析。全书内容新颖,反映了财政理论、财政实践的新变化;体系完整,内容丰富,教学资源丰富;在加强理论探讨的同时,注重务实性,方便师生使用。

本书由张素勤教授担任主编,李艳辉副教授、朱有国副教授担任副主编。全书共十一章,写作分工如下:导论、第一、第四章,由张素勤教授编写;第二、第三章,由朱有国副教授编写;第五、第八、第九章,由何凤霞副教授编写;第六、第七章,由盛昌琴副教授编写;第十、第十一章,由李艳辉副教授编写。主编、副主编负责拟定大纲并审稿,最后由主编负责总纂全书并定稿。

　　在本书编写过程中,得到众多同事、朋友的热心帮助和指导,立信会计出版社的编辑同志为本书的出版付出了大量的劳动。在本书写作过程中,参考了国内外同行的研究成果,在此一并表示衷心感谢。

　　由于我们水平所限,加上时间仓促,书中疏漏之处,真诚欢迎读者不吝赐教。

作　者

2019 年 6 月

目 录

导　论

一、财政现象与财政问题

在市场经济条件下,人们的多种需求可以通过市场得到满足。但是,人们的需求是多样化的,市场难以提供人们所需要的所有物品,此时,那些市场不能提供或不适宜于提供的物品或需求就要由政府来提供。因此,财政收支对社会资源配置、社会公平调节、经济持续协调发展所起的作用越来越大,有着特别重要的地位。

在日常生活中财政现象随处可见。

从人的一生来看,从摇篮到坟墓,都在享受政府的服务,都与政府联系紧密。每个人都大声啼哭着来到大千世界,却幸运地诞生在政府开办的公立医院里;幼儿时期,可以在政府开办的幼儿园里快乐游戏成长;满6周岁时,可以享受政府提供的9年制免费义务教育;结束初等教育之后,可以进入公立大学继续深造;参加工作后,一旦由于种种原因而失业,可以享受政府提供的失业保险,同时政府还会通过宏观政策的调整来增加就业机会,使失业者重新就业;遇到自然灾害、意外事故等发生经济困难时,可以享受政府提供的社会救济;生病时可以到政府开办的医院去治疗,享受医疗保险;出现商品价格大幅度上涨、导致实际生活水平下降时,政府将发放各种各样的财政补贴;到了老年离退休后,可以享受政府提供的养老保险来安度晚年。当生命终止时,可以最后一次享受政府的服务——火葬场的火化服务。

从人生活的一天来看,衣、食、住、行等生活的各个侧面都脱离不了与政府的联系。我们的生活用电是由政府的发电厂提供的;生活用水是由政府的自来水厂提供的,废水经城市公用事业提供的下水管道排出;做饭使用的煤气由城市公用事业单位供应;上、下班乘坐的公共汽车,由市政公交公司提供服务;出行,需要行驶在政府投资修建的道路上,可以享受警察提供的安全保卫;休闲时,需要到政府修建的公园等公共场所休息、游玩。因此,政府的活动对每一个人都有极大的影响。

政府承担着许多的政治和社会职能,包括国防、治安、义务教育、行政、基础科学研究、公共卫生和公共设施的建设等。政府还承担着涉及国计民生和带有战略性的重大工程建设任务,如三峡水利枢纽工程、南水北调工程、西气东输工程、青藏铁路建设,以及规模宏大的电站、油田、钢铁厂,横跨江河的桥梁,贯通全国的铁路、公路网,大型农田水利工程、灌溉系统的建设等。

政府为社会和公民提供的众多服务都需要财政支出,有财政支出就需要有财政收入。政府作为公共权力和公共服务机构,本身没有收入来源,其资金来源主要是企业和个人缴纳的税收,税收是政府主要的财政收入。个人收入达到一定标准就要缴纳个人所得税,但是国家财政收入的主要承担者是工商企业,工商企业缴纳的税收占全部税收收入的80%以上。当然,企业在作为纳税人的同时,也享受着政府提供的公共工程和公共服务以及税收优惠、投资抵免、财政补贴等优惠政策。在我们购买商品所支付的价格中,也包含了一定份额的税金。政府的收支活动及其管理,就是财政。而政府的财政收支是通过国家预算来安排的,国家预算综合反映了一系列涉及国计民生的重大财政问题:财政收入占国内生产总值的比重、中央财政收入占财政收入的比重的确定;适度的企业税负水平确定;财政赤字对经济发展的影响;熨平经济周期性变动的财政政策及措施;国债适度规模的确定;等等。

二、财政学的学习对象

什么是财政?"财"是金钱和物资的统称,此处指政府收支;"政"是指政府收支的治理。从经济学角度看,财政收入与财政支出是财政运行的主要环节,是政府参与国民收入分配与再分配的活动。从学科属性看,财政学属于应用经济学学科,是从经济学中独立出来的研究政府经济行为的科学,在学科体系中起着衔接一般经济理论课和财政专业课的中介作用,财政学的任务是阐明财政的基本知识、基本理论和基本管理技能。在现实经济生活中,人们经常接触的是各种各样的财政现象,财政学从财政现象入手,透过现象探索本质,揭示支配这些现象的规律性。经济决定财政,财政影响经济,财政与经济的关系是财政学的一条根本线索。国民经济的运行决定财政的运行,它规定了财政运行的范围、目标和方式;财政运行也反过来影响国民经济的运行,直接影响投资、消费和进出口,影响GDP的增长和结构,影响收入分配和各阶层之间的收入差距,影响经济的稳定和可持续发展。

财政现象是国民经济的综合反映,因而财政问题不仅是经济学问题,而且广泛地涉及政治学、行政学、法学、教育学、心理学等方面,只有具备广泛的知识并且运用这些知识来综合分析财政现象,才可能透视财政现象的真谛。财政活动具体化为财政收入和财政支出,财政收支均由若干项目构成,各收支项目得以成立的根据,各有什么特点,它们如何影响国民经济的运行;财政收支总量上的平衡或不平衡怎样影响总供给和总需求的平衡关系等,是财政学要研究的主要内容。政府在自己的收入和支出活动中,必须形成某些规则,并依据这些规则作出某些制度上的安排。例如,税制体系如何设置,如何发挥税收的收入功能和经济调节功能,支出管理制度如何制定,如何加强管理,提高支出效益,中央与地方的收支怎样划分,如何向人民反映国家财政活动,人民如何行使其对财政的监督权,财政政策的目标、手段、传导机制、效果,以及同其他政策手段的配合等,也是财政学要研究的内容。因此,财政学要研究的就是财政活动会对国民经济产生什么影响、财政该干什么、财政该怎么干。

三、我国财政学建设的指导思想

(一)以马克思主义基本原理为指导

财政学作为一门应用理论学科,是以政治经济学的一般原理为理论基础的。马克思创立了科学的劳动价值学说,创立了科学的再生产理论。马克思在《哥达纲领批判》一文中提出"六项扣除"①理论,这些经济学原理,对在经济改革和经济发展中摆正财政的地位,都具有重要的理论指导意义。马克思主义不是僵化的教条,要随着时代的发展而发展,只有将马克思主义基本原理同中国的实际相结合,才能解决中国革命和建设中的问题。

当今,财政学的理论依据和指导方针主要是结合中国当前实际发展的马克思主义。中共第十五次全国代表大会明确规定以马克思列宁主义、毛泽东思想、邓小平理论作为自己的行动指南,这当然也是研究和学习财政学的理论基础和指导思想。毛泽东认为,发展经济、保障供给,是我们的经济工作和财政工作的总方针②,正确地阐述了经济工作与财政工作的辩证关系。他提出要合理组织财政收支,正确处理"取"与"予"的关系;要精兵简政,节减支出;要增加国家预算的三道防线(即增收、节支、留足后备费),确保预算可靠;借外债要与国力相适应,要做到自力更生为主、争取外援为辅等。在社会主义改革开放和现代化建设的新时期,在跨世纪的新征途上,形成了邓小平理论。邓小平的社会主义市场经济理论是毛泽东思想的继承和发展,是当代中国的马克思主义,是马克思主义在中国发展的新阶段。

改革开放后,1978年12月,中共十一届三中全会作出把全党工作重点转移到社会主义现代化建设上来的战略决策;1984年10月,中共十二届三中全会通过了《中共中央关于经济体制改革的决定》,阐明了加快经济体制改革的必要性、紧迫性,规定了改革的方向、性质、任务和各项基本方针政策;1992年10月,中共第十四次全国代表大会确定我国经济体制改革的目标是建立社会主义市场经济体制;1993年11月,通过了《中共中央关于建立社会主义市场经济体制若干问题的决定》,指出社会主义市场经济体制是同社会主义基本制度结合在一起的,建立社会主义市场经济体制,就是要使市场在国家宏观调控下对资源配置起基础性作用,要进一步转换国有企业经营机制,建立适应市场经济要求,产权清晰、权责明确、政企分开、管理科学的现代企业制度;1997年9月,中共第十五次全国代表大会指出公有制实现形式可以而且应当多样化,非公有制经济是我国社会主义市场经济的重要组成部分,允许和鼓励资本、技术等生产要素参与收益分配;2002年11月,中共第十六次全国代表大会提出全面贯彻"三个代表"重要思想,提出全面建设小康社会的奋斗目标,提出走新型工业化道路、大力实施科教兴国战略和可持续发展战略等经济建设和经济体制改革的方针和政策。这些论述都是研究和学习财政学的理论依据和指导方针。

(二)借鉴西方财政学

建设有中国特色的财政学,必须从中国实际出发,有鉴别地吸收西方财政学中有用的原理和方法。恩格斯指出,英国的亚当·斯密在1776年发表了关于国民财富的性质和原因的著作,从而创立了财政学。亚当·斯密勾勒的财政学的基本框架是,有一只看不见的

---

① 第一,用来补偿消费掉的生产资料的部分。第二,用来扩大生产的追加部分。第三,用来应付不幸事故、自然灾害等的后备基金或保险基金。第四,和生产没有关系的一般管理费用。第五,用来满足共同需要的部分。第六,为丧失劳动能力的人等设立的基金。

② 1942年,毛泽东在《经济问题与财政问题》一书中正式提出。

手在冥冥之中支配着市场经济的运行，提出了税收的"公平、确定、简便和征收费用最小"四原则，支出方面厉行节约、"量入为出"的原则也一同产生，"廉价政府"是财政所应追求的目标。

1929—1933 年的大危机，催生了以宏观经济分析为主要特色的凯恩斯主义，财政学也因此在西方经济学体系中占据了显赫的位置。英国的凯恩斯抛弃了政府只当"守夜人"的教条，认为财政支出可以直接形成社会有效需求，弥补私人部门需求的不足，使市场经济达到充分就业。凯恩斯首次系统地论证了财政赤字的经济合理性，冲击了典型的"量入为出"原则。凯恩斯着重分析了税收调节收入分配、私人部门有效需求及经济运行的作用，并拟议一套以直接税为主和以累进税率为特色的赋税体系。凯恩斯论证了政府投资具有"倍数"扩张社会总需求的作用，由于凯恩斯主义强调财政的作用，人们通常对他及其信奉者的理论冠以"财政学派"的名称。

20 世纪 70 年代初，经济"滞胀"席卷西方世界，供给问题重新受到重视，美国供给学派的拉弗提出了"拉弗曲线"，为刺激供给的减税政策提供了理论依据；20 世纪 90 年代，凯恩斯主义又以新的面貌"复兴"，新凯恩斯主义对传统凯恩斯主义的理论和政策主张进行了修正，更加强调宏观经济学的微观基础，建立起有微观基础的新凯恩斯主义宏观经济学，提出新型政府——市场观，认为当代经济是一种混合经济，政府与市场是互补而不是替代关系，应更加重视市场机制的作用，主张政府进行"粗调"，主张财政政策的调节要深入到经济运行的内部，强调增加人力资本、研究开发等具有创新性的投资等。

（三）紧密结合我国实际

研究中国的现实问题，得出符合中国实际的结论，就必须要在以马克思主义的基本原理为指导和借鉴西方财政学某些原理和方法的同时，紧密结合我国实际。

我国现在处于并将长时期处于社会主义初级阶段，生产力发展水平还远远落后于经济发达国家，生产的社会化程度不高，经济具有鲜明的"二元"结构特征，因此我国经济和财政必须经常考虑吃饭问题，先解决温饱而后奔向小康，迫使国家财政在致力于发展高科技的同时，不得不把很大部分财力用来改造传统的产业部门和落后的农业。我国实行的社会主义市场经济体制是由原来以政府为主导的计划经济体制转换过来的，当前的市场体系还不完善，市场机制还不健全，而建立和完善社会主义市场经济体制需要一个相当长的过程。在经济体制转换的过程中，仍不可避免地以政府为主导，调整各项经济政策，组织并推动经济体制与政治体制改革，培育和完善市场体系和市场功能。政府需要通过实践，制定并不断调整改革的指导思想和改革方案，制定和完善各种法规，而国家财政则要为改革提供必需的财力保证，由此会导致国内生产总值分配格局的重大变化。

2012 年，中共十八大报告指出，经济体制改革的核心问题是处理好政府和市场的关系，必须更加尊重市场规律，更好地发挥政府作用。要健全现代市场体系，加强宏观调控目标和政策手段机制化建设。加快改革财税体制，健全中央和地方财力与事权相匹配的体制，完善促进基本公共服务均等化和主体功能区建设的公共财政体系，构建地方税体系，形成有利于结构优化、社会公平的税收制度。建立公共资源出让收益合理共享机制。中共十八届三中全会提出，全面深化经济体制改革的核心问题是处理好政府和市场的关系，使市场在资源配置中起到决定性作用和更好地发挥政府作用。财政是国家治理的基础和重要支柱,科学的财税体制是优化资源配置、维护市场统一、促进社会公平、实现国家长治久安的制度保障。必须完善立法、明确事权、改革税制、稳定税负、透明预算和提高效率,建立现代财政制度,发挥中央和地方两个积极性。要改进预算管理制度,完善税收制度,建立事权和支出责任相适应的制度。

　　总之,建立和发展我国财政学的基本思路和方向应是:以马克思主义基本原理为指导,借鉴西方财政学,从中国实际出发,建立具有中国特色的财政学。

第一章 财政概述

本章导读

　　财政的概念

　　　市场与政府

　　　　财政的职能

　　市场和政府都可以对资源进行配置,市场在资源配置中起决定性作用,政府是弥补市场失灵的重要补充手段。本章论述了财政的概念,阐述了市场和政府在调控经济中所处的不同地位,对财政在资源配置、收入分配、经济稳定和发展的职能进行了分析。

第一节 财政的概念

一、财政的产生

　　财政是一个分配范畴,也是一个历史范畴,财政是在人类社会发展到一定阶段才产生的。财政的产生需要两个条件,一是经济条件,生产力发展到一定的水平,剩余产品出现;二是政治条件,即公共需要导致公共权力的产生,出现国家。剩余产品为财政的产生提供了物质基础,是财政分配的对象,使得财政的产生成为可能;国家的出现为财政的产生提供了必要的政治条件,是财政分配的主体。

　　原始社会初期,生产力水平极其低下,人们过着原始群居的生活,主要靠采集植物野果和狩猎为生,共同劳动的成果在其成员中共同享用,以维持基本的生存需要。几乎没有剩余产品,也不存在社会公共需要。到了原始社会中后期,随着社会生产力的发展,人类社会出现了第一次和第二次社会大分工,即游牧业从农业中分离出来,手工业从农业中分离出来,两次社会大分工都扩大了产品交换。社会分工促进劳动生产力的提高和社会产品的增加,除维持人们极低生活需要以外,出现了剩余产品。原始社会组织是氏族制度,氏族组织既是经济组织也是社会组织。作为经济组织,它要组织有劳动能力的成员参加生产劳动、储藏食物等;作为社会组织,它要举行宗教仪式,在部落或部落联盟内部已经存在公共事务和公共需要,这些公共事务和公共需要的解决要耗费一定的物资。同时,有一些因血缘或协商推举出来的头领代表部落或部落联盟来行使公共权力。这时财政的萌芽已孕育产生。

原始社会末期,铁器的广泛使用大大地促进了社会生产力发展和商品交换范围的扩大,人类社会又出现了第三次社会大分工,即出现了单纯从事商品交换的商人,出现了以交换为目的的生产,即商品生产。这标志着人类社会的发展进入了一个新的阶段,人们可以通过使用生产资料,生产创造出日益增多的剩余产品。与此相适应也促进了私有制和阶级的产生,终于使人类社会从无阶级的原始社会过渡到有阶级的奴隶社会,随之产生了国家。国家的重要特征之一,就是一种"公共权力",其实体是军队、监狱、官吏等,为了维持"公共权力"就需要占有和耗费一部分社会产品。国家本身通常不直接占有生产资料,也不直接从事生产劳动。为了解决国家本身这种既不生产社会产品又要耗费社会产品的矛盾,国家必须凭借它的"公共权力"强制地、无偿地征收一部分社会产品,以满足社会公共需要,这样就产生了一种由国家凭借政治权力参与一部分社会产品分配的活动,即财政。

二、财政的概念

财政是国家为了实现其职能,在参与社会产品分配的过程中与各方面发生的分配关系,表现为政府的收支活动①。

关于财政的概念,我国学术界从 20 世纪 50 年代到 60 年代,在长期探讨和争鸣中,对中国社会主义财政的本质形成了具有中国特色的不同学说,主要有"国家分配论""社会再生产说""剩余产品价值分配论""社会共同需要论""价值分配论""公共财政"等观点,各种学说从不同角度探索财政的内涵和外延,各自有鲜明的中心论点,但各派之间并不是绝对排斥的。目前,已经基本确立了财政是以国家为主体的分配关系(即"国家分配论")的主流派地位。

我们认为,财政是国家为了实现其职能,运用政治权力对社会产品进行分配而形成的分配关系。财政的本质表现为以国家为主体的分配关系。可以从以下方面理解财政的概念。

(一)财政分配的主体

财政分配的主体是国家。

财政随着国家的产生而产生,国家本身就是财政产生的政治条件。与其他分配不同,财政分配以国家为前提,凡不是以国家为主体的分配都不属于财政分配,这是区分财政分配与银行分配、企业分配、个人分配的主要标准。在财政分配中,国家处于主动的、支配性的地位。无论是财政收入的取得,还是财政支出的安排,都取决于国家的意志和政策意图。政府可以借助于财政收支规模和结构的调整来实施宏观调控。例如,为了刺激经济增长,国家可以实行减税让利的政策来减少财政收入,可以通过加大政府投资、提高社会成员收入等措施来增加财政支出;反之,政府为了抑制经济增长、控制通货膨胀,可以增加财政收入、减少财政支出。财政分配是在全社会范围内进行的一种集中性分配,国家是整个社会的正式代表,只有国家能够代表全体社会公众的利益,保证公平、公正。

----

① 《辞海》,上海辞书出版社 2000 年 1 月第一版,第 1730 页。

（二）财政分配的客体

财政分配的客体是一部分社会产品，主要是剩余产品。

从我国的实践来看，财政收入中既包括剩余产品价值，又包括个人的劳动报酬收入。但是从理论上讲，能够作为财政收入分配对象的主要是剩余产品价值，而生产过程中消耗掉的生产资料的价值（C）部分，财政不能分配。

（三）财政分配的目的

财政分配的目的是保证国家实现其职能，满足社会公共需要。

国家的职能有两个方面：一是政治职能。国家要维护社会安定、防御外来侵略，维护国家的国际形象，为建立合理公正的国际政治经济秩序发挥自己的作用。二是经济职能。国家要实施并维持经济的稳定与发展，协调地区间、产业间的经济发展。从最终需要看，人类的需要无非分为两大类：私人个别需要和社会公共需要。在市场经济条件下，市场满足私人个别需要，政府通过财政满足社会公共需要。社会公共需要是向社会提供安全、秩序、公民基本权利和经济发展必要条件的需要。社会公共需要是就整个社会而言，是为维持一定的政治和经济、生活环境，向全体国民提供的、由国家集中组织和执行的社会职能的需要，如国防、外交、公安、司法、基础教育、基础科学研究等。

三、财政的特征

财政分配具有强制性和无偿性的特征。

（一）强制性

财政分配是国家凭借政治权力进行的分配，具有强制性。国家对社会产品的占有可以凭借两种权力，即所有权和政治权力，前者是国家依据对生产资料的所有权而占有部分社会产品，如国家凭所有权参与国有企业的利润分配；后者是依据政治强权占有社会产品，如国家对各种所有制企业的征税。

财政分配的强制性，体现在国家通过一系列的法律、法规来保证其分配活动的顺利进行，任何社会成员无一例外。一旦违背，就会受到法律的制裁，并需要承担相应的经济和刑事责任。

（二）无偿性

财政分配的无偿性是指政府在获得财政收入后，税款即归国家所有，政府无须对纳税人付出任何代价，也不需要偿还。任何纳税人都无权要求从公共支出中享受与他的纳税金额等值的福利。但是，财政分配是"取之于民，用之于民"的分配，政府的财政收入必然会通过不同的支出项目有计划地使用出去，作为一个社会成员，纳税人必将受益。因此，财政分配的无偿性实质是指不直接偿还。

第二节 市场与政府

在市场经济体制下，市场是一种资源配置系统，政府也是一种资源配置系统，两者共同构成社会资源配置体系。财政是政府配置资源的经济活动，因此明确市场与政府的关系是研究财政问题的基本理论前提。

一、市场机制与市场效率

在市场经济条件下,市场运行机制作为一种经济机制,是指通过价格的波动、市场主体之间的利益竞争、市场供求关系的变化来调节市场经济运行的机制。市场的供求机制、竞争机制、价格机制和激励机制等会自发地对经济运行状态进行调节。

亚当·斯密在 1776 年 3 月出版的代表作《国民财富的性质和原因的研究》中,将市场机制称为"看不见的手",他认为不需要任何组织以任何方式的干预,市场可以自动地达到供给和需求的平衡。因为经济活动中的"人"是理性的"经济人",人们的经济活动是出于利益的动机。在有序的自由市场中,个人在谋求利益最大化的同时,会增进社会的总体财富。政府应该实施自由竞争的政策,因为市场机制自身就能够把私人利益与社会利益协调起来。亚当·斯密认为,当每个人在追求他自私自利的目标时,他好像被一只"看不见的手"引导着去实现公共的最好福利。资源在物品的生产上可以达到有效的配置,每个人都可以按其劳动得到公平的报酬,经济周期性波动可以被自动熨平,而政府对于经济生活的任何干预都不会使这个世界变得更好,而只能使这个最美好的世界变得更坏。

市场机制最重要的是价格体系,市场机制之所以能够使经济活动有序进行,关键是价格在市场经济中能够提供信息和激励机制。亚当·斯密认为,此时,政府的职责只是限定于:保护社会,使其不受其他独立社会的侵犯;建立良好而稳定的社会秩序,公正的司法和公平的交易规则,保护每一个社会成员的利益;建立并维护公共事业及公共设施。政府的职责一旦超越这一范围,就会造成资源配置的低效,容易滋生腐败现象。

市场机制有效率的前提条件是完全竞争。其基本假设有:市场上有众多的买者和卖者,每个人都是价格的接受者而不是决定者;产品是同质的,即所有卖者的同种商品具有完全相同的质量;各种生产要素都能够充分流动,没有法律、社会、资金的阻碍;每个人都拥有完全的信息。

福利经济学的代表人物意大利的帕累托(V. Pareto,1848—1923)指出,可以用帕累托最优(pareto optimum)衡量社会资源的有效配置状态。帕累托最优是指这样一种状态:资源配置的任何改变都不可能使一个人的境况变好而不使别人的境况变坏。如果资源配置达到帕累托最优,就表明在技术、消费者偏好、收入分配等条件既定时,资源配置的效率最高,社会福利达到最大。要达到帕累托最优状态,必须具备一定的前提条件,当完全竞争的市场经济在达到长期一般均衡状态时即实现了帕累托最优。

二、市场失灵与市场缺陷

(一)市场失灵

市场经济有自发有效调节经济的一面,也有市场失灵(market failure)的一面。当市场不能带来有效的经济产出,导致市场缺乏效率时,称为市场失灵或市场缺乏效率。

市场经济下,市场失灵的主要表现在以下几方面。

1. 公共产品供给不足

公共产品(public goods)是指具有非排他性和非竞争性的产品和劳务。所谓非排他性(nonexcludability),是指每个人对公共产品的消费,不会影响和妨碍他人同时享用,不会导致别人对该产品和劳务消费的减少。公共产品的提供者无法或很难阻止其他人享用该产品，因为这种阻止或者在技术上做不到，或者阻止的成本高昂无法真正实现。如海上建起灯塔后，一艘船受益于灯塔的引航时，既不影响也无法阻碍附近航行的船只看到灯塔并得到该灯塔的导航。而私人产品则具有排他性，如，任何人想从商场不付款得到商品，售货员都可以阻止其消费该商品。所谓非竞争性（nonrivalry），是指当一个人更多地消费一种产品时并不减少其他人对该物品的消费。即在公共产品的覆盖范围内，原有消费者享用它的数量和质量，以及由此获得的效用程度，并不会由于新消费者的增加而有所减少或损失。每增加一个人享用公共产品的边际成本等于零。而私人物品则具有竞争性，新增加消费者就必须增加产品供应量，否则就会减少原有消费者的消费量。

公共产品的以上特点，使得消费者可以不通过市场而免费享用该产品，产生"免费搭车"（free ride）的问题，即由于人们享用某些产品或服务时并不减少其他人的享用，后者就可以不付费。同时由于其消费没有竞争性，个别消费者从公共产品中获得的利益的成本难以量化，从而使公共产品的提供者很难向个别消费者收取合理的费用，因此公共产品的提供者和个别消费者之间不能按照市场经济的原则解决问题。

当然，并非所有的公共产品都必须由政府提供。公共产品分为"纯公共产品"和"准公共产品"，前者是同时满足非排他性和非竞争性的公共产品，只能由政府依靠税收组织生产；后者是指具有非竞争性，但不具备非排他性的公共产品，只要能避免"免费搭车"现象，准公共产品就可以由市场提供，如高速公路。

2. 外部效应

外部效应又称外部性（externality）、邻居效应，是指人们的经济活动对他人造成影响而未将这些影响计入交易的成本和价格之中。即某个经济主体的行为对他人福利造成影响，受到影响者没有因为受损而得到赔偿，也没有因为受益而付出代价。有外部效应的产品，其私人成本与社会成本是不一致的，差额就是外部成本。

外部性分为正外部性和负外部性。正外部性又称为外部经济，是指生产和消费行为给他人带来利益。如养蜂人通过养蜂生产蜂蜜、在追求自己利益的同时，附近的农民种植的果树会因为蜜蜂传授花粉而使水果产量增加。负外部性也称外部不经济，是指生产和消费行为给他人造成损失。如造纸厂向河流中排污造成鱼类减少或死亡，提高了渔民的成本，也对周围居民的身体健康造成威胁，却没有给受到损害的居民以补偿。虽然这些产品供给可以通过市场进行，但市场价格反映的仅仅是私人的成本和收益，而没有反映出社会成本和收益。微观经济主体在市场上的行为是追求自身利益最大化的自利行为，它进行决策的时候，只可能将其实际承担的成本和得到的收益进行比较。在无须对外部成本进行支付的情形下，经济主体实际承担的成本小于其行为活动的总成本，因此会过度从事产生外部成本的活动；相反，在外部利益得不到补偿的情况下产生外部利益的产品就会提供不足。此时，政府应该进行干预。

3. 自然垄断

市场效率是以完全竞争为前提的，社会资源可以没有障碍地在不同行业之间自由流动，但是现实的市场并不具有这种充分条件。在现实经济中，资源在行业之间的转移却存在着大量的交易成本。其中一个很重要的原因是存在着规模报酬递增，即有规模经济的领域。在这种状态下,生产规模越大,生产的回报就越多。因此,一些大企业就有了一定程度控制价格的能力,可以通过更低的市场价格将小企业排挤出市场,或不让其他企业自由进入市场。这就是所谓的自然垄断现象。垄断是排斥竞争的,甚至会导致整个竞争市场的解体。这种现象在一些行业,如供水、供电、邮电通讯等行业中较为普遍。在这些行业中,大规模生产可以降低单位成本,由少数几家厂商生产可以提高社会生产效率。

但是,垄断毕竟偏离了完全竞争,在给其他企业设置进入障碍的同时,垄断者往往会在追求利润最大化动机的驱使下,凭借自身的垄断优势削减产量、提高价格而谋求高额垄断利润,从而使产品的价格和产量偏离社会资源最优配置的要求,影响市场机制自发调节经济的作用,降低资源的配置效率,浪费了社会资源。自然垄断行业的存在,使得生产和提供该产品和服务的企业只有在较大规模下生产时才有利可图,一旦进入该行业的公司生产达不到一定的规模,成本会高于大企业,难以与大企业竞争。因此,在规模经济显著的行业,特别容易形成自然垄断。因而,政府应该承担起维持市场有效竞争的责任。

4. 信息不对称

信息不对称指的是某些市场参与者拥有另一些市场参与者不拥有的信息,具体到一个交易过程,是指供求双方对同一种产品或服务的了解程度是不一样的。由于信息的不对称,在交易过程中会出现逆向选择(adverse selection)和道德风险(moral hazard)问题。其中逆向选择发生在当事人签约之前,如在一个旧车市场上,有多个潜在的买者和卖者,卖者知道自己的车的质量,但买者却只能通过观察了解该车的大体情况,并可能只愿意按照该市场上车的平均质量付出价格,这样将会导致高于平均质量的旧车退出交易,只有质量低的旧车进入市场。道德风险发生在当事人签约之后,签约时信息虽然是对称的,但签约后一方当事人却无法直接观察另一方当事人采取的行动,此时另一方当事人就有可能采取对对方不利的行为,即使合同可以建立在可观察的结果之上,也会出现双方都投入不足的问题。在这两种情况下,显然都不可能达到帕累托最优的状态。

而完全信息的假定显然是理想化的。所谓完全的信息是指生产者及消费者不仅充分掌握市场当前正在出现的情况,而且了解明天、后天会出现的事情。但是,随着市场规模不断扩大,信息越来越分散、复杂,加工、处理信息的成本可能会升高到决策者无法接受的程度,从而导致非理性的决策。另外,信息也是一种公共产品,增加一个人的消费不会减少其他人的消费量,因此,私人市场所提供的信息往往不足,并进而影响到竞争的充分性和市场的效率。

(二)市场缺陷

市场经济本身存在其固有的缺陷,主要表现在收入分配不公和经济周期性波动。

1. 收入分配不公

收入分配不公是指在特定时期内,所存在的与当时社会公认的公平准则不相符合的收入、财富和社会福利的分布状态。收入分配不公是市场经济自身无法解决好的一个问题。按照法国经济学家萨伊的理论,社会生产不可缺少的三要素:土地、劳动和资本,在生产中共同创造效应。在这一过程中,三要素各自创造收入作为自身耗费的补偿,各取得利润的一部分。劳动力"按能力和劳动分配",资本拥有者"按资本分配",土地拥有者则取得"地租"。然而,有些人生来就拥有资金而可以不劳而获,有些人则必须依靠自己的劳动来谋生,更有一些不幸的人由于先天的残疾、能力较低或由于贫苦而无法受到良好的教育而收入低微。这些由于个人无法控制的原因造成的收入分配不均和贫富分化是市场机制配置资源的一个必然结果,这种结果会影响一个社会的安定,而且也不符合社会进步的道德观念。

2. 经济周期性波动

市场经济并不能自发地平衡经济中的供给和需求总量,也就不可避免地导致出现高失业率、通货膨胀及经济的周期波动。单靠市场自身是无法解决这一类宏观经济问题的,相反,这些顽疾随着市场经济发展的深入有不断加重的倾向。

这些问题的出现也不断加深了人们对于市场机制功能性缺陷的认识。在 20 世纪 30 年代以前,西方经济学家对"供给会自动创造需求"的所谓"萨伊法则"都深信不疑。这一法则认为,如果商品和劳动力市场是完全竞争的,那么,商品价格和货币工资率必将适应市场供求情况而上下波动。这样,任何生产必将扩展到充分就业为止,也就是说,在市场机制充分发挥作用的条件下,非自愿失业是不存在的。

然而,20 世纪 30 年代爆发的经济危机推翻了萨伊法则的理想化描述。之后,凯恩斯的宏观经济思想带来了经济学理论的革命。凯恩斯论证了国民收入的均衡值是由"有效需求"决定的这一命题,并认为在三大心理法则的作用下,存在着边际消费倾向长期递减从而使消费不足、预期利润率有偏低的趋势从而使投资不足,及流动性偏好,导致有效需求不足是必然的。那么,弥补有效需求不足促进经济总量平衡的任务则只能由政府来完成。这种倡导国家干预经济的理论随之成为第二次世界大战后西方国家采纳的主导经济思想,并在客观上促进了战后这些国家的经济增长。

但是,随着 20 世纪 70 年代中期"滞胀"现象的出现,通货膨胀成为西方国家的头号敌人,凯恩斯主义受到众多质疑,各种经济学流派如理性预期、货币主义等也应运而生。

不管这些理论所持的观点如何,都无法否认经济的周期波动及其带来的失业、通货膨胀是市场无法完全靠自身解决的问题。事实上,市场对经济宏观总量不平衡的调节也只能发挥事后调节的作用,这种调节往往采取极端的经济危机的方式,这种破坏性的调节方式无疑会带来巨大的社会成本。

三、政府干预

在社会主义市场经济体制下,市场机制在资源配置中起决定性作用,在理想条件下,市场以最有效率的方式配置资源。但是,在市场机制失灵和存在市场缺陷的领域里,需要借助于政府来弥补市场缺陷,实施资源配置的高效率。这个问题关系到市场与政府各自配置资源的范围和程度,也关系到财政收支的规模。

(一)政府的基本特征

1. 政府有强制权力

政府可以强迫人们去做某些事情,如通过征税使大家为学校、道路、公共工程、国防等进行支付;而私人企业只能诱使大家购买其产品。同时,政府可以对不履行规定义务的人们进行惩处,使人们必须为自己违反政府政策的行为付出代价;私人企业则不拥有这种权力。

2. 政府追求的目标不是盈利

私人企业的经营目标是利润最大化；而政府的目标不是利润,政府服务于公共利益,其主要的目标是最大限度地提高社会福利。

3. 政府有服务于全体社会成员的义务

政府是为社会公众服务的政府,有义务保证每一位公民平等享受政府的服务,因而,政府必须是公正的,政府必须通过一定的手段或程序来保证其服务的公正性。

现代经济是一种混合经济,政府和私人之间是互补关系,不是替代关系。在政府介入的市场中,政府与家庭、企业之间的收支循环流程如图 1-1 所示。

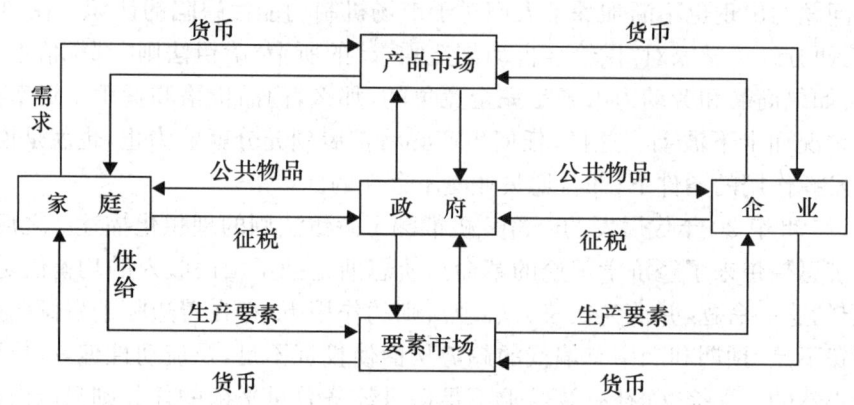

图 1-1　政府与家庭、企业之间的收支循环流程图①

（二）政府干预经济的方式

1. 提供公共产品

政府可以通过组织公共生产、提供公共产品,来调节市场供求和促进经济稳定。例如,政府部门要定期向社会提供社会服务,如发布有关商品和服务的供求状况、价格情况、宏观经济运行态势和前景的预测资料等经济、社会信息。

2. 财政手段

政府可以通过征税、收费或补贴来改变交换的价格,减少产生负外部性的产品和服务的生产和消费,增加产生正外部性的产品和服务的生产和消费,用经济手段引导生产和消费行为。例如,可以通过征收环境保护税使得排污企业的私人成本与社会成本相等,可以通过财政补贴增加垄断产品的数量。

3. 立法和行政手段

政府可以以立法和行政方式来制定市场法规,规范市场行为;可以实施公共管制,规定垄断产品、公共产品的价格等。比如,为了解决垄断问题,政府制定反垄断法,由政府规定价格或收益率;外部效应过大的物品,政府可以采取行政手段或法律手段,强制排污企业关停或限期治理;规定某些产品和服务(如义务教育等)的最低消费水平;可以建立管理机构,通过限制价格或限制利润消除市场垄断等。

---

① 　陈共:《财政学》第四版,中国人民大学出版社 2004 年 3 月版,第 16 页。

资料 1-1　反垄断法

为了预防和制止垄断行为,保护市场公平竞争,提高经济运行效率,维护消费者利益和社会公共利益,促进社会主义市场经济健康发展,具有"经济宪法"之称的《中华人民共和国反垄断法》(以下简称《反垄断法》)在经历了漫长的立法之路后出台,已于 2008 年 8 月 1 日起正式实施。

《反垄断法》规定的垄断行为包括:经营者达成垄断协议;经营者滥用市场支配地位;具有或者可能具有排除、限制竞争效果的经营者集中。《反垄断法》规定,国家要制定和实施与社会主义市场经济相适应的竞争规则,完善宏观调控,健全统一、开放、竞争、有序的市场体系,禁止具有市场支配地位的经营者滥用市场支配地位,排除、限制竞争。《反垄断法》明确规定,反垄断执法机构应依法对涉嫌垄断行为进行调查,调查核实后,认为构成垄断行为的,应当依法作出处理决定,并向社会公布。

《反垄断法》的出台有利于保护公平竞争,鼓励创新发展,形成和谐有序的竞争环境。《反垄断法》不仅对垄断协议、滥用市场支配地位、经营者集中有了明确具体的规定,同时,对行业协会垄断,滥用行政权力排除、限制竞争等垄断行为有了相关规定,全面应对经济生活中各种垄断行为。

《反垄断法》的出台有利于维护消费者利益和社会公共利益。《反垄断法》通过国家干预纠正市场失灵,使市场运行机制正常运转,维护社会整体利益。同时,《反垄断法》所维护的是社会整体利益,所强调的是整个社会的发展,《反垄断法》将"维护消费者利益和社会公共利益"作为自己的使命。

《反垄断法》的出台适应加入世界贸易组织(WTO)的要求,有利于我国进一步参与国际竞争,完善了我国的社会主义市场经济法律体系。

四、政府失效

政府失效和市场失灵相对应,指政府作为弥补市场失灵和缺陷的手段时,不能实现预期的社会和经济目标或给社会带来额外的福利损失。政府干预是弥补市场失灵和市场缺陷的手段,目的是提供市场有效、平稳运行的条件。但是,即使政府出于弥补市场失灵和缺陷的目的而进行经济干预,面对复杂的经济情况,政府也有可能决策失误,出现政府失效。萨缪尔森认为,当政府政策或集体行为所采取的手段不能改善经济效率或道德上可接受的收入分配时,政府失效便产生了。查尔斯·沃尔夫认为,由政府组织的内在缺陷和政府供给、需求的特点所决定的政府活动的高成本、低效率、分配不公,就是政府失效。

（一）政府失效的基本原因

政府失效的基本原因:一是政府能力的有限性,如政府拥有的信息是有限的,对私人市场的反应控制是有限的,政府决策过程中存在一定的困难等。二是政府行为的越界,集中表现为本该选择市场交易方式,却选择了政治交易方式。

（二）政府失效的表现

政府失效主要表现在以下方面。

1. 政府决策失误

政府决策过程大多遵守投票制,而由投票这一民主程序作出的政策不一定能产生最优的政府决策,也可能会高度僵化,甚至决策失误,造成大量的重复劳动或资源浪费。政治市场上行为主体的动机也会导致政府决策低效率。政府是由政府中的政治家和官员组成的,政治家们追求个人目标时,就会竭力利用对有关信息的垄断权以及政治家之间的合作,使得政策尽可能体现他们自身的利益,未必符合公共利益和社会利益,甚至会使社会利益受损。利益集团的存在也会导致政府决策无效率。

2. 寻租行为

在市场经济条件下,难以避免地会出现由于滥用权力而发生的寻租行为。为了确保经济秩序的正常运行,政府必须制定和实施一系列法律、法规。但是,政府的某些干预形式,如政府颁发许可证、配额、执照、授权书、批文、特许经营证等,可能会为寻租行为创造条件。公务员特别是领导人员,凭借手中的政治权力,牟取私利、权钱交易、化公为私、受贿索贿等行为,为"小集体"谋福利,纵容亲属从事非法商业活动等。寻租行为越多,政府对社会资源的浪费就越大。

3. 信息匮乏

一旦政府获取的信息不及时甚至失真,政府就难以了解其政策的全部成本和收益,也许会不清楚某政策所带来的预期后果,因为影响某一后果的因素本来就具有不确定性。由此政府可能会出现决策失误,造成经济低效率甚至负效率。

4. 政府职能的"越位"和"缺位"

对于经济体制转轨的国家,转轨的核心之一是明确政府和市场的关系,规范政府的经济行为,转变政府的经济职能。政府干预经济应该是因为市场失灵和市场缺陷,政府的作用是弥补市场失灵和市场缺陷。而一旦政府把本应通过市场机制办好的事情通过财政手段由政府来做,就会造成政府职能的"越位"。例如,政府热衷于投资竞争性生产领域,就会代替市场职能。反之,"缺位"是指本该由政府通过财政手段来做的事情,而财政没有做或没有做好。例如,公共设施、义务教育、公共卫生、环境保护等投入不足,都是政府失职的表现。

资料 1-2　全面准确理解市场与政府的关系

中共十八届三中全会通过的《中共中央关于全面深化改革若干重大问题的决定》(以下简称《决定》)指出,"经济体制改革是全面深化改革的重点,核心问题是处理好政府和市场的关系,使市场在资源配置中起决定性作用和更好发挥政府的作用。"对此,要进行全面准确理解。

一、使市场在资源配置中起决定性作用

中共十四大报告指出:"我国经济体制改革的目标是建立社会主义市场经济体制",并强调"要使市场在社会主义国家宏观调控下对资源配置起基础性作用。"中共十八届三中全会通过的《决定》将"基础性作用"改为"决定性作用",强调"使市场在资源配置中起决定性作用和更好发挥政府的作用"。

市场决定资源配置是市场经济的一般规律,就是市场价值规律。在中共十八届三中

全会上,习近平强调使市场在资源配置中起决定性作用和更好发挥政府作用,并明确指出:"市场在资源配置中起决定性作用,并不是起全部作用。"我国的经济发展既要着眼于进一步激发改革活力,提高人民群众参与改革的积极性;也要着眼于进一步提高宏观调控水平,提高政府效率和效能。

发挥"两个作用",不仅直接关系到促发展、转方式、调结构(产能过剩)、稳速度和增效益,也直接关系到完全的竞争性市场机制能否真正解决高房价、高药价、乱涨价、低福利、贫富分化、就业困难、食药品安全、行贿受贿严重、劳资冲突频发、教育和城镇化的质量不高等民生领域的迫切问题。

提出双重调节思想的重要意义在于,今后需要将市场决定性作用和更好发挥政府作用看作一个有机的整体。既要用市场调节的优良功能去抑制"国家调节失灵",又要用国家调节的优良功能来纠正"市场调节失灵",从而形成高效市场和高效政府的"双高"格局。

二、更好地发挥政府的作用

社会主义市场经济的改革方向,本身就是经济和政治的统一。"社会主义市场经济"是一个完整的概念,是不容割裂的有机统一体。资源配置有宏观、微观不同层次,还有许多不同领域的资源配置。在资源配置的微观层次,即多种资源在各个市场主体之间的配置,市场价值规律可以通过供求变动和竞争机制促进效率,发挥非常重要的作用,也可以说是"决定性"的作用。但是在资源配置的宏观层次,如供需总量的综合平衡、部门和地区的比例结构、自然资源和环境的保护、社会分配公平等方面,以及涉及国家社会安全、民生福利等领域的资源配置,就不能主要依靠市场来调节。市场机制会在这些宏观领域存在很多缺陷和不足,需要国家干预、政府管理、计划调节来矫正、约束和补充市场的行为,用"看得见的手"来弥补"看不见的手"的缺陷。

在资源配置的调节中,市场和政府怎么分工? 可按照资源配置的微观层次和宏观层次划分市场与政府或计划的功能,大体上是可以的。市场在资源配置中起决定性作用,应该限制在微观层次。而政府职能如行政审批等的缩减,也主要在微观领域。至于宏观层次上的资源配置问题,政府要加强调控和管理,不能让市场这只"看不见的手"盲目操纵,自发"决定"。当然,对市场提供服务、实施监管、做"守夜人"的责任,政府还是责无旁贷的。

资料来源:作者根据刘国光、程恩富《毛泽东邓小平理论研究》2014年第2期"全面准确理解市场与政府的关系"文章整理。

第三节 财政的职能

财政职能是指财政在一定经济模式下所固有的职责和功能,是政府活动所固有的内在经济功能,是政府活动对经济的各个方面所产生影响的高度概括。

分析财政职能,应该以市场与政府的关系为基本立足点。总体上说,市场与政府的某些经济职能是相同的,如配置资源、收入分配等。但是,由于各自的运行机制不同,所以在实现同一个职能中的适用领域、作用方式、经济效应不同。正是由于市场失灵和市场缺陷导致了政府的干预,同样,政府干预也有失效的一面。因此,财政的职能就是如何界定市场和政府各自最适用的领域和最佳组合方式,以最终实现公平和效率的最佳组合。

因此,财政职能可以归结为三个方面:资源配置职能、收入分配职能、经济稳定与发展职能。

一、资源配置职能

资源配置,广义地理解是指社会总产品的配置,狭义地理解是指生产要素的配置。资源配置就是通过对现有的社会资源(人力、物力、财力)的合理配置,实现资产结构、产业结构、地区结构、技术结构的合理化,使社会资源得到最有效的利用,获得最大的经济和社会效益。资源配置所要解决的是稀缺资源用来生产什么、生产多少以及怎样生产的问题。

(一)资源配置职能的目标

高效率地配置资源是所有国家头等重要的经济问题,财政的资源配置要符合效率原则。市场经济下,市场在资源配置中起决定性作用,在没有政府干预的条件下,市场会通过价格与产量的均衡自发地形成一种资源配置状态。但由于存在市场失灵和市场缺陷,市场自发形成的资源配置状态,不可能实现最优的效率结构。许多公共需要和公共产品,如国防、司法、公安、外交、行政等是市场无法提供的;而且市场对资源的配置有一定的盲目性,各个经济主体容易从自身的当前利益出发,易于形成短期行为,而市场提供的虚假信息又会把经济主体引入歧途。这都会影响资源的合理配置和有效使用。

(二)资源配置职能的实现手段

财政资源配置职能的手段主要有以下几方面。

1. 确定社会公共需要的基本范围

根据社会主义市场经济条件下的政府职能,确定社会公共需要的基本范围,确定财政收支占国内生产总值(GDP)的合理比例,从而符合高效的资源配置原则。财政收入占GDP的比例,表明政府对国民经济的控制程度,比例应该适度。比例太高,会加重企业和个人的负担,不利于经济的持续发展;比例太低,政府取得的财政收入不足,会出现大量的财政赤字,造成财政运行风险。财政支出占GDP的比例,取决于政府必须对公共需要的满足程度,比例太高,超出财政的承受能力,加大财政压力;比例太低,市场上就会出现公共需要和公共产品的短缺,影响社会福利水平的满足和提高。

2. 优化财政支出结构

财政的资源配置应该实现调整产业结构和促进产业升级、协调地区发展等目标。财政支出结构是财政资源内部的配置比例,支出结构表明财政对资源的不同配置状态。

(1)调节资源在不同产业部门之间的配置。合理的产业结构对提高宏观经济效果、促进国民经济的良性循环有重要作用。如生产性支出与非生产性支出比例、购买性支出与转移性支出比例。前一个比例表明资本品和消费品的配置结构,而购买性支出的比重表明财政配置功能的大小,它对社会资源的配置状态起着重要作用。具体体现在:首先,调节投资结构,进行增量结构调整。如增加对某产业的投资以加快其发展,或减少对某产业的投资以延缓其发展。其次,改变现有企业的生产方向,即进行存量结构调整。如通过不同的税率、折旧率,促使企业之间的兼并与联合。

(2)调节资源在地区之间的配置。地区经济发展不均衡是一种比较普遍的现象,在我国尤其严重。单靠市场自身是难以解决地区经济失衡的,甚至还会出现逆向调节使资源从落后地区向发达地区流动的现象,不利于整体经济的均衡发展。政府可以通过转移支付、财政补贴、投资优惠、税收等政策,引导和调节社会资源从经济发达地区向经济落后地区流动。如我国政府为了吸引资源来发展相对落后的西部地区,政府在投资、税收等方面提供了大量的优惠政策。

此外,政府可以通过政府投资、税收和补贴等财政手段,合理安排政府投资的规模、结构,保证国家的重点建设。政府投资规模主要指政府投资在社会总投资中所占的比重,表明政府对社会总投资的调节力度。而政府投资结构的合理安排在保证重点建设,调整产业结构中起着重要作用,也能够起到调节社会投资方向,提高社会投资整体效率的作用。

3. 提高财政配置本身的效率

资源配置的核心是效率问题。因此,在财政的资源配置中,对于生产性投资要进行成本—效益分析,对于难以准确计量投资收益的项目要力求耗费最少。严格政府各部门预算的编制和审核,扩大政府采购的范围,实施集中支付制度和"收支两条线"管理,加强税收征管、严防税收流失等,都可以在不同程度上提高财政资源配置的效率。

二、收入分配职能

在市场经济体制下,GDP 分配的起始阶段是由市场价格形成的要素分配,即各种收入首先是以要素投入为依据,由市场价格决定,要素收入与要素投入要相对称。我国明确实行按劳分配与按要素分配相结合的分配原则,各阶层居民的收入分为劳动收入与非劳动收入。劳动收入包括工资、薪酬、奖金、津贴等;非劳动收入包括财产收入、租金、利息、红利和企业留利等。我国依法保护法人和居民的一切合法收入和财产,鼓励城乡居民储蓄和投资,允许属于个人的资本等生产要素参与收入分配。

(一)收入分配职能的目标

财政收入分配的目标是实现公平分配。因而财政的收入分配职能所要研究的问题,主要是确定显示公平分配的标准和财政调节收入分配的特殊机制和手段。财政的收入分配公平包括经济公平和社会公平两个层次。经济公平是市场经济的内在要求,强调的是要素投入和要素收入相对称,它是在平等竞争的环境下由等价交换来实现的。在市场经济条件下,由于各经济主体或个人所提供的生产要素不同,资源的稀缺程度不同以及各种非竞争因素的干扰,各经济主体或个人获得的收入会出现较大的差距,甚至同要素及劳动投入不相对称,由此导致的收入悬殊将涉及社会公平问题。社会公平是指将收入差距维持在现阶段社会各阶层居民所能接受的合理范围内,包括横向公平和纵向公平。

(二)收入分配职能的衡量标准

目前,一般通过计算基尼系数来显示公平分配的程度。基尼系数最小等于 0,表示收入分配绝对平均;最大等于 1,表示收入分配绝对不平;实际的基尼系数介于 0～1 之间,基尼系数越大,则收入分配越不平均。根据国际惯例,基尼系数低于 0.2 属于绝对平均,处于 0.2～0.3 之间被认为是收入比较平均,处于 0.3～0.4 之间被认为是收入相对合理,0.4以上被认为是收入分配差距较大,不公平。2003—2018 年我国的基尼系数,如表 1-1所示。

表 1-1

2003—2018 年我国的基尼系数

年份	基尼系数	年份	基尼系数
2003	0.479	2011	0.477
2004	0.473	2012	0.474
2005	0.485	2013	0.473
2006	0.487	2014	0.469
2007	0.484	2015	0.462
2008	0.491	2016	0.465
2009	0.490	2017	0.467
2010	0.481	2018	0.474

资料来源：国家统计局网站 http://www.stats.gov.cn。

从表 1-1 可知，2003—2018 年，我国的基尼系数始终位于 0.4 以上，收入分配差距已连续十几年超出国际公认"警戒线"，收入差距已经较大。特别是 2008 年基尼系数达到 0.491，接近 0.5。2009 年以来，随着收入分配改革的大力推进，基尼系数在不断下降，收入分配差距总体呈现逐步缩小的态势，但基尼系数的绝对值仍处于较高水平，收入分配改革仍需提速。

（三）收入分配职能的实现手段

财政要实现收入公平分配的目标，就要控高、扶低、扩中，缩小收入分配差距。要通过收入分配改革，消除初次分配领域的不公平，通过社会保障、财政补贴、税收优惠等转移性支出增加低收入者的收入，通过税收政策如累进税率等控制高收入者的收入。最终形成"橄榄形"的收入分配格局。财政实现收入分配职能的具体手段，体现在三个方面。

1. 划清市场分配与财政分配的界限和范围

原则上属于市场分配的范围，财政不能越俎代庖；凡属于财政分配的范围，财政应切实履行职责。如应由市场形成企业职工薪酬、企业利润、租金收入、财产收入、股息收入等，财政的职能仅仅是通过再分配进行调节。而医疗保健、社会福利、社会保障等，则应改变"企业办社会"的状况，由财政集中分配，实行社会化。

2. 加强税收调节

税收是调节收入分配的主要手段：通过间接税调节各类商品的相对价格，从而调节各经济主体的要素分配；通过企业所得税调节企业的利润水平，使企业的利润水平能够反映企业的经营管理水平和主观努力程度；通过个人所得税调节个人的劳动收入和非劳动收入，使之维持在一个合理的差距范围内；通过资源税调节由于资源条件和地理条件而形成的级差收入；通过遗产税、赠与税调节个人财产分布，等等。

3. 提高转移性支出

公平既包括对高收入者的调节，也包括对低收入者的补助。政府要通过各种转移性支出来提高贫困阶层的收入、保障其基本生活水准。例如，政府可以通过社会保障支出、救济支出、财政补贴等增加低收入者的收入,使每个社会成员维持起码的生活水平和福利水平。

三、经济稳定与发展职能

(一) 经济稳定与发展职能的目标

经济稳定包含充分就业、物价稳定和国际收支平衡等多重含义。充分就业并非指可就业人口百分之百的就业。由于经济结构不断调整,就业结构也在不断变化,在任一时点上,总会有一部分人暂时脱离工作岗位处于待业状态,经过一段时间培训后重新走上工作岗位。因而充分就业是指可就业人口的就业率达到了由该国当时社会经济状况所能承受的最大比率。物价稳定也不意味着物价冻结、物价上涨率为零,即使在经济运行正常时期,物价的轻度上升也是一个必须接受的事实。所以物价稳定是指物价上涨幅度维持在不至于影响社会经济正常运行的范围内,不发生物价大幅度的上升或下降,维持一种动态的平衡。国际收支平衡指的是一国在国际经济往来中维持经常性项目收支(进出口收支、劳务收支和无偿转移收支)的大体平衡,因为国际收支与国内收支是密切联系的,国际收支不平衡同时意味着国内收支不平衡。

经济发展和经济增长是两个不同的概念,经济增长是指一个国家产品和劳务的数量增加,一般用国民生产总值(GNP)或国内生产总值(GDP)来衡量。而经济发展不仅仅包括产出的经济增长,还包括随着产出增长而带来的产出与收入结构的变化,政治条件、文化条件的改善。发展表现为在国民生产总值中农业比重下降,制造业、公用事业、金融贸易、建筑业等的比重相应上升,劳动就业结构发生变化,教育程度和人才培训水平逐步提高,消除环境污染、贫困、失业、文盲、疾病,解决收入分配不公,满足人们不断增长的基本需要。

(二) 经济稳定与发展职能的实现手段

财政实现经济稳定和发展职能的手段主要有以下几方面。

1. 实现社会总供求的大体平衡

如果社会总供求保持了平衡,物价水平就是基本稳定的,经济增长率也是适度的,而充分就业和国际收支平衡也是不难实现的。财政政策是维系总供求大体平衡的重要手段。当总需求超过总供给时,财政可以实行紧缩政策,减少支出或增加税收或两者并举,一旦出现总需求小于总供给的情况,财政可以实行适度放松政策,增加支出或减少税收或两者并举,由此扩大总需求。在这个过程中,财政收支发生不平衡是可能的而且是允许的。

2. 发挥财政政策的"自动"稳定作用

在财政制度中,通过累进税制度、失业救济金制度等发挥财政政策的自动稳定作用。

3. 加快产业结构的调整

通过投资、补贴和税收等多方面安排,加快农业、能源、交通运输、邮电通信等公共设施的发展,消除经济增长中的"瓶颈",并支持第三产业的兴起,加快产业结构的转换,保证国民经济稳定增长。

4. 保证非生产性的社会公共需要

为经济和社会发展提供和平和安定的环境。提高治理污染、保护生态环境以及文教、卫生支出的增长速度,同时完善社会福利和社会保障制度,使增长与发展相互促进,相互协调,避免出现某些发展中国家曾经出现的"有增长而无发展"或"没有发展的增长"的现象。

案　　例

完善财政政策　创新体制机制　加快提升新能源汽车产业水平

汽车产业是国民经济的重要支柱产业,也是当前我国推进供给侧结构性改革,提升产业质量的重要抓手。加快发展新能源汽车,是促进汽车产业转型升级的重要举措,是推进绿色、创新发展的重要领域。"十二五"期间,财政部会同科技部、工信部等部门研究出台多项政策措施,包括消费补贴、税收优惠、政府采购、技术研发、充电设施奖励、标准法规建设、体制机制创新等,政策涵盖研发、生产、消费、运行等各环节,大力支持我国新能源汽车产业。在持续的政策引导下,我国新能源汽车产业迅速发展壮大,2011年全国新能源汽车保有量不足1 000辆,到2015年保有量超过40万辆。尤其是在当前传统汽车产业整体低迷的情况下,新能源汽车市场逆势上扬,呈爆发式增长态势,2015年产销量超过30万辆,我国已经成为世界最大的新能源汽车生产国和消费国。

(1)要建立有效的、可持续的市场扶持机制。一方面,调整补贴政策,建立遴选机制和淘汰机制。消费补贴的政策初衷是培育初级市场。实践证明这项政策是行之有效的。但长期执行消费补贴,企业容易患上政府政策"依赖症",缺乏技术研发和产品升级的动力和压力;行业则容易出现低水平盲目扩张,形成新的产能过剩。因此,补贴政策要适应供给侧改革进行调整完善:一是提高补贴门槛,突出对优势企业的支持。要结合国际国内产业发展情况,尤其是汽车强国新能源汽车产业发展新情况,在整车安全性、可靠性、一致性,以及关键零部件技术指标上大幅提高标准,进一步突出鼓励先进、扶优扶强的政策导向,使资金向优势企业倾斜,防止产业过剩和盲目无序发展。二是补贴标准退坡,倒逼企业加快向市场求发展。真正有竞争力的企业,都是在市场中摸爬滚打成长壮大的。特斯拉电动车的成功经验之一,就是在市场竞争中找到一个定位,求得生存和发展。我国新能源汽车产业发展起步并不晚,但在高端产品和核心技术方面,仍然落后,其中一个重要原因就是企业对政府补贴政策存在不同程度的依赖,自身动力和压力不足。为解决这个问题,财政部明确发布:2017—2018年新能源汽车补贴标准较2016年下降20%,2019—2020年下降40%,2020年以后补贴政策退出。上述政策提前予以发布,以便企业形成合理预期。当前,还要加强资金监管,坚决打击各类骗补和寻租。造假骗补行为,不仅违反法律法规和有关财经纪律,也严重破坏了市场环境,通过建立失信企业黑名单制度,对各类骗补和寻租行为给予严厉打击。另一方面,坚持市场取向,建立产业发展长效机制。建立市场化的扶持机制,是国际通行做法,也是中长期扶持政策调整的方向。美国加州"零排放车政策"及其积分交易机制,是特斯拉电动车走向成功的关键制度,值得我们学习借鉴。过去几年里,财政部一直在努力推进建立新能源汽车积分交易机制,反复论证和研究过多次,已经有成型的思路。这项制度有诸多好处:一是技术中立。积分交易能够最有效地确保政府在技术路线上的中立性,把技术路线的选择交给市场,政府不干预技术路线,给企业提供灵活性。二是奖惩结合。相比财政补贴,它借助市场的力量激励和倒逼企业把更多资源投入到产品研发和技术创新上,可以避免部分企业对政策的过度依赖和骗补行为。三是可持续。只要有市场,就会有积分交易,不存在政策依赖性和不可持续等问题。同时,这项制度也释放了政府支持新能源汽车的信号,有利于供需双方形成稳定的长期预期。

(2)要加快提升技术进步贡献率。供给侧改革必须以技术进步为支撑,大幅提高全要素生产率对增长的贡献,逐步脱离要素驱动形成的惯性和路径依赖。我们致力于培育新能源汽车消费市场,但技术创新还不够,基础技术仍然薄弱,研发投入的精准度有待提升,政府和企业的研发能力未能有效整合,产业长期发展的后劲不足。必须集中优势资源加大科技攻关,争取在核心技术上有明显进展。这方面,财政政策将加大支持力度:一方面,聚焦关键环节,精准发力。在"十二五"实施的新能源汽车创新工程基础上,将继续加大对新能源汽车核心技术研发支持力度。"十三五"时期,新能源汽车将列入国家重点研发计划试点专项,通过集中财力、推动整合科技资源,加大对动力电池、电控、整车集成能力,以及关键零部件技术等方面的支持。另一方面,创新支持方式,发挥杠杆效应。探索采取引导基金、有偿补助等市场化方式,吸引社会资本和金融资金进入新能源汽车技术创新领域,充分发挥财政资金引导激励作用。通过实施国家科技成果转化基金,支持新能源汽车企业技术创新和科技成果转化。鼓励新能源汽车科技成果直接进入市场,按科技要素实现价值回报。

(3)要完善消费环境。目前,新能源汽车市场环境仍不完善,制约着新能源汽车产业发展,需要尽快改进。中央财政将研究制定更有针对性的支持政策。一方面,支持完善制度、标准等软环境。新能源汽车产品检测、牌照申请、运行维护等环节的法律法规滞后,产品标准不一。下一步,中央财政将加大对新能源汽车产品检测、车辆和基础设施标准的制修订等工作的支持力度,加快完善新能源汽车政策和制度环境。另一方面,加快补齐充电、换电等基础设施短板。财政部已发布"十三五"新能源汽车充电基础设施奖补政策,明确对推广应用数量达到门槛的地方,给予综合奖补。奖补门槛主要看新能源汽车推广规模、配套政策情况以及市场开放程度等。综合奖补旨在充分调动地方政府的积极性,引导其采取综合措施提升基础设施保障能力。政府在加大投入的同时,要创新支持方式,可采用PPP等方式参与其中,实现风险共担、利益共享;要引导创新模式,鼓励采用"众筹"等模式建设和运营充电设施,这有利于解决充电设施建设成本高、规划不科学等问题。

(4)要加快建立充分竞争市场。对地方奖补,有一个要求是地方市场开放。只有开放市场,才能培育真正的国际品牌。当务之急要抓好两个方面的工作:一方面,要坚决消除地方保护,打破国内市场分割。地方保护是行业数量扩张的根源,这不是创新型增长。一些地方政府纷纷上马新能源汽车项目,对没有在本地设生产厂的企业,设置种种门槛将其挡在政策之外,要求企业在本地新建生产厂。这样下去市场被分割得越来越小,企业无法形成规模,更难以形成竞争力。另一方面,要走出去、引进来,充分参与国际竞争。"十三五"期间,国内新能源汽车市场将进一步开放,消费者选择更趋理性,随着国际知名品牌进入国内市场,自主品牌的竞争压力增大。消极防守不如主动出击,国家鼓励优秀企业加快"走出去",参与国际竞争,支持企业通过设立研发机构、销售、并购等多种方式融入国际市场,支持国际技术合作,参与规则制定等。

(资料来源:依据财政部部长楼继伟 2016 年 1 月 22 日在电动汽车百人会论坛的发言整理。)

案例思考题

1. 在建设资源节约型、环境友好型社会和推动创建创新型国家的建设中,财政发挥着什么积极作用?

2. 谈谈财政在促进社会和谐与公平方面有哪些举措。

本 章 小 结

1. 财政是一个历史范畴,财政的产生需要具备两个条件,经济条件是出现剩余产品,政治条件是出现国家。

2. 财政是以国家为主体的分配关系,财政分配具有强制性和无偿性的特点。

3. 市场机制有效率的前提条件是完全竞争,完全竞争状态下的市场经济在一般均衡状态下能够实现帕累托最优。市场失灵表现在公共产品供给不足、外部效应、垄断、信息不对称,市场缺陷表现在收入分配不公和经济周期性波动。

4. 政府可以通过增加公共产品生产、财政手段、立法与行政手段等来对经济进行干预。而政府对经济干预的失效表现在政府决策失误、寻租行为、信息匮乏、政府职能的越位和缺位等方面。

5. 财政的职能有资源配置、收入分配、经济稳定和发展三大职能。

关 键 词

财政 市场失灵 外部效应 公共产品 资源配置 收入公平 经济稳定与发展

思 考 题

1. 财政的概念和特征是什么?
2. 财政产生的条件有哪些?
3. 如何处理市场与财政的关系?
4. 市场失灵和市场缺陷的表现有哪些?
5. 政府弥补市场失灵的手段有哪些?政府干预失效的表现有哪些?
6. 财政的职能有哪些?
7. 如何创新财政的资源配置方式?
8. 如何实现财政的收入分配职能?

第二章　财政支出概论

本章导读

　　财政支出分类
　　　　财政支出规模
　　　　　　财政支出效益的评价
　　　　　　　　政府采购制度

　　财政支出是对集中起来的财政资金的再分配,它反映了政府活动的范围和方向。本章在阐述财政支出概念与分类的基础上,分析了衡量财政支出规模的指标,并联系我国财政支出规模变化分析了影响财政支出规模的因素,介绍了西方的财政支出增长理论,分析了衡量财政支出效益的评价方法。结合我国政府采购的实施历程,阐述了政府采购的概念与特征、政府采购制度的作用、政府采购制度的内容。

第一节　财政支出分类

一、财政支出的概念

　　财政支出是国家财政分配活动的重要组成部分,是指国家财政将筹集起来的资金进行分配使用,以满足经济建设和各项事业的需要。换言之,财政支出是对集中起来的一部分社会产品价值的再分配,通过财政支出为实现国家职能服务。财政支出是实现国家职能的主要途径,是具体提供物质保证的过程。

　　财政收入是财政支出的基础,是财政活动的第一阶段;财政支出是财政收入的归宿,是财政活动的第二阶段。

　　依据有关规定,财政支出应当遵循量入为出、优化结构、兼顾公平与效率的原则。

　　1. 量入为出

　　在财政收入总额既定的前提下,按照财政收入的规模确定财政支出的规模,支出总量不能超过收入总量。即以收定支、量力而行。坚持量入为出原则,应注意:根据财政收入安排财政支出,一是应使财政支出总量不超过财政收入总量,安排预算时,做到量入为出、收支平衡。二是应当根据财政收入增长安排支出增长。随着社会主义市场经济的发展和财政收入的增长,为财政支出的增长提供了可能。但是,支出的增长必须受收入增长的制约,把支出增长的总量控制在收入增长的总量范围之内。三是财政收入的各项指标要稳妥可靠、财政支出不留缺口、在预算中留有适当的后备。

2. 优化支出结构

在财政支出中,应当正确安排财政支出中的各种比例,使之实现结构的最佳组合,要正确处理积累性支出与消费性支出、生产性支出与非生产性支出、简单再生产与扩大再生产、不同地区的投资及其比例关系,促进经济的协调、均衡、可持续发展。政府必须合理安排和不断调整其财政支出结构,优化财政支出结构的,以克服和减轻市场经济造成的缺陷。

3. 兼顾公平与效率

财政支出的过程实际上就是政府配置资源的过程,政府配置资源的活动和其他一切经济活动一样,应当从公平和效率两方面进行评价。在财政支出过程中,实现公平与效率的统一,是政府要努力实现的重要目标之一。公平分配是提高效率的前提,效率是公平分配的归宿。

二、财政支出的理论分类

财政支出是政府为提供公共产品和服务,满足社会公共需要而进行的财政资金的支付。财政支出主要有:保证国家机器正常运转、维护国家安全、巩固各级政府政权建设的支出;维护社会稳定、提高全民族素质、外部效应巨大的社会公共事业支出;有利于经济环境和生态环境改善、具有巨大外部经济效应的公益性基础设施建设的支出;对宏观经济运行进行必要调控的支出等。

按照不同的标准,可以对财政支出进行不同的分类,财政支出的不同分类就形成了不同的财政支出结构,不同的支出结构对经济运行产生的影响存在极大差异。财政支出结构是指各类财政支出占总支出的比重或构成。从社会资源配置角度来看,财政支出的结构直接关系到政府动员社会资源的程度;而一个国家财政支出结构的现状及变化,表明政府正在履行的政府重点职能及其变化趋势。因此,在分析财政支出的结构之前,要了解财政支出是怎样分类的。

(一) 按支出用途分类

依据马克思主义经济理论,社会总产品在价值构成上由三部分组成:生产过程中已经消耗掉的生产资料的价值(C)、物质生产部门的劳动者所创造的必要产品的价值(V)、物质生产部门的劳动者所创造的剩余产品的价值(M)。在经过初次分配之后,社会总产品相应的转化为补偿基金、消费基金、积累基金,如图2-1所示。剩余产品并不是都转化为积累基金,有一部分转化为社会消费基金,用于扩大再生产和提高人民群众的物质文化生活水平。当然,补偿基金也并不是全部用于补偿消耗掉的生产资料,因为在固定资产投资规模不断扩大的情况下,在全社会的固定资产折旧价值中,有一部分可以用于积累性的投资。同样,消费基金也不会全部被消费掉,其中的一部分会以储蓄的形式沉淀下来,用于新增投资。一般而言,积累基金都用于新增投资。

我国财政支出,按照用途分类,主要包括:基本建设支出、增拨企业流动资金、企业挖

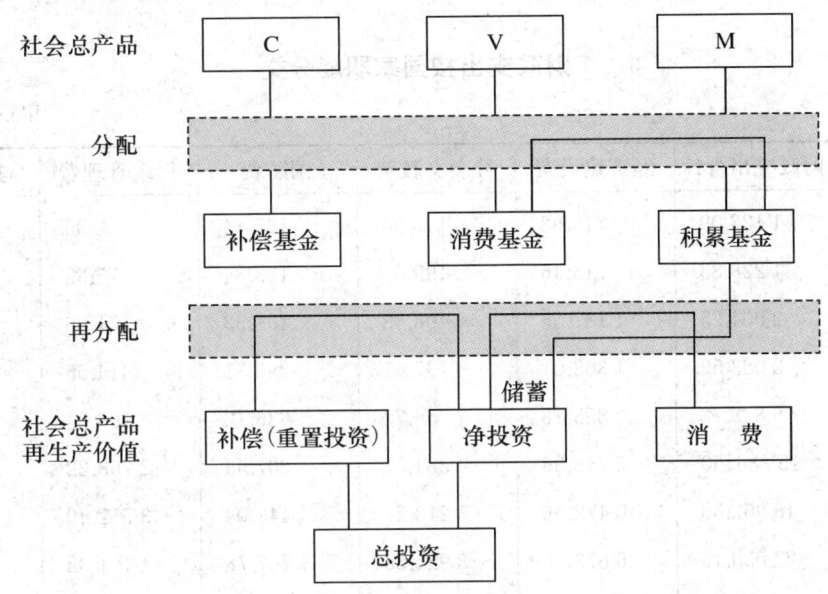

图 2-1 社会总产品价值构成与最终用途

潜改造资金、科技三项费用、地质勘探费、工业交通商业等部门的事业费、支农支出、农林水利气象等部门的事业费、文教卫生事业费、社会保障支出、国防费、行政管理费和价格补贴支出等。按照社会总产品的价值构成归类,其中企业挖潜改造资金属于补偿性支出;基本建设支出、增拨企业流动资金、科技三项费用、地质勘探费、工业交通商业等部门的事业费、支农支出、文教卫生事业费等支出中增加固定资产的部分,属于积累性支出;社会保障支出、行政管理费、国防费、价格补贴,以及科技三项费用、地质勘探费、工业交通商业等部门的事业费、支农支出等部门的事业费、文教卫生事业费等支出中非增加固定资产的部分,属于消费性支出。

(二)按国家职能分类

按照财政支出的国家职能分类,国家的财政支出分为经济管理支出和社会管理支出,前者主要是经济建设费,后者有社会文教费、国防费、行政管理费和其他支出。经济建设费包括:基本建设拨款支出,国有企业挖潜改造资金,科学技术三项费用(新产品试制费、中间试验费、重要科学研究补助费),简易建筑费支出,地质勘探费,增拨国有企业流动资金,支援农村生产支出,工业、交通、商业等部门的事业费支出,城市维护费支出,国家物资储备支出,城镇青年就业经费支出,抚恤和社会福利救济费支出等。社会文教费,包括用于文化、教育、科学、卫生、出版、通信、广播、文物、体育、地震、海洋、计划生育等方面的经费、研究费和补助费等。国防费,包括各种武器和军事设备支出,军事人员给养支出,有关军事的科研支出,对外军事援助支出,民兵建设事业费支出,用于实行兵役制的公安、边防、武装警察部队和消防队伍的各种经费,防空经费等。行政管理费,包括用于国家行政机关、事业单位、公安机关、司法机关、检察机关、驻外机构的各种经费、业务费、干部培训费等。

我国财政支出按国家职能分类的状况如表 2-1 所示。

表 2-1

财政支出按国家职能分类

单位：亿元

年 份	财政支出合计	经济建设费	社会文教费	国防费	行政管理费	其他支出
1978	1 122.09	718.98	146.96	167.84	52.90	35.41
1980	1 228.83	715.46	199.01	193.84	75.53	44.99
1985	2 004.25	1 127.55	408.43	191.53	171.06	105.68
1990	3 083.59	1 368.01	737.61	290.31	414.56	273.10
1995	6 823.72	2 855.78	1 756.72	636.72	996.54	577.96
2000	15 886.50	5 748.36	4 384.51	1 207.54	2 768.22	1 777.87
2001	18 902.58	6 472.56	5 213.23	1 442.04	3 512.49	2 262.26
2002	22 053.15	6 673.70	5 924.58	1 707.78	4 101.32	2 262.26
2003	24 649.95	6 912.05	6 469.37	1 907.87	4 691.26	4 669.40
2004	28 486.89	7 933.25	7 490.51	2 200.01	5 521.98	5 341.14
2005	33 930.28	93 167.96	8 953.36	2 474.96	6 512.34	6 672.66
2006	40 422.73	10 734.63	10 846.20	2 979.38	7 571.05	8 291.47

资料来源：《中国统计年鉴(2007)》，中国统计出版社 2008 年 9 月版。

按国家职能对财政支出进行分类，能够明白地揭示国家执行了怎样一些职能、侧重于哪些职能，通过对一个国家的支出结构作时间序列分析，便能够揭示该国的国家职能发生了怎样的演变；对若干国家在同一时期的支出结构作横向分析，则可以揭示各国国家职能的差别。

（三）按经济性质分类

各种财政支出无一例外地表现为资金从政府手中的流出，但不同性质的财政支出对国民经济的影响却存在着差异。以财政支出是否与商品和服务相交换为标准，可将财政支出分为购买性支出与转移性支出两类。

购买性支出是指政府向企业和个人购买产品和劳务支出。政府的购买性支出与市场经济中企业和个人的购买支出没有性质上的差别，都是等价交换，一手付出资金，一手相应地购得商品和服务。政府可以运用所购买的商品和服务，实现国家的职能。购买性支出直接表现为政府购买商品和服务的活动，包括购买进行日常政务活动所需的或用于国家投资所需的商品和服务的支出。前者如政府各部门的事业经费，后者如政府各部门的投资拨款。购买性支出所体现的是政府的市场性再分配活动。

转移性支出是政府调节收入分配的重要手段，直接表现为资金无偿的、单方面的转移。转移性支出包括补助支出、捐赠支出、债务利息支出等。在这种支出活动中，政府也支出了资金，但却不导致政府拥有的社会资源增加。转移性支出体现的是政府的非市场性再分配活动。

　　两种支出的差异体现在以下方面:第一,购买性支出通过支出使政府掌握的资金与微观经济主体提供的商品和服务相交换,政府直接以商品和服务的购买者身份出现在市场上,对社会的生产和就业有直接的影响,并间接影响收入分配。转移性支出是通过支出使政府所有的资金转移到受益者手中,是资金使用权的转移,微观经济主体获得这笔资金以后,是否用于购买商品和服务、购买哪些商品和服务,均已脱离开了政府的控制,因此,此类支出直接影响收入分配,而对生产和就业的影响是间接的。第二,在安排购买性支出时,政府必须遵循等价交换的原则,此时的财政活动对政府形成较强的效益约束。在安排转移性支出时,政府并没有十分明确的原则可以遵循,且财政支出效益难以衡量。因此,此时的财政活动对政府的效益是软约束。第三,由于微观经济主体在同政府的购买性支出发生联系时必须遵循等价交换原则,向政府提供商品和服务的企业的收益大小,取决于市场供求状况及其销售收入同生产成本的对比关系。所以,对微观经济主体的预算是硬约束。而微观经济主体在同政府的转移性支出发生联系时,并无交换发生,它们收入的高低在很大程度上并不取决于自己的能力(或生产能力),而取决于同政府讨价还价的能力,对微观经济主体的预算是软约束。

　　由此可知,在财政支出总额中,购买性支出所占的比重越大,政府所配置的资源规模就大,财政活动对生产和就业的直接影响就越大;反之,转移性支出所占的比重越大,财政活动对收入分配的直接影响就越大。联系财政的职能来看,购买性支出占较大比重的支出结构的财政活动,执行配置资源的职能较强,转移性支出占较大比重的支出结构的财政活动,则执行收入分配的职能较强。

　　(四) 国际分类方法

　　在国际上,财政支出的分类并不完全一致。根据分析的目的不同,国际上的分类方法大体上可以归为两类:一类是用于理论和经验分析的理论分类;另一类是用于编制国家预算的统计分类。从理论分类来看,根据分析的目的不同,又可按政府职能、支出目的、组织单位、支出利益等标准分类。例如,以财政支出的用途和去向为标准,财政支出可分为防务支出和民用支出两大类,前者包括国防、公安、司法等与防务有关的支出,后者包括除防务支出以外所有的其他各项支出。这种分类方法的目的在于分析一国财政支出的军事化程度或民用化程度。从统计分类来看,按照国际货币基金组织的分类方法,有职能分类法和经济分类法。按职能分类时,财政支出包括一般公共服务支出、国防支出、教育支出、保健支出、社会保障和福利支出、住房和社区生活支出、其他社区和社会服务支出、经济事务和服务支出、其他支出。按经济性质分类时,财政支出包括经常性支出、资本性支出和净贷款。如表 2-2 所示。

三、财政支出的预算分类

　　财政支出是一项业务活动,是政府部门的日常工作,表现在政府预算中支出预算的编制与执行。因此,对财政支出可以按照政府预算所编制的支出项目进行分类。我国政府收支分类是按照一定的原则、方法对政府收入和支出项目进行类别和层次划分,以全面、准确、清晰地反映政府收支活动。政府收支分类科目是编制政府预决算、组织预算执行以

表 2-2

国际货币基金组织的财政支出分类

职 能 分 类	经 济 分 类
1. 一般公共服务	1. 经常性支出
2. 国防	（1）商品和服务支出
3. 公共秩序和安全	工资和薪金
4. 教育	雇主缴款商品和服务的购买
5. 保健	其他商品和服务的购买
6. 社会保障和福利	（2）利息支出
7. 住房和社区生活设施	（3）补贴和其他经常性转让
8. 娱乐、文化和宗教事务	补贴
9. 经济事务和服务	对下级政府的转让
（1）燃料和能源	对非营利机构和家庭的转让
（2）农林牧渔业	国外转让
（3）采矿和矿石资源业、制造业、建筑业	2. 资本性支出
（4）交通和通信业	（1）固定资本资产的购置
（5）其他经济事务和服务业	（2）存货购买费
10. 其他支出	（3）土地和无形资产的购买
	（4）资本转让
	国内资本转让
	国外资本转让
	3. 净贷款

及预算单位进行会计明细核算的重要依据,是财政预算管理的一项重要基础性工作,直接关系到财政预算管理的透明度和财政预算管理的科学化和规范化,是公共财政体制建设的一个重要环节。我国自 2007 年 1 月 1 日起实行政府收支分类改革,后又进行了多次调整。政府收支分类改革后,我国现行支出分类采用了国际通行做法,即同时使用支出功能分类和支出经济分类两种方法对财政支出进行分类。

（一）支出功能分类

支出功能分类就是按政府主要职能活动对财政支出进行分类。2017 年全国一般公共预算支出决算表,如表 2-3 所示。

表 2-3

2017 年全国一般公共预算支出决算简表

单位:亿元

项目	决算数	项目	决算数
一、一般公共支出	16 510.36	四、公共安全支出	12 461.27
二、外交支出	521.75	五、教育支出	30 153.18
三、国防支出	10 432.37	六、科学技术支出	7 266.98

（续表）

项目	决算数	项目	决算数
七、文化体育与传媒支出	3 391.93	十六、金融支出	1 148.04
八、社会保障和就业支出	24 611.68	十七、援助其他地区支出	398.99
九、医疗卫生支出	14 450.63	十八、国土海洋气象等支出	2 304.15
十、节能环保支出	5 617.33	十九、住房保障支出	6 552.49
十一、城乡社区支出	20 585.00	二十、粮油物资储备支出	2 250.78
十二、农林水支出	19 088.99	二十一、政府债务付息支出	6 273.07
十三、交通运输支出	10 673.98	二十二、其他支出	1 729.31
十四、资源勘探信息等支出	5 034.32	二十三、债务发行费用支出	59.72
十五、商业服务业等支出	1 569.17	二十四、预备费	500
全国公共财政支出			203 085.49
补充中央预算稳定调节基金			3 347.80

资料来源：财政部网站。

依据《2019 年政府收支分类科目》，我国的一般公共预算支出功能分类科目设置了 27 个大类，具体包括：一般公共服务支出、外交支出、国防支出、公共安全支出、教育支出、科学技术支出、文化旅游体育与传媒支出、社会保障和就业支出、卫生健康支出、节能环保支出、城乡社区支出、农林水支出、交通运输支出、资源勘探信息等支出、商业服务业等支出、金融支出、援助其他地区支出、自然资源海洋气象等支出、住房保障支出、粮油物资储备支出、灾害防治及应急管理支出、预备费、其他支出、转移性支出、债务还本支出、债务付息支出、债务发行费用支出等。

（二）支出经济分类

支出经济分类是指按支出的经济性质和具体用途所作的一种分类。在支出功能分类明确反映政府职能活动的基础上，支出经济分类明确反映政府的钱究竟是怎么花出去的。我国政府预算支出经济分类科目包括：工资与福利支出、商品和服务支出、资本性支出（一）、资本性支出（二）、对事业单位经常性补助、对事业单位资本性补助、对企业补助、对企业资本性补助、对个人和家庭的补助、对社会保障基金补助、债务利息及费用支出、债务还本支出、转移性支出、预备费及预留、其他支出等 15 类。

支出经济分类与支出功能分类从不同侧面，以不同方式反映政府支出活动。支出分类与部门分类编码和基本支出预算、项目支出预算相配合，在财政信息管理系统的有力支持下，可对任何一项财政支出进行"多维"定位，清清楚楚地说明政府的钱是怎么来的，干了什么事，最终用到了什么地方，为预算管理、统计分析、宏观决策和财政监督等提供全面、真实、准确的经济信息。

第二节　财政支出规模

一、衡量财政支出规模的指标

（一）反映财政活动规模的指标

衡量财政活动规模可以用财政收入和财政支出的绝对数指标来表示，但通常用相对数来表示。即财政收入占 GDP 的比重和财政支出占 GDP 的比重。但是，大多数年度，财政收入与财政支出是不相等的，因此，作为衡量财政活动规模的指标，财政支出占 GDP 的比重比财政收入占 GDP 的比重更能反映实际情况。理由有三：

（1）财政收入占 GDP 的比重常常被人们看作为衡量财政集中程度的指标。其实，论集中程度，则是财政支出占 GDP 的比重更贴近实际。因为，财政支出无论采取何种形式，无一例外地都表现为财政对 GDP 的实际使用和支配的规模。而财政收入则只表示财政可能使用和支配的规模，它常常并不代表实际发生的规模。

（2）财政收入反映的是财政参与 GDP 分配过程的活动，财政支出反映的则是财政在 GDP 使用过程的活动。从川流不息的社会再生产过程来看，财政支出直接影响资源配置，财政支出通过它的规模和结构实现资源的配置，直接影响社会再生产的规模和结构，财政收入只能间接影响资源配置。财政分配的全过程固然始于财政收入，但通过财政支出才最终完成。

（3）财政收入和财政支出都体现了财政对宏观经济运行的调控，财政支出比财政收入更能反映财政宏观调控方向和能力。但后者更能全面而准确地反映财政对宏观经济运行的调控能力。因为，财政的配置资源、调节收入分配以及稳定和发展经济的职能，大都是通过财政支出执行的。

（二）衡量财政支出规模的指标

衡量财政支出规模的指标可以使用两类指标：绝对指标与相对指标。前者可以用财政支出的绝对额来衡量，后者可以用财政支出的增长率、财政支出占 GDP 的比重、财政支出增长的弹性系数等来衡量。相对性指标更便于对同时期不同国家之间的财政支出进行比较分析。

衡量财政支出规模的相对指标主要有如下四个。

1. 财政支出占 GDP 的比重

各国一般较多地使用财政支出占 GDP 的比重来衡量财政支出的相对规模。通过对一国不同时期财政支出占 GDP 比例变化的序时分析，可以掌握该国财政支出规模的变动情况；通过对同时期不同国家之间财政支出占 GDP 比例的比较，可以了解不同国家之间财政支出规模的差异。

$$财政支出占 GDP 的比重 = \frac{年度财政支出}{年度国内生产总值} \times 100\%$$

2. 财政支出增长率

财政支出增长率表示当年财政支出比上年同期财政支出增长的比例。用公式表示为：

$$财政支出增长率 = \frac{本年财政支出额 - 上年财政支出额}{上年度财政支出额} \times 100\%$$

3. 财政支出增长的弹性系数

财政支出增长的弹性系数是指财政支出增长率与国内生产总值增长率的比值。当弹性（系数）大于 1 时，表示财政支出的增长快于 GDP 的增长。当弹性（系数）小于 1 时，表示财政支出的增长慢于 GDP 的增长。用公式表示为：

$$财政支出增长弹性系数 = \frac{财政支出增长率}{国内生产总值增长率}$$

4. 财政支出增长边际倾向

财政支出增长边际倾向是指财政支出增加额与 GDP 增加额之间的比值。表明 GDP 每增加 1 个单位的同时财政支出增加多少。当边际倾向大于 1 时，表明每增加 1 个单位的 GDP 需要财政支出更多的资金。用公式表示为：

$$财政支出增长边际倾向 = \frac{财政支出增加额}{国内生产总值增加额}$$

二、财政支出规模发展变化的一般趋势

（一）瓦格纳法则

19 世纪德国经济学家阿道夫·瓦格纳经过对西方资本主义国家 18～19 世纪近百年公共支出的分析研究，提出了公共支出不断增长的理论，被后人称为"瓦格纳法则"。瓦格纳根据其所处政治经济及社会背景，通过吸收、整理、总结前人的思想及观点，提出了新的国家职能观。认为国家的职能应有发展文化教育和增进社会福利的职能，国家应为"社会国家"。现代工业的发展会引起社会进步的要求，社会进步会导致国家活动的扩张。瓦格纳认为国家的活动是生产性的，财政支出也是生产性的，主张扩大财政支出。

瓦格纳法则可以表述为：随着人均收入的提高，财政支出占 GDP 的比例也相应提高。可以把瓦格纳法则理解为图 2-2 所表示的函数关系。

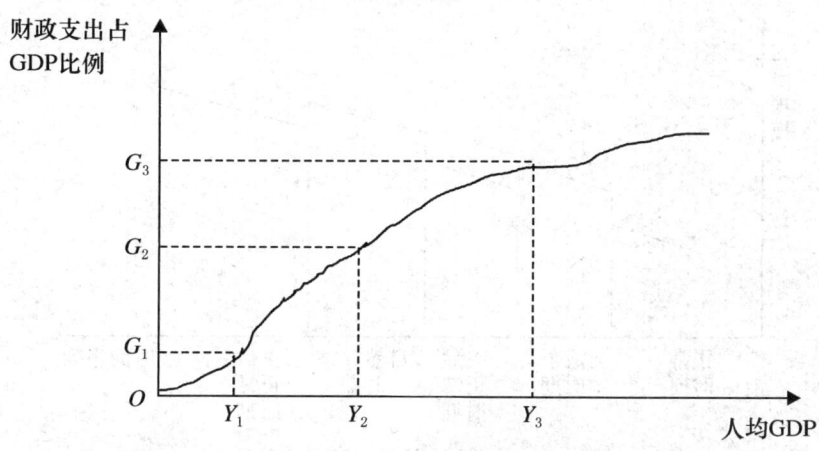

图 2-2　瓦格纳法则的解释

经济发展的实际表明,瓦格纳法则符合财政支出发展变化的一般趋势。但是,财政支出占 GDP 的比重是不可能无止境上升的,当经济发展到一定高度和层次时,财政支出占 GDP 的比重呈现相对稳定的状态,即稳定在一定的水平上并上下有所波动。

（二）皮科克和怀斯曼的"阶梯增长"理论

在财政支出不断增长的趋势和原因方面,英国经济学家皮科克和怀斯曼认为,财政支出的增长会受到纳税人投票赞成或反对的影响,因而财政支出的变化与公共选择密切相关。

一般来说,公众既希望多享受公共产品利益,又不愿为此多纳税而承担成本。但在不同的经济和社会现实条件下,人们会受到外部环境的影响,作出相应不同的选择。

在经济和社会的正常发展时期,经济增长会带来税收的相应增长,支出规模也就不断地有所扩大,在此时期社会稳定、人民安定,除财政支出的正常增长外,公共财政支出难以获得额外的增加或大幅度的增加,纳税人对其所处环境非常满意,不愿在增加纳税成本的情况下获得额外的公共品提供。但在经济和社会发展的非常时期,如突然爆发战争、重大自然灾害突然降临时等,正常的经济和社会秩序难以维系,国家财政收入的增加会受到一定抑制。相反,财政支出的增加要求却大大上升了,除满足正常的财政支出外,军事、伤员救治及医疗用品、交通、救灾扶贫、转移支付等开支同时大幅度提升,政府为满足大量增加的支出要求,不得不增加税收或举借债务,从而使私人可支配的收入减少、私人部门的支出减少。公共支出对私人支出产生"替代效应"。在非常时期里比较容易为公众所接受。

皮科克和怀斯曼认为,这种"替代效应"使得公共支出又从一个新的高度上开始了其逐渐增长的趋势。而且,非常时期过后,公共支出水平即使有所回落,也难回到其原有的水平上。因为,一方面,战后或灾后都存在一个重建问题,大量公共设施在战时或受灾期间遭到的破坏需要进行建设和更新,以恢复和超过战前或灾前水平;另一方面,非常时期即使暂时渡过,政府和公众都会从理性上认真"反思"自己对整个社会承担的责任,社会可容忍度或可以接受的课税水平会比非常时期前有明显提高。而这种事后的反思,并经过反思再接受较高纳税水平的效应,称为"检查效应"。"替代效应"与"检查效应"的共同作用及其结果,就形成了公共支出的"梯状"发展趋势,如图 2-3 所示。

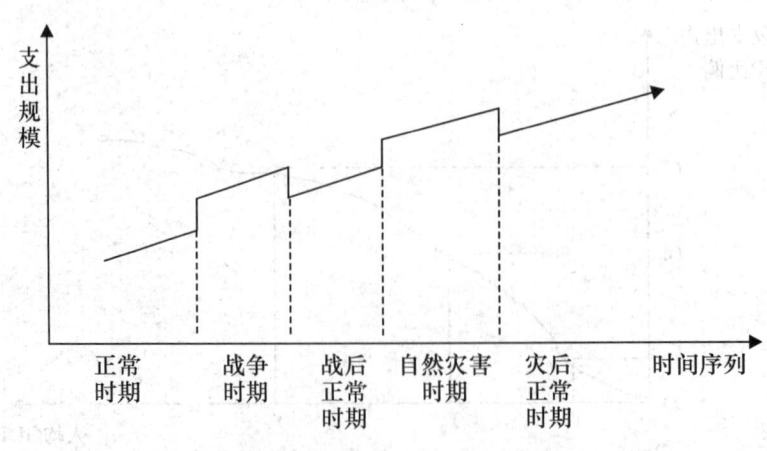

图 2-3　公共支出的"梯状"发展趋势

（三）马斯格雷夫和罗斯托的"经济成长阶段"理论

马斯格雷夫和罗斯托赞成公共支出不断增长趋势的一般规律,并进一步地用经济发展不同阶段所产生的对公共支出的不同要求来解释和论证政府财政支出增长的具体原因。根据马斯格雷夫和罗斯托的经济成长阶段理论,公共支出不断增长的原因和增长结构表现为三个阶段和三种不同的特点。

在经济发展的早期阶段,为了启动经济、促进经济尽快地增长,政府往往会大力增加投资,用于改善交通、城市基础设施、教育、卫生和健康、法律和社会秩序等方面的开支,以便为经济发展、为私人投资者提供良好的外部环境。政府大量增加基础设施投资的结果,一方面本身成为扩张社会总需求的重要因素;另一方面在扩张社会总需求的同时,往往提高了社会总投资中政府投资的比重,使得政府投资的地位大大强化,社会对公共投资的依赖程度提高。因此,在经济发展的早期阶段,政府需要尽可能增加投资,以便通过改善投资环境和基础设施,为私人投资的跟进创造基本条件。此时,政府财政支出不仅总量大大增加,而且在结构上表现为对私人资本投资所需条件的改善,即以基础设施投资为重点。

在经济发展的中期阶段,政府仍然会继续增加投资,以期达到既保持经济持续稳定地增长,又弥补市场缺陷的目的。经济起飞后,政府若减少公共投资,就有可能降低经济增长率,不利于经济持续稳定地增长。同时,规模已经增大的经济又会反过来对社会基础设施的进一步扩大产生新的要求,包括对社会基础设施建设的进一步要求,对经济发展中环境恶化、水和空气污染的治理要求,对人类生态环境保护的要求,以及对经济增长过程中收入分配市场缺陷造成的人群之间、地区之间的巨大差异弥补要求,社会对一部分特殊成员保护的转移支付要求,等等。

随着日益拥挤的社会环境和公共秩序有可能阻碍经济的进一步成长,日益恶化的收入分配现象也可能对一部分、有时甚至是相当大一部分人群的经济福利产生挫伤,使其成为经济和社会不安定因素,形成对社会经济发展的阻碍。所以,在经济发展的中期阶段或经济已经有了一定程度的发展之后,财政支出不仅不会下降,而且会有进一步增加的要求。

在经济发展达到"发达"阶段以后,公共投资的比重可能会有所下降,但政府财政支出的总额不会减少,并且,财政支出的投向会有所调整和变化,逐渐由对社会基础设施的"硬件"投资,转向更多地用于改善教育、卫生保健、基本生活保障和取得经济、环境与人之间的可持续发展方面,以及其他直接用于国民福利的"软件"项目。显然,提高国民素质和保障国民经济福利水平已经成为新的经济发展水平下政府财政支出的主要目的和方向。经济发达了,财力有了保障,政府提供的公共设施类公共品比较充足,社会发展需要的各种硬件已经得到了解决,基本能够满足经济继续增长的需要。当然,随着经济的连续增长和长时间增长,社会基础设施建设同样存在更新和继续投资问题,也有一个在一定的经济规模下相对满足和在新的经济规模下产生新要求的问题。但在既定的经济规模和发达程度下,经济和社会对政府财政支出的要求会相对偏向于对教育、卫生、福利和公平收入方面的更大需求。故当经济发展达到发达阶段后,政府的财政支出仍然会继续增大,公共支出的内容发生了明显变化,结构上对社会教育、福利等的开支开始占有主要地位。

三、影响财政支出规模的因素

要探讨财政支出的合理规模,必须从分析影响财政支出规模的因素入手,参照前人的规范化分析并结合本国财政支出发展变化的现实情况,寻求本国财政支出的最佳规模。影响财政支出的因素主要有经济性因素、政治性因素和社会性因素。

（一）经济性因素

影响财政支出的经济性因素主要指经济发展水平、经济体制与分配体制、政府的经济政策、物价水平、财政收入等。

经济发展水平是影响财政支出规模的根本性因素,一般情况下,越是经济发展水平高的国家,财政支出的绝对规模和相对规模越大。经济体制的选择不同对财政支出的影响也不同,我国经济体制转型前后的变化即属于此。

在计划经济时期,由于国民收入集中分配的比例高,所以往往财政支出的规模就大;市场经济时期,由于社会投资占总投资的比例较高,所以政府的财政支出的规模占总投资的比例可以稍低一些。政府对经济的干预政策不同,会对财政支出规模产生不同的影响。例如,政府实施扩张性政策时,往往会借助于减少财政收入、扩大财政支出来实现,此时财政支出的规模比正常年份就会大;相反,政府实施紧缩性政策时,往往通过增加财政收入、缩减财政支出来实现,此时财政支出的规模就会比较小。一旦政府减少干预或干预主要是通过管制而非通过财政的资源配置活动或收入的转移活动来进行时,政府政策对财政支出的规模的影响就并不明显。物价水平越高,政府为了保质保量地提供公共服务,名义财政支出规模就越大。政府的征税能力越强,取得的税收收入越多,财政支出规模就越大。

（二）政治性因素

政治性因素对财政支出的影响主要体现在三个方面:一是政府的职能范围。财政支出的直接目的是为实现政府职能服务的,政府的职能范围决定了政府活动的范围和方向,也就相应决定了财政支出的范围和规模。实行计划经济体制的国家,政府的职能范围就比较宽,财政支出占 GDP 的比重会比较高;反之,在市场经济体制下,比重会低一些。但是,随着生产社会化程度越来越高、经济规模不断增大,政府的管理职能和对经济运行的宏观调控职能不断增强,对市场进行调节的成本越来越高,财政支出的绝对规模也会相应增大。二是国内外环境是否稳定。当国家出现政局不稳、内乱、战争、外部冲突等政治事件时,军费、医疗经费、公用设施建设费、事业费等财政支出项目的规模必然会超过常规年份。三是政府机构的行政效率。当一国行政机构臃肿、人浮于事、效率低下时,人员经费开支必然会大幅度增多,使得财政支出的经费支出加大。

（三）社会性因素

人口的素质和数量、教育、就业、医疗卫生、社会救济、社会保障、环境污染、城镇化等因素,都会在很大程度上影响财政支出的规模,增大财政支出的压力。例如,我国在工业化尚未完成时,人口的老龄化就提前到来,规模大、速度快,出现"未富先老"的现象。养老人口比例越高,政府的养老保险等社会保障支出压力就越大。在国有企业改革中,产生了大量的下岗职工;经济建设中的环境保护日益突出,这些问题会对财政支出不断提出新的需求,进而构成扩大财政支出的影响因素。

资料 2-1 我国养老压力巨大

无论是从当前还是从长远来看,中国老龄化的形势都不容乐观。中国 1999 年进入老龄化社会,当年 60 岁以上老年人口占总人口的 10%。截至 2018 年年底,我国共有 13.953 8 亿人口,60 岁以上老年人口达到 2.494 9 亿人,占总人口的 17.6%;65 岁以上老年人口 1.665 8 亿人,占总人口的 11.9%。据预测,2021—2050 年是"加速老龄化阶段",平均每年纯增老年人 620 万人。到 2051 年是峰值,最高峰要突破 4 个亿,达到 4.37 亿人,占到当时总人口的 31%。到时候我国每 3 个人中就有 1 个是老年人,养老形势非常严峻。

人口老龄化会带来哪些现实的压力?首先是养老保险的压力,国家必须通过制度建设,由国家、社会、个人共同努力来解决养老问题;其次是医疗保险的压力,由于"人老病随",老年人消耗的卫生资源是其他年龄段的 1.9 倍,随着老龄化越来越严重,对社会卫生方面的压力越来越大;再次是社会养老服务的压力,要提供社会化的养老服务,所以养老服务的需求带来越来越大的压力。

政府面对巨大的养老压力,必定会加大财政的社会保障支出。

四、我国财政支出的规模与结构

(一)我国财政支出的规模

财政支出的规模,或者说财政支出占 GDP 的比重,各个国家有所不同;在同一个国家的不同时期,这一比重也是不同的。

在经济体制改革前,我国财政支出占 GDP 的比重是比较高的,这是由当时的计划经济体制决定的。一方面,由于实行"低工资、高就业"政策,在 GDP 的初次分配中,个人所占的比重较小。同时,许多个人生活必需品由国家低价乃至无偿供给;另一方面,国有企业的利润乃至折旧基金几乎全部上缴国家,相应的,它们的固定资产和流动资产投资,乃至更新改造投资都由国家拨付。简言之,在改革前的社会主义经济中,国家扮演了一个总企业家和总家长的角色。这种角色在 GDP 分配上的体现,便是实行"统收统支"制度,既然要"统",财政支出占 GDP 的比重就必然较高。

1978 年改革开放以来,社会主义经济体制发生了巨大变化,从高度集中的计划经济转变为有计划的商品经济,并进而实行社会主义市场经济体制。经济体制改革,实行放权让利政策显然是一个必要条件,所以,在改革之初,不可避免地经历了一个向国有企业放权让利和提高人民收入水平的阶段,充分调动起千千万万个微观经济主体的积极性,经济增长率不断提高,人均 GDP 大幅度增加。与此相应,相当多的支出便在财政支出账上或多或少有所缩小,有的甚至消失了,财政支出占 GDP 的比重自然出现下降的趋势。

表 2-4 显示了我国 1978—2017 年间财政支出占 GDP 比重的变化情况,随着经济体制的转变和政府政策的调整,我国财政支出占 GDP 的比重从 1978 年的 30.78% 下降到 1995 年的 11.22%,在 1996 年以后开始缓慢回升,到 2017 年达到 24.55%。

表 2-4

1978—2017 年我国财政支出占 GDP 的比重

单位:亿元

年份	财政支出规模	GDP 规模	财政支出占 GDP 比重
1978	1 122.1	3 645.2	30.78%
1980	1 228.8	4 062.6	30.24%
1985	2 004.3	9 016.0	22.23%
1990	3 083.6	18 667.8	16.52%
1995	6 823.7	60 793.7	11.22%
2000	15 886.5	99 214.6	16.01%
2005	33 930.28	183 867.9	18.45%
2010	89 874.16	401 513.0	22.38%
2011	109 247.79	471 564.0	23.17%
2012	125 952.97	534 123.0	23.58%
2013	140 212.1	588 018.8	23.84%
2014	151 785.56	635 910.0	23.87%
2015	175 877.77	689 052.10	25.52%
2016	187 755.21	743 585.50	25.25%
2017	203 085.49	827 121.70	24.55%

资料来源:国家统计局网站 http://www.stats.gov.cn/tjgb/。

(二)我国的财政支出结构

财政支出结构是指各类财政支出占总支出的比重,也称为财政支出的构成。一国财政支出结构的现状及其变化,不仅表明在现有财政支出规模的前提下财政资源的分布情况,也会显示一国政府正在履行的重点职能以及变化趋势。

1. 财政支出结构与政府职能

财政支出结构与政府职能存在紧密的对应关系。政府职能的大小以及侧重点不同,决定了财政支出的结构性差异。财政支出是政府活动的资金来源,也是政府活动的直接成本。因此,政府职能的大小及其侧重点,决定了财政支出的结构。鉴于财政支出结构与政府职能存在着紧密的对应关系,我们把政府职能简化为两大类:经济管理职能和社会管理职能,相应的财政支出也就形成了经济管理支出和社会管理支出。经济管理支出主要是经济建设费,社会管理支出包括社会文教费、国防费、行政管理费和其他支出。

20 世纪 70 年代末,我国的经济管理体制和政府职能发生了根本性变革。在计划经济时期,国家注重经济职能的实现,政府调动几乎全部资源,直接从事各种生产活动,推崇"生产性财政",财政支出大量用于经济建设,经济建设费占财政支出总额的比重很高,1976—1980 年高达 59.9%。在社会主义市场经济体制下,导致了我国政府的经济管理职能逐步弱化,社会管理职能日益加强,在经济资源的配置上,政府正在逐步减少资源配置的份额,退出一些适合民间部门从事的生产活动领域。伴随着政府职能的转换,相应的财政支出结构发生了很大变化,出现了经济建设支出占财政支出总额的比重日益下降、社会管理类支出大幅度提高的现象。

2. 财政支出结构与预算级次

按照实施支出的不同行政级次,财政支出可以分为中央财政支出与地方财政支出。从表2-5中可以看出,在经济发展的不同阶段,我国中央、地方财政支出各占财政支出总额的比例有较大的变化。从总体趋势上看,中央财政支出占财政支出总额的比例在不断下降、地方财政支出占财政支出总额的比例在不断上升,符合经济体制调整的需要。

表 2-5

我国中央和地方财政支出比重

年份	中央财政支出比重	地方财政支出比重
1978	47.4%	52.6%
1980	54.3%	45.7%
1985	39.7%	60.3%
1990	32.6%	67.4%
1995	29.2%	70.8%
2000	34.7%	65.3%
2005	25.9%	74.1%
2010	17.8%	82.2%
2011	15.1%	84.9%
2012	14.9%	85.1%
2013	14.6%	85.4%
2014	14.9%	85.1%
2015	14.52%	85.48%
2016	14.60%	85.40%
2017	14.70%	85.30%

资料来源:国家统计局网站 http://www.stats.gov.cn/。

注:中央和地方财政支出均为本级支出。本表数字2000年以前不包括国内外债务还本付息支出和利用国外借款收入安排的基本建设支出。从2000年起,全国财政支出和中央财政支出中包括国内外债务付息支出。

3. 财政支出结构与经济发展阶段

财政支出结构状况受经济发展阶段的制约,合理的财政支出结构要取决于经济发展阶段,不同的经济发展阶段要求财政支出的侧重点不同。马斯格雷夫和罗斯托在分析经济发展阶段与财政支出增长的关系时,突出强调了不同的经济发展阶段会导致不同的财政支出结构。马斯格雷夫把整个财政支出划分为军用支出和民用支出,而民用支出按其经济性质又进一步划分为公共积累支出、公共消费支出和转移支付;同时把经济发展划分为三个阶段,即初级阶段、中级阶段和成熟阶段,并认为在不同的发展阶段,三类支出的增长情况各异。

(1)公共积累支出。从理论上说,财政投资占社会总投资的比重取决于资本品的外部性,即外部性越大的资本品,财政投资的比重越高。一般来说,公共部门主要从事具有较大外部经济性的投资,私人部门则主要从事具有较大内部经济性的投资。在经济发展的初期,公共积累支出应占较大的比重。交通、通信、水利设施等经济基础设施具有极大的外部经济性,私人部门不愿投资,而经济基础设施的建设不仅影响整个国民经济的健康发展,而且也影响着私人部门生产性投资的效益。因此,政府必须加大经济基础设施的投资力度,创造良好的生产经营和投资环境,加速经济起飞。在经济发展的中期,私人部门的资本积累较为雄厚,各项经济基础设施建设也已基本完成,财政投资只是私人投资的补充。因此,公共积累支出的增长率会暂时放慢,在社会总积累支出中的比重也会有所下降。在经济发展的成熟期,财政投资的增长率有可能回升。因为在这一时期,人均收入水平很高,人们对生活质量提出更高的要求,需要更新经济基础设施,加大社会基础设施和人力资本的投资。

(2)公共消费支出。公共消费支出的增长率取决于社会成员对公共消费品需求的收入弹性,从整个经济发展阶段来看,这一弹性一般大于1。根据恩格尔法则,随着一国人均收入水平的提高,人们的消费方式会发生变化,衣、食等基本消费品在整个消费支出中的比重会逐渐下降,而需要公共消费品做补充的私用消费品的支出比重会不断提高,因而公共消费支出占社会总消费支出的比重就会相应提高。这种现象在经济发展的初期和中期表现得还不十分明显,但到了经济发展的成熟期,人们的消费档次大大提高,不仅需要政府提供各种公共设施与之配套,而且政府的各种管理费还会增加。此外随着人们对生活环境和质量要求的提高,政府的有关管理机构(如治安、环保)不断膨胀,导致公共消费支出的增长。

(3)转移支付。马斯格雷夫指出,转移支付的大小取决于经济发展各阶段政府的收入分配目标。如果政府旨在减少收入分配中的不公平,转移支付的绝对额会上升,但转移支付占 GDP 的比例不会有多大变化;如果政府的目标是确保人们的最低生活水平,转移支付占 GDP 的比例会随着 GDP 的增长而降低。罗斯托则认为,一国经济发展进入成熟期,公共支出的目标将主要提供教育、卫生和福利等方面的社会基础设施,此时,用于社会保障和收入再分配方面的转移支付规模将会超过其他公共支出,而且占 GDP 的比重都会有较大幅度的提高。

可见,从理论上讲,一国财政支出结构的状况与该国的经济发展阶段密切相关。

判别一国财政支出结构的合理性,应该分析该国所处的经济发展阶段、该国所追求的主要经济政策目标、财政支出各项目之间的相对增长速度。而优化财政支出结构首先要科学合理地确定财政支出的范围,依赖经济政策目标,在增量支出中逐步调整并理顺各种结构之间的关系。

调整我国的财政支出结构,财政应继续加大"三农"支出,加大对统筹区域发展支出,加大并理顺社会福利性支出,继续加大教育事业支出,加大对科学技术的投入,加大环境保护支出等。

资料 2-2　从历次政府机构改革看政府职能转变历程

改革开放至今,我国社会发生了翻天覆地的变化,其中既有经济、社会的变革,也有国家政治体制的变革,尤其是政府行政管理体制由改革前的管制型政府向今天的服务型政府转变。而且在这一发展过程中,政府行政管理职能也经历了一个不断转变的过程。

中国行政管理体制改革的历程可以划分为四个阶段：① 20 世纪 80 年代的精简机构的阶段；② 20 世纪 90 年代的为市场经济奠定基础的阶段；③ 2003 年的宏观调控、市场监管、社会管理和公共服务基本定位的阶段；④ 2008 年和 2013 年的"大部制"改革的阶段。

从 1982 年算起，中国至今先后进行过 8 次大的政府机构改革，都是随着经济体制改革的深化，围绕政府职能转变精简机构。1982 年，国务院 100 个部门裁掉了 39 个，人员编制从 5.1 万人减少到 3 万人；1988 年，国务院部门、直属机构由 67 个减为 60 个，国务院人员编制减少 9 700 多人；1993 年，国务院部门、直属机构从 86 个减少到 59 个，人员减少 20%；1998 年，国务院组成部门由 40 个减少到 29 个；2003 年，国务院组成部门由 29 个减少到 28 个，设立国资委、银监会，组建商务部、国家食品药品监督管理局；2008 年，国务院组成部门设置为 27 个，组建人力资源和社会保障部、住房和城乡建设部、工业和信息化部、交通运输部和环境保护部等 5 个大部；2013 年，国务院设置组成部门 25 个，组建国家食品药品监督管理总局、国家新闻出版广播电影电视总局、国家铁路局、国家卫生和计划生育委员会，重新组建国家海洋局、国家能源局。2018 年 3 月 13 日，国务院机构改革方案公布，进行第 8 次政府机构改革，国务院正部级机构减少 8 个，副部级机构减少 7 个，除国务院办公厅外，国务院设置组成部门 26 个。历次的政府机构改革，都是力图要降低行政成本，提高行政效率，优化行政管理体制。

在历次行政体制改革的进程中，核心就是政府职能转变。政府职能定位决定了它做什么样的事，而做什么事又决定了它需要多少资源和权力。因此，转变政府职能是行政管理体制改革的关键，如果不转变职能定位，就无法去除政府扩张的根源。从中国的实际出发，政府职能转变主要涉及两个方面：一是放权；二是转变职能。

统计显示，自 2001 年 9 月行政审批制度改革工作全面启动以来，国务院已取消和调整了 2 400 多项审批项目，地方各级政府取消和调整多达数万项，占原有项目总数的一半以上。行政审批目录从 2001 年的 4 300 多项，精简至新一届政府上任时的 1 700 多项。李克强总理表示，本届政府要下决心把现有行政审批事项再削减 1/3 以上。国务院报告披露，一年来，国务院先后取消和下放了 7 批共 632 项行政审批等事项，同时还将分 6 批次取消和下放 200 项以上的行政审批事项。需报国务院部门核准的企业投资项目减少 60% 左右。国务院还着力改革工商登记制度，将 126 项工商登记前置审批事项改为后置审批，推进工商注册制度便利化，极大地调动了全社会创业兴业的热情。行政事业性收费也大幅减少，取消了 34 项中央级行政事业性收费和 314 项地方行政事业性收费，降低 20 项收费标准，每年减轻企业和个人负担约 100 亿元。

在职能转变方面，也经历了一个不断发展的持续过程。1985 年，中共十二届四中全会首次提出转变政府职能的要求；1987 年，中共十三大明确提出转变职能是行政管理体制改革的关键；1992 年，中共十四大报告提出，"加快转变政府职能，根本途径是推进政企分开"；1997 年，中共十五大报告提出，"要按照社会主义市场经济的要求，转变政府职能，实现政企分开，把企业生产经营管理的权力切实交给企业"；2002 年，中共十六大以来，在继续转变政府经济管理职能的同时，更加注重全面履行政府职能；2008 年，中共十七届二中全会通过《关于深化行政管理体制改革的意见》，进一步强调深化行政管理体制改革要以政府职能转变为核心，要加快政府职能转变，全面正确履行政府职能，通过改革,实现政府职能向创造良好发展环境,提供优质公共服务、维护社会公平正义的根本转变;2012 年,中共十八大对转变政府职能提出了更明确的要求,"深入推进政企分开、政资分开、政事分开、政社分开,建设职能科学、结构优化、廉洁高效、人民满意的服务型政府"。

　　历次改革始终以适应市场经济体制改革为目标,以转变政府职能为轴心。

资料来源:中国改革论坛 http://www.chinareform.org.cn/gov/。

第三节　财政支出效益的评价

　　财政支出效益是指研究财政支出需要保持多大的规模、何种结构才能使得经济和社会发展最快,即探讨在既定条件下的财政支出最优规模和结构的问题。评价财政支出效益是比较困难的,因为效益或成本有很多是不能用市场价格或货币单位衡量的,缺乏可比性;有些财政支出的效益或成本往往不是直接体现的,存在隐蔽性;财政支出的许多项目的效益或成本具有长期性,也有一些项目效益体现在短期效益上。因此,对于不同的财政支出项目,需要采用不同的效益评价方法。一般而言,对于那些有直接经济效益的财政支出项目(如基本建设投资项目),采用"成本-效益"分析法;对于那些只有社会效益且其产品不能进入市场的财政支出项目(如国防项目),采用"最低费用"选择法;对于那些既有社会效益、又有经济效益的财政支出项目(如交通项目),采用"公共服务收费法"来衡量。

一、成本-效益分析法

　　成本-效益分析法就是针对政府确定的建设目标,提出若干实现目标的可行性方案,通过对所有方案的全部预期收益和全部预期成本的分析比较,从中选择出最佳的政府投资方案,以使公共支出获得最大的社会效益。

　　运用成本-效益分析法选择最优的公共支出项目,适用于项目发生的收益能够用货币计量的情况,一般要将项目的收益(包括内部收益和外部收益)全部量化,同时也将成本(包括内部和外部成本)全部量化,然后比较其效果。具体有以下几个步骤:第一,根据政府确定的建设目标,提出若干备选项目,确定不同的预选方案;第二,确定每一个方案的成本和收益,运用贴现方法将这些成本和收益折成现值;第三,依据成本-效益分析法,比较各方案的净收益的大小;第四,对确定的项目组合进行机会成本分析,择优选出最佳方案。由成本-效益分析法的步骤可知,这种分析方法最关键的是如何确定项目的成本和效益、贴现率、时间期限等。

(一)评估财政支出项目的决策标准——净现值法

　　选择最优投资项目的依据是计算该项目的净社会效益。净社会效益等于效益减去成本后的余额。一般来说,政府投资的项目要持续许多年,在此期间,每年都会发生效益和成本,不能简单地把每个年度内发生的成本-效益相加、汇总,还必须考虑货币的时间价值,应把项目从开始投资到完工期间的若干年里发生的成本-效益通过贴现率折现为现值,然后才能加以汇总,在此基础上,再计算投资项目不同方案的成本-效益,选优汰劣。其计算公式为:

$$NPV = PV(B-C) = \sum_{t=0}^{H} \frac{B_t}{(1+r)^t} - \sum_{t=0}^{H} \frac{C_t}{(1+r)^t}$$

式中，NPV 表示社会净效益；PV 表示现值；B 表示收益；C 表示成本；r 表示贴现率；t 表示年限；H 表示时间界限。

根据上式计算出来的结果，我们可以对某一项目的投资可行性作出判断：如果 NPV >0，则该项目可行；如果 $NPV=0$，则需计算内部收益率（净现值等于零的贴现率），若内部收益率大于银行贷款利率，该项目可行；如果 $NPV<0$，则该项目不可行。在对于不同项目进行选择时，则比较所有项目的 NPV 值的大小，同等条件下选择 NPV 高的项目。NPV 是决定实施还是放弃一个项目的良好标准，因为它衡量的是该项目创造的对经济财富的净增加。政府的效率目标就是要使本国的经济财富尽可能地多。

因此，当政府必须在各种项目之间进行选择时，NPV 标准是相对可靠的决策标准，实践中最常用的就是净现值标准。

（二）成本与效益的测算

公共支出的成本与效益包含了很多类型，从总的方面说，可以归纳为两大类，即实际成本与效益和金融成本与效益。在实际成本与效益中，又分为直接成本与效益和间接成本与效益、内部成本与效益和外部成本与效益、中间成本与效益和最终成本与效益。在直接和间接成本与效益中，又分为有形成本与效益和无形成本与效益。

1. 实际成本与效益和金融成本与效益

实际成本是指由于建设该项目而实际耗费的人力和物力，以及对社会、经济和人民生活造成的实际损失。实际效益是指由于该项目的建设而生产出更多的社会财富，以及对社会发展和人民生活增加的实际福利。金融成本与效益，是指由于该项目的建设，使社会经济的某些方面受到影响，引起了价格的上升或下降，从而使某些单位或个人增加或减少了收入。但是，由于一个单位或个人之所得，恰为其他单位或个人之所失，整个社会的总成本与总效益并无增减变化，所以，金融成本与效益又称为虚假成本与效益。

2. 直接成本与效益和间接成本与效益

直接成本是指为建设、维护和经营该项目而投入的人力和物力价值。直接效益是指该项目直接使社会增加的商品量和劳务量，以及使社会成本得以降低的价值。间接成本又称次级成本，是指由于该项目的建设而附带产生的人力和物力的耗费。间接效益也称次级效益，是指由于该项目的建设，通过连锁效应而使相关部门增加的产量和增加的其他社会福利。

3. 有形成本与效益和无形成本与效益

有形成本与效益是指可以用市场价格计算的、按惯例应计入会计账簿的一切成本与效益。无形成本与效益是指不能由市场估价的、也不能以价值形式计入会计账簿的一切成本与效益。

4. 内部成本与效益和外部成本与效益

内部成本与效益是指在建设项目的实施区域内所发生的一切的成本与效益。外部成本与效益是指在建设项目的实施区域以外所发生的一切的成本与效益。

5. 中间成本与效益和最终成本与效益

中间成本与效益是指在建设项目竣工以前加入的其他经济活动所产生的成本与效益。最终成本与效益是指建设项目作为最终产品所产生的成本与效益。

下面我们以防洪工程为例,说明财政支出的成本与效益的不同类型,如表2-6所示。

表 2-6

防洪工程不同类型的成本与效益

成本与效益的类型			成　　本	效　　益
实际的	直接	有形	建筑本工程投入的材料费、人工费、管理维护费	农产品增产、水力发电
		无形	田野的损失	美化环境
	间接	有形	水的转向造成的损失	减少土壤侵蚀、水产养殖收益
		无形	野生资源的破坏	改善气候
	中间		建设、管理、维护旅游资源设施的投入	增加旅游收入
	最终		建设、管理该工程投入的人财物及田野损失	减少洪涝灾害、灌溉土地、发电、农业增产
	内部		建设、管理工程支出	给本地区带来的利益
	外部		下游地区对工程的支持	帮助下游地区控制洪水
金融的			因地价提高而使工程造价提高	土地所有者收益增加

成本与效益通常是以价值形式(货币)计量的。但如果市场价格受到了非经济因素的人为影响,就要用影子价格来计量出方案的成本与效益。影子价格是指某种资源得到合理利用的结算价格。最为困难的是对无形成本与效益的计量,因为它们难以用货币计算。为此,通常用一些替代办法进行间接估算。比如,我们估算防洪工程对美化环境和人民健康所产生的效益时,就可用当地卫生防疫费用和医疗费用的减少额来替代,当然这只能求得近似值。

（三）贴现率的确定

贴现是银行的放款业务之一。企业和个人持未到期的票据(如汇票),向银行提取现金,银行按市场利息率扣取自贴现日至票据到期日的利息,然后将票面余额以现金支付给持票人,这一银行业务被称为贴现。贴现利息与票据票面额的比率,称为贴现率。

在分析项目的可行性时,必须贴现未来的效益与成本,贴现率(r)的选择是关键。如果选定的贴现率很高,意味着投资项目会立即产生效益;如果选定的贴现率很低,则会导致初始资本成本看起来相当高。这些都会妨碍对项目的正确评估。西方国家在理论上对贴现率如何选择提出了许多方法,不过,对我国这样一个发展中国家来说,最好的选择方法或许是把它与举债决策、资本投入决策联系在一起:① 贴现率应当不低于举借外债的利率。因为即使项目全部都是用国内来源融资,但由于放弃其中的一个项目就可给其他项目提供资金,因而可减少举借外债的需要。② 贴现率不应低于国有企业因政府增加资本投入而取得的收益率,否则,把资源从政府项目上转移到国有企业可能更能增加收益。

（四）时间期界的确定

时间期界是计算期间（年度）的极限，它的确定对未来的效益与成本的贴现也是很重要的。由于许多方面诸如偏好、资源可利用性、技术状况等具有不确定性，超过一定期限后，有些效益与成本是无法预测的；同时，时间期界的长短，直接影响着项目成本与效益的现值。一般来说，不同的项目，时间期界不同。在实践中，时间期界的确定一般是运用科学的方法计算项目的使用寿命。

（五）机会成本分析

在选定项目组合和各项目实施方案之后，还要进行机会成本分析，才能够最终将支出项目确定下来。机会成本分析包括以下两个方面：第一，将政府公共支出的效益与企业和个人的支出效益作比较。在一定的时期内，社会的经济资源是有限的，政府通过公共支出占用了一部分资源，势必牺牲企业或个人利用这部分资源的机会。所以，企业或个人利用这部分资源可能创造的效益，就构成了政府运用这部分资源的机会成本。如果公共支出的效益低于机会成本，便是不可取的，这时，就需要调整公共支出的规模和结构。第二，对不同的公共支出项目进行成本与效益分析，提出在不同的公共支出项目之间进行削多补少的调剂方案。提出这种方案的目的，是为了把有的项目因为支出过多而无效益的部分削减下来，补给有效益的项目，以实现公共支出的"社会效益最大化"。

下面以美国教育投资为例，对其进行成本与效益分析。美国大学生教育的成本与效益分析，如表 2-7 所示。

表 2-7

美国大学生教育的成本与效益分析

单位：美元

学生教育的平均收益	1	平均年收入（中学毕业生）	10 500
	2	平均年收入（大学毕业生）	15 800
	3	年收入净收益（2－1）	5 300
	4	收益合计（以工作 41 年计）	217 300
	5	收益现值（按 8％贴现）	46 600
	6	收益现值（按 4％贴现）	90 600
学生教育的平均成本	7	大学各类经费（4 年）	11 600
	8	因上学产生的机会成本（4 年）	21 900
	9	各杂项费用（4 年）	6 000
	10	成本合计（4 年）	39 500
	11	成本现值（按 8％贴现）	32 707
	12	成本现值（按 4％贴现）	35 845

（续表）

投资效益分析	13	净收益现值（8%贴现的 NPV）	13 893
	14	净收益现值（4%贴现的 NPV）	54 745
	15	效益成本比（8%贴现 BCR）	142.0%
	16	效益成本比（4%贴现 BCR）	253.0%
	17	内含报酬率（IRR）	11.2%

资料来源：洪银兴、刘小川、尚长风编著：《公共财政学》，南京大学出版社 2003 年 10 月版。

　　本案例涉及的是大学本科教育，需要 4 年时间，此后的 41 年（至法定退休年限）是该学生取得收益的时间，因此，计算该项目的总成本和总收益不能简单地将若干年的成本和若干年的收益加总，需要考虑货币资金的时间价值。本案例中引进了高低两种贴现率，可以较客观地反映该项目成本与收益的动态水平，供投资项目决策者选择。在列举本案例的成本时，机会成本问题不容忽视。在学生选择接受大学教育的同时，必须要放弃参加工作，因此，该学生在 4 年的学习时期，除了要支付必要的学杂费用之外，自然也就放弃了 4 年工作的工资报酬。这 4 年工作收益的贴现值，就是该学生所要承担的"机会成本"。显然，如果机会成本加上现实成本高于该学生学成后的收益，那么这项教育投资就是无效益的；反之，则是有效益的。

　　由于该教育项目的效益评估不具有横向可比性，所有对项目的多视角投资效益评估显得更加重要。本案例中，我们采用了净现值法、效益-成本比率法以及内含报酬率法三项指标，对该项目进行了全方位的效益评估。评估结果表明：大学生的教育投资不仅是有效益的，而且具有高回报的特征。

二、最低费用选择法

　　最低费用选择法，就是依据政府确定的建设目标，提出若干实现目标的备选方案，通过分析各个预选方案的全部预期成本费用，选择预期成本费用最低的方案进行投资的方法。最低费用选择法是对成本与效益分析法的一种补充，主要应用于无法使用成本与效益分析法的公共支出项目，如军事、政治、文化、教育和卫生等。采用最低费用选择法，也可以达到提高公共支出效益的目的。这种方法与成本与效益分析法的主要区别在于，最低费用选择法不用货币单位来计量备选的公共支出方案的社会效益，只计算各备选方案的有形成本，并以"费用最低"为择优标准。

　　运用最低费用选择法来选择最优的公共支出方案，其步骤同前述成本与效益分析法大致相同，不同的是最低费用选择法只分析某个项目的成本开支情况，所获得的只有社会效益而没有直接的经济效益，不用计算支出的效益和无形成本，故分析内容要简单得多。基本步骤是：首先，根据政府确定的建设目标，提出实现目标的多种备选方案。其次，以货币为统一尺度，分别计算出各备选方案的各种有形费用。如果是多年投资的项目，也要用贴现办法折算出"费用流"的现值，以保证各备选方案的可比性。最后，按照费用的高低排出顺序，以供决策者选择。

例如,政府为了提高国民的教育水平,有三种不同的公共支出方案可供选择:① 学费补贴。政府通过公共支出补贴学校,从而降低学校的学费,使更多的学生能受到教育。② 收入补助。如通过公共支出,对有未成年子女的家庭给予援助,增加居民的家庭收入以鼓励其未成年子女多受教育。③ 定量补助。即通过公共支出使居民享受一定数量的免费教育。上述三种支出方案均能达到提高国民教育水平的目的,但是它们各自的费用肯定不同,这就需要通过仔细的分析、比较,帮助决策者选择出既能节省财政开支,又能达到预定目标的最优方案。

运用最低费用选择法来确定公共支出方案,难点不在费用开支的比较上,而在于如何使不同的支出方案能够无差别地实现公共支出的目的。实际上,由于政府的许多公共支出项目受到社会因素和政治因素的影响,在比较费用开支的同时,也要考虑社会、政治等非经济因素的连锁反应,在综合分析、全面衡量的基础上,再择优而用。

三、公共定价法

在市场经济条件下,所有经济主体都采用使自我利益最大化的行为。作为一种信号,价格机制是节约资源配置的重要杠杆。政府向社会提供市场性物品,也一样会涉及定价问题。公共定价就是政府相关部门通过一定秩序和规则制定的、提供公共产品的价格和收费标准,即公共产品价格和收费标准的确定。公共定价的对象既包括政府公共部门提供的公共产品,也包括私人部门提供的公共产品。

公共定价涉及定价水平和定价体系问题。

(一)定价水平

从定价水平看,包括免费或低价、平价和高价三种。

1. 免费或低价

免费或低价提供公共服务,可以促进公众对该项公共服务的最大限度地使用,使其社会效益极大化。

这种价格政策,一般适用于那些从国家和民族利益出发,必须在全国范围内普遍使用,但公众可能尚无此觉悟,不能自觉使用的公共服务,如强制义务教育、强制计划免疫、国防、气象服务、地震监测与预报等。但是,免费和低价的价格政策,可能会导致公众对公共服务的浪费。例如,政府通过公共支出建设道路和桥梁免费提供给社会使用,可能会使越来越多的人使用私人汽车,而不去利用公共交通设施,从而使道路上的车辆拥挤不堪,公共交通设施又得不到充分的利用,迫使国家为改善交通运输状况不得不增加更多的公共支出以建筑新的道路和桥梁;允许免费进入国家公园,可能会使公园的环境遭到破坏和长期得不到维修;低价提供住宅,可能会助长抢房和多占住房的恶劣风气;低价提供旅行和运输便利,可能会使车辆拥挤不堪等。

2. 平价

平价提供公共服务,可以使提供公共服务所耗费的人力和物力得到相应的补偿。这种价格政策,一方面能促使公众节约使用公共服务;另一方面能使公共服务得到进步和发展。从国家和民族的利益来看,这种价格政策无须特别鼓励使用,也不必特别加以限制使用的公共服务,如公园、公路、铁路、医疗、邮电等。

3. 高价

高价政策可以有效地限制公共服务过度使用,还可以为国家提供额外的收入。这种价格政策适用于从国家和民族利益考虑,必须限制使用的公共服务。

公共产品三种定价水平比较,如表 2-8 所示。

表 2-8

公共产品三种定价水平比较

项目	免费或低价提供	平价提供	高价提供
特点	最大限度消费	成本费用得到一定补偿	限制产品的使用
	社会效益极大化	社会节约资源	提供额外收入
	导致对产品的浪费	公共产品部门得以发展	抑制公众消费
	资源难以得到维护	适用于无须特别鼓励、也无须限制使用的公共产品或服务	适用于从民族利益看必须限制的产品和服务
	适用于从民族利益看必须在全国范围内普遍使用、公众觉悟尚低的公共产品或服务		

(二) 定价方法

政府采用公共定价方法,其目的不仅在于提高整个社会资源的配置效率,更重要的是使这些产品和劳务得到最有效的使用,提高公共支出效益。既要充分提供公共产品,又要提高有关公共支出的效益,就必须适当选择定价方法。公共定价方法主要有平均成本定价法、二部定价法和负荷定价法三种。

1. 平均成本定价法

平均成本定价法是指政府在保持企业收支平衡的情况下,采取尽可能使经济福利最大化的定价方式。

从理论角度来看,边际成本定价是最理想的定价方式,但它会使企业出现大量亏损,长此以往,它们很难提供足够的满足社会公共需要的物品,因为财政补贴也是有限度的。因此,在成本递减行业,为了使企业保持收支平衡,公共定价或价格管制要高于边际成本定价。

2. 二部定价法

二部定价法是指由两部分构成的定价体系:一是与使用量无关的按月或按年支付的"基本费",二是按使用量支付的"从量费"。二部定价法是定额定价和从量定价两者合一的定价体系,也是反映成本结构的定价体系。由于二部定价法中的"基本费"是不管使用量的多少而收取的固定费,所以有助于企业财务的稳定。由于二部定价法具有"以收支平衡为条件实现经济福利最大化"性质,所以现在几乎所有受管制的行业(特别是电力、城市煤气、自来水、电话等自然垄断行业)都普遍采用这种定价方法。

3. 负荷定价法

负荷定价法是指对不同时间段或时期的需要制定不同的价格。在电力、煤气、自来水、电话等行业，按需求的季节、月份、时区的高峰和非高峰的不同，有系统地制定不同的价格，以平衡需求状况。在需求处于最高峰时，收费最高；而处于最低谷时，收费最低。

资料 2-3　财政支出绩效的评价管理

为加强财政支出管理，强化支出责任，建立科学、合理的财政支出绩效评价管理体系，提高财政资金使用效益，财政部 2011 年制定发布了《财政支出绩效评价管理暂行办法》。财政支出绩效评价（以下简称绩效评价）是指财政部门和预算部门（单位）根据设定的绩效目标，运用科学、合理的绩效评价指标、评价标准和评价方法，对财政支出的经济性、效率性和效益性进行客观、公正的评价。各级财政部门和各预算部门是绩效评价的主体。

绩效评价应当遵循以下基本原则：① 科学规范原则。绩效评价应当严格执行规定的程序，按照科学可行的要求，采用定量与定性分析相结合的方法。② 公正公开原则。绩效评价应当符合真实、客观、公正的要求，依法公开并接受监督。③ 分级分类原则。绩效评价由各级财政部门、各预算部门根据评价对象的特点分类组织实施。④ 绩效相关原则。绩效评价应当针对具体支出及其产出绩效进行，评价结果应当清晰反映支出和产出绩效之间的紧密对应关系。

绩效评价的主要依据：① 国家相关法律、法规和规章制度。② 各级政府制定的国民经济与社会发展规划和方针政策。③ 预算管理制度、资金及财务管理办法、财务会计资料。④ 预算部门职能职责、中长期发展规划及年度工作计划。⑤ 相关行业政策、行业标准及专业技术规范。⑥ 申请预算时提出的绩效目标及其他相关材料，财政部门预算批复，财政部门和预算部门年度预算执行情况，年度决算报告。⑦ 人大审查结果报告、审计报告及决定、财政监督检查报告。⑧ 其他相关资料。

绩效评价的基本内容：① 绩效目标的设定情况。② 资金投入和使用情况。③ 为实现绩效目标制定的制度、采取的措施等。④ 绩效目标的实现程度及效果。⑤ 绩效评价的其他内容。绩效评价一般以预算年度为周期，对跨年度的重大（重点）项目可根据项目或支出完成情况实施阶段性评价。

绩效目标是绩效评价的对象计划在一定期限内达到的产出和效果，由预算部门在申报预算时填报。预算部门年初申报预算时，应当按照本办法规定的要求将绩效目标编入年度预算；执行中申请调整预算的，应当随调整预算一并上报绩效目标。绩效目标应当包括以下主要内容：① 预期产出，包括提供的公共产品和服务的数量。② 预期效果，包括经济效益、社会效益、环境效益和可持续影响等。③ 服务对象或项目受益人满意程度。④ 达到预期产出所需要的成本资源。⑤ 衡量预期产出、预期效果和服务对象满意程度的绩效指标。⑥ 其他。

绩效目标应当符合以下要求：① 指向明确。绩效目标要符合国民经济和社会发展规划、部门职能及事业发展规划，并与相应的财政支出范围、方向、效果紧密相关。② 具体细化。绩效目标应当从数量、质量、成本和时效等方面进行细化,尽量进行定量表述,不能以量化形式表述的,可以采用定性的分级分档形式表述。③ 合理可行。制定绩效目标时要经过调查研究和科学论证,目标要符合客观实际。

绩效评价指标是指衡量绩效目标实现程度的考核工具。绩效评价指标的确定应当遵循以下原则:① 相关性原则。应当与绩效目标有直接的联系,能够恰当反映目标的实现程度。② 重要性原则。应当优先使用最具评价对象代表性、最能反映评价要求的核心指标。③ 可比性原则。对同类评价对象要设定共性的绩效评价指标,以便于评价结果可以相互比较。④ 系统性原则。应当将定量指标与定性指标相结合,系统反映财政支出所产生的社会效益、经济效益、环境效益和可持续影响等。⑤ 经济性原则。应当通俗易懂、简便易行,数据的获得应当考虑现实条件和可操作性,符合成本效益原则。

绩效评价指标分为共性指标和个性指标。共性指标是适用于所有评价对象的指标,主要包括预算编制和执行情况、财务管理状况、资产配置、使用、处置及其收益管理情况以及社会效益、经济效益等。个性指标是针对预算部门或项目特点设定的,适用于不同预算部门或项目的业绩评价指标。共性指标由财政部门统一制定,个性指标由财政部门会同预算部门制定。

绩效评价标准是指衡量财政支出绩效目标完成程度的尺度。绩效评价标准具体包括:① 计划标准,是指以预先制定的目标、计划、预算、定额等数据作为评价的标准。② 行业标准,是指参照国家公布的行业指标数据制定的评价标准。③ 历史标准,是指参照同类指标的历史数据制定的评价标准。④ 其他经财政部门确认的标准。

绩效评价方法主要采用成本效益分析法、比较法、因素分析法、最低成本法、公众评判法等。① 成本效益分析法,是指将一定时期内的支出与效益进行对比分析,以评价绩效目标实现程度。② 比较法,是指通过对绩效目标与实施效果、历史与当期情况、不同部门和地区同类支出的比较,综合分析绩效目标实现程度。③ 因素分析法,是指通过综合分析影响绩效目标实现、实施效果的内外因素,评价绩效目标实现程度。④ 最低成本法,是指对效益确定却不易计量的多个同类对象的实施成本进行比较,评价绩效目标实现程度。⑤ 公众评判法,是指通过专家评估、公众问卷及抽样调查等对财政支出效果进行评判,评价绩效目标实现程度。⑥ 其他评价方法。绩效评价方法的选用应当坚持简便有效的原则,根据评价对象的具体情况,可采用一种或多种方法进行绩效评价。

财政部门负责拟定绩效评价规章制度和相应的技术规范,组织、指导本级预算部门、下级财政部门的绩效评价工作;根据需要对本级预算部门、下级财政部门支出实施绩效评价或再评价;提出改进预算支出管理意见并督促落实。预算部门负责制定本部门绩效评价规章制度;具体组织实施本部门绩效评价工作;向同级财政部门报送绩效报告和绩效评价报告;落实财政部门整改意见;根据绩效评价结果改进预算支出管理。根据需要,绩效评价工作可委托专家、中介机构等第三方实施。财政部门应当对第三方组织参与绩效评价的工作进行规范,并指导其开展工作。财政支出绩效评价指标体系(参考),如表2-9所示。

表 2-9

财政支出绩效评价指标体系(参考)

一级指标	分值	二级指标	分值	三级指标	分值	指标解释	评价标准
项目决策	20	项目目标	4	目标内容	4	目标是否明确、细化、量化	目标明确(1分),目标细化(1分),目标量化(2分)
		决策过程	8	决策依据	3	项目是否符合经济社会发展规划和部门年度工作计划;是否根据需要制定中长期实施规划	项目符合经济社会发展规划和部门年度工作计划(2分),根据需要制定中长期实施规划(1分)
				决策程序	5	项目是否符合申报条件;申报、批复程序是否符合相关管理办法;项目调整是否履行相应手续	项目符合申报条件(2分),申报、批复程序符合相关管理办法(2分),项目实施调整履行相应手续(1分)
		资金分配	8	分配办法	2	是否根据需要制定相关资金管理办法,并在管理办法中明确资金分配办法;资金分配因素是否全面、合理	办法健全、规范(1分),因素选择全面、合理(1分)
				分配结果	6	资金分配是否符合相关管理办法;分配结果是否合理	项目符合相关分配办法(2分),资金分配合理(4分)
项目管理	25	资金到位	5	到位率	3	实际到位÷计划到位×100%	根据项目实际到位资金占计划的比重计算得分(3分)
				到位时效	2	资金是否及时到位;若未及时到位,是否影响项目进度	及时到位(2分),未及时到位但未影响项目进度(1.5分),未及时到位并影响项目进度(0~1分)。
		资金管理	10	资金使用	7	是否存在支出依据不合规、虚列项目支出的情况;是否存在截留、挤占、挪用项目资金情况;是否存在超标准开支情况	虚列(套取)扣4~7分,支出依据不合规扣1分,截留、挤占、挪用扣3~6分,超标准开支扣2~5分
				财务管理	3	资金管理、费用支出等制度是否健全,是否严格执行;会计核算是否规范	财务制度健全(1分),严格执行制度(1分),会计核算规范(1分)。
		组织实施	10	组织机构	1	机构是否健全、分工是否明确	机构健全、分工明确(1分)
				管理制度	9	是否建立健全项目管理制度;是否严格执行相关项目管理制度	建立健全项目管理制度(2分);严格执行相关项目管理制度(7分)

（续表）

一级指标	分值	二级指标	分值	三级指标	分值	指标解释	评价标准
项目绩效	55	项目产出	15	产出数量	5	项目产出数量是否达到绩效目标	对照绩效目标评价产出数量（5分）
				产出质量	4	项目产出质量是否达到绩效目标	对照绩效目标评价产出质量（4分）
				产出时效	3	项目产出时效是否达到绩效目标	对照绩效目标评价产出时效（3分）
				产出成本	3	项目产出成本是否按绩效目标控制	对照绩效目标评价产出成本（3分）
		项目效果	40	经济效益	8	项目实施是否产生直接或间接经济效益	对照绩效目标评价经济效益（8分）
				社会效益	8	项目实施是否产生社会综合效益	对照绩效目标评价社会效益（8分）
				环境效益	8	项目实施是否对环境产生积极或消极影响	对照绩效目标评价环境效益（8分）
				可持续影响	8	项目实施对人、自然、资源是否带来可持续影响	对照绩效目标评价可持续影响（8分）
				服务对象满意度	8	项目预期服务对象对项目实施的满意程度	对照绩效目标评价服务对象满意度（8分）
总分	100		100		100		

第四节　政府采购制度

政府采购因其能够节约财政资金，提高资金使用效率，有利于加强财政监督，在一定程度上能防止寻租行为和暗箱操作等腐败现象，因而被称为"阳光下的交易"。作为一种高效、先进、符合市场经济发展规律的财政资金分配、使用和管理制度，政府采购从制度上保障"花钱"有效率。

政府采购在市场经济国家已经有 200 多年的历史，随着 1994 年一些 WTO 成员国签署的《政府采购协议》和联合国贸易组织法委员会 1994 年通过的《货物、工程和服务采购示范法》，市场经济发达国家的政府采购进一步向规范化、国际化的方向发展，法律制度越来越完善，采购规模越来越大，部分国家每年用于政府采购的支出已经占财政支出的30％左右。

一、政府采购的概念及特征

（一）政府采购的概念

政府采购又称公共采购，是指政府为了履行某种职能的需要而购买商品和服务的活动。我国于 2003 年 1 月 1 日颁布实施、于 2014 年 8 月 31 日修订的《中华人民共和国政府采购法》(以下简称《政府采购法》)规定:"本法所称政府采购,是指各级国家机关、事业单位和团体组织,使用财政资金采购依法制定的集中采购目录以内的或者采购限额标准以上的货物、工程和服务的行为。"

依据 2015 年 3 月 1 日起实施的《中华人民共和国政府采购法实施条例》(本章以下简称《实施条例》)的规定,政府采购法所称财政性资金是指纳入预算管理的资金。以财政性资金作为还款来源的借贷资金,视同财政性资金。国家机关、事业单位和团体组织的采购项目既使用财政性资金又使用非财政性资金的,使用财政性资金采购的部分,适用《政府采购法》及本条例;财政性资金与非财政性资金无法分割采购的,统一适用《政府采购法》及《实施条例》。

集中采购目录,是指应当实行集中采购的货物、工程和服务品目类别目录,包括集中采购机构采购项目和部门集中采购项目。采购限额标准,是指集中采购目录以外应实行政府采购的货物、工程和服务品目类别的最低金额标准。

技术、服务等标准统一,采购人普遍使用的项目,列为集中采购机构采购项目;采购人本部门、本系统基于业务需要有特殊要求,可以统一采购的项目,列为部门集中采购项目。省、自治区、直辖市人民政府或者其授权的机构根据实际情况,可以确定分别适用于本行政区域省级、设区的市级、县级的集中采购目录和采购限额标准。国务院财政部门应当根据国家的经济和社会发展政策,会同国务院有关部门制定政府采购政策,通过制定采购需求标准、预留采购份额、价格评审优惠、优先采购等措施,实现节约能源、保护环境、扶持不发达地区和少数民族地区、促进中小企业发展等目标。

货物,是指各种形态和种类的物品,包括原材料、燃料、设备、产品等。工程,是指建设工程,包括建筑物和构筑物的新建、改建、扩建、装修、拆除、修缮等。政府采购工程以及与工程建设有关的货物、服务,应当执行政府采购政策。政府采购工程以及与工程建设有关的货物、服务,采用招标方式采购的,适用《招标投标法》及其实施条例;采用其他方式采购的,适用《政府采购法》及《政府采购条例》。与工程建设有关的货物,是指构成工程不可分割的组成部分,且为实现工程基本功能所必需的设备、材料等;与工程建设有关的服务,是指为完成工程所需的勘察、设计、监理等服务。服务,是指除货物和工程以外的其他政府采购对象,包括政府自身需要的服务和政府向社会公众提供的公共服务。

资料 2-4　阳光是最好的防腐剂

我国的政府采购总规模从 2002 年的 1 009 亿元上升到 2013 年的 16 381 亿元,十多年来,政府采购曾暴露出质量不高、效率低下等问题。为了完善政府采购制度,进一步促进政府采购的规范化、法制化,构建规范透明、公平竞争、监督到位、严格问责的政府采购工作机制,制定了《中华人民共和国政府采购法实施条例》(以下简称《条例》)并已经自 2015 年 3 月 1 日起施行。

一、制定《条例》把握的四个原则

《条例》制定过程中,主要把握了四个原则:一是严格依据《政府采购法》制定,同时也注意与《预算法》及其实施条例、《招标投标法》及其实施条例、《合同法》等法律、行政

法规做好衔接。二是按照推进国家治理体系和治理能力现代化的要求,发挥政府采购的调控作用,保障政府目的的实现。三是创新政府采购管理理念和方式,在严格采购程序管理的同时,强化采购需求和结果管理。四是提高政府采购的透明度,加强社会监督。

"阳光是最好的防腐剂。"为了防止暗箱操作,遏制寻租腐败,保证政府采购公开、公平、公正,《条例》按照政府采购全过程信息公开的目标导向,主要作了五项规定:① 采购信息须公开。政府采购项目信息应当在指定媒体上发布。采购项目预算金额应当在采购文件中公开。采用单一来源采购方式,只能从唯一供应商采购的,还应当将唯一供应商名称在指定媒体上公示。② 采购文件须公开。采购人或者采购代理机构应当在中标、成交结果公告的同时,将招标文件、竞争性谈判文件、询价通知书等采购文件同时公告。③ 中标、成交结果须公开。中标、成交供应商确定后,应当在指定媒体上公告中标、成交结果。④ 采购合同须公开。采购人应当在政府采购合同签订之日起 2 个工作日内,将政府采购合同在省级以上人民政府财政部门定的媒体上公告。⑤ 投诉处理结果须公开。财政部门对投诉事项作出的处理决定,应当在指定媒体上公告。

二、强化源头管理和结果管理

针对社会对政府采购的质疑及当前突出问题,《条例》主要细化、完善了保障公开公平公正、强化政府采购的源头管理和结果管理的规定。从近年来政府采购领域引发的公众广泛关注的案件看,突出问题是质次价高和低价恶性竞争。政府采购监管实践表明,解决这类问题仅靠加强采购程序监督是不够的,还需要强化政府采购的源头管理和结果管理,做到采购需求科学合理,履约验收把关严格,减少违规操作空间,保障采购质量。为此,《条例》主要作出了三方面规定:一是明确采购人需求责任;二是规范采购方式的选择;三是强化验收环节把关。

此外,政府采购应该尽量缩短采购周期,实现与市场更好地衔接。采购周期偏长是政府采购过程中经常面临的一个问题,因为市场是瞬息万变的,现在需要采购的东西,等都批下来了,东西都买到的时候,发现市场已经发生了很大的变化。这种情况是有的,特别是产品周期比较短的商品。最典型的是计算机,因为计算机产品周期比较短,价格变化比较大,所以同一个型号的计算机买的时候是这个价钱,但是采购实现了又是一个价钱,所以我们要尽量缩短采购周期,改进各地采购部门的程序和方式。

资料来源:依据中国政府网 2015-3-18 财政部副部长刘昆解读政府采购法实施条例讲话整理。

（二）政府采购的特征

作为一种公共采购,政府采购具有公共性、非盈利性、规范性和政策性的特征。

1. 资金来源的公共性

政府采购的资金来源于政府的财政拨款,是由纳税人缴纳的税收形成的财政资金,因此具有公共性。此处的财政资金包括财政预算资金和纳入财政管理的其他资金。

2. 采购目的的非盈利性

政府采购支出是为了体现政府各部门的公用事业费和财政投资支出,实现政府职能和社会公共利益,不是以营利为目的的。

3. 采购制度的规范性

政府采购的各个环节和活动都要在一系列的法律法规和程序管理下进行,有严格的限定性,具有最大程度的公开性,比较规范。

4. 采购活动的政策性

政府采购要符合国家经济和社会发展的需要和计划,是实现国家宏观调控政策的重要组成部分,具有很强的政策性。

二、政府采购制度的作用

政府采购制度是指规范政府采购行为的一系列法律、法规和惯例的总称,是财政制度的重要组成部分。

政府的每个部门都需要购买商品和服务,都要保质保量且经济实惠地购买商品和服务。无效率的采购方法会造成很大浪费,由于政府采购涉及的资金数额巨大,因此,政府采购制度的有效运行有重要作用。

（一）政府采购制度有助于提高资金使用效率

政府采购制度之所以能够节省财政资金,主要是因为引入了公开招标和竞争机制。政府采购制度的基本原则是公开透明,通过公开招投标制度选择供应商,获得质优价廉的商品和服务。政府采购的款项由国库统一支付,一般都能及时付款,从而可以享受到现金折扣;政府采购又是集中采购,购买金额一般都比较大,因而可以享受到商业折扣。据统计,各国因实行政府采购制度而节省财政资金 15％左右。

但是,实施政府采购并不只是为了节约资金而追求低价中标,而是为了规范政府采购行为,提高政府采购资金的使用效率,维护国家利益和社会公共利益,保护政府采购当事人的合法利益,促进廉政建设。实施政府采购的目的,并不是单纯追求采购资金的使用效益,还要兼顾维护国家利益和社会公共利益等方面。

在政府采购制度下,政府各部门的支出预算始于下一年度计划购买的物品和服务及其估计价格,财政部汇总、平衡、编制预算,提交立法部门审议通过,由相关部门监督预算执行,不得随意追加、追减。政府采购制度起到了细化预算、统一部门支出预算、明确支出标准的作用,有利于控制财政支出规模,强化预算管理,硬化预算约束,从源头上控制了支出总量,有利于控制财政支出规模。

政府采购制度能够在一定程度上防止寻租行为和暗箱操作等腐败现象。政府采购制度建立在一整套法律体系和制度框架之上,严格约束财政部门、采购实体和供应商的行为,形成了刚性的法律监督机制;财政部门与采购实体相互制约,形成了有效的内部监督机制;政府采购的信息、法规等定期公布,形成了社会监督机制。这种多层次的监督机制使得财政部门、采购实体和供应商三者之间难以达成合谋,有利于加强财政监督,能防止寻租行为和暗箱操作等腐败现象。

（二）政府采购制度有助于实施宏观调控

根据凯恩斯的宏观经济理论,财政支出是决定国民收入大小的一个决定性因素,而政府采购支出又是财政支出的一个重要组成部分。因此,政府采购制度是财政政策的一个重要工具和手段。

政府采购制度可以调节社会总需求,实现总供求平衡。当总需求大于总供给时,政府通过压缩政府采购支出,减少社会总需求,减轻通货膨胀压力;反之,当总需求小于总供给时,政府通过增加政府采购支出,增加社会总需求,减轻通货紧缩压力。政府还可以通过增加或减少对某些行业、产品的采购,引导、刺激或抑制某些行业的生产规模,调整产业结构。

资料2-5 政府采购在同等条件下优先采购可追溯产品

2016年1月13日,国务院办公厅发布了《关于加快推进重要产品追溯体系建设的意见》(国办发〔2015〕95号),指出政府采购在同等条件下优先采购可追溯产品。

追溯体系建设是采集记录产品生产、流通、消费等环节信息,实现来源可查、去向可追、责任可究,强化全过程质量安全管理与风险控制的有效措施。主要内容有以下几方面。

1. 总体要求

(1)指导思想。坚持以落实企业追溯管理责任为基础,以推进信息化追溯为方向,加强统筹规划,健全标准规范,创新推进模式,强化互通共享,加快建设覆盖全国、先进适用的重要产品追溯体系,促进质量安全综合治理,提升产品质量安全与公共安全水平,更好地满足人民群众生活和经济社会发展需要。

(2)基本原则。坚持政府引导与市场化运作相结合,发挥企业主体作用,调动各方面积极性;坚持统筹规划与属地管理相结合,加强指导协调,层层落实责任;坚持形式多样与互联互通相结合,促进开放共享,提高运行效率;坚持政府监管与社会共治相结合,创新治理模式,保障消费安全和公共安全。

(3)主要目标。到2020年,追溯体系建设的规划标准体系得到完善,法规制度进一步健全;全国追溯数据统一共享交换机制基本形成,初步实现有关部门、地区和企业追溯信息互通共享;食用农产品、食品、药品、农业生产资料、特种设备、危险品、稀土产品等重要产品生产经营企业追溯意识显著增强,采用信息技术建设追溯体系的企业比例大幅提高;社会公众对追溯产品的认知度和接受度逐步提升,追溯体系建设市场环境明显改善。

2. 统一规划,分类推进

(1)做好统筹规划。按照食品安全法、农产品质量安全法、药品管理法、特种设备安全法和民用爆炸物品安全管理条例等法律、法规规定,围绕对人民群众生命财产安全和公共安全有重大影响的产品,统筹规划全国重要产品追溯体系建设。当前及今后一个时期,要将食用农产品、食品、药品、农业生产资料、特种设备、危险品、稀土产品等作为重点,分类指导、分步实施,推动生产经营企业加快建设追溯体系。各地要结合实际制定实施规划,确定追溯体系建设的重要产品名录,明确建设目标、工作任务和政策措施。

(2)推进食用农产品追溯体系建设。建立食用农产品质量安全全程追溯协作机制,以责任主体和流向管理为核心、以追溯码为载体,推动追溯管理与市场准入相衔接,实现食用农产品"从农田到餐桌"全过程追溯管理。推动农产品生产经营者积极参与国家农产品质量安全追溯管理信息平台运行。中央财政资金支持开展肉类、蔬菜、中药材等产品追溯体系建设的地区,要大力创新建设管理模式,加快建立保障追溯体系高效运行的长效机制。

（3）推进食品追溯体系建设。围绕婴幼儿配方食品、肉制品、乳制品、食用植物油、白酒等食品，督促和指导生产企业依法建立质量安全追溯体系，切实落实质量安全主体责任。推动追溯链条向食品原料供应环节延伸，实行全产业链可追溯管理。鼓励自由贸易试验区开展进口乳粉、红酒等产品追溯体系建设。

（4）推进药品追溯体系建设。以推进药品全品种、全过程追溯与监管为主要内容，建设完善药品追溯体系。在完成药品制剂类品种电子监管的基础上，逐步推广到原料药（材）、饮片等类别药品。抓好经营环节电子监管全覆盖工作，推进医疗信息系统与国家药品电子监管系统对接，形成全品种、全过程完整追溯与监管链条。

（5）推进主要农业生产资料追溯体系建设。以农药、兽药、饲料、肥料、种子等主要农业生产资料登记、生产、经营、使用环节全程追溯监管为主要内容，建立农业生产资料电子追溯码标识制度，建设主要农业生产资料追溯体系，实施全程追溯管理，保障农业生产安全、农产品质量安全、生态环境安全和人民生命安全。

（6）开展特种设备和危险品追溯体系建设。以电梯、气瓶等产品为重点，严格落实特种设备安全技术档案管理制度，推动企业对电梯产品的制造、安装、维护保养、检验以及气瓶产品的制造、充装、检验等过程信息进行记录，建立特种设备安全管理追溯体系。以民用爆炸物品、烟花爆竹、易制爆危险化学品、剧毒化学品等产品为重点，开展生产、经营、储存、运输、使用和销毁全过程信息化追溯体系建设。

（7）开展稀土产品追溯体系建设。以稀土矿产品、稀土冶炼分离产品为重点，以生产经营台账、产品包装标识等为主要内容，加快推进稀土产品追溯体系建设，实现稀土产品从开采、冶炼分离到流通、出口全过程追溯管理。

3．统一标准，互联互通

（1）完善标准规范。结合追溯体系建设实际需要，科学规划食用农产品、食品、药品、农业生产资料、特种设备、危险品、稀土产品追溯标准体系。针对不同产品生产流通特性，制定相应的建设规范，明确基本要求，采用简便适用的追溯方式。以确保不同环节信息互联互通、产品全过程通查通识为目标，抓紧制定实施一批关键共性标准，统一数据采集指标、传输格式、接口规范及编码规则。加强标准制定工作统筹，确保不同层级、不同类别的标准相协调。

（2）发挥认证作用。探索以认证认可加强追溯体系建设，鼓励有关机构将追溯管理作为重要评价要求，纳入现有的质量管理体系、食品安全管理体系、药品生产质量管理规范、药品经营质量管理规范、良好农业操作规范、良好生产规范、危害分析与关键控制点体系、有机产品等认证，为广大生产经营企业提供市场化认证服务。适时支持专业的第三方认证机构探索建立追溯管理体系专门认证制度。相关部门可在管理工作中积极采信第三方认证结果，带动生产经营企业积极通过认证手段提升产品追溯管理水平。

（3）推进互联互通。建立完善政府追溯数据统一共享交换机制，积极探索政府与社会合作模式，推进各类追溯信息互通共享。有关部门和地区可根据需要，依托已有设施建设行业或地区追溯管理信息平台。鼓励生产经营企业、协会和第三方平台接入行业或地区追溯管理信息平台，实现上下游信息互联互通。开通统一的公共服务窗口，创新查询方式，面向社会公众提供追溯信息一站式查询服务。

4. 多方参与,合力推进

(1) 强化企业主体责任。生产经营企业要严格遵守有关法律、法规规定,建立健全追溯管理制度,切实履行主体责任。鼓励采用物联网等技术手段采集、留存信息,建立信息化的追溯体系。批发、零售、物流配送等流通企业要发挥供应链枢纽作用,带动生产企业共同打造全过程信息化追溯链条。企业间要探索建立多样化的协作机制,通过联营、合作、交叉持股等方式建立信息化追溯联合体。电子商务企业要与线下企业紧密融合,建设基于统一编码技术、线上线下一体的信息化追溯体系。外贸企业要兼顾国内外市场需求,建设内外一体的进出口信息化追溯体系。

(2) 发挥政府督促引导作用。有关部门要加强对生产经营企业的监督检查,督促企业严格遵守追溯管理制度,建立健全追溯体系。围绕追溯体系建设的重点、难点和薄弱环节,开展形式多样的示范创建活动。已列入有关部门开展的农产品质量安全、食品药品安全、质量强市、质量提升等创建活动的地区,尤其要加大示范创建力度,创造可复制可推广的经验。有条件的地方可针对部分安全风险隐患大、社会反映强烈的产品,在本行政区域内依法强制要求生产经营企业采用信息化手段建设追溯体系。

(3) 支持协会积极参与。行业协会要深入开展有关法律法规和标准宣传贯彻活动,创新自律手段和机制,推动会员企业提高积极性,主动建设追溯体系,形成有效的自律推进机制。有条件的行业协会可投资建设追溯信息平台,采用市场化方式引导会员企业建设追溯体系,形成行业性示范品牌。支持有条件的行业协会提升服务功能,为会员企业建设追溯体系提供专业化服务。

(4) 发展追溯服务产业。支持社会力量和资本投入追溯体系建设,培育创新创业新领域。支持有关机构建设第三方追溯平台,采用市场化方式吸引企业加盟,打造追溯体系建设的众创空间。探索通过政府和社会资本合作(PPP)模式建立追溯体系云服务平台,为广大中小微企业提供信息化追溯管理云服务。支持技术研发、系统集成、咨询、监理、测试及大数据分析应用等机构积极参与,为企业追溯体系建设及日常运行管理提供专业服务,形成完善的配套服务产业链。

此外《关于加快推进重要产品追溯体系建设的意见》还规定,要借助于促进质量安全综合治理、促进消费转型升级、促进产业创新发展等来挖掘价值扩大应用,还要通过完善法规制度、加强政策支持力度、落实工作责任等完善制度来强化保障。

(三) 政府采购制度有助于激励自主创新

1. 政府采购能够有效激励自主创新

自主创新是在独立自主的前提条件下开拓创新,运用知识创造财富的过程,包括原始性创新、科学的发现、技术的发明,从而主动地拥有核心技术竞争力和合法的知识产权。要想从根本上提高我国的自主创新能力,就必须建立以企业为主体、市场为导向、产学研相结合的技术创新体系,形成自主创新的基本体制架构。政府的特殊社会公共利益代表的身份、政府的主导作用,决定其必须在激励自主创新方面,发挥其他主体采购不可替代的特殊功能,决定政府可以通过政府的法律与政策达成激励自主创新的目标。

　　通过政府采购政策对自主创新和自主研发产品的大力支持,将更大地激发企业自主创新和自主研发的积极性、主动性和创造性。政府采购是一种典型的"公共采购"。政府采购的政府主体性和社会公共性特征,决定政府采购不仅仅是完成公共产品采购任务、节省政府财政资金的问题,而且是必须围绕国家总体社会经济目标,通过运用政府采购什么、采购多少、向谁采购、由谁采购、如何采购等政府政策性手段,实现一种全方位、系统的公共服务目标。政府采购作为一种公共采购模式,有责任从公共利益出发,通过优先、优惠、强制采购自主创新和具有自主知识产权的产品和服务,激励自主创新事业的发展。

　　因此,要通过政府采购等多种手段发展先进制造业、提高服务业比重和加强基础产业基础设施建设,全面增强自主创新能力,努力掌握核心技术和关键技术,增强科技成果转化能力,以自主创新提升产业整体技术水平;大力开发对经济社会发展具有重大带动作用的高新技术,支持开发重大产业技术,制定重要技术标准,构建自主创新的技术基础;加强国家工程中心、企业技术中心建设,鼓励应用技术研发机构进入企业,发挥各类企业特别是中小企业的创新活力,鼓励技术革新和发明创造。

　　2. 我国激励自主创新的政府采购政策

　　2006 年 2 月,国家出台了一系列政策,将自主创新提高到国家战略的高度。2006 年2 月 6 日,财政部公布《2006 年政府采购工作要点》,提出了"研究制定优先采购环保型产品、国产自主创新产品的政策措施"。2006 年 2 月 9 日,《国家中长期科学和技术发展纲要(2006—2020 年)》将政府采购作为实施促进自主创新的重要措施。国家"十一五"规划提出了"提高自主创新能力"的要求。

　　为了贯彻落实国家中长期科技发展规划纲要,实施促进自主创新的政府采购政策,财政部印发了《自主创新产品政府采购预算管理办法》(财库〔2007〕29 号)、《自主创新产品政府采购评审办法》(财库〔2007〕30 号)和《自主创新产品政府采购合同管理办法》(财库〔2007〕31 号)等三个办法。这是我国首次出台促进自主创新的政府采购具体政策措施,也是国家中长期科技发展规划纲要 99 条实施细则的重要部分。三个办法分别从政府采购预算控制、采购评审和合同管理等方面作出了具体规定。

　　为了发挥政府采购的政策功能,鼓励、扶持自主创新产品的研究和应用,规范政府首购和订购活动,2007 年 12 月 27 日财政部颁布了《自主创新产品政府首购和订购管理办法》和《政府采购进口产品管理办法》。《自主创新产品政府首购和订购管理办法》中的"首购",是指对于国内企业或科研机构生产或开发的,暂不具有市场竞争力,但符合国民经济发展要求、代表先进技术发展方向的首次投向市场的产品,通过政府采购方式由采购人或政府首先采购的行为。"订购",是指对于国家需要研究开发的重大创新产品、技术、软科学研究课题等,通过政府采购方式面向全社会确定研究开发和生产机构。首购和订购的产品应当具有首创和自主研发性质。属于自主创新产品的,应当按照自主创新产品政府采购政策执行。

　　(四) 政府采购制度有助于保护环境和节约资源

　　1. 绿色采购的含义

绿色采购是指政府购买和使用符合国家绿色认证标准的产品和服务的采购活动。由于"绿色"意味着环保、安全和有利于健康,因此,绿色采购是政府在购买和消费过程中重视生态平衡和环境保护的体现。与传统的采购观念相比,绿色采购观念还具有强调人与自然和谐,着眼可持续发展,引导绿色生产、绿色消费的特点。把人类的需求纳入生态环境之中,接受生态环境的约束,在生产上变"粗放型"为"集约型",在消费上变"资源浪费型"为"资源节约型",引导人们改变不合理的消费行为和习惯,倡导节约资源和保护环境的观念,营造良性的生产和消费氛围,以促进经济社会的可持续发展。

2015 年实施的《政府采购法》第九条规定,政府采购应当有助于实现国家的经济和社会发展政策目标,包括保护环境等。这就为政府绿色采购提供了切实的法律依据。绿色采购有助于节约能源、保护环境,促进绿色产业市场形成,推动绿色生产和消费等宏观效应,实现经济社会的可持续发展。优先采购环保产品,促进企业在环保产品方面的自主创新,加强研发和生产,保证经济社会的可持续发展。

2. 我国的绿色采购制度

我国政府采购对于环境保护和资源节约的规定主要体现在对环境标志性产品和节能产品的优先采购政策上。

2006 年 10 月 24 日,我国首次发布了《关于实施环境标志产品政府采购实施意见》和《环境标志产品政府采购清单》,这是我国推进构建环境友好型社会的一个十分重要的制度与政策上的突破,它规定各级国家机关、事业单位和团体组织用财政性资金进行采购,要优先采购环境标志产品。对未按要求采购的,有关部门要按照相关法律法规予以处理,财政部门视情况可以拒付采购资金。《环境标志产品政府采购清单》于 2007 年 1 月 1 日起在中央和省级(含计划单列市)预算单位实行,2008 年 1 月 1 日起全面实行。这一政策的实施标志着我国绿色政府采购制度正式开始推行。

为切实加强政府机构节能工作,发挥政府采购的政策导向作用,建立政府强制采购节能产品制度,在积极推进政府机构优先采购节能产品的基础上,2007 年 8 月,国务院办公厅印发《关于建立政府强制采购节能产品制度的通知》(国办发〔2007〕51 号),要求各级政府机构在使用财政性资金进行政府采购活动时,在技术、服务等指标满足采购需求的前提下,要优先采购节能产品,对部分节能效果、性能等达到要求的产品,实行强制采购,以促进节约能源,保护环境,降低政府机构能源费用开支。建立节能产品政府采购清单管理制度,明确政府优先采购的节能产品和政府强制采购的节能产品类别,指导政府机构采购节能产品。选择部分节能效果显著、性能比较成熟的产品,予以强制采购。优先采购的节能产品应该符合下列条件:一是产品属于国家采信的节能产品认证机构认证的节能产品,节能效果明显;二是产品生产批量较大,技术成熟,质量可靠;三是产品具有比较健全的供应体系和良好的售后服务能力;四是产品供应商符合政府采购法对政府采购供应商的条件要求。在优先采购的节能产品中,实行强制采购的按照以下原则确定:一是产品具有通用性,适合集中采购,有较好的规模效益;二是产品节能效果突出,效益比较显著;三是产品供应商数量充足,一般不少于 5 家,确保产品具有充分的竞争性,采购人具有较大的选择空间。

3. 我国开展绿色采购的意义

开展政府绿色采购,可以强化企业和社会公众的环保意识,推动国内企业环保技术的研发和技术进步,引导和推动节能环保产品的持续消费,以实现经济和社会发展的环保目标。

（五）政府采购制度有助于促进国内产业发展

各国的经验表明,政府通过对国内产品实行购买倾斜政策,能有效保护国内产业的发展。通常有三种做法:一是直接对政府采购境外产品实施限制,比如要求政府采购的产品或服务数量必须是本地生产的一定比例以上;二是对国内产品实行价格优惠政策,允许有一定的价格差异(比如3%以内);三是贸易补偿政策,即要求中标的外国供应商必须转让某项技术或必须在国内建厂制造等。

我国《政府采购法》第十条规定,政府采购应当采购本国货物、工程和服务。但有下列情况之一的除外:需要采购的货物、工程或服务在中国境内无法获取或无法以合理的商业条件获取的;为在中国境外使用而进行采购的;其他法律、行政法规另有规定的。

本国货物是指在中国境内生产,且国内生产成本超过一定比例的最终产品。

$$国内生产成本比例 = (产品出厂价格 - 进口价格) \div 产品出厂价格$$

本国工程、服务是指由中国公民、法人、其他组织提供的工程、服务。合理商业条件获取是指符合采购文件要求的本国货物、工程和服务的最低报价高于非本国货物、工程和服务最低报价20%以上的情形。

2008年实施的《政府采购进口产品管理办法》规定,政府采购应当采购本国产品,确需采购进口产品的,实行审核管理。采购进口产品时,应当坚持有利于本国企业自主创新或消化吸收核心技术的原则,优先购买向我方转让技术、提供培训服务及其他补偿贸易措施的产品。

WTO《政府采购协议》虽然规定了签字国相互之间给予最惠国待遇和国民待遇,但是允许对发展中国家实行特殊和差别待遇。

三、政府采购的原则

政府采购的基本目标是物有所值(value for money),即以最有利的价格条件购买到质量合乎要求的商品和服务。各国的采购原则是与其采购实践相联系的,也是随着政府采购的发展、成熟而逐步确立的。各国规定的政府采购原则不尽相同,但是主要的、基本的原则是大致相同的。通用的原则主要有:公开竞争原则、公平交易原则、物有所值原则、透明度原则、效益原则、诚实原则、责任原则、维护公共利益原则、国民待遇和非歧视性原则等。国际上所称的物有所值原则主要是针对政府采购的政策取向的,包括购买国产商品、扶持中小企业、支持不发达地区等。

我国《政府采购法》第三条规定,政府采购应当遵循公开透明原则、公平竞争原则、公正原则和诚实信用原则。

（一）公开透明原则

公开才能透明,公开透明原则就是指政府采购中采购的法律、政策、程序和采购活动都要公开,并接受公众的监督,政府的采购记录也可以公开进行审议。公开透明原则是国际政府采购规则中的一项重要原则。在政府采购中,公开透明原则要贯穿于整个采购过程中,包括:有关采购的法律和程序要公之于众,使公众能够及时获得,采购项目和合同的条件要公开刊登广告;资格预审和评价招标的标准要事先公布并严格按照所定标准执行;公开开标;采购活动要有真实、详细的记录,以备公众和监督机构的审查和监督等。公开透明的采购具有可预测性,使招标者可以计算出其参加采购活动的代价和风险,从而提出最适当的价格,公开透明还可防止采购机构的任意性和随意性,使采购活动具有稳定性。

(二)公平竞争原则

政府采购就是要通过在最大范围内实现公平竞争来获得竞争价格、竞争质量的优势,通过竞争授予合同,每个参加政府采购的当事人都有同样的机会,地位一律平等。政府采购的目标主要是通过促进供应商、承包商或者服务提供者之间最大限度的竞争来实现的。通过竞争,政府采购机构可以形成一种买方市场,从而形成对买方市场有利的竞争局面。竞争可以促使投标人提供更好的商品和技术,并设法降低产品和投标报价,从而使采购方可以较低价格采购到良好的商品,实现政府采购目标。

(三)公正原则

对参加采购活动的任何供应商、承包商或者服务提供者一视同仁,不得对任何一方进行歧视。公正原则是建立在公开和公平的基础之上的,只有公开和公平,才有可能达到公正的结果。公正原则主要靠政府采购方(包括采购管理机关、采购机关和中介机构)实现,作为政府采购一方,除制定政策、法规和制度外,还必须坚持对这些政策、法规、规则执行的不偏不倚,具体体现在:对各供应商提出相同的供货标准和采购信息,对物品的验收要实事求是、客观公正,严格执行合同标准,不得对供应商提出合同以外的条件;开标、评标、决标要客观、科学,接受公众的监督,政府的采购记录也可以公开进行审议。

(四)诚实信用原则

市场经济既是法制经济也是信用经济,需要以当事人的诚实信用作为市场有序运行的基础。诚实信用原则约束的是采购活动中的各方当事人,采购机关在项目公布、信息传达、评标、审标过程中要真实,不得有任何虚假;供应商所提供的采购物品、服务要达到投标时所做出的承诺,参加政府采购的当事人都应诚实守信,遵守已承诺合同的约定,不得弄虚作假与实施欺骗行为。

四、政府采购的方式

政府采购方式是指政府使用财政性资金采购货物、工程和服务时根据不同情况应当采用的法定形式。一般来讲,各国对政府采购所采用的方式及适用条件都有明确的法律规定,具体采用何种方式来进行一项政府采购,主要应按照有助于推动公开、公平和有效竞争等目标实现的原则。

我国的《政府采购法》第二十六条规定:"政府采购采用以下方式:① 公开招标;② 邀请招标;③ 竞争性谈判;④ 单一来源采购;⑤ 询价;⑥ 国务院政府采购监督管理部门认定的其他采购方式。公开招标应作为政府采购的主要采购方式。"本条规定包含了两方面内容:一是列举了我国政府采购的法定形式;二是明确了公开招标应作为政府采购的主要采购方式。

（一）公开招标

公开招标采购是指采购人按照法定程序，通过发布招标公告的方式，邀请所有潜在的不特定的供应商参加投标，采购人通过某种事先确定的标准从所有投标中择优评选出中标供应商，并与之签订政府采购合同的一种采购方式。

公开招标采购方式一般具有以下特点：一是程序复杂。要达到事先确定的结果，就必须做好招标的前期准备工作，对各个环节和程序做仔细的设计和考虑。二是规模大。这种采购一般属于集中性采购，把各种性能需求相同的采购对象集中起来，以达到规模效益，因此要求采购资金达到一定的规模。三是效率高。由于资金量大、集中度高，把需要多次分散采购的对象集中起来可以大大降低成本，提高透明度和竞争性，因此效率也是比较高的。四是耗时较长。由于从发布公告、投标人作出反应、评标到签订合同，有许多时间上的要求，要准备许多文件，因此耗时较长，费用也较高。

《政府采购法》第二十八条规定："采购人不得将应当以公开招标方式采购的货物或者服务化整为零或者以其他任何方式规避公开招标采购。"

公开招标应作为政府采购的首选方式和主要方式，公开招标可以最好地体现政府采购制度的作用。政府采购主要借助于集中采购完成，具有采购规模大的特点，可以最大限度地提高采购效率；而公开招标由于公开化程度高、透明度高、效率高，在供应商竞争的过程中能最大限度地节约资金，也能最大限度地防止暗箱操作。

政府采购作为一种高效、先进、符合市场经济发展规律的财政资金分配、使用、管理制度，其有效运行和健康发展，必须通过一种合理的、高效率的操作手段，才能发挥提高财政资金使用效益、节省开支、保证采购项目质量、促进公平竞争和廉政建设等多方面的作用，这就要求政府采购必须要有一套严格的秩序和规程，而公开招标正是通过公开采购信息，广泛邀请供应商，从而形成公平竞争，最终实现取得质优价廉的货物、工程和服务的目的。公开招标充分体现了平等、信誉、正当合法的现代竞争规范，是一种有组织的、公开的、规范性的竞争，是竞争的一种高级形式。所以，从政府采购制度建立之初，各国就都将公开招标作为政府采购的首选方式和特定程序，我国政府采购制度建立时间不长，必须认真吸收借鉴国外实行政府采购的成功经验和做法，无疑，公开招标也应当成为我国政府采购的主要方式。

（二）邀请招标

邀请招标采购是指采购人根据供应商的资信和业绩，选择若干供应商向其发出投标邀请书，由被邀请的供应商投标竞争，从中选定中标者的采购方式。

公开招标在公开程度、竞争的广泛性等方面具有较大的优势，但对于采购标的较小的项目来说，采用公开招标的方式往往得不偿失，而且对于有些专业性较强的项目，具备资格的潜在供应商较少，或者需要在较短时间内完成采购任务等，也不宜采用公开招标的方式。邀请招标的方式则在一定程度上弥补了这些缺陷，同时又能够相对较充分地发挥招标的优势。这种采购方式一般具有以下特点：一是采购人在一定范围内邀请特定的供应商投标；二是邀请招标无须发布公告，采购人只要向特定的潜在投标人发出投标邀请书即可；三是竞争的范围有限，采购人拥有的选择余地相对较小；四是招标时间大大缩短，招标费用也相应降低。

《政府采购法》第二十九条规定,符合下列情形之一的货物或者服务,可以采用邀请招标方式采购:具有特殊性,只能从有限范围的供应商处采购的;采用公开招标方式的费用占政府采购项目总价值的比例过大的。

2000年1月1日起施行的《招标投标法》规定,涉及国家安全、国家秘密、抢险救灾或者属于利用扶贫资金实行以工代赈、需要使用农民工等特殊情况,不适宜进行招标的项目,按照国家有关规定可以不进行招标。

（三）竞争性谈判

竞争性谈判采购是指采购人通过与多家供应商进行谈判,最后从中确定最优供应商的一种采购方式。这种采购方式主要适用于招标后没有供应商投标或者没有合格标的或者重新招标未能成立的、技术复杂或者性质特殊不能确定详细规格或者具体要求的、采用招标所需时间不能满足用户紧急需要的以及不能事先计算出价格总额的采购项目。

《政府采购法》第三十条规定,符合下列情形之一的货物或者服务,可以采用竞争性谈判方式采购:招标后没有供应商投标或者没有合格标的或者重新招标未能成立的;技术复杂或者性质特殊,不能确定详细规格或者具体要求的;采用招标所需时间不能满足用户紧急需要的;不能事先计算出价格总额的。

（四）单一来源采购

单一来源采购是指虽然达到了招标采购的数额标准,但由于所采购项目的来源渠道单一,或者发生了不可预见的紧急情况,不能从其他供应商处采购,以及必须保证原有采购项目一致性或者服务配套的要求,需要继续从原供应商处添购且添购资金总额不大等特殊情况,只能由一家供应商提供的采购方式。单一来源采购是一种没有竞争的采购,所以也叫直接采购。

《政府采购法》第三十一条规定,符合下列情形之一的货物或者服务,可以采用单一来源方式采购:只能从唯一一家供应商处采购的;发生了不可预见的紧急情况,不能从其他供应商处采购的;必须保证原有采购项目一致性或者服务配套的要求,需要继续从原供应商处添购,且添购资金总额不超过原合同采购金额10%的。

（五）询价

询价采购是指采购人向有关供应商发出询价单让其报价,然后在报价的基础上进行比较并确定最优供应商的一种采购方式,也就是我们通常所说的货比三家,它是一种相对简单的采购方式。

《政府采购法》第三十二条规定,采购的货物规格、标准统一、现货货源充足且价格变化幅度小的政府采购项目,可以依照该法采用询价方式采购。

（六）其他

由于政府采购的每个项目情况各不相同,还有其他一些适合的采购方式也是可以采用的,例如,批量采购、小额采购和定点采购等,因此为适应不同情况下政府采购的实际需要,法律作出了这项原则性规定。需要强调的是,虽然其他采购方式很多,但只有经国务院政府采购监督管理部门认定的方式才可以用于政府采购,故在选择除前面五种以外的其他采购方式时一定要注意遵守这一规定。

案　例

国外绿色采购的经验及启示

随着世界各国和地区社会经济发展过程中面临的资源环境问题越来越突出,绿色采购已经引起了各国的普遍重视。

许多国家和地区为提高资源的利用效率、促进环境保护目标的实现,纷纷对政府采购制度进行修正和完善,并通过政策和法律逐步使绿色采购理念制度化。目前已有50多个国家积极推行绿色采购,以联合国、世界银行等为代表的一些国际组织也组成了绿色采购联合会,很多国际知名大公司以及一些著名的非政府组织自愿实施绿色采购,绿色采购已经成为世界性趋势。

在实践中,各国纷纷推出各项推动绿色采购的政策和措施,主要包括:推出鼓励和推动绿色采购的法律与行政命令;制订和出版各种指导纲要与手册;列出绿色采购产品清单等。各国推动政府绿色采购的方式大致可分为两种模式:一种是由国家政府确立政策方向,指导下一级政府进行采购,如法国由中央管理机关制定采购计划并向基层部门贯彻;丹麦、日本由国家推出可持续采购国家政策,指导地方政府与民间的组织与团体推动绿色采购。另一种是以地方团体先自发的绿色采购行动为主导,政府仅属于辅导协助的地位,如瑞士联邦建筑物组织会议作为民间行业组织负责协调建筑业采购。

1. 美国

目前,美国政府主要以联邦法令与总统行政命令作为推动绿色采购的法律基础,如美国总统第13101号行政命令"通过废弃物减量、资源回收及联邦采购来绿化政府行动"与美国资源保护与回收法(RCRA)。美国政府尽管还没有制定绿色采购法,但政府采购法第23章专门作了规定,该章的名称是"环境、自然保护、劳动安全和无毒的工作场所",主要内容就是绿色采购规定,明确指出,采购那些对人民健康和环境影响最小的产品和服务是政府的采购政策。美国从20世纪90年代初以来已经先后制定并实施了采购循环产品计划、能源之星计划、生态农产品法案、环境友好产品采购计划等一系列绿色采购计划。

2. 日本

1994年,日本制定实施了政府绿化行动计划,拟定了绿色采购的基本原则,鼓励所有中央政府管理机构采购绿色产品。1996年,日本政府与各产业团体组成了日本绿色采购网络组织(GPN),参与该组织的会员团体承诺将通过购买环境友善物品及服务,减少采购活动对环境的不良影响。GPN的活动主要包括颁布绿色采购指导原则、拟定采购指导纲要、出版环境信息手册、进行绿色采购推广活动等。2000年,日本颁布了绿色采购法,这是日本为建立循环型社会颁布的六个核心法案之一。绿色采购法规定,所有中央政府所属的机构都必须制定和实施年度绿色采购计划,并向环境部长提交报告;地方政府要尽可能地制定和实施年度绿色采购计划。目前,全日本有83%的公共和私人组织实施了绿色采购。

3. 加拿大

加拿大政府的绿色采购属于联邦政府"政府绿色行动"的一部分,该行动计划由联邦环境部主导,并于 1992 年后开始制定许多供各部门参考的实施纲要。加拿大政府的环境管理准则叙述了各部门可持续发展的政策,以及实施各项措施绿化政府的目的,其政府绿化作业实务则将采购品是否具有环境标志列入考核对象,指导各部门如何就绿色采购、废弃物管理、水资源使用、建筑物能源使用、公务车辆使用、土地使用管理、人力资源管理等七个项目采取最佳作业来达成环境目标。1995 年,加拿大政府颁布了《绿色政府指南》,要求各个政府部门制定自己的可持续发展战略以及具体计划,并将其纳入政府的日常事务和决策中,其中就包括政府采购。此外,环境部拟定的《办公室家具之环境规格》详细列举了采购承办人员对采购品的投标资格、产品设计、产品使用材料、制造过程、产品包装与行销、产品使用、产品废弃处置等各个生命周期阶段中应予以考核的事项。

4. 德国

德国自 1979 年起推行环保标志制度,国家规定政府机构优先采购环保标志产品,规定绿色采购的原则包括禁止浪费、产品必须具有耐久性、可回收、可维修、容易弃置处理等条件。在 1994 年 9 月 27 日通过的《循环经济法》第 37 章中,对政府采购循环经济产品作出了原则规定,明确规定联邦政府有关机关应拟定工作计划,进行采购、使用有关物品;拟定建设计划,采购和使用满足一定的耐用性、维修保证、可再利用性等规定的环境友好型产品和服务。

5. 欧盟

许多欧盟国家的政府开展主动性环境采购计划已经近 10 年了,各国之间的绿色采购合作也日益密切。为了避免混乱,进一步协调各国的行动,2004 年 8 月,欧盟委员会发布了《政府绿色采购手册》。该手册主要指导欧盟各成员国如何在其采购决策中考虑环境问题,为此,欧盟委员会还建立了一个采购信息数据库,目前信息库中已有 100 多类产品的信息,包括产品说明书、生态标签信息等,还提出了一般采购建议。

资料来源:郑小玲:《国外政府绿色采购的经验及启示》,中国论文下载中心,http://www.studa. net/yanjiu/。

案例思考题

1. 如何完善我国的绿色采购制度?

2. 建立绿色采购标准有何意义? 在绿色采购具体实施过程中,应依据什么标准采购环保、节能产品?

本 章 小 结

1. 财政支出是对集中起来的财政资金的再分配,应当遵循量入为出、优化结构、兼顾公平与效率的原则。

2. 依据经济性质的不同,财政支出可分为购买性支出和转移性支出,前者直接影响生产和就业,后者直接影响收入分配。

3. 衡量财政支出规模有绝对指标和相对指标。描述财政支出发展变化趋势的有瓦格纳法则、"阶梯增长"理论和"经济成长阶段"论,其中瓦格纳法则描述的是随着一个国家经济的增长,财政支出规模会不断扩大。

4. 影响国家财政支出规模的主要因素有经济性因素、政治性因素和社会性因素,其中影响财政支出规模的决定性因素是经济发展水平。

5. 评价不同财政支出项目的效益可以采用不同的方法。成本和产出都能够用货币量化测算的财政支出项目,可以用成本—效益分析法去评价其效益;文教卫生等财政支出项目的效益评价,因为其产出难以货币化计量,所以适宜采用最低费用选择法。公共产品的定价有平均成本定价法、二部定价法和负荷定价法等方法。

6. 政府采购可以从制度上保障花钱有效率。政府采购制度的作用体现在可以提高资金使用效率、促进政府宏观调控、激励自主创新、保护环境节约资源和促进国内产业发展。政府采购的原则是公开透明、公平竞争、公正和诚实信用原则,我国政府采购的方式有公开招标、邀请招标、竞争性谈判、单一来源采购、询价、其他等方式。

关 键 词

量入为出　财政支出的弹性系数　财政支出的边际倾向　瓦格纳法则　成本—效益分析法　二部定价法　负荷定价法　政府采购　绿色采购　公开招标

思 考 题

1. 衡量财政支出规模的指标是什么?
2. 影响财政支出规模的因素有哪些?
3. 如何评价我国财政支出的整体效益?
4. 公共产品的定价方法有哪些?
5. 什么是政府采购? 如何理解政府采购制度的作用?
6. 政府采购的方式有哪些?
7. 为什么政府采购首选公开招标采购方式?

第三章 购买性支出

本章导读

社会消费支出

财政投资支出

基础设施投资支出

农业投资支出

购买性支出是指政府向企业和个人购买产品和劳务的支出,包括行政管理费、国防费、文教科技卫生费等社会消费支出和基础产业投资、农业投资等投资支出。本章讲述了社会消费支出、财政投资支出、基础设施投资支出、农业投资支出。

第一节 社会消费支出

一、社会消费支出概述

社会消费支出与财政投资支出同属于购买性支出,都是为社会再生产的正常运行所必需的支出,但两者之间存在着明显的差异。社会消费支出是国家执行政治职能和社会职能的保证,是非生产的消耗性支出,它的使用并不形成任何资产,它所提供的服务可以为全体社会公民共同享受,具有明显的外部效应。因此,在财政支出中,应该首先满足这些项目的必要支出,而且,随着经济的不断增长,政府还必须逐渐增加社会消费性支出,保证各项社会事业的不断发展,以促进经济社会的可持续发展。在不同国家及其不同时期,社会消费支出的规模也有所不同。在国家财政支出项目中,属于社会消费支出的有行政管理费、国防费、文教科学卫生事业费、工交商农等部门的事业费等支出。

二、行政管理支出

(一)行政管理支出的意义与内容

行政管理支出是财政用于国家各级权力机关、行政管理机构和外事机构行使其职能所需要的经费支出,它们向社会提供的是纯粹的公共产品,因而行政管理支出属于社会公共消费支出。

行政管理支出是国家的一项基本支出,只要有政府活动存在就必须设立政府机构,就会产生政府的行政成本。随着社会进步和经济发展,用于管理社会经济文化生活、保证社会稳定与秩序的财政支出就显得越来越重要,因为政治安定和良好的社会秩序、法律秩序,是投资环境的重要因素,直接关系着投资者的合法权益能否得到保障,进而影响到社会经济的发展。

行政管理支出的发展状况与政府职能和活动范围密切相关。行政管理支出为各级权力机关、行政机构和外事机构行使其职能提供财力保障,是国家的一项基本支出,开支不足会影响政府机构行使其职能,进而影响社会稳定和社会秩序。但是,行政管理支出也并不是多多益善,过多的行政管理支出会浪费社会资源,还可能会助长政府行政机构重叠设置,人浮于事,降低行政管理效率,影响社会经济的发展。因而,在支出规模上,行政管理支出应遵循"足额"原则,即在保证政府机构行使其各项职能的前提下,政府应尽量精简机构,努力降低行政成本,节约行政开支。这有利于减轻财政负担,提高财政资金的使用效益,也有利于提高政府机构办事效率,改善投资环境,促进社会经济的健康发展。

行政管理支出按用途划分,分为人员经费和公用经费两部分。人员经费包括各级权力机关、行政机构和外事机构的工作人员的工资、津贴和福利费等;公用经费包括公务费、修缮费和业务费等。行政管理支出的具体内容包括:权力机关支出,是指财政用于国家权力机关如各级人民代表大会或国会、议会的各项经费支出;行政支出,是指财政为保证各级政府机构行使其职能的各项经费支出;公共安全和国家安全支出,是指财政用于公共安全机关、国家安全机关、警察学校、边防检查和拘押收教场所的各项经费支出;司法检察支出,是指财政用于各级法院、检察院以及司法机关的各项经费支出;外交外事支出,是指财政用于驻外使领馆、常驻联合国及其专门机构的代表团、出访团体、接待外宾等各种外事活动的经费支出;国际组织支出,是指财政用于缴纳国际组织会费、国际组织捐赠支出、维和摊款和国际组织认捐款及基金等方面的支出。

(二)我国的行政管理支出

国家的行政管理支出规模受很多因素影响,主要有政府职能范围及相应机构的设置,经济增长水平,财政收支规模,人员配备,物价波动,行政效率及行政管理的现代化水平等。因此,规范行政管理支出必须从多方面着手。

2007年我国实施财政收支分类改革后,我国的行政管理支出主要由一般公共服务、外交、公共安全三个支出项目计算得出。2007—2017年我国的行政管理支出情况,如表3-1所示。

表 3-1

2007—2017 年我国行政管理支出情况

单位:亿元

年份	财政支出	一般公共服务	外交	公共安全	行政管理费占财政支出比重
2007	49 781.35	8 514.24	215.28	3 486.16	24.54%
2008	62 592.66	9 795.92	240.72	4 059.76	22.52%

（续表）

年份	财政支出	一般公共服务	外交	公共安全	行政管理费占财政支出比重
2009	76 299.93	9 164.21	250.94	4 744.09	18.56%
2010	89 874.16	9 337.16	269.22	5 517.70	16.83%
2011	109 247.79	10 987.78	309.58	6 304.27	16.11%
2012	125 952.97	12 700.46	333.83	7 111.60	15.99%
2013	140 212.10	13 755.13	355.76	7 786.78	15.62%
2014	151 785.56	13 267.50	361.54	8 357.23	14.49%
2015	175 877.77	13 547.79	480.32	9 379.96	13.31%
2016	187 755.21	14 790.52	482.00	11 031.98	14.01%
2017	203 085.49	16 510.36	521.75	12 461.27	14.52%

资料来源：作者依据中国统计年鉴有关数据整理得出。

近年来，围绕加强行政经费管理、降低行政成本，政府做了大量的工作。一是深化财政管理制度改革，实行部门预算、国库集中收付制度、"收支两条线"管理改革，推行公务卡管理改革制度；二是严格控制人员经费支出，实行人员与经费双重控制的办法，严格按照编制核定部门预算；三是严格"三公"经费管理。"三公"经费是指政府部门人员因公出国（境）经费、公务车购置及运行费、公务招待费产生的消费，是当前公共行政领域亟待解决的问题之一。今后，还要严格控制一般性支出，压缩"三公"经费，控制会议经费支出，严格控制党政机关楼堂馆所建设，严禁超标建设和装修，深化公务卡管理。

2015 年 1 月 1 日，我国修订后的新《预算法》开始实施，新《预算法》第十三条规定，经人民代表大会批准的预算，非经法定程序，不得调整。各级政府、各部门、各单位的支出必须以经过批准的预算为依据，未列入预算的不得支出。第十四条规定，经过批准的预算、预算调整、决算、预算执行情况的报告及报表，应当在批准后 20 日内由本级政府财政部门向社会公开，并对本级政府财政转移支付安排、执行的情况以及举借债务的情况等重要事项作出说明。各级政府、各部门、各单位应当将政府采购的情况及时向社会公开。同时还规定，政府预决算信息未按规定公开或作出说明，将被追究行政责任。在《预算法》的要求下，中央部门决算公开力度更大，"账本"内容也更趋细化。2010—2018 年我国中央部门"三公"经费决算情况，如表 3-2 所示。

表 3-2

2010—2018 年中央部门"三公"经费决算情况

单位：亿元

年份	出国（境）	公车购置及运行	公务接待	合计
2010	17.73	61.69	15.28	94.70
2011	19.77	59.15	14.72	93.64

（续表）

年份	出国(境)	公车购置及运行	公务接待	合计
2012	21.65	44.32	14.98	80.95
2013	16.92	42.53	12.09	71.54
2014	17.08	39.38	9.20	65.66
2015	17.43	30.88	5.43	53.73
2016	17.07	25.85	4.19	47.11
2017	16.83	23.17	3.60	43.60
2018	14.84	22.33	2.75	39.92

资料来源：作者依据财政部网站有关年度的《中央本级"三公"经费预算执行情况》整理。

2010 年以来，按照党政机关厉行节约和国务院的要求，财政部继续完善"三公"经费预算编制，加强预算执行管理，严格控制"三公"经费预算规模，确保中央本级年度"三公"经费预算总规模比上年只减不增，由表 3-2 可知，2010 年以来"三公"经费总额逐渐减少。中央本级 2018 年"三公"经费财政拨款年初预算数 58.8 亿元，调整预算数 57.06 亿元，2018 年实际执行数 39.92 亿元，其中：因公出国(境)费 14.84 亿元，公务用车购置及运行费 22.33 亿元，公务接待费 2.75 亿元。实际执行数低于调整预算数的主要原因：一是中央部门贯彻落实厉行节约反对浪费和过紧日子等有关要求，从严控制和压缩"三公"经费支出；二是受客观因素影响，部分因公出国、外事接待任务未实施，公务用车支出减少。

2019 年开始，"三公"经费预算数的口径有所变化，一是原由地方财政负担的地方税务部门"三公"经费 2019 年起转由中央本级安排；二是原武警边防部队、消防部队等转隶相关中央部门后，2019 年起统一纳入中央本级"三公"经费预算限额管理。

中央本级 2019 年"三公"经费财政拨款年初预算数 81.07 亿元，比 2018 年同口径预算数减少 3.22 亿元，下降 3.8%。其中：因公出国(境)费 18.69 亿元，增加 0.33 亿元；公务用车购置及运行费 55.37 亿元(包括购置费 8.57 亿元、运行费 46.8 亿元)，减少 2.01 亿元；公务接待费 7.01 亿元，减少 1.54 亿元。在"三公"经费预算总规模压减 3% 左右的前提下，进一步优化支出结构，重点保障实施中国特色大国外交等国家重大战略和新组建部门履职所需经费。

三、国防支出

（一）国防支出的意义与内容

国防支出是财政为满足全体社会成员的安全需要，用于陆、海、空三军建设和其他国防建设的经费支出。国防是最典型的公共产品，对国防的消费是高度非竞争性的，人们几乎无法想象国防如何能由私人部门提供。防御外敌入侵、保卫国家安全是国家的一项重要职能，因此，国防支出也是财政最基本的一项支出。

虽然财政用于武器装备的研制和购置支出,或军事人员的经费支出,或军事活动维持支出,都不会直接增加社会物质财富,相反,在国防建设中还要消耗大量的社会财富。但是,国防支出与社会经济发展也有着密切的关系:一方面,一个国家的国防状况受到其经济发展水平和国家财力的制约;另一方面,国防建设对社会经济发展也有积极的影响,它不仅直接影响投资环境,对社会经济发展起到保障作用,而且国防支出运用得当,还能起到促进科学技术的进步、推动社会经济发展的作用。

在当今世界还存在着国家利益矛盾、地区矛盾、民族矛盾,存在着战争因素和战争威胁的情况下,最大的社会需求莫过于对生存和安全的需求。所以,新的科学技术往往首先应用于军事领域,而后再转向民用,提高劳动生产率。军事领域总是最多地把新的科学技术吸引过来,又最多地向科学技术的研究和发展提出新的课题。它不仅密集了大量的人力、物力和财力,而且为新技术的研究和开发提供了良好的环境和条件,所以最容易获得技术突破。

国防支出按军兵种划分,分为国防部支出、战略部队支出、陆海空军支出、武装警察部队支出和预备役后备役支出。按用途划分,国防支出又可以分为维持费和投资费两部分。维持费主要用于保持军队的战备水平,维持日常的军事活动,是国防建设的重要物质基础。维持费一般包括:军事人员经费、军事活动经费、武器装备维修保养经费和教育训练经费等。投资费主要用于提高军队的武器装备水平,是增强军队战斗力的重要条件。投资费主要包括:武器装备的研制经费、武器装备的采购经费、军事工程建设经费和国土防空经费等。

（二）我国的国防支出

中国政府遵循国防建设与经济建设协调发展的方针,适应国防需求和国民经济发展水平,在国家经济发展和财政收入增长的基础上,继续适度增加国防支出。1978—2017年,我国国防支出情况,如表 3-3 所示。

表 3-3

我国国防支出情况　　　　　　　　单位:亿元

年份	国防支出	国防支出占 GDP 比重	国防支出占财政支出比重
1978	167.84	4.60%	14.96%
1980	193.84	4.77%	15.78%
1985	191.53	2.12%	9.56%
1990	290.31	1.56%	9.41%
1995	636.72	1.05%	9.33%
2000	1 207.54	1.22%	7.60%
2005	2 474.96	1.35%	7.29%
2010	5 333.37	1.33%	5.92%

（续表）

年份	国防支出	国防支出占 GDP 比重	国防支出占财政支出比重
2011	6 027.91	1.28%	5.52%
2012	6 691.92	1.25%	5.31%
2013	7 410.62	1.265	5.29%
2014	8 289.54	1.30%	5.46%
2015	9 087.84	1.32%	5.12%
2016	9 765.84	1.31%	5.20%
2017	10 432.37	1.26%	5.14%

资料来源：作者依据中国统计年鉴整理得出。

中国政府坚持国防建设与经济建设协调发展的方针，根据国防需求和国民经济发展水平合理确定国防支出规模。增长的国防支出主要用于：

（1）改善部队保障条件。适应国家经济社会发展和居民生活水平提高，调整军人工资津贴标准，连续提高教育训练、水电取暖等经费标准，开展基层后勤综合配套整治，改善边海防部队、边远艰苦地区部队执勤训练和生活条件。

（2）完成多样化军事任务。增加非战争军事行动能力建设投入，保障抗震救灾、亚丁湾和索马里海域护航、抗洪抢险、国际救援等行动。

（3）推进中国特色军事变革。针对采购价格、维修成本不断上涨势头，适当增加高技术武器装备及其配套建设经费。

中国国防支出的主要支出项目有人员生活费、训练维持费和装备费。人员生活费用于军官、文职干部、士兵和聘用人员的工资、保险、伙食、服装、福利等费用。训练维持费用于部队训练、院校教育、工程设施建设及维护和日常消耗性支出。装备费用于武器装备的研究、试验、采购、维修、运输和储存等。国防支出的保障范围，既包括现役部队，又包括民兵、预备役部队，并负担了部分退役军官供养、军人子女教育、支援国家经济建设等方面的社会性支出。

中国对国防支出实行严格的财政拨款制度。每年的国防支出预算都纳入国家预算草案，由全国人民代表大会审查和批准。国家和军队审计机构，对国防支出预算及执行情况进行审计监督。近年来，中国政府加强国防支出科学化、精细化管理，改革创新财经管理制度，推进资产管理改革，加强预算执行监督管理，组织领导干部经济责任审计和经费物资使用的专项审计，提高国防开支的透明度和规范性，确保国防支出的正确有效使用。

从国际比较来看，目前我国国防支出的规模，无论是绝对规模还是相对规模，都是偏低的。目前，世界主要国家和地区的国防支出占 GDP 比重大多维持在 2%～5% 之间。与其他一些国家特别是大国相比，国防支出占 GDP 比重和占财政支出比重、军人人均数额、中国的国防支出总额，仍处于较低水平。

依据环球军事网(http://www.huanqiumil.com/a/32765.html)报道,2014 年国防预算处于前 15 位的国家及国防支出额分别是:美国 5 810 亿美元,中国 1 294 亿美元,沙特阿拉伯 808 亿美元,俄罗斯 700 亿美元,英国 618 亿美元,法国 531 亿美元,日本 477 亿美元,印度 452 亿美元,德国 439 亿美元,韩国 344 亿美元,巴西 319 亿美元,意大利 243 亿美元,以色列 232 亿美元,澳大利亚 225 亿美元,伊拉克 189 亿美元。美国的国防预算超过其他所有国家的总和,是中国的 4.5 倍。

四、文教科学卫生支出

(一)文教科学卫生支出的意义与内容

文教科学卫生支出是指财政用于文化、教育、科学技术和医疗卫生、出版、广播、电视、通信、体育等部门的经费支出。文教科学卫生支出属于社会公共消费支出,虽然这些财政资源没有直接投入物质财富的生产,但是,它对社会生产力的发展和再生产的正常运行有着十分积极的作用。第一,科学技术是第一生产力,是经济发展的重要推动力量。人类社会发展史表明,社会发生巨大变革的直接动因是生产技术的变革,而生产技术的变革是以科学发明及其应用于生产领域为基本前提的。从 18 世纪 60 年代以来,人类生产力的发展主要是由科学技术的发展直接带来的,特别是第二次世界大战以后,科学技术在经济增长中的贡献率越来越大,蒸汽机、电磁技术、原子能、电子计算机和空间技术等的应用,都极大地推动了社会经济的发展。第二,教育是生产力发展的基础和源泉。"百年大计,教育为本",教育发展水平是衡量一个国家、一个民族素质和文明程度的主要标准。从根本上说,人类社会的发展和文明程度的提高,取决于生产力的发展水平,而劳动力是生产力中最活跃的因素。因此,一个国家的经济发展水平,往往与该国国民的素质相关,而国民素质的提高,则有赖于教育事业的发展。通过教育,人们才能继承前人积累起来的科学知识,并在此基础上进一步深入研究和创新。因此,教育是科学技术进步的基础和源泉。新的科学技术应用于生产领域,能否发挥应有的作用,还取决于劳动者的素质是否与生产技术相适应,而教育是提高劳动者科学文化知识、劳动技能和管理技能的根本途径。实践表明,劳动力受教育的程度直接影响劳动力的质量,进而影响劳动生产率的提高。对国民的教育不仅包括普及一般的科学文化知识,还包括对劳动者的劳动技能再培训和再教育,因为随着科学技术的进步、产业更新换代,劳动者的劳动技能也面临着结构调整的问题。第三,随着科学技术的进步,现代先进生产技术和管理方式的应用,生产活动高度紧张,工作节奏不断加快,对劳动者的身体素质的要求也越来越高。文化、医疗、卫生、广播、电视、体育等事业的发展,有利于提高劳动者的身体素质,丰富劳动者的精神生活,使他们能够有更加强健的体魄和饱满的精力投入每一天的工作。可见,文教科学卫生事业的发展对于社会再生产有重要的意义,是社会经济发展不可缺少的因素。因此,各国政府无不投入大量的财政资源发展文教科学卫生事业。

2007 年之前,国家统计局发布的年度财政支出数据中直接有文件科学卫生经费情况,但是,2007 年我国实施财政收支分类改革后,我国的文教科卫支出主要由教育、科学技术、文化体育与传媒、医疗卫生四个支出项目计算得出。2007—2017 年我国的文教科卫支出整体情况,如表 3-4 所示。

表 3-4

2007—2017 年我国文教科卫支出整体情况

单位:亿元

| 年份 | 财政支出 | 文教科卫支出 | | | | | 文教科卫支出占财政支出比重 |
		教育	科学技术	文化体育与传媒	医疗卫生	合计	
2007	49 781.35	7 122.32	1 783.04	898.64	1 898.96	49 781.35	23.69%
2008	62 592.66	9 010.21	2 129.21	1 095.74	2 757.04	62 592.66	23.95%
2009	76 299.93	10 437.54	2 744.52	1 393.07	3 994.19	76 299.93	24.34%
2010	89 874.16	12 550.02	3 250.18	1 542.70	4 804.18	89 874.16	24.64%
2011	109 247.79	16 497.33	3 828.02	1 893.36	6 429.51	109 247.79	26.22%
2012	125 952.97	21 242.10	4 452.63	2 268.35	7 245.11	35 208.19	27.95%
2013	140 212.10	2 2001.76	5 084.30	2 544.39	8 279.90	37 909.45	27.04%
2014	151 785.56	23 041.71	5 314.45	2 691.48	10 176.81	41 224.45	27.16%
2015	175 877.77	26 271.88	5 862.57	3 076.64	11 953.18	47 164.27	26.82%
2016	187 755.21	28 072.78	6 563.96	3 163.08	13 158.77	50 958.59	27.14%
2017	203 085.49	30 153.18	7 266.98	3 391.93	14 450.63	55 262.72	27.21%

资料来源:作者依据中国统计局网站有关年度数据整理得出。

文化支出是指财政用于发展文化艺术活动,传播科学知识,丰富人们精神生活的经费支出。包括政府对图书馆、博物馆、美术馆、纪念馆和艺术表演团体等的经费支出。

体育支出是指各种体育运动事业,增强国民体质,对国家各级体育部门和运动队的经费支出,以及对各类运动会和体育场馆的补助支出。

教育支出是指财政用于发展各类教育事业的经费支出。包括:普通教育支出,如学前教育、小学教育、初中教育、高中教育、高等教育等经费支出;职业教育支出,如职业教育、中专教育、技校教育等经费支出;成人教育支出,如各部门举办的函授、夜大学、自学考试等经费支出;广播电视教育支出;出国留学教育、来华留学教育等经费支出;特殊教育支出,如各部门举办的盲童学校、聋哑学校、智力落后儿童学校、其他生理缺陷儿童学校和工读学校的经费支出;教师进修、师资培训等教育支出等。

科学技术支出是指财政对科学研究项目的经费支出。包括:基础研究支出,如基础研究、近期无法取得实用价值的应用研究机构的经费支出和重点实验室、重大科学工程等的运行费;社会公益和农业研究支出,如卫生、劳动保护、计划生育、灾害防治、环境科学、农业等社会公益研究机构和经费支出;高技术研究支出,主要是解决事关国民经济长远发展和国家安全等重大战略性、前沿性和前瞻性的高技术问题而展开的应用研究工作的支出；技术开发支出，如技术开发研究和近期可望取得实用价值的应用研究机构支出和专项技术开发研究支出；科技条件专项支出，如科技标准、计量和检测，科技数据、标本、基因的收集、加工处理和服务，科技文献信息资源的采集、保存、加工和服务等科学技术活动提供基础性、通用性服务，以及其他用于科技条件方面的专项支出；国际合作与交流支出，如为提升国家科技水平与国外政府和国际组织开展合作研究、科技交流等方面的支出；科研管理机构支出；科学技术普及支出等。

医疗卫生支出是指财政用于防治各种疾病，保障国民身体健康的经费支出。包括财政对各类医院、防治防疫机构、流行性疾病预防、职业病研究、妇幼保健机构、血站、急救站、红十字会、药品监督管理机构等医疗卫生部门的经费支出，以及对农村和公务员的医疗补助支出等。

通讯、广播、电视支出是指财政用于国家电视台、广播电台和通讯部门的经费支出。

（二）我国的文教支出现状

从表 3-4 可以看出，2007 年以来我国政府对文化事业的投入力度不断加大。2014年，全国人均文化体育与传媒支出为 206 元，主要用在推进公共图书馆、博物馆、纪念馆等公益性文化设施向社会免费开放，加快中央广播电视节目无线数字化覆盖等方面。根据2015 年中央和地方预算草案，2015 年文化方面的主要支出政策是，支持构建现代公共文化服务体系，稳步推进国家基本公共文化服务标准化、均等化；支持繁荣文艺创作和文化人才培养，推动创作更多有筋骨、有道德、有温度的优秀作品；支持加强重点媒体国际传播能力建设，促进传统媒体和新兴媒体融合发展；建立完善文化产业促进体系，推动重点行业快速发展。虽然中国公共文化设施基本实现了按行政层级"全设置"，但是由于一些地方还存在重经济发展、轻文化建设的倾向，导致政府在公共文化领域还存在"越位""缺位"现象。表现在农村基层特别是城乡结合部、贫困地区、少数民族地区、边疆地区还有空白点。当前公共文化产品种类数量少、质量不高的问题比较普遍，部分互联网站内容还存在过分娱乐化和庸俗化的问题；一些公益性文化单位活力不足、效率不高；不少地方存在"重设施建设，轻管理使用"的问题，一些公共文化体育设施闲置，公共资源没有实现最大社会效益。因此，要继续加大政府投入，促进城乡文化发展一体化，均衡配置城乡公共文化资源，实现城乡资源整合和互联互通；加大对农民工公共文化服务的支持力度，加强文化扶贫，把贫困地区公共文化建设与集中连片扶贫开发、与城镇化和新农村建设结合起来，加快推进贫困地区公共文化服务体系建设。

随着政府和公众对教育的社会与经济作用的不断认识，对教育的重视程度越来越大，政府和群众对教育的投入不断增加，根据联合国教科文组织统计年鉴公布的资料，财政教育支出占 GDP 的比重，全世界平均水平为 5.7%，经济发达国家平均水平为 6.1%，发展中国家平均水平为 4%。1993 年，中共中央、国务院颁布的《中国教育改革和发展纲要》中提出，到 2000 年国家财政性教育经费支出占 GDP 比例要达到4%。从表 3-5 可以看出，我国的财政性教育经费支出占 GDP 的比重，在 2012 年才达到了 4% 的目标。

表 3-5

我国政府的教育投入情况

单位:亿元

年份	全国教育经费		国家财政性教育经费①	
	支出额	占 GDP	支出额	占 GDP
1996	2 262.30	3.33%	1 671.7	2.46%
2000	3 849.10	4.31%	2 562.6	2.87%
2005	8 418.84	4.59%	5 161.08	2.82%
2010	19 561.85	4.88%	14 670.07	3.66%
2011	23 869.29	5.05%	18 586.70	3.93%
2012	27 695.97	5.19%	22 236.23	4.16%
2013	30 364.72	5.16%	14 488.22	4.16%
2014	32 806.46	5.16%	26 420.58	4.15%
2015	36 129.19	5.24%	29 221.45	4.24%
2016	38 888.39	5.22%	31 396.25	4.22%
2017	42 562.01	5.15%	34 207.75	4.14%

资料来源:根据 1996—2017 年《全国教育经费执行情况统计公告》整理。

注:①国家财政性教育经费,主要包括一般公共财政预算安排的教育经费、政府性基金预算安排的教育经费、企业办学中的企业拨款、校办产业和社会服务收入用于教育的经费等。

资料 3-1　关于 2017 年全国教育经费执行情况统计公告

1. 全国教育经费情况

2017 年,全国教育经费总投入为 42 562.01 亿元,比上年的 38 888.39 亿元增长 9.45%。其中,国家财政性教育经费(主要包括一般公共预算安排的教育经费,政府性基金预算安排的教育经费,企业办学中的企业拨款,校办产业和社会服务收入用于教育的经费等)为 34 207.75 亿元,比上年的 31 396.25 亿元增长 8.95%。

2. 一般公共预算教育经费情况

(1) 全国一般公共预算教育经费增长情况。2017 年全国一般公共预算教育经费(包括教育事业费,基建经费和教育费附加)为 29 919.78 亿元,比上年增长 8.01%。其中,中央财政教育经费 4 663.16 亿元,比上年增长 5.03%。

(2) 各级教育生均一般公共预算教育事业费支出增长情况。2017 年全国普通小学、普通初中、普通高中、中等职业学校、普通高等学校生均一般公共预算教育事业费支出情况是:①全国普通小学为 10 199.12 元,比上年的 9 557.89 元增长 6.71%。其中,农村为 9 768.57 元,比上年的 9 246.00 元增长 5.65%。普通小学增长最快的是云南省(17.47%)。②全国普通初中为 14 641.15 元,比上年的 13 415.99 元增长 9.13%。其中,农村为 13 447.08 元,比上年的 12 477.35 元增长 7.77%。普通初中增长最快的是北京市(26.63%)。③全国普通高中为 13 768.92 元,比上年的 12 315.21 元增长 11.80%。增长最快的是河南省(27.38%)。④全国中等职业学校为 13 272.66 元,比上年的 12 227.70 元增长 8.55%。增长最快的是西藏自治区(48.53%)。⑤全国普通高等学校为 20 298.63 元,比上年的 18 747.65 元增长 8.27%。增长最快的是天津市(19.61%)。

(3) 各级教育生均一般公共预算公用经费支出增长情况。2017 年全国普通小学、普通初中、普通高中、中等职业学校、普通高等学校生均一般公共预算公用经费支出情况是:①全国普通小学为 2 732.07 元,比上年的 2 610.80 元增长 4.64%。其中,农村为 2 495.84 元,比上年的 2 402.18 元增长 3.90%。普通小学增长最快的是广西壮族自治区(17.81%)。②全国普通初中为 3 792.53 元,比上年的 3 562.05 元增长 6.47%。其中,农村为 3 406.72 元,比上年的 3 257.19 元增长 4.59%。普通初中增长最快的是北京市(27.38%)。③全国普通高中为 3 395.59 元,比上年的 3 198.05 元增长 6.18%。增长最快的是宁夏回族自治区(24.56%)。④全国中等职业学校为 4 908.30 元,比上年的 4 778.79 元增长 2.71%。增长最快的是西藏自治区(63.03%)。⑤全国普通高等学校为 8 506.02 元,比上年的 8 067.26 元增长 5.44%。增长最快的是天津市(38.09%)。

(4) 一般公共预算教育经费占一般公共预算支出比例情况。2017 年全国一般公共预算教育经费占一般公共预算支出 203 330.03 亿元的比例为 14.71%,比上年的 14.75%降低了 0.04 个百分点。

3. 国家财政性教育经费占国内生产总值比例情况

据统计,2017 年全国国内生产总值为 827 122 亿元,国家财政性教育经费占国内生产总值比例为 4.14%。

资料来源:教财〔2018〕14 号教育部、国家统计局、财政部发布的《关于 2017 年全国教育经费执行情况统计公告》。

(三) 我国的科学技术支出现状

我国财政用于科学技术的支出是逐年增长的,如表 3-4 所示。当然,财政拨款的科技支出只是财政投入科学技术的一条渠道,财政还通过科技三项费用、税收优惠、财政补贴等多种方式,带动和鼓励民间科技的投入,激励企业扩大自主积累,增加科研费用,推动企业成为技术创新的主体。

我国要不断增加科学技术经费支出,提高科学技术经费支出占 GDP 和财政支出的比重,同时合理安排财政支出,促进科学技术经费支出内部结构的调整,在保证必要的基础研究经费的基础上,增加应用研究和开发研究的投入,使科学研究成果尽快形成生产力,提高科学技术经费支出的使用效益。科学技术是对历史起推动作用的革命力量,科学研究是为社会共同需要的,但由于一部分科学研究的成本与运用科研成果所获得的利益难以通过市场交换对称起来。所以,用于那些外部效应较强的科学研究活动主要是基础科学的经费应由政府承担,而那些可以通过市场交换来充分弥补成本的科学研究主要是应用性研究,则可由微观经济主体来承担。

(四) 我国的医疗卫生支出现状

2017 年,我国财政的医疗卫生与计划生育支出 14 450.63 亿元,如表 3-6 所示,我国的医疗卫生支出占财政支出比重从 2007 年的 3.81%提升到 2017 年的 7.12%。据 2018 年

12月国务院新闻办公室发布的《改革开放40年中国人权事业的发展进步》报告显示,改革开放特别是中共十八大以来,健康中国建设加快推进,公民的生命健康权保障水平大幅提升。我国人均预期寿命从1981年的67.8岁提高到2017年的76.7岁,高于72岁的世界平均预期寿命。孕产妇死亡率从1989年的94.7‱下降到2017年的19.6‱,婴儿死亡率从1991年的50.2‰下降到2017年的6.8‰,提前达到联合国千年发展目标所确定的指标要求。覆盖城乡的基层医疗卫生服务体系基本建成。2017年全国共有医疗卫生机构98.7万个,比1978年增长4.8倍;卫生技术人员898万人,比1978年增长2.6倍。国家基本公共卫生服务项目持续推进,适龄儿童国家免疫规划疫苗接种率达90%以上,5岁以下儿童乙肝病毒表面抗原携带率降至1%。建成全球最大的法定传染病疫情和突发公共卫生事件网络直报系统,平均报告时间缩短到4小时。全民健身运动蓬勃发展,全国体育场地总数超过170万个,人均体育场地面积超过1.6平方米。

表3-6

2007—2017年我国医疗卫生支出情况

单位:亿元

年份	财政支出	医疗卫生支出	医疗卫生支出占财政支出比重
2007	49 781.35	1 898.96	3.81%
2008	62 592.66	2 757.04	4.40%
2009	76 299.93	3 994.19	5.23%
2010	89 874.16	4 804.18	5.35%
2011	109 247.79	6 429.51	5.89%
2012	125 952.97	7 245.11	5.75%
2013	140 212.10	8 279.90	5.91%
2014	151 785.56	10 176.81	6.70%
2015	175 877.77	11 953.18	6.80%
2016	187 755.21	13 158.77	7.01%
2017	203 085.49	14 450.63	7.12%

资料来源:作者依据中国统计局网站有关年度数据整理得出。

资料3-2　中国的医疗卫生事业

提高人民健康水平、实现病有所医,是人类社会的共同追求,医疗卫生关系亿万人民健康,是一个重大民生问题。多年来,我国坚持"以农村为重点,预防为主,中西医并重,依靠科技与教育,动员全社会参与,为人民健康服务,为社会主义现代化建设服务"的卫生工作方针,努力发展具有中国特色的医疗卫生事业。经过不懈努力,覆盖城乡的医疗卫生服务体系基本形成,疾病防治能力不断增强,医疗保障覆盖人口逐步扩大,卫生科技水平日益提高,居民健康水平明显改善。建立起了覆盖城乡居民的基本医疗卫生制度,深入推进医药卫生体制改革,取得了重要阶段性成效。

1. 卫生基本状况

居民健康状况不断改善,建立起了覆盖城乡的医疗卫生体系,卫生筹资结构不断优化,卫生资源持续发展,医疗卫生服务利用状况显著改善,医疗质量管理和控制体系不断完善。建立无偿献血制度,血液安全得到保障。

2. 医药卫生体制改革

经过多年努力,中国卫生事业取得显著发展成就,但与公众健康需求和经济社会协调发展不适应的矛盾还比较突出。从 20 世纪 80 年代开始,中国启动医药卫生体制改革,并在 2003 年抗击传染性非典型肺炎取得重大胜利后加快推进。2009 年 3 月,中国公布《关于深化医药卫生体制改革的意见》,全面启动新一轮医改,改革的基本理念,是把基本医疗卫生制度作为公共产品向全民提供,实现人人享有基本医疗卫生服务,从制度上保证每个居民不分地域、民族、年龄、性别、职业、收入水平,都能公平获得基本医疗卫生服务。改革的基本原则是保基本、强基层、建机制。通过艰苦努力,中国的新一轮医改取得积极进展,基本医疗保障制度覆盖城乡居民,基本药物制度从无到有,城乡基层医疗卫生服务体系进一步健全,基本公共卫生服务均等化水平明显提高。

3. 传染病防治与卫生应急机制

政府坚持"预防为主,防治结合"方针,不断加大传染病防治力度,通过开展预防接种和爱国卫生运动等防控措施,降低了传染病发病率,有效控制了传染病的流行和蔓延。自 20 世纪 50 年代起,基本控制了鼠疫、霍乱、黑热病、麻风病等疾病的流行。2011年,甲类和乙类传染病发病率控制在 241.4/100 000 的较低水平,有力地保障了广大居民的身体健康和生命安全。实施国家免疫规划,重点传染病地方病得到有效控制,爱国卫生运动卓有成效,卫生应急水平全面提高,法定传染病和突发公共卫生事件实现网络直报。

4. 慢性非传染性疾病防治

中国政府把防治慢性病作为增进公众健康、改善民生的重要任务,逐步建立起覆盖全国的慢性病防治服务体系,对主要慢性病进行分级管理,实施综合防控策略,全面提高慢性病综合防治能力,努力降低人群慢性病危险因素水平,减少慢性病发病率、致残率和死亡率。促进慢性病防治结合,制定慢性病防控措施,开展健康教育和健康促进活动。

5. 妇女儿童健康权益保护

中国政府将男女平等作为一项基本国策,一贯高度重视妇女儿童的生存和健康状况,完善妇幼卫生法制与政策,签署多项保护妇女儿童的国际公约,健全妇幼卫生服务体系,实施妇幼公共卫生服务项目,着力提高妇幼卫生服务的公平性和可及性,促使广大妇女儿童健康权益得到有效保护。完善妇幼卫生法制和政策,健全妇幼卫生服务体系,开展妇女生殖保健服务,开展儿童保健服务。

6. 中医药发展

中医药在中国有着悠久的历史,是中华民族在生产生活实践以及治疗疾病过程中形成和发展的医学科学,是中华民族智慧的结晶,为中华民族繁衍昌盛作出了重要贡献。中医药在治疗常见病、多发病和疑难病等方面独具特色和优势,在治疗传染性疾病方面也有良好效果,并以其费用低、疗效好、副作用小等特点,深受中国公众喜爱,在医疗卫生保健中发挥着不可替代的重要作用。中国政府一贯积极扶持和促进中医药事业的发展。建立了覆盖城乡的中医医疗服务体系,形成独具特色的中医药人才培养体系,推进中医药现代化建设,并积极开展国际交流合作。

7. 卫生国际合作

长期以来,中国积极参与全球卫生事务,积极参加国际社会、国际组织倡导的重大卫生行动,高度重视卫生国际援助,先后为许多发展中国家援建医院、培训卫生人才、开展疾病防控等工作,为受援国医疗卫生事业发展发挥了巨大作用。支持世界卫生组织等国际组织工作,加强区域卫生合作,派遣援外医疗队,援建医疗机构,培训卫生人力资源,开展国际紧急救援。

随着中国工业化、城市化进程和人口老龄化趋势的加快,居民健康面临着传染病和慢性病的双重威胁,公众对医疗卫生服务的需求日益提高。同时,中国卫生资源特别是优质资源短缺、分布不均衡的矛盾依然存在,医疗卫生事业改革与发展的任务十分艰巨。中国将继续深入推进改革,全面发展医疗卫生事业,更好地维护、保障和增进全体居民的健康。中国也将继续积极参与全球卫生事务,与各方共同携手,为改善全球健康作出更大努力。

资料来源:根据国家卫生部 2012 年 12 月 27 发布的《中国的医疗卫生事业》白皮书整理。

第二节 财政投资支出

一、投资与经济增长

投资是经济增长或经济发展的推动力,是经济增长的主要因素。马克思在谈到货币资本的作用时把货币资本的投入看做是经济增长的第一推动力,因为任何一项投资或生产活动都首先从货币资本的投资开始。凯恩斯不仅认为投资是经济增长的推动力,而且论述了投资对经济增长具有乘数作用。乘数作用是指每增加 1 元投资所引起的收入增加的倍数,乘数与边际消费倾向同方向变化,同边际储蓄倾向呈反方向变化。

从实际生活也可以看到投资与经济增长之间的关系。投资可以刺激需求,也可以增加供给。首先,社会需求由消费、投资和出口三部分组成,因而投资可以直接增加社会总需求,从而刺激经济增长;其次,投资需要建筑材料和生产设备等,所以增加投资就会带动钢材、水泥、木材等建筑材料或设备生产的增长,可以直接刺激生产资料的增长;再次,投资中的一部分,将转化为个人消费和社会消费,因此增加投资还可以刺激消费品生产的增长。投资过程首先能够刺激需求,投资完成后可以增加供给。

在发展中国家,由于科学技术水平较落后,科学技术在经济发展中起的作用还不是很大,因此投资在经济增长中具有更大的作用。我国的经济增长在很大程度上是靠投资推动的,投资的波动与经济增长的波动具有密切的关系。当经济增长缓慢时,一般要靠增加投资来拉动经济增长;当经济过热时,政府往往首先通过压缩投资来抑制过高的通货膨胀。

在安排投资规模时必须要分析投资的规模是否适度、投资结构是否合理、是否注重了投资效益等问题。

二、财政投资的特点

在任何社会中,投资都可以分为公共部门投资和私人部门投资两大部分。一般而言,财政投资就是公共部门投资,是政府为购置满足公共需求所必需的资产而花费的财政支出,是以公共部门为主体,将公共收入用于国民经济诸部门的一种集中性、政策性投资。财政投资的主要领域具有共同性,无论从历史的角度还是从各国的实践来看,财政投资的领域或范围主要是具有公共性、外溢性、基础性的领域,包括经济基础设施投资、基础产业投资、支援农业支出、高新技术产业投资、地区发展支出和物资储备支出等。

财政投资作为整个社会经济投资的组成部分,与私人部门的投资是一种相互联系、相互补充的关系,具有不同的特点和作用领域。政府财政投资的主要特点如下。

（一）以公共部门为投资主体

财政投资是以公共部门为投资主体,私人部门投资则是以单位和个人为投资主体。由于投资主体的不同,导致他们在投资资金来源及其筹资手段、资金的使用规模、投资的原则或依据、投资的重点及方向、投资的管理形式等方面都存在着差异。

（二）投资资金来源主要是税收

财政投资的资金来源主要是通过税收等形式,从私人部门集中起来的公共收入。在一定时期,政府也可以通过举借外债或内债,作为财政投资来源。而私人部门投资的资金来源主要是自有资本以及通过债券、股票等形式从资本市场上筹集的资金。

（三）投资规模巨大

财政投资是大规模的、集中性的投资,私人部门的投资无论其投资来源和筹集手段如何多样化,都要受到其自身盈利水平和偿债能力的限制,任何企业、单位和个人的投资规模都无法与财政投资相比。

（四）投资原则是社会福利最大化

在市场经济条件下,私人部门投资是从自身经济利益出发,投资目标是实现自身价值最大化。它们注重的是投资项目的内在成本效益,而较少考虑投资项目的外在成本效益,倾向于选择投资少、见效快、建设周期短、盈利大的项目,绝不会投资赔本项目。而财政投资虽然也考虑投资项目的成本效益问题,但是其投资目标是社会效益的最大化,是从国家整体利益出发来选择和安排投资项目。因此,财政投资往往会选择那些一次性投资金额大、风险高、建设周期长、收效慢,不符合私人部门投资原则的项目,如能源、交通、环境保护、城市公用设施和基础设施等,起到弥补私人部门投资不足的作用。

（五）投资管理复杂

在私人部门投资中,投资主体就是建设单位,可以参与投资的全过程,直接承担投资的决策风险和设计、施工、经济风险,在管理中主要是通过经济合同处理与设计、施工单位的关系。在财政投资中,财政部门一般只参与投资项目的立项、审批以及可行性研究工作,而具体的施工及以后投资项目的运营则由建设单位负责。因此,财政投资管理比私人部门投资复杂,不仅需要处理建设单位与设计、施工单位之间的关系,还要正确处理财政部门与建设单位之间的关系。

三、我国的财政投资支出

由于社会经济制度和经济发展阶段的不同,政府投资和私人投资在各国社会总投资中的比重有较大的差异。

财政投资在各国社会总投资中所占的比重存在着相当大的差异,影响财政投资支出规模的因素主要有两个:一是经济体制的不同,如果一国实行的是计划经济管理体制,政府是主要的经济主体和投资主体,财政投资占全社会总投资的比重无疑很高;如果一国实行的是市场经济管理体制,社会中的投资主体多元化,民间部门、私人投资占很大比重;二是经济发展阶段的不同。经济发展的不同阶段财政投资的规模也会有很大差异。总的来看,中上等收入国家的财政投资规模比较小,中下等收入和低收入国家的财政投资规模比较大。我国在由计划经济体制转向市场经济体制的过程中,政府投资占社会总投资的比重有所下降,是符合一般发展趋势的。

近年来,我国经济由于前些年高速增长中所积累下来的环境污染、资源浪费等问题日益突出,导致经济增速放缓。2015 年上半年,GDP 增速为 7%,是 30 年来的最低水平,经济下行压力不断加大。由此,经济增长放缓已经成为事实,并将作为未来一段时期经济的新常态。伴随着经济增速放缓而来的结构转型和发展方式调整,财政投资性资金应保持基础性项目支出稳定,和压缩竞争性项目投入的同时,增加公益性项目的投入力度。

2011—2017 年,全社会固定资产投资实际到位资金情况,如表 3-7 所示。2018 年,全国固定资产投资(不含农户)635 636 亿元,比上年增长 5.9%。其中,民间投资 394 051 亿元,增长 8.7%。分产业看,第一产业投资增长 12.9%;第二产业投资增长 6.2%,其中制造业投资增长 9.5%;第三产业投资增长 5.5%,其中基础设施投资增长 3.8%;高技术制造业、装备制造业投资比上年分别增长 16.1%和 11.1%。

表 3-7

我国全社会固定资产投资实际到位资金情况

单位:亿元

项目 年份	本年实际 到位资金额	国家 预算资金	国内贷款	利用外资	自筹资金	其他资金
2011	345 984.2	15 843.3	46 344.5	5 062.0	229 346.8	50 387.5
2012	409 675.6	18 958.7	51 593.5	4 468.8	277 792.4	56 862.4
2013	491 612.5	22 305.3	59 442.0	4 319.4	334 280.0	71 265.8
2014	543 480.6	26 745.4	65 221.0	4 052.9	379 737.8	67 723.4
2015	584 198.8	30 924.3	61 054.0	2 854.4	414 802.4	74 563.6
2016	616 933.5	36 211.7	67 200.3	2 270.3	413 828.6	97 422.6
2017	639 369.4	38 741.7	72 435.1	2 146.3	417 700.0	108 346.0

资料来源:国家统计局官网,中国统计年鉴(2018)。

第三节　基础设施投资支出

一、基础设施投资的特点与分类

(一) 基础设施的概念

基础设施是关系到国民经济整体利益和长远利益的物质基础设施。

基础设施分为两类,即经济基础设施和社会基础设施。经济基础设施是指整个社会的经济活动所依赖的基本设施,即永久性的工程建筑、设备、设施及其所提供的为居民所用和用于经济生产的服务,包括公有事业(如交通、电信、供水、电力、管道煤气、环境卫生、排污系统、固体废弃物的收集和处理系统)、公共工程(如大坝、灌溉渠、道路)及其他交通部门(如铁路、城市交通、海港、机场等)。社会基础设施一般包括文教、医疗、社会保障、人力开发等。

本节所指的基础设施支出是政府的经济基础设施支出。

基础设施是处在"上游"的产业部门,是一种"社会先行资本",它所提供的产品和服务构成其他部门(也包括本部门)必需的投入品和服务,如供电、供水、道路和交通等。基础设施在产业链中属于这样一类产业,即当基础产业、加工工业和服务业发展时,一般要求适度加大基础设施投资,要求基础设施适度超前发展。从价值构成上分析,基础设施所提供的产品和服务的价格,构成其他部门产品成本的组成部分,因而它们的价格变动具有很强的连锁效应,会引起整个产业成本的波动。

完善的基础设施是一个国家经济发展的前提。政府从事或介入经济基础设施活动的主要理论依据在于生产的规模经济。例如,在电信、交通和电力等行业,固定成本虽然很高,但项目一旦建成,随着生产规模的扩大,产出就会大幅度增加,平均成本则明显递减,直到生产能力达到极限为止。因此,在这种情况下,有必要让垄断者从事整个生产。可是,如果由不受管制的私人垄断者来提供基础设施服务,私人垄断者为了使利润最大化,就会制定垄断价格;而同竞争性市场结果相比,这种垄断价格不仅有失公平,而且常常导致效率损失。有鉴于此,经济基础设施服务最好还是由政府来提供,因为政府作为生产单位比较容易管制。

(二) 基础设施的特点

与其他产业相比,基础设施具有不同的特征。主要体现在:

(1) 基础设施一般具有准公共产品的特点。从整个生产过程来看,基础设施为整个生产过程提供"共同生产条件",基础设施所创造的产品或服务几乎是国民经济活动的共同需要,具有联合消费、共同受益的特点。有些基础设施的服务对象不能像私人产品那样能够加以自由选择或排他,或实现这种排他性的成本过高,从而使基础设施表现出一定的公共产品的属性。但另一方面,基础设施在能够取得良好的社会效益,在其经济效益价值更多地转移到下游产业部门和消费者身上的同时,自身也可以从收取服务费或产品销售中获得一定补偿,从而使基础设施表现为消费的准公共产品。例如,环境治理,受益者是全体居民,而政府支出可从排污费收入中得到部分补偿。

（2）基础设施的规模经济效益十分明显，具有自然垄断性质。电、热、水、气等基础产品的生产，都有一个规模经济问题。如果由私人企业建设基础产品，建成的设施不是不敷使用，就是能力闲置，造成社会资源的浪费和不便。

（3）基础设施建设日益成为政府调控经济的一个手段。经济不景气时，私人部门的消费需求和投资需求都不强，企业无法吸纳失业人口，会造成社会不稳定。基础设施一般规模很大、资本成本比维护成本和经营成本大得多，沉没成本很高，在总成本中有很大一部分成本必须在项目开始运营之前就已发生。基础设施行业的进入和退出成本很大，但竞争性差，建设周期和回收周期长，具有潜在的高风险，这种风险由政府承担是最有效率的。经济欠发达国家在经济增长过程中常常经受基础"瓶颈"的困扰，由于民间经济的财力有限，政府只能通过财政集中动员一部分资源，以加快基础"瓶颈"部门的发展。实际上，发展中国家的财政，除具有一般弥补"市场失灵"的作用外，还部分地充当着社会资本原始积累的角色。由于投资本身存在乘数效应，所以国家出面进行基础设施投资，有利于启动国内需求，缓解社会就业压力。1998 年，为了应对亚洲金融危机对我国经济的影响，我国政府决定由财政部向国有商业银行增发 1 000 亿元国债，同时相应增加 1 000 亿元银行贷款，定向用于加快基础设施建设，这一举措有力地促进了投资和经济的增长，使全年投资完成 28 457 亿元，增长 1.4%，全社会 GDP 完成 79 553 亿元，增长 7.8%，基本实现了年初确定的发展目标。

（三）基础设施项目的分类

根据是否能够盈利，盈利多少，可以将基础设施各产业方向的投资大致分为四类：第一类：纯公益性项目，产出服务无偿提供，不仅无法收回投资，连日常经营费用和维修费都要从外部补充。如生态、环保、防洪排涝、城市道路等项目。第二类：低收费项目，产出服务虽有收益，但未必能够补偿日常经营费用和维修费用，投资基本无法回收，更无法盈利。如灌溉、工程调水供水等项目。第三类：一般收费项目，营业收入补偿经营费用有余，但只能部分地实现投资回收，难以靠自身积累来完成更新。如城市供水、供气等。第四类：能够全部回收投资，而且能够产生资本积累的项目。如特定的铁路线、特定的收费公路及桥隧、独立电厂、电站等。其中有些项目的投资盈利性超过一般竞争性行业，如以还本付息加固定收费率确定上网电价的电厂、由用户投资而由企业受益的城市电信等。

二、基础设施的投资方式

基础设施投资的最关键问题是投资方式问题，投资方式不仅关系到投资的效率，还决定了基础设施投资的资金来源。基础设施主要有以下几种投资方式。

（一）政府直接投资

政府直接投资是指政府等公有实体直接进行基础设施投资，由政府弥补全部生产成本，向公众提供，并直接负责完工后的管理和运营。这是一种最基本的基础设施投资方式。凡是涉及利益主体众多、受益范围广泛、工程自身所需资金巨大，涉及一国国计民生的重大水利、能源工程，多采用此方式进行投资和运营。投资项目均具有明显的共用品性质，极强的非排他性或很高的排他成本决定了只能由政府进行投资建设，如三峡工程、南水北调工程等。

（二）政府直接投资、非商业性经营

政府直接投资、非商业性经营是指政府直接进行基础设施投资，由特定的政府部门进行非营利性经营。这是一种常见的基础设施投资方式。这类基础设施，诸如机场、码头、邮政等，同样具有明显的共用品性质，要由政府投资建设。但由于这类基础设施的投资规模一般都比较大，而且从技术上说是可以排他的，排他成本也不高，因此，政府在提供这些服务时，要向使用者收费；收费标准一般比较低，只要在一定时期内收回投资成本即可。

（三）PPP 模式

1. PPP 的基本概念

PPP 模式（Public-Private Partnership）是 20 世纪 90 年代后出现的一种崭新的融资模式，是一种政府和社会资本合作模式，也称公私合作、公私合伙、公私合营。PPP 模式是指私营部门获得公共部门的授权，为公共项目进行融资、建设，并在未来的一段时间内运营项目，通过充分发挥公共部门和私营部门的各自优势，以提高公共产品效率的一种融资模式。PPP 有广义和狭义之分，广义的 PPP 是以授予私人部门特许经营权为特征，包括 BOT 等多种形式；狭义的 PPP 是政府与私人部门组成特殊目的的机构，引入社会资本，共同开发设计，共同承担风险，全过程合作，期满后再移交政府的公共服务开发运营方式。PPP 模式以各参与方的"双赢"或者"多赢"为基本合作理念，是一种优化的项目融资与实施模式。

（1）融资性质的 PPP。

第一，建设—运营—移交（BOT）。私营部门的合作伙伴被授权在特定的时间内融资、设计、建造和运营基础设施组件（和向用户收费），在期满后，转交给公共部门的合作伙伴。

第二，民间主动融资（PFI）。PFI 是对 BOT 项目融资的优化，是指政府部门根据社会对基础设施的需求，提出需要建设的项目，通过招投标，由获得特许权的私营部门进行公共基础设施项目的建设与运营，并在特许期（通常为 30 年左右）结束时将所经营的项目完好地、无债务地归还政府，而私营部门则从政府部门或接受服务方收取费用以回收成本的项目融资方式。

第三，建设—拥有—运营—移交（BOOT）。私营部门为设施项目进行融资并负责建设、拥有和经营这些设施，待期限届满，民营机构将该设施及其所有权移交给政府方。

第四，建造—移交（BT）。民营机构与政府方签约，设立项目公司以阶段性业主身份负责某项基础设施的融资、建设，并在完工后即交付给政府。

第五，建设—移交—运营（BTO）。民营机构为设施融资并负责其建设，完工后即将设施所有权移交给政府方；随后政府方再授予其经营该设施的长期合同。

（2）非融资性质的 PPP。

第一，作业外包。政府或政府性公司通过签订外包合同方式，将某些作业性、辅助性工作委托给外部企业/个人承担和完成，以期达到集中资源和注意力于自己的核心事务的目的。一般由政府方给作业承担方付费。

第二，运营与维护合同（O&M）。私营部门的合作伙伴，根据合同，在特定的时间内，运营公有资产。公共合作伙伴保留资产的所有权。

第三，移交—运营—移交（TOT）。政府部门将拥有的设施移交给民营机构运营，通常民营机构需要支付一笔转让款，期满后再将设施无偿移交给政府方。

（3）股权产权转让。政府将国有独资或国有控股的企业的部分产权/股权转让给民营机构，建立和形成多元投资和有效公司治理结构，同时政府授予新合资公司特许权，许可其在一定范围和期限内经营特定业务。

（4）合作合资。政府方以企业的资产与民营机构（通常以现金方式出资）共同组建合资公司，负责原国有独资企业的经营。政府授予新合资公司特许权，许可其在一定范围和期限内经营特定业务。

2. 推广运用 PPP 模式的意义

PPP 模式突破了引入私人企业参与公共基础设施项目组织与建设的限制，目前我国在大型项目，如公路、铁路、地铁、机场、医院等建设中 PPP 模式被广泛应用，在环保治污、养老、旅游等领域也积极推广应用 PPP 模式。

（1）有利于促进投资主体的多元化。利用私人部门来提供资产和服务，形成多元化、可持续的资金投入机制，有利于整合社会资源，盘活社会存量资本，激发民间投资活力，既推动了投融资体制改革，又减轻了政府的财政负担。经过 40 年改革开放，中国社会的财富有了很好的积累；同时社会公众对公共产品的需要也有更大的需求。PPP 政府和社会资本合作模式将社会总体和公共需求的供求两端有机结合起来，给社会资本提供了分享未来中国增长与发展成果的广阔平台。构建社会资本与公共需求有机结合的桥梁。

（2）有利于促进经济结构的转型升级。政府通过政府和社会资本合作模式向社会资本开放基础设施和公共服务项目，可以拓宽城镇化建设融资渠道，拓展企业发展空间，提升经济增长动力，促进经济结构调整和转型升级，支持新型城镇化建设。

（3）有利于构建现代财政制度。根据财税体制改革要求，现代财政制度的重要内容之一是建立跨年度预算平衡机制、实行中期财政规划管理、编制完整体现政府资产负债状况的综合财务报告等。PPP 政府和社会资本合作模式的实质是政府购买服务，要求从以往单一年度的预算收支管理，逐步转向强化中长期财政规划，这与深化财税体制改革的方向和目标高度一致。

（4）有利于转变政府职能。政府从一个基础设施公共服务的提供者，变成了一个监管者，有利于转变政府职能，提升国家治理能力。

截至 2018 年年底，纳入财政部 PPP 综合信息平台管理库的项目约 7 000 个，投资规模超过 10 万亿元，项目数量和规模增长很快。与我国 GDP 和固定资产投资规模相比，PPP 发展的市场空间仍然很大。按照经济增长目标预测，2019 年我国 GDP 将超过 80 万亿元，固定资产投资将超过 65 万亿元。我国 PPP 市场发展前景广阔。

（四）BOT 模式

BOT（build-operate-transfer），即建设—运营—移交方式，是政府将一个基础设施项目的特许权授予承包商（一般为国际财团），承包商在特许期内负责项目设计、融资、建设和运营，并回收成本、偿还债务、赚取利润，特许期结束后将项目所有权移交政府。实质上，BOT 融资方式是政府与承包商合作经营基础设施项目的一种特殊运作模式。BOT 融资是一种基础设施投资方式。

BOT 融资在我国称为"特许权融资"，是指国家或者地方政府部门通过特许权协议，授予签约方的外商投资企业（包括中外合资、中外合作、外商独资）承担公共性基础设

（基础产业）项目的融资、建造、经营和维护；在协议规定的特许期限内，项目公司拥有投资建造设施的所有权，允许向设施使用者收取适当的费用，由此回收项目投资、经营和维护成本并获得合理的回报；特许期满后，项目公司将设施无偿地移交给签约方的政府部门。

BOT 融资方式的特点主要有：① BOT 融资方式是无追索的或有限追索的，举债不计入国家外债，债务偿还只能靠项目的现金流量。② 承包商在特许期内拥有项目所有权和经营权。③ 名义上，承包商承担了项目全部风险，因此融资成本较高。④ 与传统方式相比，BOT 融资项目设计、建设和运营效率一般较高，因此，用户可以得到较高质量的服务。⑤ BOT 融资项目的收入一般是当地货币，若承包商来自国外，对宗主国来说，项目建成后将会有大量外汇流出。⑥ BOT 融资项目不计入承包商的资产负债表，承包商不必暴露自身财务情况。

BOT 融资的全部运作有项目的确定和拟定、招标、选标、开发、建设、运营和移交等。BOT 项目融资整体上包括以下三个阶段：

（1）建设阶段。一般情况下，投资者根据东道国政府的法律、法规，按照一定的出资份额和股份，组成双方合营的公司。

（2）运营阶段。在 BOT 中，运营即企业的运转、操作以及管理。在具体的运营方式上，可以选择独立经营、参与经营以及其他经营方式。

（3）移交阶段。在特许权期满后，项目公司将一个运行良好的项目移交给项目所在国政府或者政府所属机构。这是采用 BOT 融资方式和其他项目融资方式的主要差别之一。在通常情况下，投资方大都远在经营期满之前，就能通过固定资产折旧以及分利方式收回投资。因此，在 BOT 项目融资的协议中都规定在项目合营期满，全部财产无条件地归东道国所有，不另行清算。国际上 BOT 项目的特许运营期限一般为 5～20 年。

（五）TOT 模式

TOT（transfer-operate-transfer），即移交—经营—移交方式，是指政府将已经投产运营的项目在一定期限内的特许经营权或现金流为标的交给私人企业，待特许经营期结束，政府再将项目经营权收回的经营模式。对于私人企业而言，这种方式不需要先期投资，降低了风险；同时，可以把私人企业高效率的管理方法引入基础设施的改造中来，使政府受益。

资料 3-3　基础设施和公用事业特许经营管理

为了鼓励和引导社会资本参与基础设施和公用事业建设运营，提高公共服务质量和效率，保护特许经营者合法权益，保障社会公共利益和公共安全，促进经济社会持续健康发展，2015 年 4 月 25 日国家发改委、财政部等部门联合发布了《基础设施和公用事业特许经营管理办法》（以下简称《办法》），自 2015 年 6 月 1 日起实施。《办法》共 8 章 60 条，对基础设施和公用事业特许经营的适用范围、实施程序、政策支持等作了较为全面详细的规定。

《办法》所称基础设施和公用事业特许经营，是指政府采用竞争方式依法授权中华人民共和国境内外的法人或者其他组织，通过协议明确权利义务和风险分担，约定其在一定期限和范围内投资建设运营基础设施和公用事业并获得收益，提供公共产品或者公共服务。

《办法》主要内容包括以下五个方面：一是确定适用领域。《办法》明确规定，在能源、交通、水利、环保、市政等基础设施和公用事业领域开展特许经营。二是明确适用范围。

《办法》规定,境内外法人或其他组织均可通过公开竞争,在一定期限和范围内参与投资、建设和运营基础设施和公用事业并获得收益。三是健全政策措施。《办法》强调,要完善特许经营价格和收费机制,政府可根据协议给予必要的财政补贴,并简化规划选址、用地、项目核准等手续。四是强化融资支持。《办法》提出,允许对特许经营项目开展预期收益质押贷款,鼓励以设立产业基金等形式入股提供项目资本金,支持项目公司成立私募基金,发行项目收益票据、资产支持票据、企业债、公司债等拓宽融资渠道。政策性、开发性金融机构可给予差异化信贷支持,贷款期限最长可达 30 年。五是严格履约监督。《办法》明确,要严格履行合同,实施联合惩戒,以保障特许经营者合法权益,稳定市场预期,吸引和扩大社会有效投资。

基础设施和公用事业特许经营应当坚持公开、公平、公正,保护各方信赖利益,并遵循以下原则:① 发挥社会资本融资、专业、技术和管理优势,提高公共服务质量效率。② 转变政府职能,强化政府与社会资本协商合作。③ 保护社会资本合法权益,保证特许经营持续性和稳定性。④ 兼顾经营性和公益性平衡,维护公共利益。

基础设施和公用事业特许经营可以采取以下方式:① 在一定期限内,政府授予特许经营者投资新建或改扩建、运营基础设施和公用事业,期限届满移交政府。② 在一定期限内,政府授予特许经营者投资新建或改扩建、拥有并运营基础设施和公用事业,期限届满移交政府。③ 特许经营者投资新建或改扩建基础设施和公用事业并移交政府后,由政府授予其在一定期限内运营。④ 国家规定的其他方式。

基础设施和公用事业特许经营期限应当根据行业特点、所提供公共产品或服务需求、项目生命周期、投资回收期等综合因素确定,最长不超过 30 年。对于投资规模大、回报周期长的基础设施和公用事业特许经营项目(以下简称特许经营项目)可以由政府或者其授权部门与特许经营者根据项目实际情况,约定超过前款规定的特许经营期限。

三、财政投融资制度

财政投融资是指政府为实现一定的产业政策和财政政策目标,通过国家信用方式把各种闲散资金,特别是民间的闲散资金集中起来,统一由财政部门掌握管理,根据经济和社会发展计划,在不以盈利为直接目的的前提下,采用直接或间接贷款方式,支持企业或事业单位发展生产和事业的一种资金活动。财政投融资作为市场经济条件下政府配置资源的重要实现途径,在促进经济有效增长、调整和改善经济结构、强化宏观调控能力等方面都具有独特的功效。

(一)财政投融资的特征

(1)属于政策性投融资。它既不同于一般的财政投资,也不同于一般的商业性投资,而是介于这两者之间的一种新型的政府投资方式。既体现政府政策取向,又在一定程度上按照信用原则组织经营,是在大力发展商业银行的同时构建的新型投融资渠道。随着市场经济体制的逐步完善,市场融资的份额将扩大,商业银行是以安全性、流动性、盈利性为经营原则的,只有构建政策性投融资机制才能实施政府财政投资的目标。从基础设施的投入产出看,一次性投入金额巨大、资本专用性强、资本回收期长,存在明显的产品进入和退出障碍。加上其产品具有公共性,单纯的财政资金或信贷资金都不是基础设施建设资金的最佳选择,而兼有两者特点的财政投融资资金无疑是较合适的选择,可以起到公共预算投资和商业银行投资无法起到的作用。国际经验表明,采取将财政融资的良好信誉与金融投资的高效运作有机地结合起来的办法,进行融资和投资,即财政投融资,是发挥政府在基础设施投资中的作用的最佳途径。

(2) 目的性很强,范围有严格限制。它主要为具有提供"公共产品"特征的、需要政府扶持或保护的,或直接由政府定价的基础设施和基础产业部门融资。财政投融资的来源和运用都是有偿的,不仅要偿还本金,还要支付利息,只是利率相对比较低或无息。财政投融资的资金主要用于社会效益明显或正外部性很大的公共性项目的投资,主要是基础产业、基础设施、地区开发、中小企业发展以及居民生活设施等。资金使用不以营利为目的,但应尽可能收回全部投资成本。在投资项目的选择上,坚持社会效益与经济效益兼顾原则,除了国家产业政策重点扶持的建设项目外,尽量投资于周期短、见效快的项目;在贷款的利率上,实行低利率政策,即基本贷款利率低于较长时期的市场贷款利率,政府每年多支付的利率补助金,一般由经常性预算来弥补。

(3) 计划性与市场机制相结合。虽然财政投融资的政策性和计划性强,但它以市场作为配置资金的主要依据,实行市场化运作。

(4) 由政策性金融机构进行管理和经营。政策性金融机构不是一般意义上的金融企业,而是执行长期性投融资政策的机构,是政府投资的代理人。

(二) 我国财政投融资的资金来源

我国的财政投融资,从中华人民共和国成立初期就已经存在,并在后来得到不断发展。财政在 20 世纪 50 年代对国有企业实行的小型技术改造贷款,60 年代建立的支农周转金、80 年代末推行的基本建设资金"拨改贷",90 年代政策性银行的成立等,均标志着我国财政投融资的发展。

我国现有的投融资不仅分散,而且规模过小,财政投融资的资金来源主要靠财政注入,缺少吸纳社会财力的手段。财政投融资的资金使用具有政策性强、社会效益大、期限较长、盈利低、风险大的特点。与此相适应,财政投融资的资金来源应是具有稳定性、期限较长、融资成本较低的财政性和社会性资金。从今后发展来看,我国财政投融资的资金来源主要有:发行建设性国债、发行市政建设债券、养老保险金、财政拨给政策性银行的资本金、政策性银行发行的各种金融债券、邮政储蓄、土地批租收益、财政担保等。

(三) 我国的政策性银行及其改革

政策性银行是指由政府创立、以贯彻政府的经济政策为目标,在特定领域开展金融业务的,不以盈利为目的的专业性金融机构。政策性银行不以营利为目的,专门为贯彻、配合政府社会经济政策或意图,在特定的业务领域内,直接或间接地从事政策性融资活动,充当政府发展经济、促进社会进步、进行宏观经济管理工具。我国政策性银行的特点主要是业务职能的政策性、资金来源的政府性与市场性相结合。

1. 我国的政策性银行

1994 年,我国设立了 3 家政策性银行,即国家开发银行、中国进出口银行、中国农业发展银行三大政策性银行,均直属国务院领导。2015 年 3 月,国务院明确,国家开发银行定位为开发性金融机构,从政策银行序列中剥离。

国家开发银行成立于 1994 年,当时是直属中国国务院领导的政策性金融机构。2008 年 12 月改制为国家开发银行股份有限公司。2015 年 3 月,国务院明确国家开发银行定位为开发性金融机构。其注册资本 4 212.48 亿元,股东是中华人民共和国财政部、中央汇金投资有限责任公司、梧桐树投资平台有限公司和全国社会保障基金理事会,持股比例分别为 36.54%,34.68%,27.19% 和 1.59%。国家开发银行主要通过开展中长期信贷与投资等金融业务,为国民经济重大中长期发展战略服务。截至 2017 年年末,资产总额 15.96 万亿元,贷款余额 11.04 万亿元;净利润 1 136 亿元,资本充足率 11.57%,可持续发展能力和抗风险能力进一步增强。国家开发银行是全球最大的开发性金融机构,中国最大的中长期信贷银行和债券银行。目前在中国内地设有 37 家一级分行和 3 家二级分行,境外设有香港分行和开罗、莫斯科、里约热内卢、伦敦、悉尼等 10 家代表处。旗下拥有国开金融、国开证券、国银租赁、中非基金和国开发展基金等子公司。

中国进出口银行成立于 1994 年,是国家出资设立、直属国务院领导、支持中国对外经济贸易投资发展与国际经济合作、具有独立法人地位的国有政策性银行。依托国家信用支持,积极发挥在稳增长、调结构、支持外贸发展、实施"走出去"战略等方面的重要作用,加大对重点领域和薄弱环节的支持力度,促进经济社会持续健康发展。截至 2016 年年末,在国内设有 29 家营业性分支机构和香港代表处;在海外设有巴黎分行、东南非代表处、圣彼得堡代表处、西北非代表处。中国进出口银行的经营宗旨是紧紧围绕服务国家战略,建设定位明确、业务清晰、功能突出、资本充足、治理规范、内控严密、运营安全、服务良好、具备可持续发展能力的政策性银行。进出口银行支持领域主要包括外经贸发展和跨境投资,"一带一路"建设、国际产能和装备制造合作,科技、文化以及中小企业"走出去"和开放型经济建设等。

中国农业发展银行于 1994 年 11 月挂牌成立,注册资本 570 亿元,是直属国务院领导的、我国唯一一家农业政策性银行。其主要任务是以国家信用为基础,以市场为依托,筹集支农资金,支持"三农"事业发展,发挥国家战略支撑作用。经营宗旨是紧紧围绕服务国家战略,建设定位明确、功能突出、业务清晰、资本充足、治理规范、内控严密、运营安全、服务良好、具备可持续发展能力的农业政策性银行。目前,全系统共有 31 个省级分行、339 个二级分行和 1 816 个县域营业机构,员工 5 万多人,服务网络遍布中国大陆地区。

2. 我国政策性银行的改革

2015 年 4 月 12 日,由中国人民银行会同有关单位提出的国家开发银行、中国进出口银行和中国农业发展银行这三大政策性银行的改革实施总体方案获得国务院批准。这次改革方案的提出,不只考虑了国际上一般开发性金融的规律,也考虑了中国实践产生的需要。是在过去 20 多年中国政策性银行实践总结的基础上,提出了未来中国政策性银行基本框架,有利于中国的政策性金融体系更好地发挥作用。

国家开发银行要坚持开发性金融机构定位。适应市场化、国际化新形势,充分利用服务国家战略、依托信用支持、市场运作、保本微利的优势,进一步完善开发性金融运作模式,积极发挥在稳增长、调结构等方面的重要作用,加大对重点领域和薄弱环节的支持力度。通过深化改革,合理界定业务范围,不断完善组织架构和治理结构,明确资金来源支持政策,合理补充资本金,强化资本约束机制,加强内部管控和外部监管,将国家开发银行建设成为资本充足、治理规范、内控严密、运营安全、服务优质、资产优良的开发性金融机构。

中国进出口银行改革要强化政策性职能定位。坚持以政策性业务为主体,合理界定业务范围,明确风险补偿机制,提升资本实力,建立资本充足率约束机制,强化内部管控和外部监管,建立规范的治理结构和决策机制,把中国进出口银行建设成为定位明确、业务清晰、功能突出、资本充足、治理规范、内控严密、运营安全、服务良好、具备可持续发展能力的政策性银行,充分发挥在稳增长、调结构、支持外贸发展、实施"走出去"战略中的功能和作用。

中国农业发展银行改革要坚持以政策性业务为主体。通过对政策性业务和自营性业务实施分账管理、分类核算,明确责任和风险补偿机制,确立以资本充足率为核心的约束机制,建立规范的治理结构和决策机制,把中国农业发展银行建设成为具备可持续发展能力的农业政策性银行。

中国人民银行要会同有关单位按照党中央、国务院决策部署,根据方案要求和职责分工,加强协调配合,完善监督管理,抓紧做好后续工作,确保国家开发银行、中国进出口银行、中国农业发展银行的改革依法合规、稳妥有序推进。三大银行的资本充足率将统一按照 10.5% 的标准实施。

(四) 完善我国财政投融资的对策

1. 拓宽融资渠道,壮大投融资规模

财政投融资应从以下渠道筹集资金:一是预算拨款,但作为无偿使用的资金,预算拨款在整个资金来源中不能占太大比重。二是邮政储蓄存款和社会保障基金的剩余金,从发展趋势看,应将其成为重要资金来源。三是政府担保债券和政府担保借款,诸如向各专业银行发行中长期建设债券等。四是各种民间资金,应作为资金来源的重要组成部分。五是预算外资金"专户储存"中间歇资金的一部分,但不包括那些周转快、间歇时间短的预算外资金。六是增加政策性银行筹资量。财政投融资机构除采用借款等融资方式外,还可发行股票、债券和其他有价证券等方式进行直接融资。

2. 进一步明确财政投融资范围和领域

财政的投融资范围和领域应该是市场机制难以发挥作用的公共领域。在今后相当长一段时间内,我国财政投融资的重点对象应当是基础设施和基础产业、农业、科技进步、区域发展、环境保护等过去忽视的范围和领域。

3. 提高财政投融资效益

建立财政投融资计划编制制度,制定财政投融资资金使用的审批制度、监督检查制度、回收和效益考核制度、预决算制度、财政投融资内部财务核算制度及其配套管理办法,并切实按照相关规定组织实施财政投融资活动,保证财政投融资资金的有效投放和健康运行;建立合理、高效的财政投融资管理机构,并实行现代化管理;制定相应的财政投融资法规、管理条例及实施办法等,使财政投融资活动做到有法可依、有法必依;按照市场机制的要求,建立和尝试多种财政投资项目运营模式,建立财政投融资和市场投融资的协调机制,建立多层次的财政投融资风险责任分担机制,确立以企业为主体的投资决策机制等。

第四节 农业投资支出

一、农业在经济发展中的作用

农业的重要性及其特殊性决定了政府必须对农业予以支持与保护,政府财政对农业投资是农业支持与保护的重要措施之一。

1. 农业的基础地位

(1)农业是最典型的基础产业,是国民经济的基础,是人类生存和发展的物质资料的重要来源,是决定整个国民经济发展规模和速度的基础产业部门,在我国,农业的重要性更加突出。

(2)农业生产为人们提供基本的生活条件,是其他生产活动的基础,人们生存所需要的衣、食、住等生活资料大部分来源于农业,农业产品是人们生活资料的基本来源。农业为工业生产提供原材料,农业为非农业部门提供劳动力,农业能够扩大国内市场规模,农产品出口能够赚取外汇。

(3)农业不仅为工业提供原材料,而且为工业的发展积累大量资金,工业是依托农业发展起来的,工业的现代化离不开农业的支持。因此,农业作为一种基础产业理应得到政府的支持和保护。

2. 农业的弱质性

农业是国民经济的基础,但是由于农业处于农产品消费、销售、加工、运输、生产链的末端,农产品需求弹性小,大部分农产品不能久贮以及不利自然条件等众多因素使农业在经济发展中表现出较强的弱质性,特别是由于历史的自然的原因,使得我国农业的弱质性表现更为突出,生产力水平较低,组织程度不高,规模较小,比较利益低下,自我积累能力差,应付经济风险和自然风险的能力较差,因而特别需要政府财政支持。

3. 国家安全论

自由贸易的结果使各国生产的专业化程度越来越高,就必然会使某种国内产业萎缩到出于战略性考虑的规模之下,从而使本国对外国的经济依赖性大大增强,一旦发生战争或国家之间的关系紧张,贸易停止就可能对国家的安全形成威胁。因此,对关系国家安全的一些重要战略物资包括粮油、石油等必须自己生产为主,不能依靠进口。当生产这些商品的行业面临国际市场竞争时,政府应采取措施加以支持。

二、财政对农业支出的重点

国家财政对农业的投资,对于加强农业基础设施建设,增强农业抵御自然灾害的能力,改善农业生产条件等,可以发挥重要的作用,能够有力地促进农业以及整个国民经济的发展。凡是具有"外部效应"、牵涉面较广、规模较大的农业投资,原则上都应该由政府承担。

世界各国多以立法的形式规定财政对农业的投资规模和环节,使财政对农业的投入具有相对稳定性。许多农业投资只适于由政府来进行。比如,大型水库和各种灌溉工程等农业固定资产投资,由于投资量大、投资期限长、牵涉面广,投资以后产生的效益不易分割,而且投资的成本及其效益之间的关系不十分明显。在社会主义市场经济条件下,农业投资的资金应当主要来自农业部门和农户自身的积累,国家投资只能发挥辅助作用。在财政对农业投资有限的情况下,提高国家投资效率的关键问题是正确选择财政投资的重点。从我国农业发展的现状来看,财政投资的重点主要有农业基础设施和农业生态环境领域、农业科研和科技推广领域,以及难以按照"谁受益,谁投资"原则来组织投资的项目。政府应该注重农业科研活动,以推动农业技术进步。改造传统农业的关键在于引进新的农业生产要素,必须要有农业科研,而科研成果应用于农业生产必须经过推广程序,为了使农户接受新的生产要素,还需对农户进行宣传、教育和培训。

（一）改善农业生产条件的投资

农业生产条件主要包括农田水利基础设施,如防洪灌溉工程、水土保持、防沙防护工程、农电建设等。私人投资者一般不愿为改善农业生产条件进行投资,分散的独立农户也不能进行投资,政府必须把改善农业生产条件作为农业公共投资的重点。因为,农业生产条件具有公共商品或准公共产品的性质,牵扯面广,投资形成的资产具有明显的外部性,投资产生的效益不易分割,私人投资者很难靠收费方式来收回投资。同时,这些项目所需要的投资资金量大、回收周期漫长、风险高,私人投资者往往不愿或不能独立完成。

（二）农业科研和科技推广投资

要实现农业经济增长方式的转变,实施现代集约型农业经营方式,就必须依靠科技进步和劳动者素质的提高,这都离不开农业科研投入、农业科技推广和农业科研成果的转化。因此,政府应该加大对注重农业科研和科技推广的投入,以推动农业技术进步。改造传统农业的关键在于引进新的农业生产要素,必须要有农业科研,而科研成果应用于农业生产必须经过推广程序,为了使农户接受新的生产要素,还需对农户进行宣传、教育和培训。一项农业科研成果的推出,因研究成果的"外溢"性将会使全部运用这项成果的农户受益,但科研单位却难以将该科研成果所产生的全部收益据为己有,但科研费用和风险却只能由科研单位自己承担。由于农业科研投资后产生的效益不易分割,成本与效益的对应关系不明显,因此,农业科研、科学技术推广、农户教育等对农业发展至关重要的农业投资只能由政府来承担,依靠单个的甚至是组织成较大集体的农户来办,是很困难的。

三、财政农业支出的方式

在市场经济体制下,政府稳定和发展农业的各项政策是建立在市场机制的基础上的,并主要通过财政手段来实现。财政投资农业的方式主要有以下几种。

（一）稳定农产品价格

发展农业的关键是稳定并增加农民收入,就需要稳定农产品的产量和价格。农产品的价格既受当年产量的影响,也受上年价格的影响,有稳定的农产品价格才能稳定农产品产量。

政府稳定农产品价格有两种不同的方式,一是价格管制,二是价格平准。价格管制是政府利用行政或法律手段直接规定农产品的价格水平和波动幅度,其优点是能有效控制农产品价格,但缺陷是不利于发挥市场机制的调节作用,不利于提高农业的竞争力。价格平准是政府利用经济手段调节农产品价格水平,建立农产品价格平准基金及农产品储备制度。当农产品价格低于一定水平时,动用基金购进农产品作为储备,当农产品价格高于一定水平时,抛售储备来平抑农产品价格。由于价格平准克服了行政管制的缺陷,因而被很多国家采用。

(二)降低农业生产成本和农民负担

降低农业生产成本可以通过对农业投入的增加来体现,如对农用生产资料的补贴、财政贴息等。而降低农民负担可以通过减少农民支出、增加农民收入两方面来体现,如减少农民社会保险的缴费份额,在新型城镇化建设中,增加国家对农民工的职业技能培训投入、农民工子女在城市接受教育的投入、医疗卫生,增加种粮补贴、农民养老金和医疗保险补贴等。

(三)改善农业生产条件,提高农业劳动生产率

自然属性决定了农业生产受自然条件和气候的影响很大,农业面临很高的自然风险。政府通过对农业的投资既可以加强农业基础设施建设、改善农业生产条件、增强抗风险能力,同时又可以提高农业生产的科技含量,通过农业产业化和农业现代化而达到提高农劳动生产率的目的。

四、我国财政的农业支出

目前,财政对三农的投入接近一半是针对农业的生产性支出,目的是保障粮食安全,对于三农其他方面的支持力度则明显不足。中央应该进一步将土地出让收益用作"三农"投入,从国有资本经营预算收入、年度预算超收部分等方面来筹措增量资金,以此来提升财政对三农的投入力度,弥补公共预算对三农投入不足。

我国财政对农业投入存在的问题还很多,主要有:财政支农资金投入总量不足,投资结构不合理,地区分布不平衡,直接用于改善农业生产条件和农民生活条件的基础设施投资比例偏小,政府财政支农资金管理体制不完善性,资金使用效果不理想,财政支农投入高度依赖中央政府,中央政府和地方政府之间农业投入职责划分不清,地方政府对农业的投入严重不足。2003—2013 年中央财政的"三农"投入情况,如表 3-8 所示。

表 3-8

2003—2013 年中央财政的"三农"投入情况

单位:亿元

年份	金 额	年份	金 额
2003	2 144.2	2009	7 161
2004	2 626.2	2010	8 183
2005	2 975.3	2011	10 497
2006	3 517.2	2012	12 297
2007	4 318.3	2013	13 799
2008	5 955.5		

资料来源:依据财政部网站资料整理。

　　因此,社会主义市场经济条件下,必须进一步明确财政支农支出的范围,突出重点,将财政的支农支出集中用于那些"外部效应"较强的"市场失灵"的领域。财政应当多渠道筹集资金,加大对农业的投入,确保财政农业投入的增幅高于经常性收入增幅,并对专项资金使用实施配套政策,鼓励和支持引进国外货款用于发展农业。其具体措施有:政府要进一步增加对农业的投入,使国民收入分配关系向"三农"倾斜;调整国民收入分配结构和财政支出结构,大幅度增加农民可以直接受益的资金投入比重;整合财政支农投入,完善政府财政支农资金管理体制,加强对财政支农资金的监督管理;积极探索增加财政支农投入的新形式。

案　例

BOT 运作过程及成功的经验

　　BOT 的概念是由土耳其总理厄扎尔在 1984 年提出的,即政府将一个基础设施项目的特许经营权授予承包商,承包商在特许期内负责项目的设计、融资、建设和运营,并回收成本、获得利润,特许期结束后将项目的所有权移交政府。实质上,BOT 项目融资是政府与承包商合作经营基础设施的一种运作模式。

　　1. 发达国家 BOT 的运作

　　在发达国家,BOT 是常用的融资手段。英国的很多铁路项目都是采用这类融资模式建成的。其中最有名的是英法海峡隧道,在 20 世纪 80 年代中期,由英国的海峡隧道集团、英国银行财团、英国承包商以及法国的 France-Manehe 公司、法国银行财团、法国承包商等十个单位组成了项目公司 Eurotunnel。该公司于 1987 年与英国政府签订特许权协议,政府授予 Eurotunnel 公司 55 年的特许期,55 年后(2042 年)隧道由政府收回。在特许权协议中,英国政府对项目公司提出了三项要求:① 政府不对贷款作担保;② 本项目由私人投资,用项目建成后的收入来支付项目公司的费用和债务;③ 项目公司必须持有20%的股票。根据协议,项目总投资 103 亿美元。英国政府允许项目公司自由确定通行费,其收入的一半通过与国家铁路部门签订的铁路协议产生;其他收入来自通过隧道运载商业机动车辆的高速火车收费。英国政府保证,不允许在 30 年内建设第二个跨越海峡的连接通道。

　　2. 我国 BOT 的运作

　　BOT 在我国的出现也有十几年了,1984 年,中国香港合和实业公司和中国发展投资公司等作为承包商,与广东省政府合作,在深圳投资建设了沙角 B 电厂项目,是我国首家BOT 基础项目,但在做法上并不规范。1994 年以后,我国利用外资的政策发生了重大变化,在基础设施建设方面,由限制外资直接投资转向了引导外资从事基础设施直接投资。鉴于发达国家和很多发展中国家都采用 BOT 方式利用私人资本开发基础设施项目而且都取得了成功,BOT 方式也开始受到了我国政府的高度重视。这一年,国内有关部门和单位多次举办了 BOT 研讨会,国家计委等还组织了代表团到国外考察,学习国外运作BOT 项目的经验,BOT 概念在国内得到了广泛传播,为开发 BOT 项目打下了思想理论基础。

1995年年初,国家计委开始组织BOT试点工作,摸索在国内开发BOT项目的经验。1995年5月8日,国家计委批准了第一个BOT试点项目:广西来宾B电厂。这个消息当时在国外引起很大反响,很多投资者认为,如果来宾B电厂项目取得成功,中国将从此打开基础设施项目的大门,否则,基础设施领域对外资将在很长一段时间内仍然是一个禁区。来宾B电厂被选为试点项目有很多原因,其中最重要的有两条:第一是广西壮族自治区政府和国家计委联系较多,信息较快;第二是来宾B电厂本身条件较成熟,大量的前期工作都已经完成。被选为试点以后,广西壮族自治区政府组成了BOT项目领导小组并设立常设办公室,同时广西壮族自治区政府聘请专业的投资咨询有限公司作为代理,负责代理广西壮族自治区政府处理有关B电厂的资格预审、招标、评标和谈判工作。

3. 广西来宾B电厂二期工程BOT运作过程

1995年,广西来宾B电厂二期工程是我国引进BOT方式的一个里程碑,为我国利用BOT方式提供了宝贵的经验。

广西来宾B电厂位于广西壮族自治区的来宾县。装机规模为72万千瓦,安装两台36千瓦的进口燃煤机组。该项目总投资为6.16亿美元,其中总投资的25%,即1.54亿美元为股东投资,两个发起人按照60∶40的比例向项目公司出资,具体出资比例为法国电力国际占60%,通用电气阿尔斯通公司占40%,出资额作为项目公司的注册资本;其余的75%通过有限追索的项目融资方式筹措。我国各级政府、金融机构和非金融机构不为该项目融资提供任何形式的担保。项目融资贷款由法国东方汇理银行、英国汇丰投资银行及英国巴克莱银行组成的银团联合承销,贷款中3.12亿美元由法国出口信贷机构——法国对外贸易保险公司提供出口信贷保险。

BOT融资的运作有七个阶段,即项目的确定和拟定、招标、选标、开发、建设、运营和移交。

(1)项目的确定和拟定。首先,必须确定一个具体项目是否必要,确认该项目采用BOT融资方式的可能性和好处。这项工作通常是通过政府规划来完成的。有关部门将查明在某一特定期限内,是否需要一个发电厂、一条道路、一座桥梁、一项城市运输系统或者对国家经济具有重要性的其他基础设施项目。然后,政府将重点研究采用BOT融资方式满足该项目需要的可能性。有时,也会由项目单位确定一个项目,然后向政府提出项目设想。如果决定采用BOT方式,那么,下一步就要写一份邀请建议书,然后邀请投标者提交具体的设计、建设和融资方案。

(2)项目的招标。

(3)项目的选标。招标者对响应邀请建议书而提交的标书进行挑选,选出暂定中标人,评估标书的成员应该包括政府官员,技术、财务和法律顾问等。

(4)项目的开发。投标的联营集团中标后就可以作出更确定的承诺,组成项目公司或确定项目公司结构。如果尚未组成这样的公司,必须提供建设项目所需的股本金。同样,在招标者接受的基础上,发起人可以开始或再次与承包商和供应商联系,争取对有关条件和价格作出更明确的承诺,这些承诺将进一步确定项目建设的成本。

(5)项目的建设。一旦进行财务交割,建设阶段即正式开始,当然,并不是所有特定项目都可以清清楚楚地分成这几个阶段。有些情况下,一些现场组装或开发,甚至某些初步建设可能先于财务交割。但是,项目的主要建筑工程和主要设备的交货一般都是在财务交割后,那时才有资金支付这些费用。

(6) 项目的运营。这个阶段持续到特许权协议期满,在这个阶段,项目公司直接或者通过与运营者缔结合同,按照项目协定的标准和各项贷款协议及与投资者协定的条件来运营项目。在整个项目运营期间,应按照协定要求对项目设施进行保养。为了确保运营和保养按照协定要求进行,贷款人、投资者、政府都拥有对项目进行检查的权利。

(7) 项目的移交。特许经营权期满后向政府移交项目。一般来说,项目的设计应能使 BOT 发起人在特许经营期间还清项目债务并有一定利润。这样项目最后移交给政府时是无偿的移交,或者项目发起人象征性地得到一些政府补偿。政府在移交日应注意项目是否处于良好状态,以便政府能够继续运营该项目。

资料来源:杨斌主编:《财政学》,东北财经大学出版社 2007 年 11 月第 1 版。

案例思考题

1. 政府为什么要在基础设施领域引入 BOT 融资方式?承包商为什么要以 BOT 方式进行投资?

2. BOT 融资中如何防止政府风险?

本 章 小 结

1. 购买性支出是指直接向企业和个人购买产品和劳务的支出,既包括行政管理支出、国防支出、文教科技卫生支出等社会消费支出,又包括基础产业投资支出、农业投资支出等。

2. 社会消费支出是国家执行政治职能和社会职能的保证,所提供的服务为全体公民所共享,具有明显的外部性。广义的行政管理支出包括一般公共服务、外交、公共安全三项,狭义的行政管理支出主要是指一般公共服务支出。"三公"经费是指公款出国(境)经费、公车购置及运行费、公务接待费三项。国防支出是指国家用于国防建设和保卫国家安全的支出,包括国防费、国防科研事业费、民兵建设以及专项工程支出等。教育支出包括教育的基本建设费、教育的经常经费、国家的财政拨款、社会团体和个人用于教育方面的支出等。

3. 投资是经济增长的推动力,投资既可以刺激需求,又可以增加供给。政府的财政投资以公共部门为主体,以税收为主要资金来源,投资规模巨大、管理复杂,追求社会福利最大化。

4. 基础设施的投资方式有政府直接投资、政府直接投资非商业化经营和 PPP 模式等。

5. 农业的基础性地位决定了财政对农业的投资是农业支持与保护的重要措施,政府农业投资要优先向改善农业生产条件的各项农业科技研发、科技推广倾斜。

关　键　词

财政投资　PPP　BOT　TOT　财政投融资

思　考　题

1. 投资与经济增长的关系是什么？
2. 政府投资的特点是什么？
3. 基础设施投资的方式是什么？
4. 分析基础产业发展与财政投融资的关系。
5. PPP 模式的意义是什么？在我国推广应用的现状及前景如何？
6. 财政的农业投资必要性和重点是什么？

第四章 转移性支出

转移性支出是指财政资金无偿的、单方面的转移，主要包括补助支出、捐赠支出、债务利息支出等。本章主要阐述补助支出，包括社会保障支出、财政补贴支出和税收支出。首先介绍了社会保障和社会保障制度的概念、特征和作用，重点阐述了我国社会保障制度的内容，然后介绍了财政补贴的性质、类型和作用，并分析了我国的财政补贴状况，最后简要介绍了税收支出的概念与形式。

第一节 社会保障支出

一、社会保障的概念

社会保障是指社会成员因生、老、病、死、伤残、失业、生育等情况而面临经济困难时，政府对公民提供的基本生活保障，用来保障公民最基本的生活水平。

"社会保障"一词最早出现于美国 1935 年颁布的《社会保障法》。第二次世界大战中，美国总统罗斯福和英国首相丘吉尔签订的《大西洋宪章》中再次使用该词，随后该词被国际劳工组织接受，也被世界各国广泛使用。国际劳工组织认为，所谓社会保障（social security）即国家通过立法，采取强制手段对国民收入进行再分配，形成社会保障基金，并对由多种原因而发生生存困难的社会成员给予物质上的帮助，以保障其基本生活需要的一系列有组织的措施、制度和事业的总称。

社会保障支出是指政府通过财政向由于各种原因而导致暂时或永久性丧失劳动能力、失去工作机会或生活面临困难的公民提供基本生活保障的支出。

二、社会保障制度的特征和作用

社会保障制度是由法律规定的、按照某种确定的规则经常实施的社会保障措施或政策体系。

（一）社会保障制度的特征

社会保障制度所提供的是广覆盖、低水平的保障。社会保障作为以国家为主体的保障行为，不同于个人、家庭、单位内部及商业保险提供的局部保障。商业保险因以营利为目的，所提供的保险服务以人们缴纳的保费为前提，一旦社会成员的支付能力下降或丧失，将难以得到商业保险的保障。同其他制度相比，社会保障制度具有其自身的特性，具体体现在以下方面。

1. 以促进社会稳定为目标

社会保障是基于人的生存权这一基本人权，对处于过低生活水平的社会成员给予生活保障，满足其基本生活需要，以促进劳动力再生产和社会的稳定。因此，社会保障应能够使每一个社会成员达到维持生存所需的生活标准，并围绕这一标准来确定相应的制度。

2. 以国家和政府为主体

国家和政府在社会保障过程中总是处于决定和主导地位。社会保障的方式、形式和标准等都是由国家或代表国家的政府确定的，同时，也只有国家和政府才能在全社会范围内组织、实施社会保障，不同于其他个人或微观经济主体实施的局部保障（如劳动者的就业单位为职工实施的小范围的经济保障）。

3. 以特殊社会成员为对象

社会保障主要是为那些失去劳动能力，没有收入来源，或收入不足以满足其基本生活需要提供的保障，包括以年老、失业、疾病、工伤、残疾等原因而需要物质帮助的公民，因自然灾害而面临生活困难的公民，以及生活能力弱的残疾人等。

4. 以强制性为特征

社会保障的目标需要通过国民收入再分配来实现，往往会出现资金的提供者和直接受益者分离的情况。因此，必须以强制性的法律和行政措施来保证实施。在市场经济条件下，社会保障制度更需以健全、完备的法律体系为支点，国家以法律的形式规范社会保障机构的设置、职能、工作程序、各项社会保障缴费（税）比例以及给付标准、社会保障基金的管理与运营方法等，使社会保障制度的运作制度化、规范化。

（二）社会保障制度的作用

1. 促进社会稳定

社会的发展需要一个安定的环境，社会成员一些正常的需要必须得到满足。当一个人有正常的工作能力，从而能够为社会财富的创造作出贡献时，这些都不成问题。但是，由于各种各样的原因，比如，伤残、疾病、年老、失业或其他的意外事故，他丧失了工作能力，失去了工作，他丧失收入来源或收入很少。这种情况下，他及其赡养的家庭人口一些正常的需要就无法得到满足，甚至生存也会成为问题。无论从人权或社会稳定的角度，一个社会都应存在或建立这样一种机制，保障这些人的生存和发展。

当然，商业保险在某种程度上可以解决一些问题。但商业保险市场存在着道德风险和逆向选择的问题，不足以解决全部问题。比如，有些人会选择提前退休，不去认真地寻找工作等，道德风险会使保险市场的运作变得困难。商业保险是自愿认购的，一个常见的现象是，只有那些风险大的人才去购买保险，风险小的人一般不购买。保险公司希望风险小的人购买,投保人却是风险大的人。这使得保险公司在确定保费率时面临两难困境:如保费率定得高了,风险小的人更不愿意购买;如保费率低了,由于参保的人一般是高风险者,赔付率高,会出现入不敷出。因此,商业保险只能发挥有限的作用,在年老保险、失业保险、医疗保险、工伤保险等涉及面非常广,对社会经济影响也非常大的项目上,还是需要政府出面,发挥主导作用。

2. 促进收入公平分配

市场经济条件下的收入分配是以生产要素为依据的,个人收入的多少取决于要素的数量、质量和要素的市场价格。这种收入分配机制必然形成悬殊的收入差距,贫富分化严重,违背社会公平,国家通过社会保障支出,主要保证了低收入者的基本生活需要,在不同收入水平的人群中实现了收入的再分配,从而缩小了贫富差距,促进了收入分配公平目标的实现。

3. 促进经济协调发展

社会保障制度是政府调控经济的重要手段,可以发挥自动稳定器的作用,能够自动减缓经济波动,促进经济协调发展,具有“经济内在稳定器”的功能。在经济衰退时,失业和贫困人口的增加会使政府失业保险金支出和社会救济自动增长,缓解和抑制总需求不足的状况,起到促进经济复苏的作用;反之,当经济过热,出现通货膨胀时,就业率和人们的收入也在上升,财政的失业保险支出和社会救济支出相应减少,能够抑制总需求的增长,缓解通货膨胀。由于健全的社会保障体系必然覆盖到所有社会成员,能够确保每个社会成员的基本生活需要,并且可以有效避免贫富悬殊局面的出现。

三、社会保障制度的内容

我国的社会保障制度是遵循“广覆盖、保基本、多层次、可持续”的方针设立的,根据社会保障制度的不同层次和项目,可以将社会保障的内容分为社会救济、社会保险、社会福利、社会优抚等。

(一)社会救济

社会救济也称社会救助,是指国家和社会对低收入者或者遭受灾害(如自然灾害、丧失劳动能力而又无人抚养、战争等)的生活困难者提供无偿物质帮助的一种社会保障制度,主要包括贫困救济、灾害救济和特殊救济等项目。社会救济资金的主要来源是财政支出和社会捐赠,一般以保障被救济对象最低水平的基本生活为标准,被救济的对象通常是社会成员中的弱势群体。

在我国,社会救济由政府通过财政拨款方式,向生活确有困难的城乡居民提供无偿资助,一般由民政部门进行管理。目前我国的社会救济体系主要包括以下几个方面:

(1) 城乡居民最低生活保障。保障对象是家庭人均收入低于当地最低生活保障标准的城乡居民,最低生活保障标准由市、县人民政府按照当地维持城市基本生活所必需的费用确定;所需资金由地方各级人民政府列入财政预算,纳入社会救济专项资金支出项目,专项管理,专款专用。同时,鼓励社会组织和个人为城市居民最低生活保障提供捐赠、资助。

(2) 流浪乞讨人员救助。流浪乞讨人员是指因自身无力解决食宿,无亲友投靠,又不享受城市最低生活保障或者农村五保供养,正在城市流浪乞讨度日的人员。救助站根据受助人员的需要提供符合食品卫生要求的食物,提供符合基本条件的住处,提供应急医疗救治,帮助与其亲属或者所在单位联系,支付返回原籍交通费等。

(3) 农村扶贫和"五保户"救济。农村扶贫包括救济式扶贫和开发式扶贫两种,扶贫的对象是处于贫困标准以下的贫困地区和贫困人口,特别是贫困地区尚未解决温饱问题的贫困人口为首要对象,重点是贫困人口集中的中西部少数民族地区、革命老区、边疆地区和特困地区。开发式扶贫主要通过劳务输出、小额信贷和以工代赈等方式,对农村中有一定生产经营能力的贫困户,从政策、思想、资金、物质、技术、信息等方面给予扶持,使其通过生产经营劳动而摆脱贫困。农村"五保户"(即享受保吃、保穿、保住、保医、保葬的孤寡老人和残疾人)救济,是由民政部门对农村中的一部分"五保户"的供养提供定期定量资助。"五保户"供养所需经费和实物来源,列入县乡财政预算,集中供养方式下的经费由县财政直接拨付敬老院,分散供养方式下的经费通过银行直接发放到户。

(4) 灾民救助。灾民救助是政府向遭受严重自然灾害而遇到生活困难的城乡居民提供的必要资助。救助方针是防灾、抗灾、救灾三结合,救助的内容主要是救助灾民生命、为灾民提供基本生活保障、安抚灾民情绪、实施精神救灾,以及帮助灾民确立自行生存的能力。

(二)社会保险

社会保险是社会保障体系中最核心的内容。社会保险是以劳动者为保障对象,目的是使劳动者因年老、失业、患病、工伤、生育而减少或丧失劳动收入时,能从社会获得经济补偿和物质帮助,保障基本生活的社会保障制度。从社会保险的项目内容看,它是以经济保障为前提的。社会保险主要包括养老保险、失业保险、医疗保险、工伤保险和生育保险等,保障对象是全体劳动者,资金主要来源是用人单位和劳动者个人的缴费,政府给予补贴。详见本节"五、我国社会保险制度的内容"。

(三)社会福利

社会福利是指国家和社会通过各种福利事业、福利设施、福利服务为社会成员提供基本生活保障,并使其基本生活状况不断得到改善的社会政策和制度的总称,如教育、社区服务、养老院、儿童福利院、残疾人学校、福利住房等。社会福利不同于社会救济和社会保险,社会救济解决的是贫困或不幸的社会成员的生存危机;社会保险要解决的是劳动者的基本保障;而社会福利是社会保障的高级阶段,目的是不断改善和提高社会成员的生活质量。社会福利的对象具有全民性,具有官民结合的特点。

我国政府积极推进社会福利事业的发展,通过多种渠道筹集资金,为老年人、孤儿和残疾人等群体提供社会福利。主要项目有:① 特殊群体的福利。如老年人社会福利、儿童社会福利、残疾人社会福利等。② 住房保障。政府积极推进以住房公积金制度、经济适用住房制度、廉租住房制度为主要内容的住房保障制度建设,不断改善城镇居民的住房条件。此外,还实行限价商品房制度,即在政府提供税收优惠、金融支持或货币补贴的前提下,为满足当地中低收入家庭住房需求而建立的住房保障制度。

(四)社会优抚

社会优抚是指国家对从事特殊工作者及其家属,如军人及其亲属予以优待、抚恤、安置的一项社会保障制度。社会优抚制度是我国对以军人及其家属为主体的优抚对象进行物质照顾和精神抚慰的一种制度。国家根据优抚对象的不同及其贡献大小,参照经济、社会发展水平,确立不同的优抚层次和标准。对于烈士遗属、牺牲和病故军人遗属、伤残军人等对象实行国家抚恤,对老复员军人等重点优抚对象实行定期定量生活补助;对义务兵家属普遍发放优待金;残疾军人等重点优抚对象享受医疗、住房、交通、教育、就业等方面的社会优待;对退役军人安置作出规定;对退出现役的伤残军人,在就业、生活等方面给予适当照顾;对军队干部(含士官)退出现役,分别实行复员、转业和退休等安置办法等。

　　我国社会保障与就业情况,如表 4-1 所示。

表 4-1

我国社会保障支出情况

单位:亿元

项　目 年　份	社会保障和就业支出	社会保障和就业支出 占财政支出比重
2007	5 447.16	10.94%
2008	6 804.29	10.87%
2009	7 606.68	9.97%
2010	9 130.62	10.16%
2011	11 109.40	10.17%
2012	12 585.52	9.99%
2013	14 490.79	10.33%
2014	15 968.85	10.52%
2015	19 018.69	10.81%
2016	21 591.45	11.50%
2017	24 611.68	12.12%

资料来源:财政部网站有关年份决算报告。

四、社会保险基金的筹资模式

　　由于社会保险支出与一般政府的经常性支出的性质不同,以何种筹资模式来保证社会保险支出的需要是社会保险制度实施和运转的关键。从世界各国社会保险制度实施的情况来看,社会保险基金的筹资模式大致可分为三大类。

　　(一)现收现付式

　　现收现付式是以当年(或几年)内的社会保险基金收支平衡为原则的一种社会保险筹集模式。模式要求根据 1 年(或几年)内社会保险所需支付保险金的测算,按比例分摊到参加社会保险的单位和个人,当年收费当年支付,争取略有节余,预先不留储备。这种筹资模式的特点是,简便易行,且在制度初期的收费率较低,后期可以随着保险费用支出的加大而相应调高收费率,以保持社会保险基金的收支平衡。这种筹资模式的缺点是缺乏长期筹资安排、没有储备积累,随着人口老龄化的加重,未来必然会大幅度提高缴费率,甚至可能出现筹集与支付的危机。

（二）完全基金式

完全基金式是一种以社会保险基金长期收支平衡原则的一种社会保险筹资模式。模式要求对未来较长时间内社会保险对象所需享受的保险待遇总量进行宏观预测，据以确定缴费率。这种模式的特点是，初期缴费率较高，且在较长时期内缴费率保持相对稳定，超收部分形成储蓄基金，需要通过具有较高回报率的投资予以保值。这种模式的缺点主要是：首先，预期收支平衡依赖于保险统计时对一些可变因素，如死亡率、生病率、利率、工资等级、工资和退休金的调整、人口的变动等准确的预测，但由于这些因素的变化往往无固定规律可循，难以进行长期有效的预测。其次，模式实施初期既要求缴费者要承担当前领取社会保险金的社会成员所需的费用，又要承担自身未来所需的保险金相关费用，会造成缴费者负担过重难以承受。最后，由于是长期的筹资计划，积累的基金易受通货膨胀的影响，为了保证社会保险利益的实际购买力，必须对社会保险的筹资和支付采取通货膨胀指数化的措施。

（三）部分基金式

部分基金式是介于现收现付式和完全基金式之间的一种模式，即在满足现实一定支出需求的情况下，留出一定储蓄以适应未来的需要，并通过长期投资取得回报。其特点是初期缴费率低于完全基金式，高于现收现付式，以后逐步提高，保持相对稳定，易为筹资对象接受。目前，这种模式为越来越多的国家所采用。

从世界各国的情况看，对于医疗、失业、工伤、生育等方面的保险，由于这些项目具有短期性和不确定性，难以准确预测，各国一般都采用现收现付模式筹资。而对于养老保险采取何种筹资模式，各国则有所不同。我国目前基本养老保险和基本医疗保险采取的是部分基金式，实行社会统筹和个人账户相结合的运行模式。

政府实施社会保险制度，需要有充足的资金作为保障。一般情况下，社会优抚、社会救济及社会福利由财政通过直接拨款的方式进行，而养老、医疗等社会保险项目，则需要采用不同方式筹集资金。世界各国社会保险缴款主要有三种形式：税收、缴费和储蓄。税收是世界上多数国家普遍采用的一种筹资形式，社会保险的缴费由国家强制实施，具有税收特征，筹集的社会保险资金纳入国家预算管理。缴费是政府通过行政法规规定，单位和个人以缴费形式筹集社会保险资金，发生支付不足时由财政专款补助。储蓄的形式是将单位和个人的缴费存入个人账户，缴费款项及产生的利息归个人所有，政府仅有部分使用调剂权，在性质上，这种形式接近于商业保险。这种形式缴费较高，适用于人口较少、经济水平较高的国家。新加坡是实行储蓄形式的典型国家。

五、我国社会保险制度的内容

根据《中华人民共和国社会保险法》（以下简称《社会保险法》）的规定，国家建立基本养老保险、基本医疗保险、工伤保险、失业保险、生育保险等社会保险制度，保障公民在年老、疾病、工伤、失业、生育等情况下依法从国家和社会获得物质帮助的权利。社会保险制度坚持广覆盖、保基本、多层次、可持续的方针，社会保险水平应当与经济社会发展水平相适应。

（一）基本养老保险制度

我国的养老保险制度,既包括由政府推行、强制性实施的基本养老保险制度,也包括以企业年金和职业年金为主要形式的补充性养老保险制度,还包括个人储蓄型养老等具有商业保险性质的养老保险制度。本书阐述的是我国的基本养老保险制度。

我国的基本养老保险制度,包括城镇企业职工基本养老保险制度、城乡居民基本养老保险制度、机关事业单位人员养老保险制度,分别涵盖企业职工、城乡居民、公务员及参照公务员法管理的人员等不同人群,实现了养老保险制度的全覆盖。

1. 城镇企业职工基本养老保险制度

依照《社会保险法》的规定,城镇企业职工基本养老保险实行社会统筹与个人账户相结合的模式。

1）基金筹集

《社会保险法》规定,职工应当参加基本养老保险,由用人单位和职工共同缴纳基本养老保险费。基本养老保险基金由用人单位缴费、个人缴费及政府补贴等组成。用人单位应当按照国家规定的本单位职工工资总额的比例缴纳基本养老保险费,计入基本养老保险统筹基金;职工应当按照国家规定的本人工资的比例缴纳基本养老保险费,计入个人账户。无雇工的个体工商户、未在用人单位参加基本养老保险的非全日制从业人员以及其他灵活就业人员参加基本养老保险的,应当按照国家规定由个人缴纳基本养老保险费,分别计入基本养老保险统筹基金和个人账户。国有企业、事业单位职工参加基本养老保险前,视同缴费年限期间应当缴纳的基本养老保险费由政府承担。基本养老保险基金出现支付不足时,政府给予补贴。《社会保险法》规定,个人账户不得提前支取,记账利率不得低于银行定期存款利率,免征利息税。个人死亡的,个人账户余额可以继承。

2）养老待遇

基本养老保险金由统筹养老金和个人账户养老金组成。基本养老金根据个人累计缴费年限、缴费工资、当地职工平均工资、个人账户金额、城镇人口平均预期寿命等因素确定。

参加基本养老保险的个人,达到法定退休年龄时累计缴费满15年的,按月领取基本养老保险金。参加基本养老保险制度的个人,达到法定退休年龄时累计缴费不足15年的,可以缴费至满15年,按月领取基本养老保险金;也可以转入城乡居民基本养老保险,按照国务院规定享受相应的养老保险待遇。参加基本养老保险的个人,因病或者非因工死亡的,其遗属可以领取丧葬补助金和抚恤金;在未达到法定退休年龄时因病或者非因工致残完全丧失劳动能力的,可以领取病残津贴,所需资金从养老保险基金中支付。

（1）统筹养老金。统筹养老金月标准,以当地上年度在岗职工月平均工资和本人指数化月平均缴费工资的平均值为基数,缴费每满1年发给1%。

$$统筹养老金 ＝（本省上年度在岗职工月平均工资＋本人指数化月平均缴费工资）÷2×$$
$$缴费年限（含视同缴费年限）×1\%$$

本人指数化月平均缴费工资等于退休时全省上年度在岗职工月平均工资乘以本人平

均缴费工资指数。

平均缴费工资指数是某人缴纳养老保险费的年度里,每年缴费工资占当年本省在职职工平均工资比例的平均系数,体现出该人缴费工资是高于还是低于当地平均工资,计算所有缴费年度内的平均值。

(2)个人账户养老金。个人账户养老金月标准为个人账户储存额除以计发月数,计发月数根据本人退休时城镇人口平均预期寿命、本人退休年龄、利息等因素确定。

国家建立基本养老金正常调整机制。根据职工平均工资增长、物价上涨情况,适时提高养老保险待遇水平。我国基本养老保险金的调整实施定额调整、挂钩调整与适当倾斜相结合的办法,定额调整体现公平,挂钩调整体现多工作、多缴费、多得,适当倾斜体现向高龄、艰苦边远地区企业员工倾斜。个人跨统筹地区就业的,其基本养老保险关系随本人转移,缴费年限累计计算,待个人达到法定退休年龄时,统筹养老金分段计算、统一支付。

由以上分析可知,领取基本养老金金额的多少受退休时上年度本省在职职工月平均工资、退休时间、本人缴费年限、本人缴费基数和个人账户储存额等因素影响。

我国城镇企业职工养老保险运行模式,如图 4-1 所示。

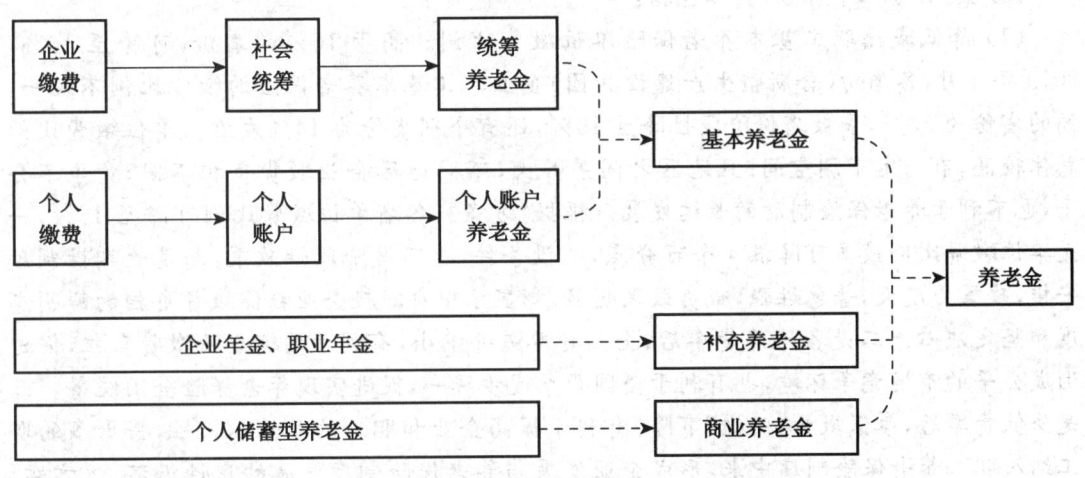

图 4-1　城镇企业职工养老保险运行示意图
(图中,实线是养老保险基金筹集情况,虚线是养老保险金发放情况。)

我国的城镇企业职工基本养老保险制度省级统筹,是指实现养老保险制度、缴费比例、缴费基数全省统一,养老保险待遇全省统一,养老保险基金省级统一调度使用、省级基金预算,养老保险业务规程全省统一。

资料 4-1　2019 年降低社会保险费率综合方案解读

2019 年 4 月,为减轻企业负担、优化营商环境、完善社会保险制度,国务院办公厅印发《降低社会保险费率综合方案》(以下简称《方案》)。

1.《方案》的出台背景

党中央、国务院高度重视降低社保费率、减轻企业缴费负担工作。2015 年以来先后 5

次降低或阶段性降低社保费率,涉及企业职工基本养老保险、失业保险、工伤保险和生育保险,预计,2015 年到 2019 年 4 月 30 日现行阶段性降费率政策执行期满,共可减轻企业社保缴费负担近 5 000 亿元。

随着我国经济发展出现一系列新形势、新情况,企业对进一步降低社保费率的呼声较强,国务院提出要根据实际情况,降低社保缴费名义费率,稳定缴费方式,确保企业社保缴费实际负担有实质性下降。2018 年年底的中央经济工作会议上,国务院对实施更大规模减税降费提出明确要求。2019 年,李克强总理《政府工作报告》中明确提出各地可将养老保险单位缴费比例降至 16%。按照党中央、国务院决策部署,有关部门在深入研究论证、广泛听取各方面意见的基础上,起草了《方案》,经 2019 年 3 月 26 日国务院第 42 次常务会议审议通过,已由国务院办公厅正式印发。

2.《方案》的总体设计

《方案》的总体设计是统筹考虑降低社会保险费率、完善社会保险制度、稳步推进社会保险费征收体制改革,综合施策,确保企业社会保险缴费实际负担有实质性下降,确保各项社会保险待遇按时足额支付。

3.《方案》的具体内容

《方案》共分八个部分,具体包括:

(1) 降低城镇职工基本养老保险单位缴费比例。高于 16% 的省份,可降至 16%。2019 年 4 月,各省份(含新疆生产建设兵团)企业职工基本养老保险的缴费比例不统一,高的省份为 20%,多数省份阶段性降至 19%,还有个别省份为 14% 左右。单位缴费比例总体较高,有一定下调空间;且地区之间差异大,不同地区企业缴费负担不同,竞争不公平,也不利于养老保险制度的长远发展。根据《方案》,各省单位缴费比例可降至 16%,一是单位缴费比例最多可降低 4 个百分点,不设条件,也不是阶段性政策,而是长期性制度安排,政策力度大,普惠性强,减负效果明显,彰显了中央减轻企业社保缴费负担的鲜明态度和坚定决心。二是各地降费率后,全国费率差异缩小,有利于均衡企业缴费负担,促进形成公平的市场竞争环境,也有利于全国费率逐步统一,促进实现养老保险全国统筹。三是降低费率后,参保缴费"门槛"下降,有利于提高企业和职工的参保积极性,将更多的职工纳入职工养老保险制度中来,形成企业发展与养老保险制度发展的良性循环。《方案》实施到位后,预计 2019 年全年可减轻社保缴费负担 3 000 多亿元。

(2) 继续阶段性降低失业保险和工伤保险费率。现行的阶段性降费率政策到期后再延长 1 年,至 2020 年 4 月 30 日。2015 年 3 月,国务院决定失业保险总费率由 3% 降至 2%;2016 年 5 月,国务院决定由 2% 阶段性降至 1%～1.5%;2017 年 1 月,国务院决定总费率为 1.5% 的省份降至 1%,期限 1 年。2018 年 4 月,国务院决定实施 1% 费率政策的期限延长至 2019 年 4 月 30 日。2015—2018 年,通过降低失业保险费率,失业保险基金共减收约 3 000 亿元。目前,失业保险基金累计结余备付能力较强,有条件继续执行阶段性降费政策,各地可以确保降费率政策落实,为企业减负的同时,可确保失业保险待遇水平不降低和按时足额发放,确保失业保险基金平稳运行。《方案》明确继续延长阶段性降低失业保险费率政策执行期限至 2020 年 4 月 30 日。

(3) 调整社保缴费基数政策。缴费基数是影响企业和个人社保缴费负担的重要参数。根据《方案》，将城镇非私营单位和城镇私营单位就业人员平均工资加权计算的全口径城镇单位就业人员平均工资作为核定职工缴费基数上下限的指标，个体工商户和灵活就业人员可在全口径城镇单位就业人员平均工资的 60％～300％ 范围内选择适当的缴费基数。全口径城镇单位就业人员平均工资，比原政策规定的非私营单位在岗职工平均工资，能够更合理地反映参保人员实际平均工资水平，以此来核定个人缴费基数上下限，工资水平较低的职工缴费基数可相应降低，缴费负担减轻。部分企业，特别是部分小微企业或劳动密集型企业，不少职工按照缴费基数下限缴费，企业缴费负担也可进一步减轻，能更多受益。

（4）加快推进养老保险省级统筹。逐步统一养老保险政策，2020 年年底前实现基金省级统收统支。

（5）提高养老保险基金中央调剂比例。2019 年调剂比例提高至 3.5％。企业职工基本养老保险基金中央调剂制度是养老保险全国统筹的第一步，2018 年 7 月 1 日起建立实施。2018 年调剂比例为 3％，半年中央调剂基金总规模 2 400 多亿元，7 个东部省份净上解资金 610 亿元，22 个中西部和老工业基地省份受益，对均衡地区之间养老保险基金负担发挥了积极作用。《方案》明确，2019 年基金中央调剂比例将提高到 3.5％，预计全年基金调剂规模为 6 000 多亿元，受益省份受益额将达到 1 600 亿元左右，调剂力度比 2018 年明显加大，将进一步均衡各省之间养老保险基金负担，为实施降低社保费率工作提供有力支持。

（6）稳步推进社会保险费征收体制改革。企业职工各险种原则上暂按现行征收体制继续征收，"成熟一省、移交一省"。在征收体制改革过程中不得自行对企业历史欠费进行集中清缴，不得采取任何增加小微企业实际缴费负担的做法。

（7）建立工作协调机制。在国务院层面和县级以上各级政府建立由政府有关负责同志牵头，相关部门参加的工作协调机制。

（8）认真做好组织落实工作。

<small>资料来源：作者根据人力资源社会保障部网站 2019 年 4 月 9 日发布的人力资源社会保障部、财政部、税务总局、国家医保局等有关负责人就《降低社会保险费率综合方案》答记者问的资料整理。</small>

2. 机关事业单位工作人员养老保险制度

机关事业单位工作人员养老保险制度适用于按照公务员法管理的单位、参照公务员法管理的机关（单位）、事业单位及其编制内的工作人员。根据《社会保险法》等相关规定，为统筹城乡社会保障体系建设，建立更加公平、可持续的养老保险制度，2015 年 1 月 3 日国务院发布了《国务院关于机关事业单位工作人员养老保险制度改革的决定》（国发〔2015〕2 号），坚持全覆盖、保基本、多层次、可持续方针，以增强公平性、适应流动性、保证可持续性为重点，改革机关事业单位工作人员退休保障制度，逐步建立独立于机关事业单位之外、资金来源多渠道、保障方式多层次、管理服务社会化的养老保险体系。改革遵循五个基本原则，即公平与效率相结合、权利与义务相对应、保障水平与经济发展水平相适应、改革前与改革后待遇水平相衔接、解决突出矛盾与保证可持续发展相促进。

1）基金筹集

机关事业单位工作人员养老保险实行社会统筹与个人账户相结合的基本养老保险制

度。基本养老保险费由单位和个人共同负担。单位缴费的比例为本单位工资总额的16%,计入养老保险统筹基金。个人缴费的比例为本人缴费工资的8%,由单位代扣,记入养老保险个人账户。个人工资超过当地上年度在岗职工平均工资300%以上的部分,不计入个人缴费工资基数;低于当地上年度在岗职工平均工资60%的,按当地在岗职工平均工资的60%计算个人缴费工资基数。

2) 养老待遇

机关事业单位工作人员养老保险的基本养老金由统筹养老金和个人账户养老金组成。

本决定实施后参加工作、个人缴费年限累计满15年的人员,退休后按月发给基本养老金。基本养老金具体计发办法是:① 本决定实施前参加工作、实施后退休且缴费年限(含视同缴费年限,下同)累计满15年的人员,按照合理衔接、平稳过渡的原则,在发给基础养老金和个人账户养老金的基础上,再依据视同缴费年限长短发给过渡性养老金。② 本决定实施后达到退休年龄但个人缴费年限累计不满15年的人员,其基本养老保险关系处理和基本养老金计发比照《实施〈中华人民共和国社会保险法〉若干规定》(人力资源和社会保障部令第13号)执行。③ 本决定实施前已经退休的人员,继续按照国家规定的原待遇标准发放基本养老金,同时执行基本养老金调整办法。④ 机关事业单位离休人员仍按照国家统一规定发给离休费,并调整相关待遇。

退休时的统筹养老金月标准以当地上年度在岗职工月平均工资和本人指数化月平均缴费工资的平均值为基数,缴费每满1年发给1%。按本人缴费工资8%的数额建立基本养老保险个人账户,全部由个人缴费形成。个人账户储存额只用于工作人员养老,不得提前支取,按国家公布的记账利率计息,免征利息税。参保人员死亡的,个人账户余额可以依法继承。个人账户养老金月标准为个人账户储存额除以计发月数,计发月数根据本人退休时城镇人口平均预期寿命、本人退休年龄、利息等因素确定,如表4-2所示。

表4-2

个人账户养老金计发月数表

退休年龄	计发月数	退休年龄	计发月数
40	233	51	190
41	230	52	185
42	226	53	180
43	223	54	175
44	220	55	170
45	216	56	164
46	212	57	158
47	207	58	152
48	204	59	145
49	199	60	139
50	195	61	132

（续表）

退休年龄	计发月数	退休年龄	计发月数
62	125	67	84
63	117	68	75
64	109	69	65
65	101	70	56
66	93		

3）职业年金制度

机关事业单位在参加基本养老保险的基础上，应当为其工作人员建立职业年金。单位按本单位工资总额的 8% 缴费，个人按本人缴费工资的 4% 缴费。工作人员退休后，按月领取职业年金待遇。

3. 城乡居民基本养老保险制度

年满 16 周岁（不含在校学生），非国家机关和事业单位工作人员及不属于职工基本养老保险制度覆盖范围的城乡居民，可以在户籍所在地参加城乡居民养老保险。

为了保障农村居民老年人基本生活，2009 年 9 月 1 日起，我国开展新型农村社会养老保险（以下简称"新农保"）试点，并逐步扩大试点范围。"新农保"制度实行个人缴费、集体补助、政府补贴相结合的办法，实施社会统筹与个人账户相结合的运行模式。2011 年 7 月 1 日，我国开始实施城镇居民基本养老保险制度，该制度从设计层面，即保持与"新农保"运行模式的一致性。为解决城镇与农村居民养老保险制度双轨制运行的状况，依据《社会保险法》有关规定，2014 年 2 月 21 日国家发布《国务院关于建立统一的城乡居民基本养老保险制度的意见》（国发〔2014〕8 号），将"新农保"和"城居保"两项制度合并实施，按照全覆盖、保基本、有弹性、可持续的方针，以增强公平性、适应流动性、保证可持续性为重点，在全国范围内建立统一的城乡居民基本养老保险制度，全面推进和完善了覆盖全体城乡居民的基本养老保险制度，充分发挥了社会保险对保障人民基本生活、调节社会收入分配、促进城乡经济社会协调发展的重要作用。

城乡居民基本养老保险制度坚持社会统筹与个人账户相结合的模式，巩固和拓宽个人缴费、集体补助、政府补贴相结合的资金筹集渠道，完善基础养老金和个人账户养老金相结合的待遇支付政策，强化长缴多得、多缴多得等制度的激励机制，建立基础养老金正常调整机制，健全服务网络，提高管理水平，为参保居民提供方便快捷的服务。

1）基金筹集

城乡居民养老保险基金由个人缴费、集体补助和政府补贴构成。

（1）个人缴费。参加城乡居民养老保险的人员应当按规定缴纳养老保险费。缴费标准目前设为每年 100 元、200 元、300 元、400 元、500 元、600 元、700 元、800 元、900 元、1 000 元、1 500 元和 2 000 元 12 个档次，省（区、市）人民政府可以根据实际情况增设缴费档次，最高缴费档次标准原则上不超过当地灵活就业人员参加职工基本养老保险的年缴费额，并报人力资源社会保障部备案。国家依据城乡居民收入增长等情况适时调整缴费档次标准。参保人自主选择档次缴费，多缴多得。

（2）集体补助。有条件的村集体经济组织应当对参保人缴费给予补助，补助标准由村民委员会召开村民会议民主确定，鼓励有条件的社区将集体补助纳入社区公益事业资金筹集范围。鼓励其他社会经济组织、公益慈善组织、个人为参保人缴费提供资助，补助、资助金额不超过当地设定的最高缴费档次标准。

（3）政府补贴。城乡居民基本养老保险制度中的财政补贴主要体现在三个方面：第一，养老金支付环节的补贴。政府对符合领取城乡居民养老保险待遇条件的参保人全额支付基础养老金，其中，中央财政对中西部地区按中央确定的基础养老金标准给予全额补助，对东部地区给予 50% 的补助。第二，养老保险缴费环节的补贴。地方政府应当对参保人缴费给予补贴，多缴多补。对选择最低档次标准缴费的，补贴标准不低于每人每年30 元；对选择较高档次标准缴费的，适当增加补贴金额；对选择 500 元及以上档次标准缴费的，补贴标准不低于每人每年 60 元，具体标准和办法由省（区、市）人民政府确定。对重度残疾人等缴费困难群体，地方政府为其代缴部分或全部最低标准的养老保险费。

2）养老待遇

城乡居民养老保险待遇由基础养老金和个人账户养老金构成，支付终身。

（1）统筹养老金。中央确定基础养老金最低标准，建立基础养老金最低标准正常调整机制，根据经济发展和物价变动等情况，适时调整全国基础养老金最低标准。地方人民政府可以根据实际情况适当提高基础养老金标准；对长期缴费的，可适当加发基础养老金，提高和加发部分的资金由地方人民政府支出。

（2）个人账户养老金。个人账户养老金的月计发标准，目前为个人账户全部储存额除以 139（与现行职工基本养老保险个人账户养老金计发系数相同）。参保人死亡，个人账户资金余额可以依法继承。国家为每个参保人员建立终身记录的养老保险个人账户，个人缴费、地方人民政府对参保人的缴费补贴、集体补助及其他社会经济组织、公益慈善组织、个人对参保人的缴费资助，全部记入个人账户。个人账户储存额按国家规定计息。

参加城乡居民养老保险的个人，年满 60 周岁、累计缴费满 15 年，且未领取国家规定的基本养老保障待遇的，可以按月领取城乡居民养老保险待遇。"新农保"或"城居保"制度实施时已年满 60 周岁，在城乡居民基本养老保险制度出台前未领取基本养老保障待遇的，不用缴费，自本意见实施之月起，可以按月领取城乡居民养老保险基础养老金；距规定领取年龄不足 15 年的，应逐年缴费，也允许补缴，累计缴费不超过 15 年；距规定领取年龄超过 15 年的，应按年缴费，累计缴费不少于 15 年。城乡居民养老保险待遇领取人员死亡的，从次月起停止支付其养老金。有条件的地方人民政府可以结合本地实际探索建立丧葬补助金制度。

（二）基本医疗保险制度

我国的医疗保障体系框架分为三个层次：基本医疗保险体系、城乡医疗救助体系和补充医疗保障体系。基本医疗保险体系是我国多层次医疗保障体系的主体层次，包括职工基本医疗保险制度、城镇居民基本医疗保险制度和新型农村合作医疗制度。

1. 职工基本医疗保险制度

1）参保范围

《社会保险法》规定，职工基本医疗保险的参保对象为各种所有制企业的职工；无雇工的个体工商户、未在用人单位参加职工基本医疗保险的非全日制从业人员以及其他灵活就业人员也可以参加职工基本医疗保险。

2）基金筹集

基本医疗保险原则上以市（地）级为统筹单位，也可以县（市）为统筹单位，北京、天津、上海 3 个直辖市原则上在全市范围内实行统筹（以下简称统筹地区）。所有用人单位及其职工都要按照属地管理原则参加所在统筹地区的基本医疗保险，执行统一政策，实行职工基本医疗保险基金的统一筹集、使用和管理。铁路、电力、远洋运输等跨地区、生产流动性较大的企业及其职工，可以相对集中的方式异地参加统筹地区的基本医疗保险。

职工基本医疗保险费的资金由用人单位和职工共同缴纳。用人单位缴费率控制在职工工资总额的 6% 左右，职工缴费率一般为本人工资收入的 2%。随着经济发展，用人单位和职工缴费率可作相应调整。无雇工的个体工商户、未在用人单位参加职工基本医疗保险的非全日制从业人员以及其他灵活就业人员参加职工基本医疗保险的，由个人按照国家规定缴纳基本医疗保险费。参加职工基本医疗保险的个人，达到法定退休年龄时累计缴费达到国家规定年限的，退休后不再缴纳基本医疗保险费，按照国家规定享受基本医疗保险待遇；未达到国家规定年限的，可以缴费至国家规定年限。个人跨统筹地区就业的，其基本医疗保险关系随本人转移，缴费年限累计计算。

3）医疗待遇

基本医疗保险金由统筹基金和个人账户构成。用人单位缴纳的基本医疗保险费分为两部分，一部分用于建立统筹基金，一部分划入个人账户。划入个人账户的比例一般为用人单位缴费的 30% 左右，具体比例由统筹地区根据个人账户的支付范围和职工年龄等因素确定。参加符合基本医疗保险药品目录、诊疗项目、医疗服务设施标准以及急诊、抢救的医疗费用，按照国家规定从基本医疗保险基金中支付。职工个人缴纳的基本医疗保险费，全部记入个人账户。

统筹基金和个人账户划定各自的支付范围，分别核算。统筹基金的起付标准和最高支付限额，起付标准原则上控制在当地职工年平均工资的 10% 左右，最高支付限额原则上控制在当地职工年平均工资的 4 倍左右。起付标准以下的医疗费用，从个人账户中支付或由个人自付。起付标准以上、最高支付限额以下的医疗费用，主要从统筹基金中支付，个人也负担一定比例。超过最高支付限额的医疗费用，可以通过商业医疗保险等途径解决。

参保人员医疗费用中应当由基本医疗保险基金支付的部分，由社会保险经办机构与医疗机构、药品经营单位直接结算。为了更好地发挥医疗保险作用，我国基本建立起了一个社会化服务体系，基本实现了社会保险经办机构与医疗服务机构直接结算；对服务项目进行标准化管理，实行了基本医疗保险药品目录、诊疗项目、医疗服务设施标准等三个目录管理；对定点服务机构协议管理，社会保险经办与定点医药服务机构签订协议，明确各自的责任、权利和义务；实行了按服务项目付费、按服务单元付费、按人头付费、总额预付制、按病种付费等多种结算管理方式。

2. 城镇居民基本医疗保险制度

针对未参加职工基本医疗保险的城镇居民，2009 年，我国全面开展了城镇居民基本医疗保险工作。

1) 参保范围

不属于城镇职工基本医疗保险制度覆盖范围的少年儿童、中小学阶段的学生(包括职业高中、中专、技校学生)、大学生和其他非从业城镇居民都可自愿参加城镇居民基本医疗保险。

2) 基金筹集

城镇居民基本医疗保险实行个人缴费和政府补贴相结合。参保居民按规定缴纳基本医疗保险费,享受相应的医疗保险待遇,有条件的用人单位可以对职工家属参保缴费给予补助。国家对个人缴费和单位补助资金制定税收鼓励政策。享受最低生活保障的人、丧失劳动能力的残疾人、低收入家庭 60 周岁以上的老年人和未成年人等所需个人缴费部分,由政府给予补贴。

3) 医疗待遇

城镇居民基本医疗保险基金重点用于参保居民的住院和门诊大病医疗支出,有条件的地区可以逐步试行门诊医疗费用统筹。城镇居民基本医疗保险基金的使用要坚持以收定支、收支平衡、略有结余的原则。要合理制定城镇居民基本医疗保险基金起付标准、支付比例和最高支付限额,完善支付办法,合理控制医疗费用。探索适合困难城镇非从业居民经济承受能力的医疗服务和费用支付办法,减轻他们的医疗费用负担。城镇居民基本医疗保险基金用于支付规定范围内的医疗费用,其他费用可以通过补充医疗保险、商业健康保险、医疗救助和社会慈善捐助等方式解决。

3. 新型农村合作医疗制度

新型农村合作医疗制度简称"新农合"。我国从 2003 年起在部分县(市)试点,到 2010 年逐步实现基本覆盖全国农村居民,是由政府组织、引导、支持,农民自愿参加,个人、集体和政府多方筹资,以大病统筹为主的农民医疗互助共济制度。

1) 参保范围

农民以家庭为单位自愿参加新型农村合作医疗。

2) 资金筹集

新农合实行个人缴费、集体扶持和政府资助相结合的筹资机制。农民个人每年的缴费标准不低于 10 元,经济条件好的地区可相应提高缴费标准。有条件的乡村集体经济组织对本地新型农村合作医疗制度给予适当扶持。地方财政每年对参加新型农村合作医疗农民的资助不低于人均 10 元,具体补助标准和分级负担比例由省级人民政府确定。经济较发达的东部地区,地方各级财政可适当增加投入。从 2003 年起,中央财政每年通过专项转移支付对中西部地区除市区以外的参加新型农村合作医疗的农民按人均 10 元安排补助资金。基金中农民个人缴费及乡村集体经济组织的扶持资金,原则上按年由农村合作医疗经办机构在乡(镇)设立的派出机构(人员)或委托有关机构收缴,存入农村合作医疗基金专用账户;地方财政支持资金,由地方各级财政部门根据参加新型农村合作医疗的实际人数,划拨到农村合作医疗基金专用账户;中央财政补助中西部地区新型农村合作医疗的专项资金,由财政部根据各地区参加新型农村合作医疗的实际人数和资金到位等情况核定,向省级财政划拨。

3) 医疗待遇

"新农合"基金主要补助参加新型农村合作医疗农民的大额医疗费用或住院医疗费

用。有条件的地方,可实行大额医疗费用补助与小额医疗费用补助结合的办法,既提高抗风险能力又兼顾农民受益面。对参加新型农村合作医疗的农民,年内没有动用农村合作医疗基金的,要安排进行一次常规性体检。各省、自治区、直辖市要制订农村合作医疗报销基本药物目录。各县(市)要根据筹资总额,结合当地实际,确定农村合作医疗基金的支付范围、支付标准和额度,确定常规性体检的具体检查项目和方式。

资料4-2 城乡居民基本医疗保险制度的建立

为了整合城镇居民基本医疗保险和新型农村合作医疗两项制度,建立统一的城乡居民基本医疗保险制度,在总结城镇居民医保和新农合运行情况以及地方探索实践经验的基础上,2016年1月3日,国务院发布了《国务院关于整合城乡居民基本医疗保险制度的意见》(国发〔2016〕3号),就整合建立城乡居民基本医疗保险制度作了规范。2016年1月13日,人力资源和社会保障部发布了《关于做好贯彻落实〈国务院关于整合城乡居民基本医疗保险制度的意见〉有关工作的通知》(人社部〔2016〕6号),就有关整合工作作了具体安排。两个文件的主要内容整理如下所述。

1. 总体要求

以邓小平理论、"三个代表"重要思想、科学发展观为指导,认真贯彻中共十八大、十八届二中、三中、四中、五中全会和习近平总书记系列重要讲话精神,落实中共中央、国务院关于深化医药卫生体制改革的要求,按照全覆盖、保基本、多层次、可持续的方针,加强统筹协调与顶层设计,遵循先易后难、循序渐进的原则,从完善政策入手,推进城镇居民医保和新农合制度整合,逐步在全国范围内建立起统一的城乡居民医保制度,推动保障更加公平、管理服务更加规范、医疗资源利用更加有效,促进全民医保体系持续健康发展。

2. 基本原则

(1)统筹规划、协调发展。要把城乡居民医保制度整合纳入全民医保体系发展和深化医改全局,统筹安排,合理规划,突出医保、医疗、医药三医联动,加强基本医保、大病保险、医疗救助、疾病应急救助、商业健康保险等衔接,强化制度的系统性、整体性、协同性。

(2)立足基本、保障公平。要准确定位,科学设计,立足经济社会发展水平、城乡居民负担和基金承受能力,充分考虑并逐步缩小城乡差距、地区差异,保障城乡居民公平享有基本医保待遇,实现城乡居民医保制度可持续发展。

(3)因地制宜、有序推进。要结合实际,全面分析研判,周密制订实施方案,加强整合前后的衔接,确保工作顺畅接续、有序过渡,确保群众基本医保待遇不受影响,确保医保基金安全和制度运行平稳。

(4)创新机制、提升效能。要坚持管办分开,落实政府责任,完善管理运行机制,深入推进支付方式改革,提升医保资金使用效率和经办管理服务效能。充分发挥市场机制作用,调动社会力量参与基本医保经办服务。

3. 整合基本制度的政策

(1)统一覆盖范围。城乡居民医保制度覆盖范围包括现有城镇居民医保和新农合所有应参保(合)人员,即覆盖除职工基本医疗保险应参保人员以外的其他所有城乡居民。

农民工和灵活就业人员依法参加职工基本医疗保险,有困难的可按照当地规定参加城乡居民医保。各地要完善参保方式,促进应保尽保,避免重复参保。

(2)统一筹资政策。坚持多渠道筹资,继续实行个人缴费与政府补助相结合为主的筹资方式,鼓励集体、单位或其他社会经济组织给予扶持或资助。各地要统筹考虑城乡居民医保与大病保险保障需求,按照基金收支平衡的原则,合理确定城乡统一的筹资标准。现有城镇居民医保和新农合个人缴费标准差距较大的地区,可采取差别缴费的办法,利用2~3年时间逐步过渡。整合后的实际人均筹资和个人缴费不得低于现有水平。

(3)统一保障待遇。遵循保障适度、收支平衡的原则,均衡城乡保障待遇,逐步统一保障范围和支付标准,为参保人员提供公平的基本医疗保障。妥善处理整合前的特殊保障政策,做好过渡与衔接。城乡居民医保基金主要用于支付参保人员发生的住院和门诊医药费用。稳定住院保障水平,政策范围内住院费用支付比例保持在75%左右。进一步完善门诊统筹,逐步提高门诊保障水平。逐步缩小政策范围内支付比例与实际支付比例间的差距。

(4)统一医保目录。统一城乡居民医保药品目录和医疗服务项目目录,明确药品和医疗服务支付范围。各省(区、市)要按照国家基本医保用药管理和基本药物制度有关规定,遵循临床必需、安全有效、价格合理、技术适宜、基金可承受的原则,在现有城镇居民医保和新农合目录的基础上,适当考虑参保人员需求变化进行调整,有增有减、有控有扩,做到种类基本齐全、结构总体合理。完善医保目录管理办法,实行分级管理、动态调整。

(5)统一定点管理。统一城乡居民医保定点机构管理办法,强化定点服务协议管理,建立健全考核评价机制和动态的准入退出机制。对非公立医疗机构与公立医疗机构实行同等的定点管理政策。原则上由统筹地区管理机构负责定点机构的准入、退出和监管,省级管理机构负责制订定点机构的准入原则和管理办法,并重点加强对统筹区域外的省、市级定点医疗机构的指导与监督。

(6)统一基金管理。城乡居民医保执行国家统一的基金财务制度、会计制度和基金预决算管理制度。城乡居民医保基金纳入财政专户,实行"收支两条线"管理。基金独立核算、专户管理,任何单位和个人不得挤占挪用。结合基金预算管理全面推进付费总额控制。基金使用遵循以收定支、收支平衡、略有结余的原则,确保应支付费用及时足额拨付,合理控制基金当年结余率和累计结余率。建立健全基金运行风险预警机制,防范基金风险,提高使用效率。

4. 提升服务效能

(1)提高统筹层次。城乡居民医保制度原则上实行市(地)级统筹,各地要围绕统一待遇政策、基金管理、信息系统和就医结算等重点,稳步推进市(地)级统筹。做好医保关系转移接续和异地就医结算服务。根据统筹地区内各县(市、区)的经济发展和医疗服务水平,加强基金的分级管理,充分调动县级政府、经办管理机构基金管理的积极性和主动性。鼓励有条件的地区实行省级统筹。

(2)完善信息系统。整合现有信息系统,支撑城乡居民医保制度运行和功能拓展。推动城乡居民医保信息系统与定点机构信息系统、医疗救助信息系统的业务协同和信息共享,做好城乡居民医保信息系统与参与经办服务的商业保险机构信息系统必要的信息交换和数据共享。强化信息安全和患者信息隐私保护。

（3）完善支付方式。系统推进按人头付费、按病种付费、按床日付费、总额预付等多种付费方式相结合的复合支付方式改革，建立健全医保经办机构与医疗机构及药品供应商的谈判协商机制和风险分担机制，推动形成合理的医保支付标准，引导定点医疗机构规范服务行为，控制医疗费用不合理增长。通过支持参保居民与基层医疗机构及全科医师开展签约服务、制定差别化的支付政策等措施，推进分级诊疗制度建设，逐步形成基层首诊、双向转诊、急慢分治、上下联动的就医新秩序。

（4）加强医疗服务监管。完善城乡居民医保服务监管办法，充分运用协议管理，强化对医疗服务的监控作用。各级医保经办机构要利用信息化手段，推进医保智能审核和实时监控，促进合理诊疗、合理用药。卫生计生行政部门要加强医疗服务监管，规范医疗服务行为。

（三）工伤保险制度

1. 参保范围

按照《社会保险法》的规定，境内各类企业及有雇工的个体工商户均应参加工伤保险，境内各类企业的职工和个体工商户的雇工有权享受工伤保险待遇。

2. 基金筹集

用人单位缴纳工伤保险费，职工不缴纳工伤保险费。国家根据不同行业的工伤风险程度确定行业的差别费率，并根据使用工伤保险基金、工伤发生率等情况在每个行业内确定费率档次。行业差别费率和行业内费率档次由国务院社会保险行政部门制定。社会保险经办机构根据用人单位使用工伤保险基金、工伤发生率和所属行业费率档次等情况，确定用人单位缴费费率。用人单位按照本单位职工工资总额，根据社会保险经办机构确定的费率缴纳工伤保险费。

3. 工伤待遇

职工因工作原因受到事故伤害或者患职业病，且经工伤认定的，享受工伤保险待遇；其中，经劳动能力鉴定丧失劳动能力的，享受伤残待遇。工伤认定和劳动能力鉴定应当简捷、方便。因工伤发生的治疗工伤的医疗费用和康复费用、住院伙食补助费到统筹地区以外就医的交通食宿费、安装配置伤残辅助器具所需费用、生活不能自理的，经劳动能力鉴定委员会确认的生活护理费、一次性伤残补助金和一至四级伤残职工按月领取的伤残津贴、终止或者解除劳动合同时，应当享受的一次性医疗补助金、因工死亡的，其遗属领取的丧葬补助金及供养亲属抚恤金和因工死亡补助金；劳动能力鉴定费从工伤保险基金中支付。因工伤发生的治疗工伤期间的工资福利，五级、六级伤残职工按月领取的伤残津贴，终止或者解除劳动合同时，应当享受的一次性伤残就业补助金由用人单位支付。工伤职工符合领取基本养老金条件的，停发伤残津贴，享受基本养老保险待遇。基本养老保险待遇低于伤残津贴的，从工伤保险基金中补足差额。职工所在用人单位未依法缴纳工伤保险费，发生工伤事故的，由用人单位支付工伤保险待遇。用人单位不支付的，从工伤保险基金中先行支付。从工伤保险基金中先行支付的工伤保险待遇应当由用人单位偿还。用人单位不偿还的，社会保险经办机构可以追偿。

（四）失业保险制度

依据《社会保险法》的规定，我国失业保险制度的主要内容有如下几方面。

1. 参保范围

为了保障失业人员失业期间的基本生活,促进其再就业,城镇企事业单位及城镇企业单位职工应当参加失业保险。

2. 基金筹集

失业保险费由用人单位和职工个人共同缴纳。自 2017 年 1 月 1 日起,失业保险费率降至 1%,单位和个人缴费的具体比例由各省、自治区、直辖市人民政府确定。在省、自治区、直辖市行政区域内,单位及职工的费率应当统一。城镇企事业单位招用的农民合同制工人本人不缴纳失业保险费。

3. 失业待遇

领取失业保险金的条件是:失业人员失业前用人单位和本人已经缴纳失业保险费满 1 年的;非因本人意愿中断就业的;已经进行失业登记并有求职要求的,从失业保险基金中领取失业保险金。

《社会保险法》第四十六条规定,失业前用人单位和本人累计缴费满 1 年不足 5 年的,领取失业保险金的期限最长为 12 个月;累计缴费满 5 年不足 10 年的,领取失业保险金的期限最长为 18 个月;累计缴费 10 年以上的,领取失业保险金的期限最长为 24 个月。重新就业后再次失业的,缴费时间重新计算,领取失业保险金的期限与前次失业应当领取而尚未领取的失业保险金的期限合并计算,最长不超过 24 个月。

失业保险金的标准,由省、自治区、直辖市人民政府确定,按照低于当地最低工资标准、高于当地城市居民最低生活保障标准来定。失业人员在领取失业保险金期间,参加职工基本医疗保险,享受基本医疗保险待遇,应当缴纳的基本医疗保险费从失业保险基金中支付,个人不缴纳基本医疗保险费;失业人员在领取失业保险金期间死亡的,参照当地对在职职工死亡的规定,向其遗属发给一次性丧葬补助金和抚恤金,所需资金从失业保险基金中支付。失业人员应当持本单位为其出具的终止或者解除劳动关系的证明,及时到指定的公共就业服务机构办理失业登记,凭失业登记证明和个人身份证明,到社会保险经办机构办理领取失业保险金的手续,失业保险金领取期限自办理失业登记之日起计算。失业人员在领取失业保险金期间若出现重新就业、应征服兵役、移居境外、享受基本养老保险待遇、无正当理由拒不接受当地人民政府指定部门或者机构介绍的适当工作或者提供培训等情况的,停止领取失业保险金,并同时停止享受其他失业保险待遇。

(五) 生育保险制度

《社会保险法》规定的我国生育保险制度的主要内容有以下几方面。

1. 参保范围

单位及其职工都要参加生育保险。

2. 基金筹资

由用人单位按照国家规定缴纳生育保险费,职工不缴纳生育保险费。

企业按照工资总额的一定比例(不超过 1%)向社会保险机构缴纳,职工个人不缴费,生育保险费用实行社会统筹。

3. 生育待遇

生育保险待遇包括生育医疗费用和生育津贴。用人单位已经缴纳生育保险费的,其职工享受生育保险待遇;职工未就业配偶按照国家规定享受生育医疗费用待遇。所需资金从生育保险基金中支付。生育医疗费用包括生育的医疗费用,计划生育的医疗费用,法律、法规规定的其他项目费用。当女职工生育享受产假,享受计划生育手术休假以及法律、法规规定的其他情形时,可以按照国家规定享受生育津贴,生育津贴按照职工所在用人单位上年度职工月平均工资计发。

资料 4-3　社会保险基金预算 2018 年收支情况及 2019 年预算安排

1. 2018 年社会保险基金收支情况

为均衡地区间企业职工基本养老保险基金负担、实现基本养老保险制度可持续发展,2018 年出台实施了企业职工基本养老保险基金中央调剂制度,通过调剂将收支状况较好省份的基金结余按一定比例调剂至缺口省份,确保各地养老金按时足额发放。

(1) 全国社会保险基金收支情况。2018 年,全国社会保险基金收入 72 649.22 亿元,增长 24.3%,别除机关事业单位基本养老保险后同口径增长 7.3%,其中,保险费收入 52 543.2 亿元,财政补贴收入 16 776.83 亿元。全国社会保险基金支出 64 586.45 亿元,增长 32.7%,别除机关事业单位基本养老保险后同口径增长 12.7%。当年收支结余 8 062.77 亿元,年末滚存结余 86 337.13 亿元。

(2) 中央社会保险基金收支情况。2018 年,中央社会保险基金收入 582.11 亿元,其中,保险费收入 301.84 亿元,财政补贴收入 274.7 亿元。加上地方上缴的中央调剂基金收入 2 413.3 亿元,收入总量为 2 995.41 亿元。中央社会保险基金支出 532.13 亿元,加上安排给地方的中央调剂基金支出 2 406.8 亿元,支出总量为 2 938.93 亿元。当年收支结余 56.48 亿元,年末滚存结余 315.49 亿元。

(3) 地方社会保险基金收支情况。2018 年,地方社会保险基金收入 72 067.11 亿元,其中,保险费收入 52 241.36 亿元,财政补贴收入 16 502.13 亿元。加上中央调剂资金收入 2 406.8 亿元,收入总量为 74 473.91 亿元。地方社会保险基金支出 64 054.32 亿元,加上中央调剂资金支出 2 413.3 亿元,支出总量为 66 467.62 亿元。当年收支结余 8 006.29 亿元,年末滚存结余 86 021.64 亿元。

2. 2019 年社会保险基金预算收支安排

(1) 中央社会保险基金预算收支情况。2019 年,预计中央社会保险基金收入 709.23 亿元,增长 21.8%,其中,保险费收入 377.54 亿元,财政补贴收入 324.25 亿元。加上地方上缴的中央调剂基金收入 4 826.6 亿元,收入总量为 5 535.83 亿元。中央社会保险基金支出 696.34 亿元,增长 30.9%。加上安排给地方的中央调剂基金支出 4 813.6 亿元,支出总量为 5 509.94 亿元。本年收支结余 25.89 亿元,年末滚存结余 341.38 亿元。

(2) 地方社会保险基金预算收支情况。2019 年,预计地方社会保险基金收入 78 968.31亿元,增长 9.6%,其中,保险费收入 56 616.19 亿元,财政补贴收入 19 144.71 亿元。加上中央调剂资金收入 4 813.6 亿元,收入总量为 83 781.91 亿元。地方社会保险基金支出 73 555.95 亿元,增长 14.8%。加上中央调剂资金支出 4 826.6 亿元,支出总量为 78 382.55亿元。本年收支结余 5 399.36 亿元,年末滚存结余 91 421 亿元。

(3) 全国社会保险基金预算收支情况。汇总中央和地方预算,2019 年全国社会保险基金收入 79 677.54 亿元,增长 9.7％,其中,保险费收入 56 993.73 亿元,财政补贴收入 19 468.96亿元。全国社会保险基金支出 74 252.29 亿元,增长 15％。本年收支结余 5 425.25 亿元,年末滚存结余 91 762.38 亿元。

资料来源:依据财政部网站《关于 2018 年中央和地方预算执行情况与 2019 年中央和地方预算草案的报告》整理。

六、财政部门在社会保险制度实施中的职责和投入 [①]

通过以上对我国社会保险制度的具体分析可知,在国家实施社会保险制度的过程中,财政起着不可替代的作用。各级财政部门的主要职责是,在国家多渠道筹集社会保险资金的体制下,对社会保险给予必要的经费支持,通过税收优惠等政策支持社会保险事业的发展。具体来说,财政部门在社会保险制度实施中的职责和投入,体现在三个方面。

（一）政府对各项保险基金的经费支持

体现在基本养老保险基金入不敷出时,政府给予补贴;医疗保险实行个人缴费和政府补贴相结合;"新农保"实行个人缴费、集体补助和政府补贴相结合;无能力缴费的困难人群的个人缴费由政府补贴;国有企业、事业单位职工参加基本养老保险制度前,视同缴费年限期间应当缴纳的基本养老保险费由政府承担等。

（二）中央财政拨款成立全国社会保障基金

中央财政拨款成立全国社会保障基金,用于社会保障支出的补充和调剂,在保证安全的前提下实现社会保障基金的保值增值。

（三）建立社会保障基金预算

建立社会保障基金预算,通过预算来实现收支平衡。县以上政府出现支付不足时,财政从中给予补贴,很好地弥补了社会保险基金预算支付的缺口。

第二节　财政补贴支出

一、财政补贴的含义和特征

（一）财政补贴的含义

财政补贴是指国家财政根据国家政策的需要,在一定时期内,对某些特定的产业、部门、地区、企事业单位、居民给予的补助或津贴。财政补贴是一种重要的经济调节手段,可以通过补贴对象、补贴数量、补贴时间、补贴形式、补贴环节的差异化选择,影响不同经济主体的经济利益,调节国家、企业、个人之间的分配关系,从而对国民收入进行再分配。从性质上讲,不论财政补贴在预算账户处理上是列支还是列收,都属于财政支出范畴。

财政补贴支出和社会保障支出均属于转移性支出。两者的相同之处在于:都是国家拿出一部分税收,无偿转移给受益者,使受益者收入增加。但是,同样一笔钱,是用于财政补贴还是用于社会保障,效果并不一样。用于社会保障的支出对市场价格的影响是间接

---

① 陈共.财政学[M].8 版.北京:中国人民大学出版社,2015.

的、不确定的。而财政补贴则不然,财政补贴总是与相对价格的变动联系在一起,或者是补贴引起价格变动,或者是价格变动导致财政补贴。因为存在这种联系,很多人就把财政补贴称为价格补贴。因为与相对价格结构有直接关联,财政补贴便具有改变资源配置结构、供给结构与需求结构的影响,而社会保障支出则很少有这种影响。

根据这样的分析,我们可以把财政补贴定义为一种影响相对价格结构,从而可以改变资源配置结构、供给结构和需求结构的政府转移性支出。

（二）财政补贴的特征

1. 政策性

财政补贴是国家为了实现某种特定需要而实施的,在补贴对象、补贴数额、补贴期限上等都要体现政府的目标,因而具有很强的政策性。由于国家的政策是多方面的,不仅有经济的,还有社会各方面的,所以财政补贴就成为国家调节经济的一个杠杆,而且也是调节各种社会关系、保持社会稳定的一种重要手段。

2. 灵活性

国家的经济情况、社会形势等是经常变化的,财政补贴作为国家调节经济的手段,其方法、内容等也就要随着形势的变化而作出相应的调整,及时地进行修正,以便于适应客观实际的要求。所以,财政补贴具有一定的灵活性。

3. 时效性

财政补贴一般是根据国家一定的政策实施的,当国家的政策发生变化后,财政补贴的适应性就会发生一定的失灵,其效用就会受到一定的影响,当相应的政策失去效力时,财政补贴就应随之终止。财政补贴带有明显的时效性。

二、财政补贴的分类

财政补贴普遍存在于世界各国的财政支出中,由于各国的社会制度、经济发展水平各异,财政补贴项目种类繁多,根据不同的需要可以进行不同的分类。

（一）根据财政统计的角度划分

根据财政统计的角度分,财政补贴主要包括两类,即物价补贴和企业亏损补贴。

物价补贴是指由于物价政策变动或市场价格不合理而使企业或居民的利益受到影响时,国家给予的经济补偿。在预算处理上,这项补贴直接列入财政支出。

企业亏损补贴是指由于政策性原因而使企业出现亏损时,国家财政给予的经济补偿,一般限于国有企业。企业的亏损按照亏损的原因不同,可以分为经营性亏损和政策性亏损,只有政策性亏损才属于财政补贴的范围。

在预算处理上,这项补贴作冲减收入处理,即表示为负的财政收入。这种处理方式是不合理的,影响了财政收支的规范性。此外,财政补贴还有财政贴息、税前还贷、税收支出等方式。

（二）根据补贴发放的环节划分

财政补贴根据补贴发放的环节分,可分为生产补贴、流通补贴和消费补贴。生产补贴又称生产性补贴,是指对社会再生产的生产环节进行的补贴。其补贴的项目主要有粮、棉、油加价款补贴,农用生产资料价格补贴和工业生产企业亏损补贴等。流通补贴,又称商业经营性补贴,是指对社会再生产的流通环节进行的补贴。其补贴项目主要有粮、棉、油价差补贴,平抑市场肉食、蔬菜价差补贴,民用煤销售价差补贴以及国家储备粮、棉、油等利息费用补贴。消费补贴又称消费性补贴,是指对社会再生产的消费环节进行的补贴。其补贴项目主要有房租补贴、副食品价格补贴、水电煤补贴和职工交通补贴等。

一般而言,一种受补贴产品或服务只补贴一个环节,但有的产品或服务同时补贴在两个或三个环节。补贴环节不是固定不变的,可以依据更有利于发挥财政补贴杠杆作用的要求而进行改革和调整。

(三)根据补贴发放的形式划分

根据补贴发放的形式不同,即政府是否明确地安排支出来划分,财政补贴分为明补和暗补。明补是指将财政补贴作为预算支出项目按照正常的支出程序直接支付给受益者(企业或居民),政府通过增加受益者的补贴收入而直接给予的补贴。暗补是指财政补贴不构成预算支出项目,受补者也不直接获得补贴收入,政府通过减少受益者上缴和节约支出上受益,受益者可以低于市价的价格购买商品或服务而享受的补贴。明补和暗补的区别主要有:

(1)补贴的受益方式不同。财政补贴采用明补或暗补两种不同方式发放时,会出现增收或节支两种不同的结果。暗补方式下,受益者所购买的产品或服务的价格降低、受益者的支出减少。明补方式下,受益者的收入增加。

(2)补贴对价格的影响不同。暗补方式下,由于补贴资金发放给产品或服务的生产者、经营者、提供者,受益者是通过减少支出受益的,所以对应产品或服务的价格会表现出低于正常市场价格状态,导致价格失真。而市场上没有享受财政补贴的同类产品或服务以正常价格销售,因此在市场上,同类产品或服务会因为暗补而出现两种差异性的价格。双重价格下,极易诱导投机行为。明补方式下,由于补贴资金发放给产品或服务的最终消费者,受益者通过增加收入,对产品或服务价格的影响很小,不易导致双重价格。

(3)补贴的针对性不同。暗补方式下,由于补贴后的产品或服务价格低于正常市场价格,受益者只有发生该种消费行为才能够享受政府的该种补贴的利益,补贴效果的针对性很强。但在明补方式下,由于受益者拿到的是直接的补贴资金,拿到后有可能消费任何产品或服务,补贴效果的针对性不强,有可能造成财政补贴资金的浪费。

通过分析可知,财政补贴无论采用明补或暗补方式,都各有利弊。政府出于不同的政策意图考虑,可以选择不同的补贴方式。若要体现补贴的公平性,则尽可能采用明补方式;如果要增强补贴的针对性,应尽可能采用暗补方式。例如,为了刺激节能产品消费,我国实施节能灯补贴,只有购买了绿色节能产品才能享受补贴,因此多年来采用暗补方式;而住房补贴,前些年采用暗补方式导致严重的浪费,补贴资金的使用效率低下,宜采用明补方式,则无论受益者购房、租房,国家的购房补贴都可以受益。

(四)从补贴的内容划分

根据补贴的内容,可分为货币补贴(收入补贴)和实物补贴。货币补贴一般称为明补,而实物补贴一般称为暗补。

三、我国的财政补贴

在我国的国家预算中,财政补贴有以下内容。

（一）价格补贴

价格补贴主要包括国家为安定城乡人民的生活,由财政向企业或居民支付的、与人民生活必需品和农业生产资料市场价格政策紧密相关的补贴。按产品的类别划分,具体包括以下几个项目。

1. 农副产品价格补贴

农副产品价格补贴是价格补贴最主要的内容,目前占全部价格补贴支出的 80% 以上。根据补贴的对象不同,农副产品价格补贴可分两类:一类是商业企业的差价补贴,即农副产品收购价格大幅度提高而销售价格没有相应提高,国家财政为了弥补农副产品购销价格倒挂给商业企业造成的价差损失,而向其支付的补贴。国家给予差价补贴的产品包括粮食、棉花、肉食品、蔬菜等。另一类是城镇居民(或职工)的副食品价格补贴,即副食品销售价格提高以后,国家为了保证城镇人口的生活水平不致受到影响,而向城镇居民或职工发放的补贴。

2. 农业生产资料价格补贴

农业生产资料价格补贴是国家为了以低于价值的销售价格向农民出售农业生产资料,而向有关的生产企业拨付的差价补贴。国家给予差价补贴的农业生产资料主要有化肥、农药、农业用电、农用塑料薄膜等。

3. 日用工业品价格补贴

日用工业品价格补贴是国家为了使日用工业品的批发价格或市场零售价格在成本和出厂价格上升的情况下保持不动,而向商业企业支付的亏损补贴。国家给予补贴的日用工业品主要包括民用煤、学生课本、报刊新闻纸等。我国为应对经济危机,促进消费,2008年推出了家电下乡中央财政补贴政策。

（二）企业亏损补贴

企业亏损补贴又称国有企业计划亏损补贴,主要是指国家为了使国有企业能够按照国家计划生产、经营一些社会需要,但由于客观原因使生产经营出现亏损的产品,而向这些企业拨付的财政补贴。导致企业计划性亏损的原因,主要是指令性产品的计划价格水平偏低,不足以抵补产品的生产成本。此外,企业技术管理、供销条件不利等也是造成企业计划亏损的重要因素。

（三）财政贴息

财政贴息是指国家对企业的某些用于规定用途的银行贷款,就其支付的贷款利息提供的补贴。实质上是财政替企业向银行交付利息,是国家财政应用金融手段对重点企业或项目给予的扶持。财政贴息包括全额补贴和差额补贴。

（四）进出口补贴

进口补贴是国家为体现产业政策,给予进口国家急需产品的进口商的一种补贴。出口补贴是国家为降低出口商品的成本和价格,提高商品在国际市场上的竞争力,给予出口商和出口商品生产者的补贴。

四、财政补贴的经济影响

(一)财政补贴经济影响的机理分析

1. 财政补贴可以改变需求结构

财政补贴在各国都是被当做一种重要的调节经济手段,主要因为财政补贴可以改变相对价格结构,尤其是首先可以改变需求结构。

人们的需求客观上有一个结构,决定这个结构的因素主要有两个:一是人们所需要的商品和服务的种类;二是各种商品和服务的价格。一般来说,商品和服务的价格越低,需求越大;商品和服务的价格越高,需求越小。既然价格的高低可以影响需求结构,那么能够影响价格水平的财政补贴便有影响需求结构的作用。过去,我国城镇居民在住房上享受大量补贴,房租很低,城镇居民消费支出结构中房租支出占的比重也很低,因而对住宅的需求极旺,建筑面积增加再快,也难以满足需求。而西方国家居民租用或购买住宅基本上得不到补贴,租金水平要高得多,居民房租支出占总消费支出的比重达 10％以上,因而对住宅的需求很少出现过旺现象。目前,我国已经实行住宅的商品化改革,居民要靠自己的收入租房和买房,城镇居民的住房消费支出占总消费支出的比重已明显上升,住宅需求过旺的势头也明显受到抑制。例如,在前苏联和东欧国家经常发生农民购买面包喂牛的事情,原因在于,面粉、面包的销售价格极为低廉,购买面包喂牛比购买玉米、燕麦等饲料要经济得多。

2. 财政补贴可以改变供给结构

财政补贴可以改变供给结构的作用,是通过改变企业购进的产品价格(供给价格或销售价格加补贴),从而改变企业盈利水平实现的。众所周知,在我国的供给结构中,农产品的供给曾有过若干次反复。探究一下反复的原因就不难发现,农产品供给状况改善的时候,总是政府向农业部门提供补贴或增加农业部门补贴的时候。提高农产品价格补贴,使从事农业生产有利可图,农产品供给自然增加,而农产品的增加对改善我国的供给结构有着举足轻重的作用。在我国的煤炭生产上,同样也看到补贴可以调整供给的作用。前些年,因为通货膨胀的影响,煤炭部门的生产处于十分不利的地位。政府增加了对煤炭部门的补贴,当年的煤炭生产便有了转机。现代经济发展中,科技进步成为经济发展的重要动力。因而,各国都将财政补贴更多地用于科学研究和高新技术的开发,推动基础科研,改造传统产业,发展新兴产业。这种财政补贴对调整产业结构和产业升级的显著作用,已经为人们所共识,并且得到广泛的应用。

3. 财政补贴可将外部效应内在化

对科学研究的补贴就是矫正外部效应的一个典型例证。一般来说,应用科学研究和高新技术开发由私人部门去承担更有效率,然而任何一项有突破性的应用科学研究和高新技术开发成果都会对许多领域产生影响,如电子科研与开发的投入很多,成功率却很低,而且从事研究、开发的机构和个人不可能获得全部的收益,而财政给予补贴,可以降低研究与开发成本,缓解风险,实际是将外部效应内在化,从而推进科研与开发的开展。

(二)财政补贴的经济效应

1. 有效地贯彻国家的经济政策

财政补贴的对象可以是国有企业,可以是集体企业甚至是私人企业,也可以是城乡居民,但不论补贴对象是谁,最终目的是顺利实施国家的方针政策。比如,对公共交通以及供水、供电和供气等国有企业或事业单位给予适当补贴,是为了平抑物价,减轻居民负担,提高服务质量;当粮食短缺,给予粮食部门或居民以补贴,是为了促进粮食生产,如今粮食富余了,按保护价格收购,同样是为了保证粮食供给、维护农民利益等。

2. 扩大财政资金的经济效应

财政资金毕竟是有限的,一些事业必须由财政出资来办,但一些事业可以由财政来办也可以由民间出资来办,但凡民间不太热衷的事业,财政给予补贴,只要财政花费少量的资金就可以将民间资金调动起来,发挥所谓"四两拨千斤"的作用。特别是经济低迷时期,这种作用就更为显著。

3. 加大技术改造力度,推动产业升级

产业结构优化过程中,财政补贴支出扮演着十分重要的角色。以我国实施的积极财政政策为例,1998 年至今,各级政府共对近千个民品技术改造项目进行财政贴息,带动了更多的银行配套贷款,调动了企业进行技术改造的信心和积极性,实施了一大批技术改造、高科技产业化和装备的国产化项目,启动了一批对产业结构调整有重大影响的项目,安排了一批可大量替代进口、扩大出口的项目,有力地推动了大中型国有企业技术改造和产业结构的升级。

4. 消除"挤出效应"

比如,我国实施积极的财政政策,政府采取增加公共工程支出的措施,在货币供应量不变的条件下,公共工程支出的增加,会直接增加对货币的需求量,从而拉升市场利率水平;利率的提高会加大私人部门的融资成本,从而导致私人投资的萎缩,这就是所谓的"挤出效应"。如果对私人部门给予补贴,就可以降低私人部门的融资成本,消除这种"挤出效应",增强民间投资的意愿,加快民间投资的恢复和增长。

5. 社会经济稳定的效应

在我国的财政补贴中,出于社会经济稳定的考虑往往是首要的目的。例如,对于企业的亏损补贴,在很大程度上是在产业调整过程中,稳定被调整的产业的收入并诱导其进行更积极的调整;对平抑农产品价格周期波动的部分,显然也是用于稳定这一目的;对居民支付的各类价格补贴,是用于弥补居民因调价所带来的收入损失,基本的功能也是保持社会与经济的稳定;值得一提的是,在 2003 年的"非典"危机中,为了稳定市场,中央和地方政府对交通业、餐饮业、旅店业等受严重冲击的行业给予了相应的补贴和优惠政策,从效果来看,这些措施对保持中国经济的持续发展有非常重要的意义。

(三) 财政补贴作用的限度

市场经济条件下,财政补贴是政府调节经济运行的重要政策手段。作为一种调节手段,其使用范围及规模要有一个限度,超过这个限度,积极作用就可能趋弱,甚至出现消极作用。

要搞清这个道理,有必要对左右国民经济运行的因素及其主从地位有一个正确的认识。任何一个国民经济的实际运行都是由一套稳定的经济制度(财产制度、价格制度、收入分配制度、财政收支制度等)所规定的运行机制和一套灵活的调节手段体系共同发挥作用的综合结果。从主导方面说,国民经济的正常运行主要是依赖既定的经济制度及运行机制的有规律的自动作用,它保证了社会经济能够实现自己的主要社会目标。但是,社会经济所要实现的目标是多重的,有些目标可能居于次要位置,但并非无须顾及,而既定的经济制度及其运行机制即便十分完善,也只能实现一个或几个主要的社会目标。就此而论,任何经济制度及其运行机制都存在着固有的缺陷。为了克服这些缺陷,即为了全面实现社会目标,作为宏观调控主体的政府,有必要运用调节手段体系去纠正既定经济的运行机制所产生的不利后果,或部分地修正既定的经济运行机制,财政补贴就是可利用的重要调节手段之一。

从这个意义上说,财政补贴有其存在的必然性,是不能也不应被取消的。但是,财政补贴既然是调节手段,就不应当在国民经济的运行中扮演主要角色。在国民经济运行的制度性基础和调节手段之间,调节手段只是辅助性的。也就是说,如果国民经济的运行对财政补贴的依赖过大,以至于没有它,便很难有效地组织生产、流通和消费。那就说明,现行的经济体制及其运行机制已经难以实现社会的基本目标,对此进行改革已成当务之急。换言之,财政补贴规模急剧增大和补贴范围急剧扩展的现象,反映出的本质是经济体制及其运行机制的不完善和不合理。因而,扭转财政补贴过多的根本出路在于变革经济体制。

第三节　税　收　支　出

一、税收支出的由来及含义

税收支出又称税式支出,是一个较新的概念。税收支出是以特殊法律条款规定的,因给予特定类型纳税人税收优惠待遇而形成的收入损失或放弃的收入,属于财政的补贴性支出。尽管在具体表现形式上,税收支出与税收优惠并无实质区别,但从税收优惠概念到税收支出概念,并不是简单的词汇变换,而是理论认识上的一次深化。在多年的税收实践中,人们逐渐认识到,对于实现特定的政策目标而言,减少或放弃纳税人应缴税款与先将这部分税款上缴国家,然后再通过预算支出方式拨付给纳税人相比,其结果并无根本区别。因此,税收制度上的某些税收优惠项目的安排,具有与预算支出相同的性质。所以,对税收优惠问题就不仅可以从税收收入的角度(更具体地说是收入损失或放弃的角度)来研究,而且可以从支出的角度把税收与支出结合起来进行研究。

上述思想就是税收支出概念提出的由来。1967年,美国财政部部长助理、哈佛大学教授萨里首先提出了税收支出概念,并给出了定义:在税制结构正常部分之外,凡不以取得收入为目的而是放弃一些收入的各种减免税优惠的特殊条款就是税收支出。其后,税收支出概念和理论迅速在世界范围内得以接受并广泛加以研究。

从西方国家对税收支出概念的研究来看,不同的国家对此有着不同的表述。如美国的定义是:"与现行税法的基本结构背离而通过税收制度实现的支出计划";德国的定义是:"由于与主要税收准则概念的特殊偏离而减少的收入";法国的定义是:"与在基本税制之下产生的结果相比,如果某项法律或者管理措施的使用会导致政府收入的损失和纳税人负担的减轻,就可以认定为税收支出";西班牙的定义是:"与基准税制结构相背离的任何税收鼓励或者补贴";经济合作与发展组织财政事务委员会专题报告的定义是:"为了实现一定的经济和社会目标,通过税收制度发生的政府支出。"

尽管上述对于税收支出的具体表述不尽一致，但其中依然存在着大家共同认可的部分，即把税收支出定义为："对基准税制的一种偏离方式，且这种偏离减少了政府收入或构成政府的支出。"

二、税收支出的基本特征和深入理解

(一)税收支出的基本特征

1. 税收支出有着具体的政策意图和目标

税收支出的目的是激励特定的行为，即通过减少部分纳税人的负担，从而影响其经济行为，对社会经济活动起到特殊的调节作用。从税制来看，税收支出的运用是有目的地影响资源配置的税收政策选择，而另一个税收政策的选择是保持税制的"中性"，实际就是通过基准税制的安排从而不影响资源配置。

2. 税收支出是一项特殊的、间接的政府支出

税收支出是一项特殊的、间接的政府支出，在一定情况下可以与预算直接支出相互替代。政府的支出方式有两种：一种是通过国家预算的直接支出，表现为预算拨款和现金支付；另一种是通过税收制度规定的各种减免条款，即税收支出，表现为对税收收入的放弃，这是一种特殊形式的、间接的政府支出。两类支出具有相类似的性质，并在特定情况下可以互相替代。

3. 税收支出是对基准税制的一种偏离，其结果是造成政府收入的损失

从税收来看，税制或税法由两类不同性质并相互对立的要素所组成：一类是标准性条款，称为基准税制，它们明确了税基、税率、纳税人、纳税期限及统一的税收政策等，并以此有效地取得收入；另一类是与基准税制相背离的特殊条款，即政府为特定目的而制定的旨在优待特定行业、特定活动或特定纳税人的各种税收宽免措施，这些条款导致税收收入的损失或减少。

(二)对税收支出的深入理解

造成政府收入损失的原因除税制外，还有税收管理的因素。如果排除由于税收管理的能力和水平所导致的偷漏税等税收流失情况，由于税收管理上自由裁量所造成的税收损失是否也能构成税收支出？实际上，在法国的税收支出定义中已经包含了管理的因素，其他一些国家和地区在研究中也将税收管理因素引入税收支出之中。

税制安排与基准税制相偏离的结果不仅仅是减少收入，也有可能因增加税负（如加成征收）而增加政府收入。如果我们将减少收入的这种结果确定为税收支出，那么增加收入的结果就可以称为"负税收支出"或"税收惩罚"，对此也应该进行研究。例如，经济合作与发展组织财政事务委员会的专题报告在列出税收支出表的同时，也给出了税收惩罚表。

税收支出项目在确定上存在很大的主观性。由于基准税制的界限有一定的模糊性，因此，税收支出项目与基准税制的区分也并非仅凭税收支出的一般定义就能简单判断。这就要求在税收支出的一般定义确定之后，还须有一定的确定办法和准则，才能把税收支出项目与基准税制区分开来。税收支出项目的确定因不同的观点、主张、目的及对税收支出定义的具体角度的差异而不同，在这方面，各国做法不尽相同且争议较大。

根据上述分析，再比较税收支出与税收优惠，两者还是有细微差别的：第一，税收优惠

可以包含在基准税制之中,也可以在基准税制之外,否则,对基准税制的认定就不会因其模糊性而引起争议,而税收支出一定在基准税制之外。因此,税收优惠范畴大于税收支出范畴。换句话说,并不是所有的税收优惠都能纳入税收支出进行管理或控制的。第二,税收优惠可以是不确定的量,而税收支出却应该是可以计量的,否则,对税收支出便无从管理或控制,税收支出也就失去了独立存在的必要性。因此,税收支出是税收优惠中应该而且能够加以计量并进行管理或控制的部分。

三、税收支出的分类

从税收支出所发挥的作用来看,可分为照顾性税收支出和刺激性税收支出。

（一）照顾性税收支出

照顾性税收支出主要是针对纳税人由于客观原因在生产经营上发生临时困难而无力纳税所采取的照顾性措施。例如,国有企业由于受到扭曲的价格等因素的干扰造成政策性亏损,或纳税人由于自然灾害造成暂时性的财务困难。政府除了用预算手段直接给予财政补贴外,还可以采取税收支出的办法,减少或免除这类纳税人的纳税义务。这类税收支出的目的在于扶植国家希望发展的亏损或微利企业、外贸企业,以求国民经济各部门的发展保持基本平衡。但是,需要我们特别注意的是,在采取这种财政补贴性质的税收支出时,必须严格区分经营性亏损和政策性亏损,要尽可能地避免用税收支出的手段去支持因主观经营管理不善所造成的财务困难。

（二）刺激性税收支出

刺激性税收支出主要是指用来改善资源配置、提高经济效率的特殊减免规定,主要目的在于正确引导产业结构、产品结构、进出口结构以及市场供求,促进纳税人开发新产品、新技术以及积极安排劳动就业等。这类税收支出是税收优惠政策的主要方面,税收调节经济的杠杆作用也主要表现于此。刺激性税收支出又可分为两类:一是针对特定纳税人的税收支出;二是针对特定课税对象的税收支出。前者主要是那些享受税收支出的特定纳税人,不论其经营业务的性质如何,都可以依法得到优惠照顾,如我国对伤残人创办的集体企业给予减免税照顾;而后者则主要是从行业产品的性质来考虑,不论经营者是什么性质的纳税人,都可以享受优惠待遇,如我国对农、牧、渔业等用盐可减征盐税等。

四、税收支出的形式

尽管各国对税收支出已规定出明确的定义,但在实践中,真正把税收支出项目与正规的税制结构截然区别开来并非易事。许多国家一般把直接支出作为区分标准,如果能用直接支出替代的减免项目就列为税收支出,否则,就不能算作税收支出。例如,根据所得税制的构成原则,本不属于课税范围的一些扣除和减免项目,诸如个人生活费用的扣除,为取得所得而支出的成本扣除等,就不能列入税收支出的范围。税收支出项目的具体确定虽然困难重重,但还是有一定规律可循。就刺激经济活动和调节社会公平的税收支出而言,其一般形式大致有税收豁免、纳税扣除、税收抵免、优惠税率、延期纳税、盈亏相抵等。

（一）税收豁免

税收豁免是指在一定期限内免除某些纳税人或纳税项目应纳的税款。豁免期限、豁免纳税人和豁免项目依据当时的社会经济形式确定。税收豁免有部分豁免与全部豁免之分。部分豁免就是免除纳税人或纳税项目的部分应纳税款;全部豁免就是免除全部应纳税款。这在我国的税收实践中被称为"减免税"。最常见的税收豁免有两类,即关税与货物税的税收豁免和所得税的税收豁免。对关税和货物税进行税收豁免,可以降低产品价格从而降低企业生产成本、增加居民对产品的消费;对所得税进行税收豁免,一方面可以刺激投资、发展经济;另一方面可以促进某些社会政策的实现,稳定社会秩序。

（二）优惠税率

优惠税率是指对特定的纳税人或纳税项目采用低于一般税率的税率征税。优惠税率使用的范围可视实际需要加以调整。适用优惠税率的期限可长可短。一般来说,长期优惠税率的鼓励程度大于短期优惠税率,尤其是那些投资巨大但获利较迟的企业,常可从长期优惠税率中得到较大好处。

（三）税收抵免

税收抵免是指准许纳税人把某些合乎规定的特殊支出,按一定的比例或全部从其应纳税额中扣除,以减轻其负担。常见的税收抵免一般有两类:投资抵免和国外税收抵免。投资抵免是指允许纳税人将一定比例的设备购置费从其当年应纳公司所得税额中扣除。这相当于政府对私人投资的补助。故投资抵免也被称为"投资津贴"。投资抵免的目的在于刺激民间投资,促进资本形成,增加经济增长的潜力。国外税收抵免是指允许纳税人用其在非居住国（或非国籍国）已纳税款抵免其在本国的纳税义务。其目的在于避免对跨国纳税人进行国际重复征税,消除国际资本、劳务和技术流动的障碍,妥善处理有关国家间的税收利益分配关系。无论哪一种关系的税收抵免,都会遇到是否允许抵免额超过应纳税额的问题。允许抵免额超过应纳税额的税收抵免被称为"无限额的抵免"或"完全的抵免";不允许抵免额超过应纳税额的税收抵免被称为"有限额的税收抵免"或"不完全的抵免"。现实的税收抵免大多是"有限额的抵免",即各国政府通常都规定一个"抵免限额",超过该限额的不予抵免。这样的做法是为了避免抵免额大于应纳税额过多时加大政府的损失。

（四）纳税扣除

纳税扣除是指准许纳税人把一些合乎规定的特殊开支,按一定比例或全部从应税所得中扣除,以减轻其税负。在累进税制下,纳税人的税收负担随着其应税所得额的提高而呈递增态势,即当纳税人的应税所得额有一定的增加量时,累进税率就可以把它推到一个较高的纳税档次中。纳税扣除的结果是降低了纳税人的应税所得额,从而使其以较低的税率纳税。一般来说,纳税扣除有直接扣除和加成扣除两种。直接扣除是指允许纳税人将其某些合乎规定的费用作全部的或部分的扣除。加成扣除是指允许纳税人对其某些规定项目的费用可以超支,以增加费用的方式来减少应税所得。

（五）加速折旧

加速折旧是指政府为鼓励特定行业或部门的投资,允许纳税人在固定资产投入使用初期提取较多的折旧,以提前收回投资。由于累计折旧不能超过固定资产的可折旧成本,前期提取较多的折旧必然导致后期所能提取的折旧额相应减少。又由于折旧是企业的一项费用,它与企业应税所得的大小以及与企业所得税税负的大小成反比,所以加速折旧从量上并不能减轻纳税人的负担,它所起的效果是使企业的纳税时间向后推延。这一点类似于延期纳税。对于纳税人而言,尽管其总税负未变,但推迟纳税的结果是相当于从政府那里得到一笔无息贷款。

（六）延期纳税

延期纳税也称"税负延迟缴纳",是指允许纳税人将其应纳税款延迟缴纳或分期缴纳。这种方法可适用于各种税收特别是数额较大的税收上。延期纳税表现为将纳税人的纳税义务向后推延,其实只相当于在一定时期内政府给予纳税人一笔与其延期纳税额相等的无息贷款,这在一定程度上可以帮助企业解决财务困难。对于政府而言,实行延期纳税相当于推后收税,其损失的是一定量的利息。

（七）退税

退税的情况很多,比如多征、误征的税款,按规定提取的地方附加,按规定提取的代征手续费等,都要通过退税来解决。但这些退税属于一般的规范性退税,不属于税收支出形式的退税。作为税收支出形式的退税是指优惠退税,即国家为鼓励纳税人从事或扩大某种经济活动而给予的税款退还。它有两种形式:出口退税和再投资退税。出口退税是指国家为鼓励出口、使出口产品以不含税的价格进入国际市场而给予纳税人的税款退还,如退还进口税,退还已纳的国内销售税、消费税、增值税等;再投资退税是指国家为鼓励投资者将获得的利润进行再投资,全部或部分退还其再投资部分已缴纳的税款。

（八）盈亏互抵

盈亏互抵是指允许纳税人以某一年度的亏损,抵消以后年度的盈余,以减少其以后年度的应纳税款;或是冲抵以前年度的盈余,申请退还以前年度已纳的部分税款。一般而言,盈亏互抵都有一定的时间限制,且只适用于所得税。比如美国联邦公司所得税法规定:公司当年的净经营亏损,可以从过去 3 年的盈余中扣除,并由此从税务机关得到相应的退税。若过去 3 年的盈余仍不足抵补,不足部分可结转到今后 7 年的盈余中抵补。可见,公司某一年的亏损额可以从以前 3 年至以后 7 年的盈余中得到补偿。

五、税收支出的预算控制

早在 20 世纪 70 年代初,萨里提出"税收支出"概念之时,目的就在于把大量的税收优惠以预算形式管理控制起来,将各种税收支出列入国家预算,以明其得失,并赋予其同直接预算支出一样的评估和控制程序。综观世界各国税收支出预算控制采取的方式,可归纳为三种。

（一）全面的预算管理

全面的预算管理即对各种税收支出项目严格规定统一的税收支出账户,年度定期编报,连同主要的税收支出成本的估价,附于年度预算报表之后。美国、加拿大和澳大利亚是实行这种管理方式的国家。

（二）重点项目的预算控制

重点项目的预算控制即国家只对那些比较重要的税收支出项目规定编制定期报表,赋予初步的预算管理程序,但未建立起系统、严格的税收支出账户,也未形成完备或正规的税收支出预算控制过程。荷兰实行这种管理方式。

（三）非制度化的临时监督与控制

非制度化的临时监督与控制即政府在政策实施过程中，认为有必要利用税收支出来考察和分析某一特殊问题，并决定用税收支出代替直接支出（如对有关地区、部门或行业提供财政补助）时，才对因此而放弃的税收收入仿效预算方法进行估价和控制。这种做法，实际只是预算控制方法在税收优惠管理上的临时应用，并未真正形成统一、定期和系统的制度化的税收支出预算管理程序。波兰等国家实行这种管理方式。

在上述三种方式中，全面的预算管理方式最为完善，对税收支出的控制最严；重点项目的预算控制方式次之；非制度化的临时监督和控制管理效果最差，还不是真正意义上的预算管理。具体管理方式的选择取决于各国的具体国情、对税收支出的认识以及实行税收支出历史的长短。对于我国来说，税收支出预算管理尚处于起步阶段，许多方面还有待于根据中国的国情特色和发展目标来探索和选择。就税收支出预算管理方式而言，实行第一种管理方式的条件短期内是达不到的，选择第三种管理方式的意义不大，因此，较好地选择是第二种方式，即对重点项目的税收支出实行预算管理和控制。

案　例

政策性农业保险财政补贴及其效应

农业在我国具有举足轻重的地位。为更好地促进农业发展，政府相继颁布了一系列强农惠农政策，政策性保险即其中一种。据统计，2009 年，中央财政关于农业补贴资金预算为 79.8 亿元，比 2008 年增加近 60%。2010 年，中央农业保费补贴资金则上升至103.2 亿元，提高 29.3 个百分点。

以海南省为例，2007 年至 2010 年期间农业保险试点报废收入共计 8 392.1 万元，包括财政补贴 3 926.3 万元，提供保障 68.5 亿元，赔付共计 4 007.2 万元。极大地促进了当地农业发展。此外，其他地区，如广西开发了具有当地特色的养鸡保险，在玉林、陆川等市借助建立保险试点，凭借当地区域优势，努力发展养殖业新模式。广西地区开展的保险业务采取"公司＋农户"的管理模式，共计承保鸡只 3 968.9 万羽，保费收入 416.7 万元，赔付支出 241.71 万元，保障广大养殖户的收益。尽管存在一些不足，但农业保险补贴为广大农户提供更加价廉的保障服务，充分调动了社会和市场的力量，发挥了财政资金"四两拨千斤"的作用，实现财政与农村金融的有效衔接。

资料来源：黄亚林.政策性农业保险财政补贴及其效应分析.中国保险 2014(8)。

案例思考题

1. 结合本案例，简述财政补贴的特征和机理分析。

2. 现有方案存在的问题及相关建议。

本　章　小　结

1. 财政的转移性支出直接表现为政府财政资金无偿的、单方面的转移，包括补助支出、捐赠支出、债务利息支出等。本章主要对社会保障、财政补贴和税收支出等补助支出进行介绍。

2. 社会保障制度的内容包括社会救助、社会保险、民政福利、社会优抚。社会保险基金的筹资模式有现收现付式、完全基金式、部分基金式,我国的基本养老保险和基本医疗保险的基金筹集均采用部分基金式。我国的基本养老保险制度实行社会统筹与个人账户相结合的运行模式。

3. 财政补贴是政府的无偿性支出,影响相对价格结构,从而会改变资源配置结构、供给结构和需求结构。

4. 税收支出是以特殊的法律条款规定的、因给予特定类型纳税人税收优惠待遇而形成的收入损失或放弃的收入,是政府间接的财政支出,属于财政的补贴性支出。

关 键 词

社会保障　社会保险　现收现付式　完全基金式　部分基金式　财政补贴　税收支出

思 考 题

1. 什么是社会保障制度? 社会保障制度的作用是什么?

2. 社会保险基金的三种筹资模式有什么不同?

3. 我国社会保险的主要项目有哪些?

4. 比较我国三种基本养老保险制度的异同。

5. 失业保险制度的主要内容有哪些?

6. 在社会保险制度中,财政的作用体现在哪些方面? 如何完善我国的社会保险制度?

7. 如何理解财政补贴的性质? 比较明补与暗补的异同。

8. 什么是税收支出? 税收支出有哪些形式?

第五章　财政收入概论

本章导读

　　财政收入分类

　　　　财政收入规模

　　财政收入是政府部门的公共收入，是实现国家职能的财力保证。本章介绍了财政收入的概念、特征及分类方法，财政收入规模的含义和衡量指标，以及财政收入规模的影响因素。此外，本章还对我国财政收入的规模和结构进行了具体分析。

第一节　财政收入分类

一、财政收入概念

　　财政收入是政府在一定的时期为了满足社会公共需要，凭借公共权力，通过一定的形式和程序，有计划地向私人部门和个人筹集的一种收入。财政收入是国家参与国民收入分配的主要形式，是政府履行其职能的财力保障。它标志着一部分社会资源由私人部门转移到公共部门，因此，财政收入的筹集和使用应当公开透明，受到社会公众的监督。

二、财政收入特征

（一）公共性

　　财政收入是以满足社会公共需要为目的的，并且在使用上应强调公共参与决定，而不是由少数官僚集团或个人以国家的名义来随意安排。

（二）强制性

　　财政收入的取得主要是依据公共权力，而公共权力的强制性使得财政收入也具有强制性的特征。由于政府提供的公共产品具有"搭便车"的特点，使得政府为了保证其各项职能的行使必须强制地取得财政收入，如果遵循自愿原则，会导致公共产品出现严重不足，难以满足社会需要。

（三）规范性

　　公共财政收入主要取自家庭、企业的所得，因此，在获取公共收入的过程中一定要依据一定的法律、法规或政策,做到有章可循,依法行事,避免侵害公众的利益。

（四）稳定性

由于公共财政收入是政府行使职能的必要物质基础,政府要运行,国家要发展,都离不开一定的物质保障,因此,必须保证公共财政收入有稳定的来源和一定的数额。

三、财政收入分类

为了更好地对政府的财政收入进行分析和管理,有必要对财政收入进行较为详细的分类,在实践中,根据不同的标准,可以把财政收入分为不同的类型。

（一）按照政府预算口径划分

按照 IMF 颁布的《政府财政统计手册》的口径,政府财政收入包括税收、社会保障缴款、赠与和其他收入（其他收入主要指财产收入、出售商品和服务收入、罚金罚款和罚没收入以及其他杂项收入）。因此,按照该统计口径,结合我国复式预算体系安排,我国的国家预算包括一般公共预算、政府性基金预算、国有资本经营预算和社会保险基金预算四部分预算。因此,对应四种类型的财政收入,即一般公共预算收入、政府性基金预算收入、国有资本经营预算收入和社会保险基金预算收入。我国的政府收支分类是按照一定的原则和方法,对政府收入和支出项目进行类别和层次的划分,以便全面、准确、清晰地反映政府收支活动。我国自 2007 年 1 月 1 日起实行政府收支分类改革,之后的年份又不断根据情况的变化及时调整收支分类科目。

2019 年,我国根据机构改革和预算管理的需要,对政府收支分类科目进行了相应调整。我国的财政收入可以分为类、款、项、目等四个层次,按照《2019 年政府收支分类科目》,我国的财政收入可以分为以下几种。

1. 一般公共预算收入

一般公共预算收入是政府依法取得的以税收收入为主体的财政收入,主要安排用于保障和改善民生、推动经济社会发展、维护国家安全、维持国家机构正常运转等方面支出使用。

一般公共预算收入可以分解成类、款、项、目等层次,主要包括税收收入、非税收入、债务收入和转移性收入四类收入。

（1）税收收入。税收收入是政府依据税法的规定,凭借政治权力,按照特定的征收标准,强制地、无偿地参与社会产品分配取得的一种财政收入形式。2016 年 5 月 1 日,我国全面实施"营改增",2018 年 1 月 1 日起,我国开征环境保护税,我国目前的税收收入主要有增值税、消费税、企业所得税、企业所得税退税、个人所得税、资源税、城市维护建设税、房产税、印花税、城镇土地使用税、土地增值税、车船税、船舶吨税、车辆购置税、关税、耕地占用税、契税、烟叶税、环境保护税（2018 年 1 月 1 日开始征收）、其他税收收入等 20 款收入。

（2）非税收入。非税收入是指各级政府及其所属部门和单位依法利用行政权力、政府信誉、国家资源、国有资产或提供特定公共服务征收、收取、提取、募集的除税收和政府债务收入以外的财政收入。具体包括以下几款收入:

第一,专项收入。专项收入是纳入一般公共预算管理的有专项用途的非税收入,主要包括:教育费附加收入、铀产品出售收入、三项库区移民专项收入、场外核应急准备收入、地方教育附加收入、文化事业建设费收入、残疾人就业保障金收入、教育资金收入、农田水利建设资金收入、森林植被恢复费、水利建设专项收入、油价调控风险准备金收入和其他专项收入等项收入。

第二，行政事业性收费收入。行政事业性收费收入是指依据法律、国务院有关规定、国务院财政部门会同价格主管部门共同发布的规章或者规定，以及省、自治区、直辖市的地方性法规、政府规章或者规定，省、自治区、直辖市人民政府财政部门会同价格主管部门共同发布的规定所收取的各项收费收入，主要包括公安、法院、司法、外交、商贸、文化、教育、科技等行政事业性收费收入等55项收入。

第三，罚没收入。罚没收入是指执法机关依法收缴的罚款（罚金）、没收款、赃款、没收物资、赃物的变价款收入，主要包括一般罚没收入、缉私罚没收入、缉毒罚没收入、罚没收入退库等项收入。

第四，国有资本经营收入。国有资本经营收入是指各级人民政府及其部门、机构履行出资人职责的企业（即一级企业）上缴的国有资本收益，主要包括利润收入、股利、股息收入、产权转让收入、清算收入、国有资本经营收入退库、国有企业计划亏损补贴、烟草企业上缴专项收入、其他国有资本经营收入等项收入。

第五，国有资源（资产）有偿使用收入。国有资源有偿使用收入是指有偿转让国有资源（资产）使用费而取得的收入，主要包括海域使用金收入、场地和矿区使用费收入、特种矿产品出售收入、专项储备物资销售收入、利息收入、非经营性国有资产收入、出租车经营权有偿出让和转让收入、无居民海岛使用金收入、转让政府还贷道路收费权收入、石油特别收益金专项收入、动用国家储备物资上缴财政收入、铁路资产变现收入、电力改革预留资产变现收入、矿产资源专项收入、排污权出让收入、航班时刻拍卖和使用费收入、农村集体经营建设用地土地增值收益调节金收入、新增建设用地土地有偿使用费收入、水资源费收入、国家留成油上缴收入、其他国有资源（资产）有偿使用收入等。

第六，捐赠收入。捐赠收入是指以政府名义接受的捐赠收入，主要包括国外捐赠收入和国内捐赠收入两项。

第七，政府住房基金收入。政府住房基金收入反映按《住房公积金管理条例》等规定收取的政府住房基金收入，主要包括上缴管理费用、计提公共租赁住房资金、公共租赁住房租金收入、配建商业设施租售收入、其他政府住房基金收入。

第八，其他收入。其他收入主要包括主管部门集中收入、免税商品特许经营费收入、基本建设收入、差别电价收入、债务管理收入、南水北调工程基金收入、其他收入。

（3）债务收入。债务收入是指政府的各类债务收入。债务收入包括中央政府债务收入、地方政府债务收入2款收入。

（4）转移性收入。转移性收入是指政府间的转移支付以及不同性质资金之间的调拨收入。转移性收入包括返还性收入、一般性转移支付收入、专项转移支付收入、上解收入、上年结余收入、调入资金、债务转贷收入、接受其他地区援助收入、动用预算稳定调节基金等9款收入。

2. 政府性基金预算收入

政府性基金预算收入项下设非税收入、债务收入和转移性收入三类收入。

（1）非税收入。非税收入下设政府性基金收入和专项债券对应项目收入。

第一，政府性基金收入。政府性基金收入是指各级政府及其所属部门根据法律、行政法规规定并经国务院或财政部批准，向公民、法人和其他组织征收的政府性基金，以及参照政府性基金管理或纳入基金预算、具有特定用途的财政资金。2019 年，我国共设立农网还贷资金收入、铁路建设基金收入、民航发展基金收入、旅游发展基金收入、污水处理费收入、彩票发行机构和彩票销售机构的业务费用等 27 项收入。

第二，专项债券对应项目专项收入。专项债券对应项目专项收入是指地方政府专项债券对应项目形成、可用于偿付专项债券本息的经营收入。下设海南省高等级公路车辆通行附加费专项债务对应项目专项收入等 13 项收入。

（2）债务收入。债务收入下设地方政府债务收入，反映的是地方政府取得的专项债务收入。

（3）转移性收入。转移性收入下设政府性基金转移收入、上年结余收入、调入资金和债务转贷收入 4 款收入。

3. 国有资本经营预算收入

国有资本经营预算收入下设非税收入、转移性收入。

（1）非税收入。非税收入下设国有资本经营收入，反映的是各级人民政府及其部门、机构履行出资人职责的企业（即一级企业）上缴的国有资本收益，包括利润收入，股利、股息收入，产权转让收入，清算收入，其他国有资本经营预算收入 5 款收入。

（2）转移性收入。转移性收入下设国有资本经营预算转移支付收入。

4. 社会保险基金预算收入

社会保险基金预算收入下设社会保险基金收入和转移性收入。

（1）社会保险基金收入。社会保险基金收入下设企业职工基本养老保险基金收入、失业保险基金收入、职工基本医疗保险基金收入、工伤保险基金收入、生育保险基金收入、城乡居民基本养老保险基金收入、机关事业单位基本养老保险基金收入、城乡居民基本医疗保险基金收入、其他社会保险基金收入 9 款。

（2）转移性收入。转移性收入下设上年结余收入和社会保险基金上解下拨收入。

此外，在政府的财政收入中，还包括未在上述四个预算内反映的贷款转贷回收本金收入，该收入下设国内贷款回收本金收入、国外贷款回收本金收入、国内转贷回收本金收入、国外转贷回收本金收入 4 款。

（二）按取得收入的稳定程度划分

按取得收入的稳定程度，可将财政收入分为经常性收入和临时性收入。经常性收入是政府每个财政年度都能够连续、稳定、经常地取得的财政收入，是财政收入的主体部分，主要包括税收收入、经常性收费收入、国有资产收入等。临时性收入是政府在财政年度内非连续、不规律地取得的财政收入，是财政收入的辅助部分，主要包括国债收入、捐赠收入、出卖公产收入以及罚款收入等。

国债收入和政府经常性收入与经常性支出的平衡状况及政府的财政政策密切相关。随着市场经济下政府对财政管理观念的变化，国债不再被简单地视为弥补赤字的手段，而是与政府主动干预经济发展的政策联系起来，因而国债收入在财政运行中已经变得越来越具有经常性的特征。

这种分类形式有助于分析和研究财政收入的稳定程度,反映财源的构成情况。一般情况下,临时性收入不应该占过大的比重,否则就会使财政收入建立在不稳固的基础上,财政收入风险加大。

(三)按财政资金的归属权划分

按财政资金的归属权,财政收入可以分为中央财政收入和地方财政收入。

中央财政收入是指按照财政预算法律和财政管理体制规定的由中央政府筹集和支配使用的财政资金。通常,中央财政收入是根据财政管理体制的规定,按照财权与事权相结合原则确定的。在不同国家,由于财政管理体制的集中与分散程度的不同,中央财政收入在全部财政收入中所占的比重亦有所不同,但各国都通过赋予中央政府一定的优先权,比如课税优先权、举债优先权等来保证中央财政收入的主导地位。我国1994年实施分税制后,属于中央财政的收入主要包括国家税收中属于中央税收、中央政府所属企业的国有资产收益、中央和地方共享收入中的分成收入、地方政府向中央政府上缴收入以及国债收入等。在纵向财政收入结构中,中央财政收入居于主导地位。它担负着保障国家具有全局意义的经济建设、文化建设、科学、国防、行政、外交等各项经费的供给,对支援少数民族地区、调节各级地方预算和救济地方重大自然灾害等,也起着不可替代的重要作用。

地方财政收入是指按照财政预算法规定划归地方政府集中筹集和支配使用的财政资金。在纵向财政收入结构中,地方财政收入居于基础地位。在财政管理体制的构建中,一般要求保证地方政府拥有自己稳定、可靠的收入来源。目前,属于地方财政的收入主要包括地方税税收收入、地方政府所属企业的国有资产收益、中央与地方共享税中地方分成收入,以及中央政府的税收返还或补助收入等。在存在多级政府的情况下,地方政府财政往往由两级或两级以上的财政级次组成,各级地方财政收入主要用于本地区政权机关运转所需支出,以及本地区经济发展和事业发展所需的支出。

这种分类形式有利于分析研究财政收入的纵向结构及其发展变化规律,为正确处理财政分配中集权与分权的关系,探求中央财政与地方财政的合理分配比例,改革和完善预算管理体制,保证各级政府职能正常发挥提供依据。

第二节 财政收入规模

财政收入的规模是衡量一国财力的重要指标,无论哪个国家都把保证财政收入持续稳定增长作为政府的主要财政目标,而在财政赤字笼罩的现代社会,谋求财政收入的增长更为各国政府所重视。

一、财政收入规模的含义及衡量指标

一般来说,一个国家的财政实力主要表现为其财政收入规模的大小。财政收入规模是指在一定时期内一国财政收入的总水平。考察一个国家财政收入规模的常用指标有绝对量指标和相对量指标。

财政收入规模的绝对量指标是指一定时期内财政收入的实际数量,即财政总收入,它是一个有规律、有序列、多层次的指标体系。财政总收入反映了一个国家在一定时期内的经济发展水平和财力集散程度,体现了政府运用各种财政收入手段调控经济运行、参与收入分配和资源配置的范围和力度。

财政收入规模的相对量指标是在一定时期内财政收入占有关经济指标的比重,常用的指标有:财政收入占 GNP 的比重、财政收入占 GDP 的比重以及中央财政收入占 GDP 的比重等。一般情况下,主要运用财政收入占 GDP 的比重来衡量和考察一国的财政收入规模和财政实力,这一指标综合体现了政府与微观经济主体占有和支配社会资源的比例关系,体现着政府调节社会财富分配结构和资源配置,进而影响经济运行的深度和广度。该比重越大,表明政府部门占有和控制社会资源的数量越多、程度越深、力度越大。从公共产品与私人产品的配置结构看,在整个社会资源配置中,政府配置的份额越大,市场配置的份额相对缩小,进而引起社会资源在公共产品和私人产品之间配置结构的变化。

另外,也常用财政收入增长的弹性系数、财政收入增长的边际倾向来考察财政收入的相对变化情况。

(1) 财政收入弹性系数是指财政收入的增长速度占国内生产总值增长速度的比值。用公式表示为:

$$财政收入弹性系数 = 财政收入增长速度 ÷ 国内生产总值增长速度$$

财政收入的弹性系数<1,说明财政收入增长慢于 GDP 增长,对于涵养税源有利;弹性系数>1,说明财政收入增长快于 GDP 增长,对增加财政收入有利。

(2) 财政收入边际倾向是指财政收入增加额与国内生产总值增加额的比值。用公式表示为:

$$财政收入边际倾向 = 财政收入增加额 ÷ 国内生产总值增加额$$

财政收入边际倾向表明 GDP 每增加一个单位的同时财政收入增加多少。

无论是绝对指标还是相对指标,如果从动态的角度进行考察,都会更清楚地反映出财政与经济之间相互关系的变化。不过在分析财政规模时,最常用的指标是相对指标,因为它更能反映财政规模真实的变化趋势和存在的问题。

二、影响财政收入规模的因素

财政收入规模和财政收入增长速度,要受各种政治经济条件的影响和制约,包括经济发展水平、生产技术水平、收入分配政策和分配制度以及价格变动等。

(一) 经济发展水平和生产技术水平

经济发展水平是影响一个国家财政收入规模的决定性因素。经济发展水平(一般用人均 GDP 来表示),从总体上反映一个国家社会产品的丰富程度和经济效益的高低,表明了一国生产技术水平的高低和经济实力的强弱。

一国的人均 GDP 较高,表明该国的经济发展水平相对较高,而较高的经济发展水平,较高的人均 GDP,则为增加财政收入规模奠定了基础。可以说,经济发展水平是制约财政收入规模的一个最综合、最基础的因素,这就是人们常说的"经济决定财政"。只有经济发展水平提高了,可供分配的社会产品丰裕了,才能使财政收入的总额增大。

从世界各国的实际情况看,也都说明了经济发展水平对财政收入规模的影响。

从横向看,发达国家在财政收入规模的绝对数和相对数两方面均高于发展中国家,发达国家的财政收入占 GDP 的比重一般都在 30% 以上,有的甚至超过 50%,比如,1995 年美国的财政收入占 GDP 的比重为 33.1%,法国为 48.9%,德国为 46.3%,荷兰为 52.7%,英国为 38.1%,日本为 32%,而发展中国家的财政收入占 GDP 的比重一般都在 30% 以下,比如,中国 1995 年财政收入占 GDP 的比重仅为 10.7%,泰国为 19.6%,土耳其为 18.7%。

纵向来看,一国的财政收入规模一般会随着经济发展水平的提高而上升,这种上升在达到一定的高度后,会随之保持在相应的高水平上。从表 5-1 可以看出,相当多的发达国家的一般政府收入占 GDP 的比重都维持在较高的水平。

表 5-1

IMF 部分成员国一般政府收入占 GDP 的比重

排名	国家	2008 年	2009 年	2010 年	2011 年	2012 年	2013 年
80	美国	32.51%	30.83%	31.23%	31.40%	31.76%	32.93%
49	英国	37.87%	35.79%	36.55%	37.34%	35.16%	38.56%
28	德国	44.01%	45.14%	43.56%	44.55%	45.16%	44.37%
86	日本	31.62%	29.59%	29.61%	30.80%	31.10%	31.57%
14	法国	49.94%	49.21%	49.46%	50.83%	51.96%	52.89%
23	荷兰	46.66%	45.20%	45.62%	45.10%	45.94%	46.817%
16	瑞典	51.81%	51.82%	50.52%	49.61%	49.66%	49.89%

资料来源:IMF 世界经济展望,2013 年 4 月版。

生产技术水平内涵于经济发展之中,也是影响财政收入规模的重要因素。较高的经济发展水平以较高的生产技术水平为支柱,所以对生产技术水平的分析是对经济发展水平分析的深化。生产技术水平指生产中采用先进技术的程度,又可称之为技术进步,它对财政收入规模的影响可以从两方面来分析:一是技术进步导致生产速度加快、生产质量提高,技术进步速度越快,社会产品和 GDP 的增加就越快,财政收入的增长就有充分的财源;二是技术进步必然带来物耗比例降低,经济效益提高,剩余产品价值所占的比例扩大。由于财政收入主要来自剩余产品价值,所以技术进步对财政收入的影响更为直接和明显。

一些经济学家的测算表明,在 20 世纪初,带动一些发达国家经济增长的诸因素中,技术进步的贡献比重为 5.2%,到了 20 世纪中叶,技术进步的贡献上升到 40%,20 世纪 70 年代进一步上升到 60% 以上,其中美国、日本等国家更是高达 80% 左右。

(二)收入分配政策和分配制度

影响财政收入规模的另一个重要因素是政府的分配政策和分配制度。社会产品生产出来以后,要在政府、企业和居民个人之间进行一系列的分配和再分配,而收入分配政策和分配制度就决定了政府、企业和个人在国民收入分配中所占的份额。比如,在荷兰、瑞典等部分欧洲国家,由于政府负担着较大的社会福利职能,其收入分配制度向政府倾斜较多,因此其财政收入的规模较大,一般都占 GDP 的 50% 以上。

我国在传统的计划经济体制下,由于国家对企业实行统收统支的财务管理体制,对城市职工实行严格的工资管理,对农产品实行"剪刀差"政策,在这种分配政策和分配制度下,国民收入分配格局中政府的财政收入规模较大。在经济体制改革以后,由于国家改革了分配制度,调整了分配政策,国民收入分配开始向企业和个人倾斜,企业和个人的收入开始大幅增加,而政府的财政收入占 GDP 的比重却从 1978 年的 31.2％下降到 2017 年的 20.87％。

（三）价格变动

一般情况下,财政收入是以一定的货币量来表示的,这就有了名义财政收入与实际财政收入的区别。名义财政收入是指当年账面上实现的财政收入,实际财政收入是指财政收入所真正代表的社会产品的数量,在价值上它可以用按不变价格计算的财政收入来表示。在其他条件一定的情况下,某年的物价上升,该年度的名义财政收入就会增加,但这种财政收入的增加完全是由于物价上升造成的,并不代表财政收入的真实增长。也就是说,名义财政收入增加了,但实际财政收入并不一定增加。

财政收入的名义增长率与实际增长率之间的关系可用公式表示为：

$$实际财政收入增长率＝\frac{1＋名义财政收入增长率}{1＋物价上涨率}－1$$

从公式我们可以看出,当物价上涨率超过名义财政收入增长率,则实际财政收入增长率为负数,实际财政收入下降;当物价上涨率低于名义财政收入的增长率,则实际财政收入增长率为正数,实际财政收入上升;当物价上涨率等于名义财政收入的增长率,则实际财政收入增长率为零,实际财政收入保持不变。

只有在因物价上涨形成名义增长而无实际增长的情况下,财政收入的增长才是通过价格再分配机制实现的。因此,这时的财政收入的增量通常可分为两部分:一部分是GDP 正常增量的分配所得;另一部分是价格再分配所得。后者即为通常所说的通货膨胀税。在许多经济发达的西方国家,过去长期实行赤字财政政策,并通过市场机制形成有利于国家的再分配,所以"通货膨胀税"是国家财政的一项经常性的收入来源。在我国的社会主义经济制度下,则要进行具体分析。通常我们认为,如果物价上涨是由于财政出现赤字,中央银行被迫发行货币以弥补赤字而引起的,则这时的通货膨胀对财政来说是有利的。因为在引发通货膨胀的同时,政府多取得了一笔收入(即弥补赤字部分),企业和居民个人的实际收入则因通货膨胀而有所下降,政府的这种做法实际上是对企业和个人征收了一笔税收,人们通常把它称作"通货膨胀税"。如果财政赤字不是通货膨胀的主要原因,那么,财政在再分配中有得有失,而且可能是所失大于所得,即实际财政收入下降。

决定价格变动对财政收入影响的另一个因素是现行税收制度。如果一国的税制是以累进所得税为主,当出现通货膨胀时,企业和个人的名义收入就会提高,其适用的边际税率就会相应提高,出现所谓"档次爬升"的局面。一旦出现了"档次爬升",政府的财政收入水平就会提高。如果一国实行的是以比例税率的流转税为主体的税制,这就意味着税收收入的增长率等于物价上涨率,财政收入只会有名义增长,而不会有实际增长。如果实行的是定额税,则税收收入的增长总是低于物价上涨率,实际财政收入必然是下降的。

（四）其他因素

由于税收是财政收入的主要来源,在税源既定的情况下,税收管理水平和税收政策决定了税收收入的规模,因此也就成为影响财政收入的重要因素。

除上述因素外,一个国家的政治经济制度和经济管理体制,一定时期的经济结构,如所有制结构和产业结构,宏观经济政策,以及经济的景气周期等都是影响一国财政收入规模的因素。

三、我国财政收入的规模与结构

(一) 我国财政收入的规模

近年来,随着国民经济的快速发展,我国财政收入持续较快增长,占国内生产总值(以下简称 GDP)的比重逐步提高,国家财政实力不断壮大,政府宏观调控和公共保障能力进一步增强。但与其他国家比较,我国财政收入绝对规模还小于主要发达国家,占 GDP 比重明显低于世界平均水平,人均财力也与发达国家存在很大差距。

1. 我国财政收入的绝对规模分析

通常我国财政收入主要是指纳入一般公共预算管理的财政收入(即一般公共预算收入),以政府依法取得的税收收入为主体,主要安排用于保障和改善民生、推动经济社会发展、维护国家安全、维持国家机构正常运转等方面的支出。从绝对规模来看,1978 年我国财政收入总量为 1 132.26 亿元,以后各年财政收入总量均在快速增长,至 2017 年,全国一般公共预算收入达到 172 592.77 亿元。

我国改革开放以来财政收入的快速增长首先得益于国民经济的迅速发展和生产技术水平的提高。在这 30 多年中 GDP 年均以 10% 以上的速度增长,1987 年 GDP 为 3 642.2 亿元,2017 年是 827 121.70 亿元,增长了 226 倍。在财源扩大的基础上,财政收入迅速增加。价格变动也是引起财政收入增加的一个不容忽视的因素,一方面,随着价格总水平的上升财政收入会同比例地增长,表现为财政收入的虚增。另一方面,我国采用了累进税制,"档次爬升"效应使得财政收入有所增加。此外,分配政策和分配制度也会对财政收入有一定的影响。如表 5-2 所示。

表 5-2

我国历年财政收入绝对额

单位:亿元

年度	财政收入	年度	财政收入
1990	2 937.10	2008	61 330.35
1992	3 483.37	2010	83 101.51
1994	5 218.10	2011	103 874.43
1996	7 407.99	2012	117 253.52
1998	9 875.95	2013	129 209.64
2000	13 395.23	2014	140 370.03
2002	18 903.64	2015	152 269.23
2004	26 396.47	2016	159 604.97
2006	38 760.20	2017	172 592.77

资料来源:《中国统计年鉴(2018)》。

2. 我国财政收入的相对规模分析

从理论上讲,合理的财政收入规模应该符合以下几个标准:一是财政收入的增长与经济增长协调、同步;二是财政收入要满足政府的最低支出;三是税收收入与非税收入相结合,统筹安排;四是财政收入应以一定时期的剩余产品价值量为上限。

改革开放以来,我国的财政收入规模不断增加,一直保持着较快的增长,但我国的财政收入规模长期存在着两个比重偏低的问题:一是财政收入占 GDP 的比重偏低;二是中央财政收入占全部财政收入的比重偏低。我国财政收入的两个比重如表 5-3 所示。

表 5-3

我国财政收入的两个比重

年份	财政收入占 GDP 的比重	中央财政收入占全部财政收入的比重
1978	31.1%	15.5%
1980	25.5%	24.5%
1985	22.2%	38.4%
1990	15.7%	33.8%
1995	10.3%	52.2%
2000	13.5%	52.2%
2005	17.3%	52.3%
2010	20.9%	52.8%
2011	22.0%	51.1%
2012	22.6%	47.9%
2013	22.7%	46.6%
2014	22.1%	45.9%
2015	22.1%	45.5%
2016	21.5%	45.3%
2017	20.9%	47%

资料来源:《中国统计年鉴(2018)》。

一般认为,随着生产力水平的不断提高、人均 GDP 的增加,一个国家的财政收入占GDP 的比重也会不断增加。改革开放以来,在 GDP 保持快速增长的情况下,我国财政收入的规模不断增加,也一直保持着较快的增长,但是,我国财政收入的增长率长期一直低于 GDP 的增长率,财政收入的弹性系数小于1,导致我国的财政收入占 GDP 的比重持续下降,到 1995 年已降至 10.3%,为历史最低点(见表 5-3)。另外,由于中央财政收入严重不足,从 20 世纪 80 年代末到 90 年代初,甚至发生过两次中央财政向地方财政"借钱"并且借而不还的事。1983 年开征的"能源交通重点建设基金"和 1989 年开征的"预算调节基金",都是为了维持中央财政正常运转而采取的非常措施。中央财政收入占财政总收入的比重在 1993 年达到了最低为 22%。因此,我国的财政收入规模长期存在着两个比重偏低的问题：一是财政收入占 GDP 的比重偏低；二是中央财政收入占全部财政收入的比重偏低。1994 年，我国进行了大规模的分税制改革，1996 年初见成效，1996 年以后，除了 2015 年和 2016 年，财政收入的增长率一直高于 GDP 的增长率（见表 5-4），财政收入的弹性系数均大于 1，1999 年时，弹性系数最高达到了 2.5，导致财政收入占 GDP 的比重逐渐增长，至 2011 年达到 22%（见表 5-3），同时，效果更显著的是，中央财政收入占财政总收入的比重增加到了 50% 以上。

但是这几年来，尽管财政收入占 GDP 的比重一直稳定在 22% 以上，但是中央财政占财政总收入的比重却逐步下降，2016 年下降到了 45.3%，2017 年小幅回升到 47%。

表 5-4

我国财政收入及 GDP 增长率

年份	财政收入增长率	GDP 增长率
1990	10.2%	3.8%
1995	19.6%	10.9%
2000	17.0%	8.4%
2005	19.9%	11.3%
2006	22.5%	12.7%
2007	32.4%	14.2%
2008	19.5%	9.6%
2009	11.7%	9.2%
2010	21.3%	10.4%
2011	25.0%	9.3%
2012	12.9%	7.7%
2013	10.2%	7.7%
2014	8.6%	7.3%
2015	5.8%	6.9%
2016	4.5%	6.7%
2017	7.4%	6.9%

资料来源：《中国统计年鉴（2018）》。

3. 我国财政收入规模的国际比较

由于各国财政收入规模的统计口径不同，因此，在进行国际比较之前，首先应将我国的财政收入规模调整为按国际统一口径计算的收入规模。下面以我国 2015—2017 年的财政收入为例进行调整。

按照国际货币基金组织（以下简称 IMF）颁布的《政府财政统计手册 2001》的口径，政府财政收入包括税收、社会保障缴款、赠与和其他收入（其他收入主要指财产收入、出售商品和服务收入、罚金罚款和罚没收入以及其他杂项收入）。按此国际可比口径，我国政府财政收入，除公共财政收入之外，还应包括政府性基金收入（不含国有土地使用权出让收入）、国有资本经营预算收入、社会保险基金收入。不包括国有土地使用权出让收入，是因为根据 IMF《政府财政统计手册 2001》的定义，国有土地出让行为是一种非生产性资产的交易,结果只是政府土地资产的减少和货币资金的增加,并不带来政府净资产的变化,不增加政府的权益,因而不计作财政收入。

2017年,按照IMF口径统计的政府财政收入为245 093.83亿元,其中公共财政收入是政府财政收入的主体,达到了172 592.77亿元,占当年GDP的比重为20.87%。2015—2017年我国政府财政收入及其占GDP的比重,如表5-5所示。

表5-5

2015—2017 年我国政府财政收入及其占 GDP 比重

单位:亿元

财政收入项目	2015 年		2016 年		2017 年	
	绝对额	占 GDP	绝对额	占 GDP	绝对额	占 GDP
一、公共财政收入	152 269.23	22.23%	159 604.97	21.46%	172 592.77	20.87%
其中:税收收入	124 922.20	18.13%	130 360.73	17.53%	144 369.87	17.45%
二、政府性基金收入	42 338.14	6.14%	46 643.31	6.27%	61 479.66	7.43%
其中:国有土地使用权出让金收入	30 783.80	4.47%	35 639.69	4.79%	49 997.07	6.04%
三、国有资本经营收入	2 550.98	0.37%	2 608.95	0.35%	2 580.90	0.31%
四、社会保险基金收入	46 354	6.73%	50 112	6.74%	58 437.57	7.07%
政府收入合计	243 512.35	35.34%	258 969.23	34.83%	295 090.9	35.68%
IMF口径的政府财政收入	212 728.55	30.87%	223 329.54	30.04%	245 093.83	29.64%

资料来源:根据财政部网站2015—2017年度财政决算数据计算整理。

近年来,随着国民经济较快发展,我国财政收入持续增长,占国内生产总值GDP的比重逐步提高,国家财政实力不断壮大,政府宏观调控和公共保障能力进一步增强。但我国财政收入占GDP比重仅为30%左右,明显低于世界平均水平。一些经济发达国家达到了50%以上。例如,挪威为56.8%,丹麦为55.9%,法国达到了51.5%,瑞典为51.4%,日本为34.7%。

人均财力水平更能客观反映一个国家的财政实力,我国的人均财力水平远远低于世界主要国家的平均水平。按照国际可比口径计算,2012年美国等主要发达国家人均财政收入水平均在14 000美元以上,我国按汇率折算仅为1 781美元,不足主要发达国家水平的13%,如表5-6所示。

表5-6

2008—2012 年我国人均财政收入的国际比较情况

单位:美元

国家	2008 年	2009 年	2010 年	2011 年	2012 年
美国	15 245	14 032	14 844	15 404	15 743
日本	12 039	11 695	12 775	14 067	14 525
德国	19 502	18 134	17 524	19 499	18 745

（续表）

国家	2008 年	2009 年	2010 年	2011 年	2012 年
法国	22 804	20 653	20 233	22 436	21 342
意大利	17 862	16 399	15 714	16 685	15 791
英国	16 512	13 016	13 266	14 303	14 435
中国	844	960	1 167	1 528	1 781

资料来源:财政收入、人口数据来源于国际货币基金组织《世界经济展望》(2013 年 10 月)数据库,汇率数据来源于 CEIC。

可以看出,虽然我国财政收入绝对规模比较大,但宏观税负水平并不高,与发达国家、发展中国家相比还存在差距,特别是人均财力水平和可统筹用于民生的公共财政收入占 GDP 比重都明显偏低。同时,我国区域、城乡之间发展很不平衡,经济社会发展还存在不少薄弱环节,需要增强财政调控能力。今后几年,我国财政面临收入降速、减税、增支、控债多重压力,有必要继续保持财政收入稳定增长,进一步提高财政保障和改善民生、提供公共服务的能力,以促进经济持续健康发展和社会和谐稳定。

（二）我国财政收入的结构

1. 我国财政收入的形式结构

财政收入按形式来区分,包括税收和非税收入两种形式,税收是财政收入的主要形式,非税收入是辅助形式,但税收并不能取代非税收入,因为非税收入在某些方面也有自己的优越性。

表 5-7

我国的税收和非税收入

单位:亿元

年份	财政收入	税收收入		非税收入	
		金额	占财政收入	金额	占财政收入
1990	2 937.1	2 821.9	96.1%	115.2	3.9%
1995	6 242.2	6 038.0	96.7%	204.2	3.3%
2000	13 395.2	12 581.5	93.9%	813.7	6.1%
2005	31 649.3	28 778.5	90.9%	2 870.8	9.1%
2010	83 101.5	73 210.8	88.1%	9 890.7	11.9%
2011	103 874.4	89 738.4	86.4%	14 136.0	13.6%
2012	117 253.5	100 614.3	85.8%	16 639.2	14.2%
2013	129 209.6	110 530.7	85.5%	18 768.9	14.5%
2014	140 370.0	119 175.3	84.9%	21 194.7	15.1%
2015	152 269.23	124 922.20	82%	27 347.03	18%
2016	159 604.97	130 360.73	81.7%	29 244.24	18.3%
2017	172 592.77	144 369.87	83.6%	28 222.9	16.4%

资料来源:《中国统计年鉴(2018)》。

从表 5-7 可以看出，我国税收收入占财政收入的比重在 2006 年之前基本维持在 90％以上，非税收入占比较小，从 2006 年开始，非税收入所占比重呈上升趋势，在 2016 年达到了 18.3％，非税收入在财政收入中的地位逐渐提高。

2. 我国财政收入的地区结构

财政收入的地区结构是指财政收入在中央和地方之间、各地区之间的分布结构。

中央财政收入占全部财政收入的比例，不但制约中央财政的宏观调控能力，而且直接影响地方积极性的发挥。中共十一届三中全会后我国进行了新的财政分权改革，由过去全国"一灶吃饭"，改为"分灶吃饭"，财力分配由过去"条条"为主，改为"块块"为主。"分灶吃饭"体制的实施，承认中央和地方财政各自的地位和利益，是迈向分级财政体制的重要一步。从 1988 年开始，我国全面推行财政承包制，运用边际增量分成的手段激励地方政府组织收入。这期间中央财政收入比重总体呈现下滑态势，由 1985 年的 38.4％下降到 1993 年 22.0％。1994 年参照发达国家的经验，我国进行了较为规范的财政分权改革，即实行分税制的财政体制，把财政收入分为中央财政固定收入、地方财政固定收入、中央和地方共享收入三部分。1994 年的财税改革较好地处理了国家与企业、个人的分配关系，规范了中央与地方的分配关系，调动了各级政府促进经济发展、加强税收征管、依法组织收入的积极性。我国财政收入保持了较快增长势头，财政实力不断壮大。

1993—2017 年，全国公共财政收入由 4 349 亿元增加到 172 592.77 亿元，增长了 38.69 倍，年均增长速度高达 16.58％，全国财政收入占国内生产总值的比重则由 12.3％提高到 20.9％。实施分税制财政体制后，逐步建立了中央财政收入稳定增长的机制，为提高中央本级收入占全国财政收入的比重提供了必要条件。1993—2017 年，中央本级收入占全国财政收入的比重由 22％提高到 47％，大大增强了中央财政财力再分配能力，中央财政对地方转移支付快速增长，为中央均衡地区间财力差异提供了财力保证。1994—2017 年，中央对地方转移支付总额由 590 亿元增加到 57 028.95 亿元，增长了 95.66 倍。这一数量占 2017 年全国 17 万亿元一般公共财政收入的 33％，相当于 2017 年中央财政收入的 70％。中央本级收入并不完全用于中央本级自身的支出，其中相当大一部分是用于对地方税收返还和转移支付，形成地方财政收入来源，并由地方安排财政支出。地方本级支出来源于中央财政转移支付的比例由 14.6％上升到 32.9％。但是，我国目前中央财政集中收入比例尚未达到 1994 年分税制财政体制改革设定的 60％的目标，在国际上也是偏低的。特别是近几年，由于经济的减速，再加上中央实行的"增值税转型""营改增"等减税的政策，使得中央财政收入占财政总收入的比重逐年下降，见表 5-8。

表 5-8

我国的中央和地方财政收入

单位：亿元

年份	中央财政收入占财政总收入	地方财政收入占财政总收入
1978	15.5％	84.5％
1980	24.5％	75.5％
1985	38.4％	61.6％

（续表）

年份	中央财政收入占财政总收入	地方财政收入占财政总收入
1990	33.8%	66.2%
1995	52.2%	47.8%
2000	52.2%	47.8%
2005	52.3%	47.7%
2010	51.1%	48.9%
2011	49.4%	50.6%
2012	49.91%	50.19%
2013	46.59%	53.41%
2014	45.95%	54.05%
2015	45.5%	55.5%
2016	45.3%	54.7%
2017	47%	53%

资料来源：《中国统计年鉴（2018）》。

案　例

从国家治理看税务部门统一征收非税收入

按照党中央、国务院的决策部署，自2019年起由税务部门统一征收各项社会保险费和先行划转的非税收入。社会保险费和非税收入征管职责划转到税务部门，是2018年国税地税征管体制改革的重要延续，是优化国家机构职能、改善营商环境、提升国家治理水平、推动高质量发展的重要举措。

1. 税务部门统一征收能够精准管理收入底数

非税收入和税收收入都是国家财政收入的重要组成部分，及时、足额的非税收入征收是国家财力的重要保障。根据2016年3月财政部颁布的《政府非税收入管理办法》（以下简称《办法》），非税收入指除税收外，由各级国家机关、事业单位、代行政府职能的社会团体及其他组织依法利用国家权力、政府信誉、国有资源（资产）所有者权益等取得的各项收入，主要包括行政事业性收费收入、政府性基金收入、国有资源（资产）有偿使用收入、国有资本收益、彩票公益金、特许经营收入、罚没收入等。

《办法》里的非税收入在财政预算中分三个大类来列示：一般公共预算收入中的非税收入、政府性基金收入和国有资本经营收入。根据全国财政决算表，2017年全国一般公共预算收入总额为172 592.77亿元，一般公共预算中的非税收入总额是28 222.9亿元，全国政府性基金收入总额为61 479.66亿元，全国国有资本经营收入总额为2 580.9亿元。2017年非税收入总额占财政收入总额近39%。考虑到社会保险费实质也是国家财政收入的重要组成部分，如果将社会保险费也计入财政收入盘子，2017年社会保险费和非税收入在财政收入总额中的占比约为 52.48%(2017 年全国社会保险基金收入 67 154 亿元)。从这个数据可以看到,非税收入(狭义)和社会保险费已撑起国家财政收入的半壁江山,税务部门对此统一征收能够精准管理国家财政收入底数,进而直接影响国家财政治理能力,提升国家治理能力。

2. 税务部门统一征收能够提高非税收入征缴效能

当前社会保险费和非税收入征管职责涉及各级政府、多个部门和十多亿缴费人,情况复杂,效率不高,亟待提高其征缴效率和效能。我国的非税收入共包括十二大类项目,每大类项目下又有许多细目。由于非税收入种类繁多、涉及面广、零星分散等特点,其征缴机构主要有政府各级行政部门、事业单位、税务机关、海关及委托代征企业等。同一征收对象可能涉及不同种类的非税收入。例如,农网还贷资金和国家重大水利工程建设基金都是根据电力用户使用电量及规定征收标准来计征。同一企业要向不同征缴机构缴纳不同种类的非税收入,企业以一对多,征缴环节产生的制度性交易成本增大了企业运营成本,不利于构建良好的营商环境。

非税收入在实际征缴过程中,还存在非税收入虚收空转,未及时缴入国库,违规提前征收、减征、缓征、退付,提前垫付资金入库,代理银行延压入库等问题。《2017 年度中央预算执行和其他财政收支的审计报告》披露,国家一些部门和单位依托管理职能或利用行业影响力违规收费,涉及非税收入金额 1.69 亿元。2 个地区的 3 家单位违规继续征收行政事业性收费 1 387.74 万元,12 个省的 27 个部门向 2 000 多家单位收取或转嫁审批前置中介等费用 4.57 亿元。我国非税收入在征缴过程中出现的这些问题,与非税收入征管主体分散、缺乏统一征缴机构密切相关。非税收入征管主体多元化分散了非税收入征管力量,增加了征缴环节,加大了征缴成本及涉费企业经营负担。违规提前征收、减征、缓征、退付易造成国家财政收入流失和企业税费负担不公等问题。

解决非税收入征缴过程中出现的问题,统一征收管理是釜底抽薪之策,统一非税收入征缴主体并交由税务部门征收,能发挥税务部门税费统征优势,节约国家行政资源,提高税费征缴效率及优化资源配置,建立"征收、预算、使用三分离"的非税收入管理模式。2018 年国税地税机构合并可以看作是非税收入交由税务部门征收的最佳契机。国税地税机构合并后,税费征缴力量得到加强,更多税务干部资源可以承担非税收入、社会保险费的征缴工作。依托金税三期征管系统,税务部门征收非税收入将充分发挥专业化征管机构优势,降低行政成本,提高征缴效率。

3. 税务部门统一征收能够改善营商环境

非税收入的征收不仅具有重要的财政意义,还关系到社会公众的切身利益,影响到社会税费负担水平。

非税收入当中的很多具体项目,从征收对象上来看,很适宜交由税务部门来征缴。例如,上述农网还贷资金和国家重大水利工程建设基金,目前是由电网经营企业向用户征收后汇缴到省级电力企业,再由省级电力企业向省级财政部门或财政部驻当地财政监察专员办事处申报并缴款。电网经营企业除了按照规定征收标准向电力用户征缴这两项非税收入外,还要向税务局缴纳同这些基金收入相关的流转税费。从农网还贷资金和国家重大水利工程建设基金收入征缴环节来看,将税务部门作为这些政府基金收入征缴主体,不仅会减轻电力企业行政负担,而且能充分利用国家专业征收系统资源,将极大降低征缴成本,发挥税务部门规模经济效益,并缩短资金入库时间。

不少非税收入项目的征收对象都涉及企业的月销售额或营业额,还有些非税收入项目征收对象涉及企业从业人员数量(如残疾人就业保障金),这些关键信息都可以由税务部门在日常征收企业各项税收积累的信息中准确获取并予以核实。这些非税项目可以在税务部门征收各项税收时一并征缴,产生的边际成本远远低于其他征收单位。而且由税务部门代征的非税收入可以实现资金直达国库,能保证非税收入资金的及时入库与高效使用。

更重要的是,非税收入统一由税务部门征收,可以清楚计算出企业实际缴纳的税收收入和非税收入,从而可以准确测算企业整体税费负担,为进一步调整税费率、优化财政收入结构等重要财政决策提供关键信息。可见,税务部门统一征收非税收入的改革举措将为研究完善非税收入缴费比率、提高非税收入征管统筹层次、推进非税收入法治化进程奠定良好基础,能够从根本上深化"放管服"改革、改善营商环境,进一步激发市场主体活力。

资料来源:李波、苗丹,中国税务报,2018-09-05。http://www.ctaxnews.com.cn/2018-09/05/content_945278.html。

案例思考题

1. 我国的非税收入包括哪些内容?

2. 非税收入由税务部门征收有什么意义?

本 章 小 结

1. 财政收入是政府部门的公共收入,是实现国家职能的财力保证。财政收入具有公共性、强制性、规范性和稳定性的特征。按政府预算口径划分,财政收入可以分为一般公共预算收入、政府性预算基金收入、国有资本经营预算收入、社会保险基金预算收入;按照取得收入的稳定程度划分,财政收入可以分为经常性收入和临时性收入;按照资金的归属权划分,财政收入可以分为中央财政收入和地方财政收入。

2. 衡量一国财政收入规模的常用指标有绝对量指标和相对量指标。影响财政收入规模的因素主要有经济发展水平和生产技术水平、收入分配政策和分配制度、价格变动以及其他因素。

关 键 词

财政收入　税收收入　非税收入　一般公共预算收入　政府性基金预算收入　国有资本经营预算收入　社会保险基金预算收入

思 考 题

1. 什么是财政收入? 财政收入有哪些分类?

2. 衡量财政收入规模的指标有哪些?

3. 影响财政收入规模的因素有哪些?

4. 我国目前财政收入规模如何? 如何提高财政收入水平?

5. 如何优化我国的财政收入结构?

第六章 税收原理

税收是国家取得财政收入的主要形式,税收收入的多少影响着财政支出的规模,也影响着纳税人的税收负担。本章主要介绍税收的基本概念与分类、税收效应、税收原则、税收负担及税负转嫁等内容。

第一节 税收概述

一、税收的含义

税收是国家为满足社会公共需要,凭借公共权力,按照法律所规定的标准和程序,参与国民收入分配,强制地、无偿地取得财政收入的一种方式。马克思指出,赋税是政府机器的经济基础,而不是其他任何东西。国家存在的经济体现就是捐税。恩格斯指出,为了维持这种公共权力,就需要公民缴纳费用——捐税。19世纪美国大法官霍尔姆斯说:"税收是我们为文明社会付出的代价。"这些都说明了税收对于国家经济生活和社会文明的重要作用。

对税收的内涵可以从以下几个方面来理解:

(1)国家征税的目的是为了满足社会成员获得公共产品的需要。

(2)国家征税凭借的是公共权力(政治权力)。税收征收的主体只能是代表社会全体成员行使公共权力的政府,其他任何社会组织或个人是无权征税的。与公共权力相对应的必然是政府管理社会和为民众提供公共产品的义务。

(3)税收是国家筹集财政收入的主要方式。

(4)税收必须借助法律形式进行。

二、税收的特征

税收作为政府筹集财政收入的一种规范形式,具有区别于其他财政收入形式的特点。

税收特征可以概括为强制性、无偿性和固定性。

（一）强制性

税收的强制性是指国家凭借其公共权力以法律、法令形式对税收征纳双方的权利与义务进行制约，既不是由纳税主体按照个人意志自愿缴纳，也不是按照征税主体随意征税，而是依据法律进行征税。我国宪法明确规定我国公民有依照法律纳税的义务，纳税人必须依法纳税，否则就要受到法律的制裁。税收的强制性主要体现在征税过程中。

（二）无偿性

税收的无偿性是指国家征税后，税款一律纳入国家财政预算，由财政统一分配，而不直接向具体纳税人返还或支付报酬。税收的无偿性是对个体纳税人而言的，其享有的公共利益与其缴纳的税款并非一一对等，但就纳税人的整体而言则是对等的，政府使用税款的目的是向社会全体成员包括具体纳税人提供社会需要的公共产品和公共服务。因此，税收的无偿性表现为个体的无偿性和整体的有偿性。

（三）固定性

税收的固定性是指国家征税预先规定了统一的征税标准，包括纳税人、课税对象、税率、纳税期限和纳税地点等。这些标准一经确定，在一定时间内是相对稳定的。

税收的固定性包括两层含义：第一，税收征收总量的有限性。由于预先规定了征税的标准，政府在一定时期内的征税数量就要以此为限，从而保证税收在国民经济总量中的适当比例。第二，税收征收具体操作的确定性。即税法确定了课税对象及征收比例或数额，具有相对稳定、连续的特点。既要求纳税人必须按税法规定的标准缴纳税额，也要求税务机关只能按税法规定的标准对纳税人征税，不能任意降低或提高。

当然，税收的固定性是相对于某一个时期而言的。国家可以根据经济和社会发展需要适时地修订税法，但这与税收整体的相对固定性并不矛盾。

税收的三个特征是统一的整体，相互联系，缺一不可。强制性是实现税收无偿征收的保证，无偿性是税收这种特殊分配手段本质的体现，固定性是无偿性和强制性的必然要求。三者相互配合，保证了政府财政收入的稳定。

三、税收的职能

税收的职能是指税收所具有的内在功能，税收的职能主要表现在以下方面。

（一）财政收入的主要来源

组织财政收入是税收的基本职能。税收具有强制性、无偿性、固定性的特点，筹集财政收入稳定可靠。税收的这种特点，使其成为世界各国政府组织财政收入的基本形式。目前，我国税收收入已占国家财政收入的90%以上。

（二）调控经济运行的重要手段

经济决定税收，税收反作用于经济。这既反映了经济是税收的来源，也体现了税收对经济的调控作用。税收作为经济杠杆，通过增税与减免税等手段来影响社会成员的经济利益，引导企业、个人的经济行为，对资源配置和社会经济发展产生影响，从而达到调控宏观经济运行的目的。政府运用税收手段，既可以调节宏观经济总量，也可以调节经济结构。

（三）调节收入分配的重要工具

从总体来说，税收作为国家参与国民收入分配最主要、最规范的形式，规范政府、企业和个人之间的分配关系。从不同税种的功能来看，在分配领域发挥着不同的作用。如个人所得税实行超额累进税率，具有高收入者适用高税率、低收入者适用低税率或不征税的特点，有助于调节个人收入分配，促进社会公平。消费税对特定的消费品征税，能达到调节收入分配和引导消费的目的。

（四）监督经济活动的作用

税收涉及社会生产、流通、分配、消费各个领域，能够综合反映国家经济运行的质量和效率。既可以通过税收收入的增减及税源的变化，及时掌握宏观经济的发展变化趋势，也可以在税收征管活动中了解微观经济状况，发现并纠正纳税人在生产经营及财务管理中存在的问题，从而促进国民经济持续健康发展。

此外，由于税收管辖权是国家主权的组成部分，是国家权益的重要体现，所以在对外交往中，税收还具有维护国家权益的重要作用。

中国是一个拥有 13 亿人口的发展中大国，社会经济发展不平衡的矛盾比较突出，按照党的"十七大"战略部署，必须深入贯彻落实科学发展观，统筹城乡发展、统筹区域发展、统筹社会经济发展、统筹人和自然的和谐发展，正确处理经济和税收、需要与可能的关系，合理确定税收参与国民收入分配的比重，充分发挥税收筹集资金、调控经济、调节分配的职能作用，增强政府提供公务服务的能力，努力推进基本公共服务的均等化，全面建设小康社会，积极构建社会主义和谐社会。

四、税收的经济效应

税收的经济效应是指纳税人因国家课税而在其经济选择或经济行为方面作出的反应，或者从另一个角度说，是指国家课税对消费者的选择以至于对生产者决策的影响，也就是通常所说的税收的调节作用。税收的经济效应表现为收入效应和替代效应两个方面。

（一）税收的收入效应

税收的收入效应是指由于税收将纳税人的一部分收入转移到政府手中，使纳税人的税后收入下降，从而导致纳税人的税后消费水平下降。收入效应是因为收入的购买力下降或上升对商品消费所作的调整，如图 6-1 所示。

图 6-1 中，横轴和纵轴分别表示计量食品和衣服两种商品的数量。假定某纳税人的收入是固定的，他全部的收入只在衣服和食品这两种商品间作出选择，两种商品的价格也不变，则纳税人购买两种商品的数量可以组合连成一条直线，即图中 AB 线，AB 就是其税前预算约束线。此时纳税人对衣服和食品的需要都可以得到满足。纳税人的消费偏好可以由一组无差异曲线来表示，每条曲线表示个人得到同等满足程度下在两种商品之间选择不同组合的轨迹。由于边际效应随数量递减，无差异曲线呈下凹状。AB 线与无数无差异曲线相交，但只于其中一条无差异曲线 I_1 相切，切点是 P_1。在这个点上，纳税人以其限定的收入购买食品和衣服的效用得到最大满足。假定政府对衣服征税，而且税额等

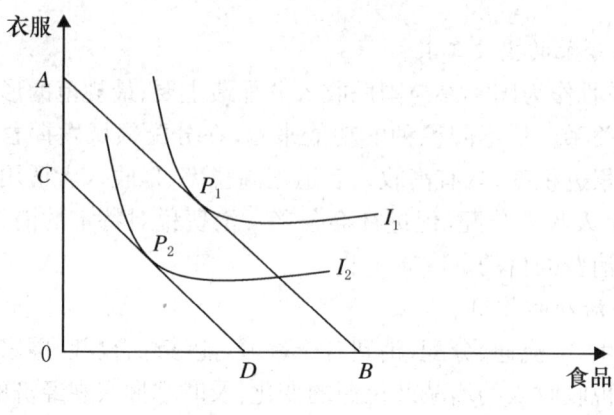

图 6-1　税收的收入效应

于 AC 乘以衣服价格,即税额等于消费品(衣服)价格上升的幅度。对衣服征税使得预算约束线向内移至 CD,CD 就是其税后预算约束线。CD 与另一条无差异曲线 I_2 相切,切点为 P_2,纳税人以其税后收入购买两种商品所得到的效用或满足程度最大。此消费者对衣服消费量的减少的原因是,对衣服征税后,用收入买不了原来那么多的衣服;如果买原来那么多的衣服,就得多花钱。这种因相对收入或相对购买力下降而减少的对课税商品的消费,为税收的收入效应。可见,由于政府课征一次性税收而使纳税人购买商品的最佳选择点发生变化,由 P_1 移至 P_2。即政府课税后对纳税人的影响表现为因收入水平下降而减少商品购买量或降低消费水平,但不改变购买两种商品的数量组合。这就是税收的收入效应。

（二）税收的替代效应

税收的替代效应是指税收对纳税人在商品购买方面的影响,表现为当政府对不同的商品实行征税或不征税、重税或轻税的区别对待时,会影响商品的相对价格,使纳税人减少征税或重税商品的购买量,而增加无税或轻税商品的购买量,即以无税或轻税商品替代征税或重税商品。简言之,替代效应是消费者因相对价格变化而对其开支结构所作的调整,如图 6-2 所示。假定政府不征税或征税前纳税人购买两种商品的组合线为 AB,最佳选择点仍为 P_1。假定只对食品征税,税款为 BC 乘以食品价格,对衣服不征税。此时,征

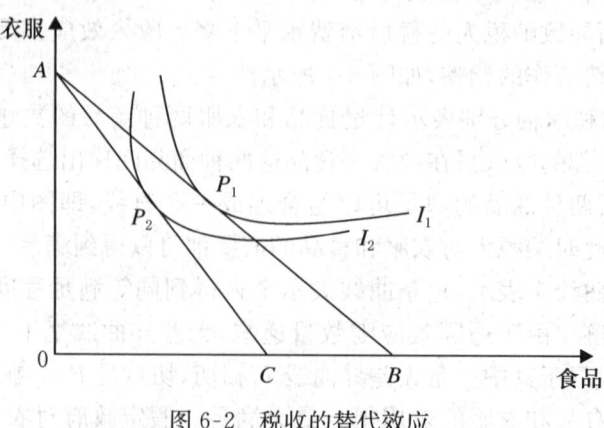

图 6-2　税收的替代效应

税使得食品变得昂贵了,纳税人购买食品的数量将减少,购买两种商品的组合线由 AB 移到 AC,与其相切的无差异曲线为 I_2,切点为 P_2。在这一切点上,纳税人以税后收入购买商品所得到的效用或满足程度最大。可见,由于对食品征税而不对衣服征税,改变了纳税人购买商品的选择,减少了食品的购买量,相应增加衣服的购买量,从而改变了购买两种商品的数量组合,也使消费者的满足程度下降。

综上所述,对食品征税后,纳税人用同样收入买不到原来那么多的食品;如果买原来那么多的食品,就得多花钱。这种因相对收入或相对购买力下降而减少的对课税商品的消费,称为这种税的收入效应。同时,这种税使得食品变得昂贵了。当一种商品变得相对贵时,人们就会寻找其他商品取而代之。因课税商品的相对价格上升而减少这种商品的消费,称为替代效应。

五、税收的分类

对税种进行科学的分类,有助于政府制定和实施科学的税收政策和制度,加强税收征收管理。根据不同的标准和方法,可以将税收分为不同的种类。以下介绍几种常用的分类方法。

（一）按课税对象不同,税收可分为流转税、所得税、财产税、资源税和行为税

按照课税对象不同,可将税收分为对人税和对物税。一般认为,对人税是以人为课税对象的税收。其最古老的形式是人丁税,现代形式则为所得税。对物税是以物为课税对象的税收。按征税对象进行分类,全部税种可划分为流转税、所得税、财产税、资源税和行为税。

流转税又称商品税或劳务税,是指以商品或劳务的交易额为征税对象课征的税收。流转税的经济前提是商品经济,其计税依据可采用销售额、增值额,也可采用营业收入额,从而形成了不同的税种,如关税、增值税等;在征税方式上,既有对应税商品普遍征收的一般销售税,如增值税,也有对某些特定商品课征的货物税,如消费税。流转课税对生产、流通、分配各个环节都可以征收,纳税人取得收入后就要缴纳税款,不受成本费用的影响。流转课税与商品生产、流通、消费有密切关系。对什么商品征税,税率多高,对商品经济活动都有直接的影响,易于发挥对经济的宏观调控作用。目前,流转税是我国的主体税种。

所得税又称收益税,是指对纳税人的所得或收益课征的税收。所得也称收益,是指自然人、法人和其他经济组织从事生产、经营等各项活动所获得的收入,减去相应的成本费用之后的余额。目前我国的企业所得税以及个人所得税等,都属于所得课税。对所得课税能使税收收入比较准确地反映国民收入的增减变化情况,并且征纳双方的关系比较明确,税收的增减变动对物价也不会产生直接影响,有利于更好地发挥税收的调节作用。对所得课税往往受到经济波动和企业经营管理水平的影响,因而不能保证财政收入的稳定性,另外,其稽征技术也比较复杂,核实应税所得额的困难大。所得课税可以直接调节纳税人收入,发挥其公平税负、调节分配关系的作用。

财产税是对纳税人所拥有的财产课征的税收。财产税的经济来源是财产的收益或财产所有人的收入。目前我国的房产税、车船税、契税等税种都属于财产税。财产税既可以调节社会成员的财产收入水平,避免私人财产过分集中的现象产生,又可以为地方财政提

供稳定的收入来源。但是由于财产税在收入上弹性小，课征范围难以普及到纳税人的全部财产，又由于财产税采取从价征收，估价工作极为困难，所以世界各国的税制中都没有将其作为主体税种，其只是税制结构中的辅助税种。

资源税是指对开发和利用自然资源课征的税收。目前我国的资源税、城镇土地使用税和耕地占用税等税种都属于资源课税。这些税种主要是对矿产资源和土地资源征税，既有对资源级差收入的调节，也有对资源受益的征收。因而资源、土地课税对调节级差收益，促进公平竞争，使企业加强经济核算，提高经济效益具有十分重要的作用。

行为税是指以纳税人的某种特定经济行为作为征税对象课征的税收。行为税是为了贯彻国家某项政策的需要而开征的。目前我国的印花税等税种属于行为课税。

按征税对象分类是一种最基本的税收分类方法，因为税收制度的核心要素是征税对象，不同税种以征税对象作为相互区别的主要标志，并以此规定税名。当然，不同的税种因征税对象不同，作用也就不同，只有按征税对象分类，才能充分把握税收的具体作用，并据此制订体现国家政策意图的税收制度。中国和西方国家的税制基本上都是以征税对象作为分类标准。因此，按征税对象分类是一种最重要的税收分类方法。

（二）按计税依据不同，税收可分为从价税与从量税

从价税是指以征税对象的价格为依据，按一定比例课征的税收，如增值税、关税等。从价税的应纳税额随商品价格的变化而变化，能够体现合理负担政策，从价税的税收负担随价格波动而增减。

从量税是指以征税对象的特定标准（重量、面积、数量、件数等）为计税依据，按预先确定的单位税额课征的税收，如车船税和城镇土地使用税等。从量税有利于鼓励企业改进商品包装，计算也比较简单，但是从量税的税收负担不能随价格波动而增减。

（三）按税负转嫁难易度不同，税收可分为直接税和间接税

直接税是指由纳税人直接负担税款，税负不易转嫁的税收，如所得税、财产税等。这类税种大都设置在分配环节，是对收入、利润或财产占有与财产转移所课征的税，与价格没有直接的联系，纳税人缴纳了税款后，难以将税收负担转嫁给他人，因此，直接税的纳税人与负税人往往是统一的。

间接税是指纳税人能将税负转嫁给他人负担的税收，主要是对商品流转额征收的各种税，如消费税、增值税等。这类税种的课税对象与商品的价格紧密地联系在一起，纳税人向国家缴纳了税款后，有可能通过提高商品的销售价格将税收负担转嫁给购买者，也有可能通过降低原材料的进价或压低工资把税收负担转嫁给原材料提供者或工人。在这种情况下，间接税的纳税人与负税人就发生了分离，纳税人虽依法履行了纳税义务，但最终却没有或没有全部负担税款；负税人虽不负有纳税义务，但却是税负的最终承担者。

（四）按税收与价格的关系不同，税收可分为价内税和价外税

价内税是指税金作为价格组成部分的税收，即税含在价中，税款是商品价格的一个组成部分，如消费税等。价内税的优点在于税金包含在商品价格内，容易为人们所接受；税金随商品价格的实现而实现，有利于及时组织财政收入；税额随商品价格的提高而增加，使税收收入有一定的弹性；且计税简便，征收费用低。但价内税易发生商品价格与价值背离的情况，造成价格失真，并易发生税负转嫁。

价外税是指税金作为价格附加的税收。价外税的优点是价税分离,税金明确,税额不受价格变动的限制,收入较稳定,税负与纳税人的利益不直接挂钩,从而有利于促进企业降低生产成本、提高产品质量;有利于引导社会经济活动达到预期的目标。但价外税容易导致税负不合理现象。我国现行的增值税就属于价外税。

(五)按税收管理权限不同,税收可分为中央税、地方税和中央地方共享税

凡属由中央政府统一征收管理、其收入归中央支配的税收为中央税。一般来说,中央税属于税源集中,涉及面广,需要中央统一管理和实施宏观调控的税种。目前我国的中央税包括:关税,海关代征进口环节消费税和增值税,消费税,有专门用途的船舶吨税、车辆购置税等。

凡属由各级地方政府负责征收管理、其收入归地方政府支配的税收为地方税。地方税属于税源零星分散,需要在统一规定基础上由地方因地制宜管理的税种,如房产税和车船税。

凡由中央和地方按一定比例分配后归属各自支配使用的税收为共享税。共享税属于税源普遍、收入大、能够兼顾中央和地方利益、具有调节中央与地方财政收支平衡功能的税种,如增值税和证券交易印花税。

这种按税种划分收入的方法可以使各级政府有稳定的收入来源和相应的税收管理权限,使责、权、利紧密结合,有利于调动地方政府组织收入的积极性,在分税制分级财政体制下,各级政府分职治事,自收自支,自求平衡。

六、税收术语

(一)纳税人

纳税人又称纳税义务人,是指税法上规定的直接负有纳税义务的单位和个人,它是纳税的主体。每一种税的税法都必须有关于纳税人的规定。

税法规定的纳税人,包括自然人和法人。所谓自然人是指公民个人,根据《中华人民共和国民法通则》的规定,公民自出生起至死亡止,具有民事能力,依法享有民事权利,承担民事义务。所谓法人是指按照法律程序设立,具备必要的生产经营条件,实行独立经济核算并能独立承担经济责任和行使经济权利的社会组织,如企事业单位、社会团体等。

与纳税人有关的两个概念是扣缴义务人和负税人。所谓扣缴义务人是指税法规定的、在其经营活动中负有代扣税款并向国库缴纳义务的企业或单位,也称代扣代缴义务人。对税法规定的扣缴义务人,税务机关应向其颁发代扣代缴证书,并付给扣缴义务人代扣代缴手续费。同时,扣缴义务人虽不负有纳税义务,但负有代扣代缴义务,必须严格履行其职责,并按税法规定限期缴库。否则依照税法规定,视情节轻重给予一定的处罚。所谓负税人就是最终负担税款的单位和个人。纳税人与负税人是两个既有联系又有区别的概念。有的税种,税负不易转嫁,税款由纳税人自己负担,纳税人本身就是负税人,如各种所得税一般就属于这种情况。但是,有的税种税负较易转嫁,纳税人和负税人往往是不一致的,如对商品或劳务征收的消费税、增值税等流转税,纳税人虽然是企业,但企业却可能通过提高商品价格把自己缴纳的税收转嫁他人。

（二）课税对象

课税对象又称征税对象,是指对什么东西征税,它是课税的客体或标的物。每一种税都必须有明确的征税对象。课税对象作为税收的最基本要素之一,在税收制度中具有非常重要的作用。首先,征税对象是征税与不征税的界限。每一种税的设立,都必须先确定它的征税对象,被选择作为某种税的征税对象的,就属于该税的征税范围,就要征税;否则,就不属于该税的征税范围,就不征这种税。其次,征税对象是不同税种相互区别的主要标志。

与征税对象有关的两个重要概念是税目和税基。税目是征税对象的具体项目,反映了具体的征税范围和征税的广度。

税基又称计税依据,是税收制度中规定的计算应纳税额的根据。税基解决征税的计算问题,纳税人的应缴税款是根据课税依据乘以税率计算出来的。不同税种的课税依据不同,有的税种其征税对象和计税依据是一致的,但是有的税种则不一致。如果税基是价值形态,课税对象与课税依据一致,如各种所得税,征税对象和计税依据都是应税所得额;如果课税依据是实物形态,以课税对象的数量、重量等作为计税依据,则课税对象与课税依据一般不一致,如车船税,其课税对象是各种车辆、船舶,而计税依据则是车船的吨位;消费税的征税对象是应税消费品,计税依据则是消费品的销售收入或销售数量。

（三）税率

税率是应纳税额与课税对象(计税依据)之间的比例。它是计算纳税人应纳税额的尺度,反映征税的深度。税收的固定性特征主要是通过税率来体现的,在征税对象已经明确的前提下,国家征税的数量和纳税人的负担水平取决于税率,也就是说,税率的高低直接关系到国家财政收入和纳税人的负担水平,国家一定时期的税收政策也主要体现在税率方面。因此,税率是税收制度的中心环节。科学合理地设计税率是正确处理国家、企业、个人之间的分配关系,充分发挥税收经济杠杆作用的关键。

按照税率的表现形式不同,可将其分为比例税率、定额税率、累进税率三大类,见图6-3。

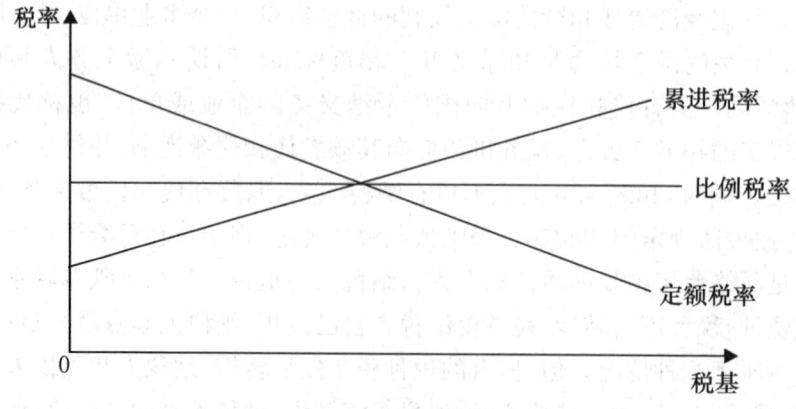

图 6-3　定额税率、比例税率和累进税率

1. 比例税率

比例税率即对同一课税对象,不论数额多少,均按同一比例征税的一种税率制度。它是我国现行税率中最重要的一种形式。比例税率的优点在于:对同一纳税对象的不同纳税人税收负担相同,有利于企业在大体相同的条件下开展竞争,促进企业加强管理,提高经济效益;计算方便,有利于企业核算、缴纳,也有利于加强税收征管工作,一般适用于商品课税。但比例税率不分纳税人的收入多少、生产经营地点等,都采用同一税率征税,这与纳税人的负担能力不完全适应,在调节企业利润方面有一定的局限性。比例税率在具体运用时又可以分为不同的类型:行业比例税率,即按行业的差别规定不同的税率;产品比例税率,即按照产品的不同规定不同的税率;地区差别比例税率,即对不同的地区实行不同的比例税率。我国大部分税种采用的都是比例税率。

2. 定额税率

定额税率又称固定税额,是按照课税对象的一定计量单位规定一定的税额,而不是规定征收比例。它是用绝对量表示税率的一种特殊形式,一般适用于从量定额征税的商品或税种。定额税率的优点是:计算简便,有利于征管工作;从量计征,有利于促进企业提高产品质量,在优质优价、劣质劣价的情况下,税额固定,优质优价产品税负相对轻,劣质劣价产品税负相对重。其缺点是:由于不是从价计征,税额一般不随征税对象价格的增长而增长,因而不能使国家财政收入随国民收入的增长而同步增长。定额税率适用于特殊的税种(如我国的资源税、车船税等)或特殊的税目(如应税消费品中的汽油、柴油、啤酒、黄酒等)。

3. 累进税率

累进税率是按征税对象数额的大小,划分为若干等级,不同等级规定高低不同的税率,征税对象数额越大税率越高,数额越小税率越低。累进税率按其累进依据和累进方式的不同,又可分为全额累进与超额累进两种基本形式。

全额累进税率是指征税对象的全部数额都按其相应等级的累进税率计算征税。在征税对象数额提高一个级距时,对征税对象全额都按提高一级的税率征税。全额累进税率实际上是按征税对象数额的大小,分等级规定的一种差别比例税率。全额累进税率的优点是计算简便,且因它的名义税率与实际税率一般是相等的,故在调节收入方面,较之比例税率要合理。但在两个级距的临界点,上下会出现税负增加超过应税所得额增加的不合理现象,使税收负担极不合理。

超额累进税率是指以征税对象数额超过前一级部分的数额,分别计算应纳税额的累进税率。也就是说把征税对象数额按大小划分为若干等级,并对每个等级规定相应的税率分别计算税额,当征税对象数额超过某一等级时,仅就超过部分按高一级税率计算征税。超额累进税率的优点是累进幅度比较小,税收负担较为合理,特别是征税对象级次临界部分,只就超过部分按高一级税率计算征税,一般不会发生增加的税额超过征税对象数额的不合理现象,有利于鼓励纳税人增产增收。但是这种方法计算应纳税额过于复杂,特别是征税对象数额越大,包括的级次和适用的税率就越多,计算步骤也就越多,给实际征收工作带来困难。在我国现行税制中,通常使用一种简单的计算方法解决上述问题,即:

应纳税额＝按全额累进税率计算的税额－速算扣除数

速算扣除数就是按全额累进方法计算的税额减去按超额累进方法计算的税额的差额。

全额累进税率与超额累进税率之间的差异对比，如表 6-1 所示。

表 6-1

全额累进税率与超额累进税率

税　级	税率	适用全额累进税率的应税所得	全额累进税额	适用超额累进税率的应税所得	超额累进税额
25 000 元以下	20％	25 000	5 000	25 000	5 000
25 001～50 000 元	30％	50 000	15 000	25 000	7 500
50 001～75 000 元	40％	75 000	30 000	25 000	10 000
75 001～100 000 元	50％	100 000	50 000	25 000	12 500
		100 000	50 000	100 000	35 000

比例税率、定额税率、累进税率都是法律上的税率形式，即税法中可能采用的税率。此外，从经济分析角度划分，税率又可以分为名义税率与实际税率、边际税率与平均税率等形式。

名义税率是指纳税人实际纳税时适用的税率，即税法规定的税率。实际税率是纳税人在一定时期内实际缴纳税额占其课税对象实际数额的比例，是纳税人实际负担的有效税率。在没有税负转嫁的情况下，它等于税收负担率。由于税收优惠等因素的存在，实际税率常常低于名义税率。

边际税率是指再增加一些收入时，增加这部分收入所纳税额同增加收入之间的比例。平均税率是相对于边际税率而言的，是指全部税额与全部收入之比。在比例税率条件下，边际税率等于平均税率。在累进税率条件下，边际税率往往要大于平均税率。边际税率的提高还会带动平均税率的上升。边际税率上升的幅度越大，平均税率提高就越多，调节收入的能力也就越强，但对纳税人的反激励作用也就越大。

如果某企业采用超额累进税率计算纳税，应税收入在 0～1 000 元，税率为 5％，1 000～2 000 元，税率为 10％；假设该企业 5 月份取得收入 800 元，则应纳税额为 40 元，若增加收入 600 元，应纳税额为 90 元（800×5％＋200×5％＋400×10％）。此时，边际税率为 8.33％（50÷600×100％），平均税率为 6.43％［90÷（800＋600）×100％］。

（四）起征点与免征额

起征点是指税法规定的对课税对象开始征税的最低界限。免征额是指税法规定的课税对象数额中免予征税的数额。起征点照顾的是低收入者，未达到起征点的不征税，达到起征点的全额征税；免征额照顾的是所有的纳税人，未达到免征额的不征税，达到免征额的对超过部分征税。

第二节 税收负担

一、我国税收制度的设计原则

将课税原则首先明确化、系统化的第一人是古典经济学派的创始人亚当·斯密,他将课税原则系统化地表述为:平等、确实、便利、最小征收费用原则。其后,众多西方学者试图从不同角度对此予以补充。在现代财政理论中,最重要的税收原则就是公平原则和效率原则。

我国税收制度设计遵循以下原则。

（一）财政原则

税收的基本职能是筹集财政收入。为国家财政需要提供稳定的收入来源是建立税收制度的基本准则。为了确保政府提供公共产品和服务所需要的财力,税收既要充足稳定又要保持相对弹性,能够随着国民经济的发展而增长。

（二）公平原则

税收公平原则是指政府征税要使不同纳税人承受的税收负担与其经济状况相适应,并使各个纳税人之间的负担水平保持均衡。税收公平原则有横向公平和纵向公平两层含义。横向公平,即相同经济条件的纳税人承担等量税收。纵向公平,即不同纳税能力的纳税人承担不同的税收,纳税能力强者多纳税,纳税能力弱者少纳税,无纳税能力者不纳税。

（三）效率原则

税收的效率原则要求政府征税活动,一方面要有利于资源的有效配置,促进经济行为的合理化和社会经济效率的提高,或者对经济效率的不利影响最小;另一方面要以尽可能小的税收成本来取得税收收入,即税务机关的征收费用和纳税人的纳税费用最小化。

（四）适度原则

在税收制度设计中,社会整体税收负担的确定,要充分考虑国民经济发展状况和纳税人负担能力,基本满足国家的财政需要,但不能使税负太重影响到经济发展与人民生活。

二、宏观税负及其影响因素

税收负担是指纳税人因履行纳税义务而承受的一种经济负担,反映一定时期内社会产品在国家与纳税人之间的税收分配数量关系。税收负担的高低,既关系到国家财政收入,又关系到纳税人的经济承受能力。因此,任何一项税收政策首先要考虑的就是税收负担的高低。

（一）宏观税收负担

税收负担的衡量指标包括宏观税收负担(以下简称宏观税负)和微观税收负担(以下简称微观税负)。宏观税负考察国民经济整体的税收负担水平,微观税负则从经济个体特别是企业角度考察政府征税对企业经济利益的影响。这里主要介绍宏观税负。

宏观税负通常是指一个国家在一定期间(通常是 1 年)内税收收入占当期国内生产总值(GDP)的比重,是反映一个国家税收的总体负担水平的重要指标。宏观税负问题始终是税收政策的核心,宏观税负水平合理与否对于保证政府履行其职能所需的财力,发挥税收的经济杠杆作用有着重要意义。

由于受多种因素的影响,每个国家的宏观税负水平各不相同,而同一国家不同历史时期的宏观税负水平也非一成不变。

(二)影响宏观税负的因素

影响宏观税负水平的主要因素包括国家职能的大小、经济发展水平、社会经济制度、经济体制、宏观经济政策以及文化观念、历史传统、政治因素等。每一因素的变动都会对宏观税负产生影响。

1. 社会经济发展水平

社会经济发展水平是决定税收负担的重要因素,社会经济发展水平对经济效益、收入水平、产业结构都有至关重要的影响。社会经济发展水平低下时,经济效益低,经济产出和剩余产品就少,纳税人的税负能力低;一旦国家的经济发展水平低,其经济总量(GDP)就少,社会经济结构就简单,管理费用低,公众对公共产品福利的要求也低,导致财政支出额少,国家对财政收入的需求也少,国家的宏观税负就低;社会经济发展水平还影响产业结构,产业结构影响税收的结构,进一步导致财政收入的差异。

一国社会经济发展水平的状况,可以从多方面来衡量,其中人均国民收入这一综合指标可以正确地反映。人均国民收入高,则说明经济发展水平高,人均国民收入低,则说明经济发展水平低。在人均国民收入比较高的国家,国民收入能够转化为财政积累的比例较高,社会经济的税负承受力较强,因此,整个经济的总量税收负担就可以高一些;反之,在人均国民收入较低的国家,整个经济的总量税收负担就相应要低一些。确定社会总量税收负担,不取决于人们的主观愿望,也不能只考虑国家的需要,而必须首先考虑一定时期内社会能够提供多少可供税收分配的国民收入和纳税人的税负承受能力。只有税收负担适应本国经济发展水平和纳税人的承受能力,税收才能为国家取得所需的财政收入,同时可以刺激经济增长、扩大税源、增加国民收入,并反过来提高社会的税负承受力。如果税收负担超出了经济发展水平和社会的税负承受能力,势必抑制社会扩大再生产或简单再生产,压抑劳动者的劳动积极性,最终导致税源逐步萎缩以致枯竭,高税带来低收入,影响社会经济的发展。

2. 政府的职能范围

政府的职能范围不同,引起的财政支出不同,相应需筹集的收入也不同。不同经济体制的政府的职能不同,政府的政策取向不同,政府的主观意图也有差异。计划经济下,政府既要承担社会职能又要承担经济职能,职责范围很广,几乎无所不管,就需要更多的财政收入,因此往往该国的宏观税负就高。市场经济体制下,政府的职责发生了转变,主要负担社会职能,开支范围相对减少,宏观税负可以适当下降。

3. 财政收入手段的选择

税收负担的轻重还取决于财政收入手段的选择,财政收入的手段不同,会导致税收收入占财政收入的比例不同,宏观税负会有差异;同时,如果政府不规范性收入较多,也会挤掉税收收入,使得宏观税负下降。除了税收之外,其他分配形式也有一个负担问题。当国家参与企业纯收入分配的形式主要是税收时,税收负担就要重一些;但当国家运用多种形式参与企业纯收入分配时,税收负担就要轻一些;当国家主要不是靠税收而是其他分配形式,比如利润上缴等参与企业纯收入分配时,则税收负担更轻一些。

4. 国家宏观经济政策

为了发展经济,各国必须综合运用各种经济、法律以及行政手段,来强化宏观调控体系。国家会根据不同的经济情况,采取不同的税收负担政策。国家实行的宏观经济政策对税收负担有举足轻重的影响,主要包括总供给和总需求管理两方面。在不同的经济发展时期,两种管理政策适用的效应不一样,这在客观上要求不同的税收负担与之配合。在社会总需求过旺、经济发展速度过快过热时,需要适当提高社会总体税负,以使国家集中较多的收入,减少企业和个人的收入存量,抑制需求的膨胀,使之与社会供给总量相适应;反之,当社会供需矛盾主要表现为供给存在较大缺口,总供给不足,企业自有资金发生短缺,投资的边际利润出现较大幅度的下降时,就需要降低社会总税负,增加企业经营的税后利润,以刺激生产发展和供给增加,使之与社会需求相适应。

5. 国家财政收支状况

国家财政收支状况好坏也是影响税收负担的一个重要因素。一般说来,在国家财政比较宽裕时,国家多趋于实行轻税政策,税收负担减轻。但如果国家财政在某一时期发生了较大困难,出现赤字,这时为了实现财政收支平衡,除了压缩一部分支出外,还可以增加税收负担。这样,社会的总体税负就会高一些。当国家财政发生特殊需要时,例如发生战争,国家不得不利用税收来筹集资金时,社会的总体税收负担也会提高。

6. 税收征收管理能力和税制因素

由于税收是由国家无偿征收的,税收征纳矛盾比较突出。因此,一个国家的税收征收管理能力、税种设置、税收优惠、征管水平等,有时也对税收负担的确定有较大的影响。一些国家的税收征收管理能力强,在制定税收负担政策时,就可以根据社会经济发展的需要来确定,而不必考虑能否将税收征上来。而在一些税收征管能力较差的国家,可选择的税种有限,勉强开征一些税种,也很难保证税收收入,想提高税收负担也较困难。

三、拉弗曲线

拉弗曲线(the Laffer curve)是说明税率与税收收入和经济增长之间的函数关系的一条曲线。如图 6-4 所示。图中,从原点向上计算,税收收入随着税率的变化而变化。税收收入与税率的函数关系呈抛物线形,当税率逐级提高时,税收收入也随之增加,税率提高到 D 点时,税收收入达到最大,即 B;税率超过 D 点时,税收收入随着税率的提高而减少,当税率上升到 A 点时,税收收入将因无人愿意从事工作和投资而降为 0。供给学派把 ABD 区域称为税率"禁区"。当税率进入禁区后,税率越提高,税收收入越减少。

拉弗曲线主要阐明了以下三个方面的经济含义:

第一,高税率不一定促进经济增长、取得高收入。因为高税率会挫伤生产经营者的积极性,导致生产停滞或下降。

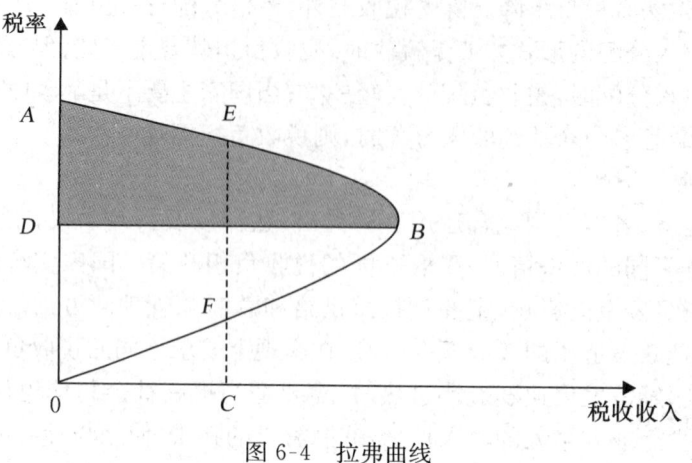

图 6-4　拉弗曲线

第二,同样多的税收可以通过高低不同的税率取得。如图中 E、F 点的税收收入是相等的,都等于税收收入 C,但 F 点的税收负担很轻。由于低税负刺激了工作意愿、储蓄意愿和投资意愿,促进了经济增长,进而使税基扩大,税收收入自然增加。

第三,保持适度的宏观税负水平是促进经济增长的一个重要条件,最优税率是存在的。图中的 B 点即最佳税率点,税收负担不是最重,但实现的税收收入是极大化的。

四、最优课税理论

最优课税理论是以资源配置的效率性和收入分配的公平性为准则,对构建经济合理的税制体系进行分析的学说,是研究如何以最经济合理的方式征收税款的理论。理想的最优课税理论是假定政府在建立税收制度和制定税收政策时,对纳税人的纳税能力、偏好结构等信息是无所不知的,而且政府具有无限的征管能力。可是,在现实生活中,政府对纳税人和课税对象等的了解并不完全,同时征管能力也是有限的。在这种信息不对称的情况下,最优课税理论研究的核心是如何实现税制的公平与效率兼顾,即政府如何征税才能既满足效率要求,又符合公平原则。

最优课税理论的基本内容主要体现在直接税与间接税的搭配理论、最优商品课税理论和最优所得课税理论上。

(一)直接税与间接税的搭配理论

直接税与间接税应当相互补充而非相互替代。许多经济学家从不同角度分析了直接税和间接税的优劣,一般认为所得税是一种良税,而差别商品税在资源配置效率方面是所得税所不能取代的。所以,最优课税理论首先承认无论是商品税还是所得税都有其存在的必然性。直接税与间接税两者不能偏废,同时要结合国家的经济发展阶段和政府的经济政策目标确立税制模式。一般来说,商品课税容易实现效率目标(没有扭曲效应或超额负担最小),而要解决的问题是如何使其具有公平收入分配功能;所得课税容易实现公平收入分配目标,而要解决的问题是如何使其促进经济效率。如果政府的政策目标以分配公平为主,就应选择以所得税为主体税种的税制模式;如果政府的政策目标以经济效率为主,就应选择以商品税为主体税种的税制模式。

（二）最优商品课税理论

最优商品课税理论是论证政府收入如果全部通过商品税筹集该如何课税的理论。主要研究如何确定商品税税率才能使整个社会的超额负担最小化问题。最优商品课税理论的研究立足于税收的效率问题。

1. 拉姆斯法则

最优商品课税理论的一个重要内容就是拉姆斯法则。1927 年，拉姆斯在其经典论文《对税收理论的贡献》中指出，如果商品课税是最优的，其税额的少量增加会导致全部商品的需求量下降相同的比例。这一判定标准被称为拉姆斯法则。逆弹性定理大致反映了拉姆斯法则的内容，而且它将课税与需求弹性联系在一起，增强了可操作性，因此，经常用这一特殊情形表述拉姆斯法则的基本内容。实际上，两者是有区别的。逆弹性定理是指为了实现最优商品课税，当各种商品的需求相互独立时，对各种商品课征的税率必须与该商品自身的价格弹性呈反比例。这表明，一种商品的需求弹性越大，对其征税的潜在扭曲效应也就越大。因此，最优商品课税要求对弹性相对较小的商品课以相对高的税率，而对弹性相对较大的商品课以相对低的税率。

最优商品课税问题的现代分析最早起源于拉姆斯的创造性贡献。通过对用来推导拉姆斯法则的经济施加进一步的约束，即假定课税商品之间不存在交叉价格效应，鲍莫尔和布莱德福特推导出逆弹性法则：比例税率应当与课税商品的需求价格弹性成反比例。这一法则的政策含义是十分明显的，即生活必需品（因为它们的需求价格弹性很低）应当课以高税，而对奢侈品则课以轻税。可见，逆弹性法则和拉姆斯法则是一致的，只有符合逆弹性法则，商品税才能达到拉姆斯法则要求的最优状态。

2. 最优商品课税理论要求开征扭曲性税收

拉姆斯法则和逆弹性法则虽然符合效率原则的要求，但严重违背公平原则。戴蒙德、米尔利斯、阿特金森和斯蒂格里茨等对拉姆斯的分析进行了拓展，力图把公平和再分配目标纳入分析框架。追求再分配目标，商品税实际上需要偏离最初的拉姆斯法则。

戴蒙德和米尔利斯率先在最优商品税率决定中引入公平方面的考虑。他们指出，在需求独立的情况下，一种商品的最优税率不仅取决于其需求价格的逆弹性，而且取决于它的收入弹性。这意味着，对许多价格弹性和收入弹性都较低的商品来说，应当将实行高税率的分配不公问题和实行低税率的效率损失问题进行比较，最有意义的改变应当是使那些主要由穷人消费的商品数量减少的比例低于平均水平。或者说，基于公平的考虑，对于高收入阶层尤其偏好的商品无论弹性是否很高都应确定一个较高的税率；而对低收入阶层尤其偏好的商品，即便弹性很低也应确定一个较低的税率。

由于政府在大多数情况下不能获得完全的信息，而且征税能力受到限制，要使商品税具有再分配功能，就必须开征扭曲性税收，因为商品税是一种对物税，在税负分配上难以做到因人而异，而且商品税的税基只是所得中的消费（支出）部分，只能通过对消费的再分配间接地作用于收入或财富再分配。要使商品税具有再分配功能，还应满足另一个条件，即政府课征的商品税必须使高收入者的消费支出中所包含的税收大大高于低收入者的消费支出中所包含的税收。就现实经济情况而言，采用差别税率制，同时对必需品免税或者是适用低税率，而对奢侈品则要课征高税率才能使商品税具有再分配功能。

值得重视的是,对拉姆斯法则的修正需要注意两个方面的问题:首先,对那些既非富人也非穷人特别偏好的商品,仍可以遵循拉姆斯法则行事。其次,尽管有人辩称商品税无须承担收入分配职能,收入分配问题只应由所得税解决,但实际情况并非如此。事实上,出于显示身份、自尊、习俗等多方面的原因,现实中确实存在着不少收入弹性高而价格弹性低的商品(如钻石、名画、豪宅等),这就提供了通过对这些商品课税以改进收入分配的可能性。

(三)最优所得课税理论

最优所得课税理论的核心是如何确立所得税的最优税率,以使得社会在达到合理收入分配目标的同时还能够实现对所得征税所带来的效率损失最小化。

1. 所得税的边际税率不能过高

最优所得课税理论认为,在政府目标是使社会福利函数最大化的前提下,社会完全可以采用较低累进税率来实现收入再分配,过高的边际税率不仅会导致效率损失,而且对公平分配目标的实现也无益。就标准的累进税制而言,边际税率递增的累进税制要比单一税率的累进税率造成的超额负担更大,而且边际税率越高,替代效应越大,超额负担也越大,也就是说,经济效率损失越大。同时,相对而言,边际税率越高并不等于越有助于收入分配公平,因为最低收入阶层所获得的免税额或补助额是不变的,高边际税率充其量只是限制了高收入者的收入水平,而无助于低收入者的福利水平的提高。

关于最优所得税的主要论文出自米尔利斯,他研究了非线性所得税的最优化问题。最优非线性所得税理论研究的问题主要是累进所得税税率如何确定。出于兼顾公平和效率的考虑,该理论提出了不同寻常的结论,即最高收入的边际税率应为零。米尔利斯模型在所得税分析中的价值在于它以特定方式抓住了税制设计问题的性质。首先,为了在税收中引入公平因素,米尔利斯设想无税状态下的经济均衡具有一种不公平的所得分配。所得分配由模型内生而成,同时每个家庭获取的所得各不相同。其次,为了引进效率方面的考虑,所得税必须影响家庭的劳动供给决策。此外,经济要具有充分灵活性,以便不对可能成为问题答案的税收函数施加任何事先的约束。米尔利斯的模型是集合上述要素的一种最为简单的描述。

米尔利斯模型得出的一般结论是:① 边际税率应在 0 与 1 之间。② 拥有最高所得的个人的边际税率为 0。③ 如果具有最低所得的个人按最优状态工作,则他们面临的边际税率应当为 0。毫无疑问,结论② 是最令人感到惊奇的。不过,这一结论的重要性也许不在于告诉政府应该通过削减所得税表中最高所得部分的税率,以减少对最高收入者的作用;而在于它表明最优税收函数不可能是累进性的,这就促使人们必须重新审视利用累进所得税制来实现再分配的观念。也就是说,要使得关注低收入者的社会福利函数最大化,未必需要通过对高收入者课重税才能实现,事实上,让高收入承担过重的税负,其结果可能反而使低收入者的福利水平下降。

由于米尔利斯的非线性模型在分析上十分复杂,其结论也只是提供给我们关于政策讨论的指导性原则。为了得到最优税收结构的更详细情况,有必要考察数值方面的分析。米尔利斯根据他所建立的模型,计算出完整的最优所得税税率表。从结果看,高所得的边际税率的确变得很低,但并未达到 0。同时,低所得的平均税率均为负,从而低收入者可以从政府那里获得补助。托马拉所做的数值分析则进一步表明,接近最高所得的边际税率可能远不是 0,这意味着最高所得的边际税率为 0 的结果只是一个局部结论。从政策目的上看,基于米尔利斯模型所得出的重要结论有:① 最优税收结构近似于线性,即边际税率不变,所得低于免税水平的人可获得政府的补助。② 边际税率相当低。③ 所得税实际上并非一个缩小不平等的有效工具。

斯特恩根据一些不同的劳动供给函数、财政收入的需要和公平观点,提出了最优线性所得税模型。他得出的结论是,线性所得税的最优边际税率随着闲暇和商品之间的替代弹性的减小而增加,随着财政收入的需要和更加公平的评价而增加。这意味着,人们对减少分配不平等的关注越大,则有关的税率就应越高,这一点是与我们的直觉相符的。另外,最优税率与劳动供给的反应灵敏度、财政收入的需要和收入分配的价值判断密切相关,假如能够计算或者确定这些参数值,就可以计算出最优税率。因此,斯特恩模型对最优所得税制的设计具有指导意义。

2. 最优所得税率应当呈倒"U"形

对中等收入者的边际税率可适当高些,而低收入者和高收入者应适用相对较低的税率,拥有最高所得的个人适用的边际税率甚至应当为 0。

米德委员会(1978)曾经给出具有现实指导意义的评价最优所得税的一般原则:① 高收入者应按高平均税率纳税,低收入者应按低平均税率纳税。② 收入级别的最高档与最低档的边际税率都应该特别低。原则① 要求税率应具有累进性质,以更好地促进公平;原则② 要求在促进公平的同时也促进效率,因为当个人处于收入的最高级别时,再高的边际税率也不会再使税收增加,所以对其规定一个特别低的边际税率并不会破坏税收公平,而一旦高收入个人受到几乎为 0 的边际税率的激励,就会更少地选择闲暇,从而有可能使税收数额反而增加,更加有助于公平的实现。

最优课税理论的重要贡献之一是把效率与公平问题纳入经济分析框架之中。在效率与公平之间的确难免会发生冲突,但是,效率与公平目标之间也并非总是互不相容的,应通过对各种税收的具体组合达到兼顾效率与公平的目的。

五、我国的税收负担

按照我国历史上两次大的税制改革,将税收收入及宏观税负变化分为三个阶段。在不同税制下,税负变化也不同,详见表 6-2。第一阶段为 1978—1984 年,党的十一届三中全会确立的改革开放方针使生产力得到巨大解放,经济和税收收入都呈逐年上升趋势,宏观税负水平由 1980 年的 12.56% 缓慢上升至 1984 年的 13.11%。第二阶段为 1985—1993 年,由于 1983 年和 1984 年两步利改税改革和工商税制全面改革,原国有企业上缴利润改为主要以税收收入形式集中到政府手中,宏观税负迅速提高,1985 年宏观税负一度达到 22.58% 的峰值。与此同时,国家为抑制经济过热而采取的一系列强硬措施,导致了 1989 年和 1990 年的经济"硬着陆",生产滑坡、税源萎缩,致使 1989 年在税收弹性达到高点的情况下宏观税负水平又出现下降。这一时期宏观税负比较适中,且出现逐年下降趋势。第三阶段是 1994 年税制改革以后至今,国民经济持续平稳增长,并在 1996 年实现经济

表 6-2

我国宏观税负变化一览表

单位:亿元

年份	税收收入	国内生产总值	宏观税负
1978	519.28	3 650.20	14.23%
1980	571.70	4 551.60	12.56%
1984	947.35	7 226.30	13.11%
1985	2 040.79	9 039.90	22.58%
1989	2 727.40	17 090.30	15.96%
1994	5 126.88	48 459.60	10.58%
1996	6 909.82	71 572.30	9.65%
2007	45 621.97	270 232.30	16.88%
2010	73 202.00	413 030.30	17.72%
2012	100 601.00	540 367.40	18.62%
2014	119 158.00	643 974.00	18.50%
2016	130 354.00	743 585.50	17.53%
2018	156 401.00	900 309.00	17.37%

资料来源:根据《中国统计年鉴 2018》,财政部官方网站 http://www.mof.gov.cn 相关数据整理计算而得。

"软着陆",经济增长有所下降,各项税收收入总额增长速度也趋于减缓,宏观税负水平总体呈上升趋势。

第三节　税　负　转　嫁

一、税负转嫁的概念

税负转嫁即税收负担转嫁,是指商品交换过程中,纳税人通过提高销售价格或压低购进价格的方法,将税负转移给购买者或供应者的一种经济现象。税负转嫁的特征是:税负转嫁是和价格的升降直接联系的,而且价格的升降是由税负转移引起的;税负转嫁是各经济主体之间税负的再分配,也就是经济利益的再分配,税负转嫁的结果不会导致国家税收的减少,但必然导致纳税人与负税人不一致;税负转嫁是纳税人的主动行为,在利益机制的驱动下,纳税人必然千方百计地将税负转移给他人,以维护和增加自身的利益。

与税负转嫁密切相关的一个概念是税收归宿。税收归宿一般指处于转嫁中的税负的最终落脚点。税负转嫁往往不是一次的,如同一笔税款,厂家转嫁给批发商,批发商转嫁给零售商,零售商再转嫁给消费者,从而形成一个经济过程;但税负转嫁也并不是无穷尽的,总存在一个不可能再转嫁而要自己负担税款的阶层,如消费者,这一阶层即为税收归宿。税收归宿是一种理论抽象,如果分析具体的企业、个人之间的税负转嫁过程,它等同于负税人。

与税负转嫁相联系的另一个范畴是逃税。逃税指个人或企业以不合法的方式逃避纳税义务,包括偷税、漏税和抗税等。逃税与税负转嫁不同,税负转嫁只是导致税收归宿的变化,引致纳税人与负税人的不一致,税收并未减少或损失。但逃税的结果是无人承担纳税义务,即无负税人,必然造成税收的减少或损失。逃税是一种违法行为。

二、税负转嫁的方式

税负转嫁的基本方式有前转、后转以及其他方式。

（一）前转方式

前转又称为顺转,指纳税人通过抬高销售价格将税负转嫁给购买者。在商品经济条件下,很多税种都与商品或商品价格密切相关,大量的税收以价内税或价外税的方式课征。作为从事特定经营活动的纳税人,往往可以抬高已税商品的价格并把这类商品销售出去,从而把该商品所负税收转移给下一个环节的经营者或消费者。如果加价的额度等于税款,称为充分转嫁;如果加价额度大于税款,则不仅实现了税负转嫁,纳税人还可以得到额外的利润,称为超额转嫁;如果加价的额度小于税款,则纳税人自身仍要负担部分税收,称为不完全转嫁。

（二）后转方式

后转又称为逆转,指在纳税人无法实现前转时,通过压低进货的价格将税负转嫁给商品的供货商的方式。如对汽车销售商的课税,如无法提高售价只好压低汽车进货价格,将税款全部或部分地转给汽车制造者,则为后转。后转往往是通过厂商和销售商以谈判的方式解决的,是一种比较被动的税负转嫁方式。

（三）其他转嫁方式

在现实生活中,往往是前转和后转并行,即一种商品的税负通过提高销价转移一部分,又通过压低进价转移一部分,这种转嫁方式称为混转或散转。在税收理论中还有消转和税收资本化之说。消转,是指纳税人通过改进生产工艺,提高劳动生产率,自我消化税款。从税收转嫁的本质上说,消转并不成为一种税负转嫁方式。税收资本化,指对某些能够增值的商品（如土地、房屋、股票）的课税,预先从商品价格中扣除,然后再从事交易的方式。

三、税负转嫁的条件

税负转嫁受到很多条件的制约,其基本条件是商品价格由供求关系决定,价格自由浮动。此外还受税种类型、供求弹性、课税范围宽窄、企业经营目标等因素的影响。

（一）税种类型

商品税税负容易转嫁,所得税税负难转嫁。税负转嫁最主要的方式是变动商品的价格,因此以商品为课税对象,与商品价格联系密切的税种,如增值税、消费税、关税等较易实现税负转嫁。而与商品价格联系不密切的税种,如所得税,就很难实现税负转嫁。

（二）供求弹性

供给弹性大、需求弹性小的商品的税负容易转嫁；供给弹性小、需求弹性大的商品的税负不易转嫁。

供求弹性是英国 19 世纪资产阶级庸俗经济学大师马歇尔·阿弗里德提出的，用来衡量商品价格的上升或下降的比率将会引起多大比率供给量的增加或减少（或需求量的减少或增加）。当价格升降引起的供应量（需求量）的变动幅度大于价格的变动幅度时，说明供给（需求）弹性大。一般言之，供给弹性大的商品，生产者可以灵活调整生产量，可以在期望的价格上实现销售，因而税负可以转移出去；需求弹性小的商品，其价格最终取决于卖方，也能够较顺利地实现税负转嫁。如，食盐等生活必需品是典型的需求弹性小的商品。

（三）课税范围

课税范围广的商品的税负容易转嫁，课税范围狭窄的商品的税负难以转嫁。税负转嫁必然引致商品价格的升高，若另外的商品可以替代加价的商品，消费者往往会转而代之，从而使税负转嫁失效。但若一种税收课税范围很广，甚至波及同类商品的全部，因为同类商品都征税，消费者无法找到价格不变的代用品时，只好承受税负转嫁的损失。

（四）生产目标

生产者的经营目标是为了更高的利润或更大的市场占有率。税负转嫁后，由于加价商品的售价提高会限制销量，影响市场占有率的提高，但由于税负不由企业自己承担，有利于总利润的增加。

此外，对垄断性商品课征的税容易转嫁，对竞争性商品课征的税较难转嫁。因为垄断性商品在较大的市场范围内具有独占性，生产者和经营者基本上掌握价格的控制权，借助于提价转嫁税收的能力强。竞争性商品要根据市场供求状况调整价格，提价转嫁税负的能力较弱。从价课税的税负容易转嫁，从量课税的税负不容易转嫁。从量课税是按课税对象的数量、重量、容积、面积、体积征税，税额不受价格变动的影响，购买者对提价转嫁比较敏感，纳税人担心转嫁税负得不偿失。从价课税条件下，价格随税负转嫁而上升，购买者不易察觉，相对说来比较容易转嫁。

税负转嫁使纳税人与负税人产生背离，影响纳税人的间接税收负担。在复合税制模式下，一个纳税人往往要同时缴纳几种税，有些税种能转嫁，有些税种则不能转嫁，在能够转嫁的税种中还有个转嫁多少的问题。同时，每个纳税人往往既是税收负担的转嫁者，又是税收负担的被转嫁者。这样，如果纳税人转嫁出去的税收负担大于由他人转嫁进来的税收负担，则纳税人的实际税收负担就减轻了，减轻程度即为转出与转入的差额部分；反之，若转出小于转入，则实际税负加重。总之，税负转嫁的主要途径是价格的变动，转嫁的幅度取决于供求弹性。在其他条件不变时，就供给和需求的相对弹性来说，哪方弹性小，税负就向哪方转嫁，供给弹性等于需求弹性时，税负由买卖双方平均负担。

案　　例

我国宏观税负到底高不高

宏观税负是指政府收入占 GDP 的比重。而相关媒体上计算"人均宏观税负"时则是用政府收入直接除以人数，并不符合"宏观税负"概念的本意，是一种语词上的误用。同时，性质不同的企业和个人的税负水平也应该分别计算，把两者混淆起来算出人均值并无实际价值。

我国政府收入由四部分组成，包括公共财政收入、政府性基金收入、国有资本经营预算收入和社会保险基金收入。上半年主要经济数据显示，全国公共财政收入 7.46 万亿元，政府性基金收入 2.6 万亿元，社会保险基金收入 1.7 万亿元。国有资本经营预算收入体量最小，约为 500 亿元。据了解，上半年宏观税负达到 44%，就是将上半年这四块收入相加，再除以上半年初步核算为 26.9 万亿元的 GDP 数值得出的。

这种算法存在两个不合理之处：

第一，我国政府收入的四大块之间存在交叉重复，并不能简单相加。"社会保险基金收入分两部分，保费收入和财政补助收入。后者是从公共财政预算中调入的。因而，相加的时候，应该把财政预算调入的这部分剔除，否则就是重复计算。"财政部财政科学研究所副所长白景明接受《经济日报》记者采访时表示。

第二，国际上宏观税负通常以 1 年为时间段计算，44% 的测算是半年数据，存在计算方法上的问题。"就税收而言，月度之间还存在不均衡的现象。而且上半年 GDP 只是初步核算数，下半年还需修订，还可能出现 GDP 上半年少、下半年多的情况。因而，截取半年数据计算宏观税负，结果不准确，甚至会南辕北辙。"白景明说。为了验证这种算法是否靠谱，有的学者利用此测算方法，根据 2014 年预算数据计算下半年宏观税负，得出下半年宏观税负约为 31.6%。这就是说，不采取任何措施的情况下，下半年宏观税负还大幅下降，这显然是不科学的。

国际上普遍的宏观税负是怎么计算的？我国与之相比是否存在差异？据了解，国际上存在两种统计口径：一种是"窄口径"，即国家税收收入与 GDP 的比；另一种是"宽口径"，即包括税收收入和非税收入在内的政府全部收入与 GDP 的比。"一般而言，国际上都使用宽口径。其他国家也会有行政事业性收费、捐赠收入、国有资本收益等非税收入。"白景明说。对于宏观税负，我国也使用宽口径，与国际通用计算口径是一致的，都包括税收收入和非税收入。不同之处在于，我国的非税部分"项目"与其他国家不太一致。比如，政府性基金中的土地出让收入。

我国的宏观税负到底是多少？根据 2014 年财政预算数据，将四大账本相加，然后剔除社会保险基金收入中财政补助的 8 000 多亿元，剩下的政府收入约为 21 万亿元。GDP 根据 2013 年 56.8 万亿元，2014 年 7.5% 的增速得出 61 万亿元。政府收入除以测算的 GDP 数值，得出宏观税负在 35% 左右。按照宽口径算法，法国接近 44%，丹麦、瑞典、挪威都在 40% 左右，日本也达到 38% 左右的水平。白景明表示，就科学测算而言，目前我国的宏观税负在国际上来说处于中等水平。

"宏观税负一定要和百姓福利联系起来，要从公共服务需要角度理性看待。"中国社会科学院财经战略研究院院长高培勇说。社会上高度重视税负问题，除了关心税收是否合理公平的同时，还重视税收收入是否有效转化为公共服务、社会福利和民生支出等。因而，判断宏观税负是否合理，还应该联系财政支出的情况通盘分析，看是否存在建设性支出、行政成本支出过高而福利支出不足的问题。

专家表示,未来我国宏观税负的变化会受到三方面因素的影响。第一,税收制度。目前,我国正在加快财税改革进程,通过优化税收结构、降低行政事业收费等非税收入,来完善政府收入制度,这将促进宏观税负处于合理区间。第二,经济形势。随着宏观经济形势好转,可能税收会增长,但GDP更会上升,因此有助于宏观税负保持稳定性。第三,税收征管手段。记者近日获悉,2014年10月1日起,我国4 000多个县级基层税务部门实现征管的统一标准,自下而上促进税收征管的科学化,这也将有助于保持宏观税负的稳定。

资料来源:中国经济网—《经济日报》2014-8-31崔文苑。

案例思考题

1. 人均宏观税负指标能够说明什么问题?

2. 你认为我国当前的宏观税负水平合理吗?为什么?

本 章 小 结

1. 税收是国家取得财政收入的主要形式,其特征表现为强制性、无偿性和固定性。

2. 税收的经济效应是指纳税人因国家课税而在其经济选择或经济行为方面作出的反应,包括收入效应和替代效应两个方面。

3. 税收按课税对象不同,可分为流转税、所得税、财产税、资源税和行为税;按计税依据不同,分为从价税和从量税;按税负转嫁难易程度不同,分为直接税和间接税;按税收与价格的关系不同,分为价内税和价外税;按税收管理权限不同,分为中央税、地方税、中央与地方共享税。

4. 重要的税收术语包括纳税人、课税对象、税率、起征点与免征额。

5. 宏观税负是反映一个国家税收的总体负担水平的重要指标。宏观税负问题始终是税收政策的核心,影响宏观税负水平的主要因素包括国家职能、经济发展水平、社会经济制度、经济体制、宏观经济政策以及文化观念、历史传统、政治因素等。

6. 拉弗曲线是说明税率、税收收入与经济增长之间函数关系的一条曲线。它主要阐明了三个方面的经济含义:第一,高税率不一定促进经济增长、取得高收入;第二,同样多的税收可以通过高低不同的税率取得;第三,存在最优税率和征税禁区。

7. 最优课税理论研究的核心是如何实现税制的公平与效率兼顾,最优课税理论的基本内容主要体现在直接税与间接税的搭配理论、最优商品课税理论和最优所得课税理论。

8. 税负转嫁是指商品交换过程中,纳税人通过提高销售价格或压低购进价格的方法,将税负转移给购买者或供应者的一种经济现象。税负转嫁的基本方式有前转、后转。税负转嫁的基本条件是商品价格由供求决定且自由浮动。此外,还受税种类型、供求弹性、课税范围宽窄、企业经营目标等因素的影响。

关 键 词

税收　税收的"三性"　直接税和间接税　税负转嫁　宏观税负　拉弗曲线　最优税制　拉姆斯法则

思 考 题

1. 简述税收的特征及其相互关系。

2. 什么是税收的收入效应和替代效应？

3. 比例税率、定额税率、累进税率的主要区别是什么？

4. 简述现代财政理论中的公平原则和效率原则。

5. 什么是宏观税负？衡量宏观税负水平是否适度的标志是什么？我国宏观税负的现状如何？

6. 简述税负转嫁的方式。税负转嫁的条件有哪些？

7. 拉弗曲线的内容是什么？请图示说明。

8. 依据不同的标准,如何对税收进行分类？

第七章 税收制度

本章导读

    税制改革

        流转税

            所得税

                其他税

    税收制度是国家各种税收法律、法规和征收管理办法的总称。它是国家向纳税人征税的法律依据。本章结合我国税制改革的基本情况，主要阐述流转税、所得税以及其他一些税种的内容。

第一节 税 制 改 革

    改革开放几十年来，我国税收制度几经重大改革，日趋完善。改革开放初期的税制改革是以适应对外开放需要、建立涉外税收制度为突破口的。1983 年和 1984 年又先后分两步实施国有企业"利改税"改革，把国家与企业的分配关系以税收的形式固定下来。1994 年，国家实施了新中国成立以来规模最大、范围最广、成效最显著、影响最深远的一次税制改革。这次改革围绕建立社会主义市场经济体制的目标，积极构建适应社会主义市场经济体制要求的税制体系。2003 年以来，按照科学发展观的要求，围绕完善社会主义市场经济体制和全面建设小康社会的目标，分步实施了农村税费改革，完善了货物和劳务税制、所得税制（如"营改增"）、财产税制等一系列税制改革和出口退税机制改革。

    几经变革，截至 2019 年 6 月 1 日，我国共有增值税、消费税、企业所得税、个人所得税、资源税、城镇土地使用税、房产税、城市维护建设税、耕地占用税、土地增值税、车辆购置税、车船税、印花税、契税、烟叶税、关税、船舶吨税、环境保护税等 18 个税种。其中，16 个税种由税务部门负责征收；关税和船舶吨税由海关部门征收，另外，进口货物的增值税、消费税也由海关部门代征。

一、有计划的商品经济时期的税制改革(1978—1993 年)

    这一时期的税制改革可分为涉外税制的建立、两步"利改税"方案的实施和 1984 年工商税制改革。

（一）涉外税制改革

1978—1982 年，是我国税制建设的恢复时期和税制改革的起步时期，从思想上、理论上为税制改革的推进做了大量突破性工作，打下理论基础。从 1980 年 9 月到 1981 年 12 月，为适应我国对外开放初期引进外资、开展对外经济合作的需要，第五届全国人大先后通过了《中外合资经营企业所得税法》《个人所得税法》和《外国企业所得税法》，对中外合资企业、外国企业继续征收工商统一税、城市房地产税和车船使用牌照税，初步形成了一套大体适用的涉外税收制度。

（二）第一步"利改税"

作为国有企业改革和城市经济改革的一项重大措施，1983 年，国务院决定在全国试行国营企业"利改税"，即第一步"利改税"，将新中国成立后实行了 30 多年的国营企业向国家上缴利润的制度改为缴纳企业所得税。这一改革从理论上和实践上突破了国营企业只能向国家缴纳利润、国家不能向国营企业征收所得税的禁区，成为国家与企业分配关系的一个历史性转折。

（三）第二步"利改税"和工商税制改革

为了加快城市经济体制改革的步伐，经第六届全国人大批准，国务院决定从 1984 年 10 月起在全国实施第二步"利改税"和工商税制改革，发布了关于国有企业所得税、国有企业调节税、产品税、增值税、营业税、盐税、资源税的一系列行政法规，成为我国改革开放之后第一次大规模的税制改革。此后，国务院又陆续发布了关于征收集体企业所得税、私营企业所得税、城乡个体工商业户所得税、个人收入调节税、城市维护建设税、奖金税（包括国有企业奖金税、集体企业奖金税和事业单位奖金税）、国有企业工资调节税、固定资产投资方向调节税、特别消费税、房产税、车船税、城镇土地使用税、印花税、筵席税等税收的法规。1991 年，第七届全国人大第四次会议将中外合资经营企业所得税法与外国企业所得税法合并为《外商投资企业和外国企业所得税法》。至此，我国工商税制共有 37 个税种，按照经济性质和作用，大致分为流转税、所得税、财产和行为税、资源税、特定目的税、涉外税、农业税七大类。

总之，这一时期全面改革了工商税制，建立了涉外税制，恢复和开征了一些新税种，税收调节经济的杠杆作用日益加强。

二、社会主义市场经济初期的税制改革（1994—2000 年）

1992 年党的"十四大"提出了建立社会主义市场经济的经济体制改革目标后，为适应市场经济的内涵要求，1994 年我国启动了新中国成立以来规模最大、范围最广、内容最深刻、力度最强的工商税制改革。

（一）全面改革流转税

以实行规范化的价外增值税为核心，相应设置消费税、营业税，建立新的流转税课税体系，对外资企业停止征收原工商统一税，实行新的流转税制。

（二）统一内资企业所得税

取消原来分别设置的国有企业所得税、国有企业调节税、集体企业所得税和私营企业所得税,同时,国有企业不再执行企业承包上缴所得税的包干制。

（三）统一个人所得税

取消原个人收入调节税和城乡个体工商业户所得税,对个人收入和个体工商户的生产经营所得统一执行修订后的《个人所得税法》,征收个人所得税。

（四）调整、撤并和开征其他一些税种

调整资源税、城市维护建设税和城镇土地使用税;取消集市交易税、牲畜交易税、烧油特别税、奖金税和工资调节税;开征土地增值税、证券交易印花税;盐税并入资源税,特别消费税并入消费税。此次税制改革后,税种设置由原来的 37 个减少到 23 个,初步实现了税制的简化、规范和高效统一。

三、社会主义市场经济完善期的税制改革（2001 年以来）

随着社会主义市场经济的不断完善,结合国内、国外客观经济形势的变化,我国又推行了以"费改税"、内外资企业所得税合并、增值税转型、营改增、个人所得税改革为主要内容的税制改革。

（一）"费改税"

即将一些具有税收特征的收费项目转化为税收。2000 年 10 月 22 日国务院颁布了《车辆购置税暂行条例》,自 2001 年 1 月 1 日起在全国范围内征收车辆购置税,取消车辆购置附加费。同时,为了切实减轻农民负担,中央决定从 2000 年开始在农村开展税费改革。农村税费改革过程中,根据"减轻、规范、稳定"的原则对农（牧）业税和农业特产税进行了调整,明确在 5 年内将逐步取消农业税。2006 年 3 月 14 日,第十届全国人大第四次会议通过决议,宣布在全国范围内彻底取消农业税。

（二）合并内外资企业所得税

为维护国家的税收主权,制定适应我国市场经济发展要求和国际发展趋势的企业所得税法,2007 年 3 月 16 日,第十届全国人大第五次会议审议通过了《企业所得税法》,结束了企业所得税法律制度对内外资分立的局面,逐步建立起一个规范、统一、公平、透明的企业所得税法律制度。

（三）增值税转型改革

增值税转型是指将我国之前的生产型增值税转为消费型增值税。世界上采用增值税税制的绝大多数市场经济国家,实行的都是消费型增值税。而我国在 1994 年税制改革中选择了生产型增值税。在生产型增值税税制下,企业所购买的固定资产所包含的增值税税金,不允许税前扣除;而如果实行消费型增值税,则意味着这部分税金可以在税前抵扣。转型之后可以减轻企业的税负,避免重复征税的问题,有利于鼓励企业进行产品更新换代。

经国务院批准,自 2004 年 7 月 1 日起,东北、中部等部分地区先后进行增值税转型改革试点,取得预期成效。为扩大国内需求,降低企业设备投资的税务负担,促进企业技术进步、产业结构调整和转变经济增长方式,会议决定自 2009 年 1 月 1 日起,在全国所有地区、所有行业推行增值税转型改革。

（四）完善消费税政策

我国自1994年开始征收消费税，当时的税目共涵盖11大类消费品：烟、酒、化妆品、护肤护发品、贵重首饰、汽油、柴油、汽车轮胎、摩托车、小汽车、烟花爆竹。为进一步增强消费税调节功能，促进环境保护、资源节约以及合理引导消费，2006年4月1日，我国对消费税进行了一次大规模的调整，内容包括：新增加高尔夫球及球具、高档手表、游艇、木制一次性筷子、实木地板等税目；增列成品油税目，原汽油、柴油税目作为此税目的两个子目，同时新增石脑油、溶剂油、润滑油、燃料油、航空煤油五个子目；取消护肤护发品税目；此外还调整了白酒、小汽车、摩托车、汽车轮胎等税目的税率。2008年和2009年，为了抑制汽油、柴油等燃料的消耗，我国首先提高了一部分大排量汽车的消费税税率，随后又大幅度提高成品油的税率。从2014年12月1日起，取消对汽车轮胎和酒精征收消费税。自2015年2月1日起对电池、涂料征收消费税，在生产、委托加工和进口环节征收，适用税率均为4%。2015年5月10日起，将卷烟的批发从价税税率由原来的5%提高到11%，烟草价格也随之上涨10%。同时，成品油消费税普遍上调。

（五）营业税改征增值税

1994年，税制改革施行对货物和劳务分别征收增值税和营业税制度，这种税制下增值税纳税人外购劳务所负担的营业税、营业税纳税人外购货物所负担的增值税，均不能抵扣，重复征税问题明显，不利于经济结构调整和现代服务业的发展。我国正处于加快转变经济发展方式的攻坚时期，大力发展第三产业，尤其是现代服务业，对推进经济结构调整和提高国家综合实力具有重要意义。

国务院决定，自2012年1月1日起，在上海市的交通运输业和部分现代服务业开展营业税改征增值税试点。同年9月到年底，试点分批扩大到北京、天津、江苏、浙江、安徽、福建、湖北、广东和厦门、深圳10个省（直辖市、计划单列市）。2013年8月，"营改增"在全国剩下的22个省、自治区、直辖市全面推行。同时，将广播影视的制作、放映和发行也纳入"营改增"范围。2014年1月1日起，将铁路运输和邮政业纳入营改增试点。2014年6月1日，将电信业纳入营改增试点。至此，"营改增"由点到面，已逐步扩大到全国范围的交通运输业、电信业、邮政业和部分现代服务业等行业。2016年5月1日起，营改增试点范围扩大到剩余的建筑业、房地产业、金融业、生活服务业，自此，现行营业税纳税人全部改征增值税。

资料7-1　营业税改征增值税

营业税曾属于流转税制中的一个主要税种。为进一步解决货物和劳务税制中的重复征税问题，完善税制制度，支持现代服务业的发展，国务院决定，自2012年1月1日起，在部分地区和行业开展深化增值税制度改革试点，将目前征收营业税的行业逐步地改为征收增值税。这是继2009年增值税转型改革之后的又一重要措施。营业税改增值税是我国结构减税的重要步骤，是财政支持经济发展的重大举措。

一、营改增试点的背景

增值税和营业税是我国之前税制结构中最为重要的两个流转税税种。增值税的征税范围覆盖了除建筑业之外的第二产业，营业税的征收则主要以第三产业为主。随着市场经济不断发展,原有的不同行业适用不同税种的税收体制逐步显示出其不合理性:一是重复征税影响生产效率的提高。营业税最大的缺陷是,商品每经一道流通环节需缴纳一次税,重复征收现象较为普遍。部分企业为尽量减少流转环节以避免重复征税,逐渐向混业经营方向发展,形成"多而全"的经营模式,不利于专业分工与集约化生产,造成生产效率降低。二是两税并行不利于改善税收管理。营业税与增值税并行征收,部分商品与劳务无法计入增值税体系进行税收抵扣,无法形成完整抵扣链条,不利于简化税制和改善管理。三是不利于服务业发展。当前世界大部分国家已经主要征收增值税,实行"出口零税率",由于我国服务业适用营业税,大部分服务含税出口,这不仅不利于我国第三产业发展,而且不利于与国际接轨。

鉴于以上分析,"营改增"有利于消除重复征税,完善税收制度;也有利于促进社会专业化分工、调整产业结构和提高国家综合实力。尤其在世界经济减速、国内经济降温的背景下,对于减轻企业负担、促进国民经济健康协调发展具有重大意义。因此,2011 年 11月,财政部、国家税务总局联合发布了《关于印发〈营业税改征增值税试点方案〉的通知》,明确了"营改增"的指导思想、基本原则以及改革试点的主要内容。

二、"营改增"的指导思想与基本原则

"营改增"的指导思想是:建立健全有利于科学发展的税收制度,促进经济结构调整,支持现代服务业发展。"营改增"的基本指导原则是:统筹设计、分步实施;规范税制、合理负担;全面协调、平稳过渡。

三、"营改增"试点的主要内容

"营改增"试点主要涉及几方面内容:一是主要产业方面,本次"营改增"主要选择交通运输与部分现代服务业两大行业作为改革试点。二是税率方面,在现有一档基本税率17%、一档优惠税率 13%的基础上,增加了 11%和 6%两档税率,交通运输业适用 11%税率,部分现代服务业中的研发和技术服务、信息技术服务、文化创意服务、物流辅助服务、鉴证咨询服务适用 6%税率,对出口劳务实行零税率。三是计税方式,规定交通运输业、建筑业、邮政运输业、现代服务业、文化体育业、销售不动产和转让无形资产,原则上适用增值税一般计税方法。金融保险业和生活性服务业,原则上适用简易计税方法。四是税收收入归属,试点期间保持现行财政体制基本稳定,原归属试点地区的营业税收入,改征增值税后收入仍归属试点地区,税款分别入库。因试点产生的财政减收,按现行财政体制由中央和地方分别负担。此外,有关文件还对纳税人、应税服务、纳税时间和地点等各项税制条款作出了相关规定。

四、营业税改征增值税的实施

由于营业税改征增值税涉及面较广,为保证改革顺利实施,国家选择了服务业门类齐全,辐射作用非常明显的上海、北京等省市进行试点以积累相关经验。2012 年 1 月 1日起,上海市选择交通运输业和研发技术服务、信息技术服务、文化创意服务、物流辅助服务、有形动产租赁服务、鉴证咨询服务六项现代服务业开展营业税改征增值税试点。

自 2012 年 8 月 1 日起,国务院决定将交通运输业和部分现代服务业营业税改征增值税试点范围,由上海市分批扩大至北京、天津、江苏、浙江、安徽、福建、湖北、广东和厦门、深圳 10 个省(直辖市、计划单列市)。自 2013 年 8 月 1 日起,将交通运输业和部分现代服

务业"营改增"试点在全国范围内推开,适当扩大部分现代服务业范围,将广播影视作品的制作、播映、发行等纳入试点。从 2014 年 1 月 1 日起,将铁路运输和邮政服务业纳入营业税改征增值税试点,至此交通运输业已全部纳入"营改增"范围。自 2014 年 6 月 1 日起,将电信业纳入营业税改征增值税试点范围。

营业税改征增值税试点实施以来,取得了较为明显的政策效果,有力地支持了相关产业的发展。截至 2014 年年底,全国"营改增"试点纳税人共计 410 万户,其中一般纳税人 76 万户,小规模纳税人 334 万户。全年有超过 95% 的试点纳税人因税制转换带来税负不同程度下降,减税 898 亿元;原增值税纳税人因进项税额抵扣增加,减税 1 020 亿元。从 2014 年新纳入"营改增"试点的行业看,铁路运输、邮政业分别实现改征增值税 363 亿元、11 亿元,与缴纳营业税相比,分别减税 8 亿元、4 亿元;电信业 6 至 12 月实现改征增值税 294 亿元,与缴纳营业税相比,增税 64 亿元,但为下游一般纳税人增加了税款抵扣。税务总局介绍,营改增的推进促进了经济的转型升级,其中一个体现就是促进企业通过主辅分离、专业化协作方式,优化业务结构。例如,广东已有 1/3 的纳税人实施服务业与第二产业的主辅分离,1/4 的纳税人将部分业务外包给其他公司。从"营改增"相关产业的税收看,也呈现持续快速增长态势。2014 年,信息传输、软件和信息技术服务业,租赁和商务服务业,广播影视服务业税收分别增长 11.7%、20.4% 和 13.4%。

在经济下行压力下,政府放弃了 2015 年"力争全面完成营改增"的计划,决定 2016 年全面推开"营改增"改革,进一步较大幅度减轻企业税负。2016 年 5 月 1 日起,"营改增"试点范围扩大到剩余的建筑业、房地产业、金融业、生活服务业,意味"营改增"全行业覆盖的实现。

（六）个人所得税改革

中共十一届三中全会以后,随着改革开放的深入,对外经济交往与合作的不断扩大,外籍人员到中国工作、提供劳务并取得各种收入的情况日益增多,为了维护我国税收权益,遵循国际惯例,需相应制定对个人所得征税的法律和法规。在此背景下,1980 年 9 月 10 日,第五届全国人民代表大会第三次会议通过《中华人民共和国个人所得税法》,我国的个人所得税制度开始建立。其后,随着经济社会形势的发展变化,国家对个人所得税制进行了几次重大调整。

1980 年通过的《个人所得税法》,征税对象包括中国公民和中国境内的外籍人员,但由于规定的免征额较高(每月或每次 800 元),而国内居民工资收入普遍很低,因此绝大多数国内居民不在征税范围之内。进入 20 世纪 80 年代中期,我国个人收入差距急剧扩大,为了有效调节社会成员收入水平的差距,1986 年 1 月,国务院发布了《城乡个体工商业户所得税暂行条例》,同年 9 月颁布了《个人收入调节税暂行条例》。国家规定对本国公民的个人收入统一征收个人收入调节税,免征额为 400 元,而外籍人士的 800 元标准并未改变,内外双轨的标准由此产生。这样,我国针对个人所得征税制度就形成了个人所得税、个体工商业户所得税、个人收入调节税三税并存的局面。

随着市场经济的确立,要求税法统一、税负公平、税制简化的呼声越来越高。为此,1993 年 10 月 31 日,第八届全国人民代表大会常务委员会第四次会议通过了《关于修改

〈中华人民共和国个人所得税法〉的决定》，对个人所得税法进行第一次修正，将原来的个人所得税、个人收入调节税和城乡个体工商业户所得税三项法规合并为《中华人民共和国个人所得税法》，1994 年 1 月 28 日，国务院配套发布了《中华人民共和国个人所得税法实施条例》，规定所有中国居民和有来源于中国所得的非居民，均应依法缴纳个人所得税，对工资、薪金所得每月定额扣除 800 元；对其他所得采取定额扣除 800 元或定率 20％扣除费用的办法。至此，初步建立起内外统一的个人所得税制度。

从 1996 年开始，我国经济进入回落周期，为了鼓励消费，拉动内需，刺激经济增长，1999 年 8 月 30 日，九届全国人大常委会第十一次会议第二次修正《中华人民共和国个人所得税法》，对个人取得的储蓄存款利息开征个人所得税，税率为 20％（2007 年该税率由 20％调减为 5％；2008 年暂免征收储蓄存款利息税）。当时个人所得税除了有 800 元的免征额，还有补贴项目免税扣除额，该补贴项目免税扣除额由各地根据当地经济发展情况自行制定。随着居民生活水平的不断提高，原有的费用扣除标准已经不能适应新形势的要求，2005 年 10 月 27 日，第十届全国人民代表大会常务委员会第十八次会议第三次修正个人所得税法，将个人所得税免征额提升至 1 600 元（自 2006 年 1 月 1 日起执行）；同时高收入者实行自由申报纳税。其后，随着居民收入的不断提高，国家对个人所得税免征额进行了密集调整。

2007 年 6 月 29 日，第十届全国人民代表大会常务委员会第二十八次会议对个人所得税法进行第四次修正。2007 年 12 月 29 日，十届全国人大常委会第三十一次会议对个人所得税法进行第五次修正，将个人所得税免征额由 1 600 元提升至 2 000 元（自 2008 年 3 月 1 日起执行）。为进一步降低中低收入者税收负担，强化税收对收入分配的调节作用，2011 年 6 月 30 日，第十一届全国人大常委会第二十一次会议对《个人所得税法》进行第六次修正，将个人所得税免征额由 2 000 元提升至 3 500 元（自 2011 年 9 月 1 日起执行）。此次修正对减除费用标准、税率表、申报时间等方面都进行了调整，使个人所得税法向着"提低、扩中、调高"的改革目标进一步完善。

2018 年 8 月 31 日，第十三届全国人民代表大会常务委员会第五次会议通过《关于修改〈中华人民共和国个人所得税法〉的决定》，对个人所得税法作出第七次修正。此次修改，建立了综合与分类相结合的个人所得税制，对部分劳动性所得实行综合征税，优化调整了税率结构，提高了综合所得基本减除费用标准，设立了专项附加扣除项目，并相应健全了个人所得税征管制度。2019 年 1 月 1 日起，新修改的《中华人民共和国个人所得税法》全面施行，取得"综合所得"或"经营所得"的纳税人，在 5 000 元的基本减除费用和"三险一金"专项扣除外，还可以依条件享受子女教育、继续教育、大病医疗、住房贷款利息或者住房租金、赡养老人等 6 项专项附加扣除。

为保证《个人所得税法》顺利实施，国务院对 1994 年制定的《个人所得税法实施条例》作了修改。修改的主要内容包括：加大对符合居民个人标准的境外人士税收优惠力度，以更好地吸引境外人才；为支持鼓励自主创业，对个体工商户等经营主体在计算经营所得时给予家庭生计必要支出减除；明确个人缴付符合国家规定的企业年金、职业年金，购买符合国家规定的商业健康保险、税收递延型商业养老保险的支出，以及国务院规定的其他项目可以依法扣除；优化与专项附加扣除政策相关的纳税服务，明确工资、薪金所得可以由扣缴义务人在扣缴税款时减除专项附加扣除,其他综合所得在汇算清缴时减除专项附加扣除,纳税人可以委托扣缴义务人或者其他单位和个人办理汇算清缴。

（七）资源税有序改革

1984 年起,我国开始采用普遍征收、从量定额计征的方式,对在我国境内从事原油、天然气、煤炭等矿产资源开采的单位和个人征收资源税。其主要目的是调节资源级差收入、体现资源有偿开采、促进资源节约使用。1994 年,我国对资源税进行了改革,国务院重新颁布了资源税暂行条例,进一步扩大征收范围,征税对象包括原油、天然气、煤炭、其他非金属矿原矿、黑色金属矿原矿、有色金属矿原矿和盐七大类,并实行从量定额征收办法。但随着我国经济的发展,这种计税方法已不适应经济发展和构建资源节约型社会的要求。为了进一步完善资源税制度,2010 年 6 月 1 日,我国率先在新疆开展原油、天然气资源税从价计征改革,税率均为 5%。随后,资源税改革范围不断扩大,改革品目不断增加:

（1）2010 年 12 月 1 日,油气资源税改革扩大到内蒙古、甘肃、四川、青海、贵州、宁夏等 12 个西部省区。

（2）2011 年 11 月 1 日,油气资源税改革推广至全国范围。

（3）2014 年 12 月 1 日,煤炭资源税从价计征改革全面实施,同时全面清理涉煤收费基金。

（4）2015 年 5 月 1 日,资源税从价计征改革覆盖稀土、钨、钼三个品目。

至此,资源税改革率先在原油、天然气、煤炭、稀土、钨和钼这六个品目实行从价计征,有效克服了原从量定额征收方式缺乏弹性和逆向调节的问题,也为资源税改革的全面推开奠定了基础。

2016 年 7 月 1 日起,资源税改革全面推进,具体内容有以下方面。

1. 实施矿产资源税从价计征改革

对《资源税税目税率幅度表》（见表 7-4）中列举名称的 21 种资源品目和未列举名称的其他金属矿实行从价计征;对经营分散、多为现金交易且难以控管的黏土、砂石,按照便利征管原则,仍实行从量定额计征;对《资源税税目税率幅度表》中未列举名称的其他非金属矿产品,按照从价计征为主、从量计征为辅的原则,由省级人民政府确定计征方式。

2. 扩大资源税征收范围

在河北省开展水资源费改税试点;各省级人民政府可以结合本地实际,根据森林、草场、滩涂等资源开发利用情况提出征收资源税的具体方案建议,报国务院批准后实施。

3. 全面清理涉及矿产资源的收费基金

将全部资源品目矿产资源补偿费费率降为零,停止征收价格调节基金,取缔地方针对矿产资源违规设立的各种收费基金项目。

4. 具体税率由各省在税率幅度内建议

对《资源税税目税率幅度表》中列举名称的资源品目,由省级人民政府在规定的税率幅度内提出具体适用税率建议,报财政部、国家税务总局确定核准;对未列举名称的其他金属和非金属矿产品,由省级人民政府根据实际情况确定具体税目和适用税率,报财政部、国家税务总局备案。

5. 资源税收优惠政策更多更灵活

对符合条件的采用填充开采方式采出的矿产资源,资源税减征 50%,对符合条件的衰竭期矿山开采的矿产资源,资源税减征 30%;对鼓励利用的低品位矿、废石、尾矿、废渣、废水、废气等提取的矿产品,由省级人民政府根据实际情况确定是否减税或免税,并制定具体办法。

资源税制改革有两大核心任务:从价计征和扩大征收范围。此次资源税改革充分体现了这一改革诉求。资源税从价计征方式有效完善税收与资源价格直接挂钩的调节机制,既有利于促进资源合理开发、保障资源产地财政利益,又能自动反映资源市场价格的变化、保护采矿企业的合法利益。资源税征税范围从仅限于与生产密切相关的矿产资源,进一步扩大到与生产、生活均密切相关的水、森林、草场、滩涂等生态资源,将有效提高自然资源的开发和利用。

（八）其他税种的改革

2006 年 4 月 28 日,国务院公布了《烟叶税暂行条例》,对烟叶的收购实行 20% 的比例税率。修改过的《城镇土地使用税暂行条例》于 2007 年 1 月 1 日起正式实施,将外商投资企业和外国企业纳入了城镇土地使用税的纳税人范围,同时根据社会经济的发展情况,提高了税额标准。2007 年 1 月 1 日《车船税暂行条例》正式实施,取代了 1986 年 9 月 15 日国务院发布的《车船使用税暂行条例》。我国的《车船税法》自 2012 年 1 月 1 日起施行,对节约能源的车辆、使用新能源的车辆,分别给予减征和免征车船税的税收优惠。

在房产税改革方面,试点多年后,2015 年 10 月 1 日起,重庆市正式开征个人住房房产税,对象是独栋商品住宅或建面单价超过 13 192 元的住房,以及在此间无户籍、无企业、无工作的个人新购的第二套(含)以上的普通住房。

2016 年 12 月 25 日,第十二届全国人大常委会第 25 次会议审议通过了《中华人民共和国环境保护税法》,自 2018 年 1 月 1 日起正式施行。2017 年 12 月 25 日,国务院公布了《中华人民共和国环境保护税法实施条例》,与税法同步实施。《环境保护税法》的出台有利于提高纳税人环保意识和遵从度,强化企业治污减排责任;有利于构建促进经济结构调整、发展方式转变的绿色税制体系,强化税收调控作用,提高全社会环境保护意识,推进生态文明建设和绿色发展。

改革开放 30 多年来,每一次重大经济社会改革,财税体制改革都是"先行军"。改革至今,剩下的任务都是更为艰巨的,其中最大的难题就是理顺中央和地方的关系。"建立事权和支出责任相适应的制度,适度加强中央事权和支出责任""调动各方面积极性,考虑税种属性,进一步理顺中央和地方收入划分"——"十三五"规划建议进一步明确了破解难题的方向。而"消费税、资源税、房地产税,这些都有希望成为地方税的主力财源。"

"十三五"是我国全面建成小康社会的决胜阶段。国家"十三五"规划建议明确提出:深化财税体制改革,建立健全有利于转变经济发展方式、形成全国统一市场、促进社会公平正义的现代财政制度,建立税种科学、结构优化、法律健全、规范公平、征管高效的税收制度。"十三五"期间,税制改革的总目标是建成现代税收制度。税制改革的基本方向是由间接税为主向直接税为主转化,即由现在主要在生产经营环节征税转向后端,在收入、消费、财富三个环节增加税收分布,以此促进和适应经济转型升级、鼓励创新创业和调节收入分配。在税制方面,要将建筑业、房地产业、金融业和生活服务业纳入试点范围,全面推开营改增改革;积极推进综合与分类相结合的个人所得税改革,加快建立健全个人收入和财产信息系统;在部分地区开展水资源费改税试点,加快推进环境保护税立法。还要完善消费税制度;全面实施资源税从价计征改革,清理相关收费基金。

第二节 流 转 税

流转税是以商品和劳务流转额为征收对象的税种的统称,亦称商品税或商品及劳务税。其计税依据是商品生产、流通环节的流转额或者数量以及非商品交易的流转额(营业额)。随着商品经济的发展,流转税成为各国税制中的主体税种,税收收入也成为政府财政收入的重要来源。第二次世界大战后,虽然在一些发达国家流转税的主体地位被所得税取代,但就全球而言,流转税仍是许多国家的主体税种。我国目前的流转税体系包括增值税、消费税和关税。

一、增值税

(一)增值税的概念与特点

增值税是对商品(含应税劳务和应税服务)在流转过程中产生的增值额征收的一个税种,1954 年在法国首先推行。我国于 1979 年引进增值税并开始进行试点。1984 年 9 月 18 日,国务院发布了《中华人民共和国增值税条例(草案)》,标志着增值税作为一个法定的独立税种在我国正式建立。随着社会主义市场经济体制目标在我国的确立,原增值税已不能适应新形势的要求。1993 年 12 月 13 日,国务院发布了《中华人民共和国增值税暂行条例》,12 月 25 日,财政部颁发了《中华人民共和国增值税暂行条例实施细则》,自 1994 年 1 月 1 日起施行。现行增值税是我国现阶段税收收入最大的税种。

与其他流转税相比,增值税有以下特点。

1. 税基广阔,具有征收的普遍性和连续性

无论工业企业、商业企业或是劳务服务活动,只要有增值收入就要缴纳增值税;每一货物无论经过多少生产经营环节,都要按各道环节上发生的增值税额逐次征税。

2. 逐环节征税,逐环节扣税

增值税实行从生产到消费道道征税的原则,只要这一个环节有增值,就征一道增值税,通过税额抵扣仅就增值额部分征税。纳税人的增值税额,是以本环节的销项税金抵扣上一个环节的进项税金计算得出的,这种税额抵扣便实现了增值税商品流转过程中的增值额征税,因而克服了原产品税重复征税的现象。

3. 具有中性税收的特征

所谓中性,即国家税收政策应当尽量避免对生产和流通进行干预而造成的扭曲。增值税的对增值额征税避免了重复征税;增值税的税率单一,对各行各业采取一致税负,因而不会对生产者的生产和决策造成影响。

（二）增值税的类型

根据对外购固定资产所含税金扣除方式的不同,增值税可以分为生产型增值税、收入型增值税和消费型增值税三种类型。

生产型增值税是指计税依据中不准许抵扣任何购进固定资产的价款。从国民经济整体看,计税依据相当于国民生产总值,故称为生产型增值税。增值额中未扣除固定资产价值,使固定资产价值部分重复征税。生产型增值税不能扣除固定资产,实现财政收入的意义最大。

收入型增值税是指只准许抵扣当期应计入产品成本的折旧部分。从国民经济整体来说,计税依据相当于国民收入,故称为收入型增值税。相对于生产型增值税而言,收入型增值税较为科学,但收入型增值额中依然还包含着其他资本性支出,这些资本性支出也存在着重复计税问题。收入型增值税的税基较生产型增值税稍窄,对经济增长的影响呈中性。收入型增值税只是在计税时扣除折旧额,对政府收入影响略小。

消费型增值税是指准许一次全部抵扣当期购进的用于生产应税产品的固定资产价款。这种类型的增值税最能体现增值税的计税原理,是最典型的增值税。从国民经济整体来说,其计税依据相当于全部消费品的价值,税基较窄,具有抑制消费、刺激投资、促进资本形成和经济增长的作用。西方国家多采用这种类型的增值税。消费型增值税可以在购入固定资产时全额扣除,鼓励投资的意义最大。

从政府角度来看,由于消费型增值税可以在购入固定资产时就全额扣除,因此,对政府的直接收入影响最大。收入型增值税只是在计税时扣除折旧额,对政府收入影响略小。生产型增值税不能扣除固定资产,因此,可以最大限度地保证政府的当期收入。部分发展中国家处于财政方面的考虑,选择了生产型增值税。但由于生产型增值税不能根除重复征税问题,所以,当经济发展到一定阶段或财政较为充裕时,都可能改为收入型或消费型增值税。目前,世界上140多个实行增值税的国家中,绝大多数实行消费型增值税。我国自1994年税制改革以来,一直实行生产型增值税。自2009年1月1日起在全国范围内实行增值税转型改革,由生产型增值税转变为消费型增值税。

资料7-2　增值税转型改革

1994年,我国选择采用生产型增值税,一方面是出于财政收入的考虑,另一方面则为了抑制投资膨胀。随着我国经济社会环境的发展变化,推进增值税转型改革的必要性日益突出。为此,中共十六届三中全会明确提出要适时实施这项改革。

从2004年7月1日起,增值税转型试点首先在东北三省的装备制造业、石油化工业等八大行业进行。2007年7月1日起,将试点范围扩大到中部六省26个老工业基地城市的电力业、采掘业等八大行业。2008年7月1日,又将试点范围扩大到内蒙古自治区东部五个盟市和四川汶川地震受灾严重地区。

除四川汶川地震受灾严重地区以外,其他试点地区实行的试点办法的主要内容是:对企业新购入的设备所含进项税额,先抵减欠缴增值税,再在企业本年新增增值税的额度内抵扣,未抵扣完的进项税余额结转下期继续抵扣。据统计,截至2007年年底,东北和中部转型试点地区新增设备进项税额总计244亿元,累计抵减欠缴增值税额和退给企业增值税额 186 亿元。试点工作运行顺利，有力地推动试点地区经济发展、设备更新和技术改造，也为全面推开增值税转型改革积累了丰富的经验。

2008 年 11 月 5 日，国务院决定，自 2009 年 1 月 1 日起，在全国所有地区、所有行业推行增值税转型改革。改革的主要内容是：

(1) 全国所有增值税一般纳税人新购进设备所含的进项税额可以计算抵扣。

(2) 购进的应征消费税的小汽车、摩托车和游艇不得抵扣进项税。

(3) 取消进口设备增值税免税政策和外商投资企业采购国产设备增值税退税政策。

(4) 小规模纳税人征收率降低为 3%。

(5) 将矿产品增值税税率从 13% 恢复到 17%。

与试点办法相比，此次全国增值税转型改革方案在三个方面作了调整：一是企业新购进设备所含进项税额不再采用退税办法，而是采取规范的抵扣办法，企业购进设备和原材料一样，按正常办法直接抵扣其进项税额；二是转型改革在全国所有地区推开，取消了地区和行业限制；三是为了保证增值税转型改革对扩大内需的积极效用，转型改革后企业抵扣设备进项税额时不再受其是否有应交增值税增量的限制。

适用转型改革的对象是增值税一般纳税人，改革后这些纳税人的增值税负担会普遍下降，而规模小、财务核算不健全的小规模纳税人（包括个体工商户），由于是按照销售额和征收率计算缴纳增值税且不抵扣进项税额，其增值税负担不会因转型改革而降低。现行政策规定，小规模纳税人按工业和商业两类分别适用 6% 和 4% 的征收率。因此，为了平衡小规模纳税人与一般纳税人之间的税负水平，促进中小企业的发展和扩大就业，大幅下调了小规模纳税人的征收率。此举将减轻中小企业税收负担，为中小企业提供一个更加有利的发展环境。

1994 年税制改革时，部分矿产品仍实行计划价格和计划调拨、历史遗留问题较多，经国务院批准，1994 年 5 月起将金属矿、非金属矿采选产品的税率由 17% 调整为 13%。这一政策对采掘业的稳定和发展起到了一定的作用，但也出现一些问题。一是对不可再生的矿产资源适用低税率，不符合资源节约、环境保护的要求；二是减少了资源开采地的税收收入，削弱资源开采地提供公共产品的能力；三是矿产资源基本都作为原料使用，矿山企业少交的增值税因下个环节减少进项税额而补征回来，政策效果并不明显；四是导致征纳双方要对这类适用低税率的货物与其他货物划分，增大征收和纳税成本。增值税转型改革后，矿山企业外购设备将纳入进项税额的抵扣范围，整体税负将有所下降，为公平税负，规范税制，促进资源节约和综合利用，需要将金属矿、非金属矿采选产品的增值税税率恢复到 17%。

进口设备免征增值税政策是在我国实行生产型增值税的背景下出台的，主要是为了鼓励相关产业扩大利用外资，引进国外先进技术。但在执行中也反映出一些问题，主要有：进口免税设备范围较宽，不利于自主创新、设备国产化和我国装备制造业的振兴；内资企业进口设备的免税范围小于外资企业，税负不公。转型改革后，企业购买设备，企业购买设备，不管是进口的还是国产的，其进项税额均可以抵扣，原有政策已经可以用新的方式替代，原来对进口设备免税的必要性已不复存在，这一政策应予停止执行。外商投资企业采购国产设备增值税退税政策也是在生产型增值税和对进口设备免征增值税的背景下出台的。由于转型改革后，这部分设备一样能得到抵扣，因此，外商投资企业采购国产设备增值税退税政策也相应停止执行。

增值税转型对于保持我国经济平稳较快发展有着重大意义。

增值税转型改革，允许企业抵扣其购进设备所含的增值税，可以消除我国在生产型增值税制下产生的重复征税因素，降低企业设备投资的税收负担，有利于鼓励投资和扩大内需，促进企业技术进步、产业结构调整和经济增长方式的转变。在维持现行税率不变的前提下，是一项重大的减税政策。同时，它也是积极财政政策的重要组成部分。

受美国次贷危机引发的金融危机影响，2008 年开始，全球经济增长出现明显放缓势头，一些国家甚至出现经济衰退的迹象，金融危机正在对实体经济产生重大不利影响。在这种形势下，适时推出增值税转型改革，对于增强企业发展后劲，提高我国企业竞争力和抗风险能力，克服国际金融危机对我国经济带来的不利影响具有十分重要的作用。

（三）增值税的纳税人

在中华人民共和国境内销售货物或者加工、修理修配劳务，销售服务、无形资产、不动产以及进口货物的单位和个人，为增值税的纳税人。单位是指企业、行政单位、事业单位、军事单位、社会团体及其他单位；个人是指个体工商户和其他个人。

纳税人分为一般纳税人和小规模纳税人。划分依据主要是纳税人的会计核算是否健全，是否能够提供准确的税务资料以及企业规模的大小。应税行为的年应征增值税销售额（以下称应税销售额）超过财政部和国家税务总局规定标准的纳税人为一般纳税人，未超过规定标准的纳税人为小规模纳税人。年应税销售额超过规定标准的其他个人不属于一般纳税人。年应税销售额超过规定标准但不经常发生应税行为的单位和个体工商户可选择按照小规模纳税人纳税。年应税销售额未超过规定标准的纳税人，会计核算健全，能够提供准确税务资料的，可以向主管税务机关办理一般纳税人资格登记，成为一般纳税人。除国家税务总局另有规定外，一经登记为一般纳税人后，不得转为小规模纳税人。虽然都被要求注册登记，但一般纳税人按增值税正常征管机制纳税，即适用正常的法定税率，允许开具增值税专用发票，可抵扣进项税额；小规模纳税人则适用简易征收办法，即按照简易征收率计算应纳税额，只能开具普通发票，不允许开具增值税专用发票（只能由税务机关代开）和抵扣进项税额。

具体标准：一般纳税人是指年应税销售额超过 500 万元的企业、企业性单位及个体工商户等。小规模纳税人则是年应税销售额 500 万元（含 500 万元）以下的企业、企业性单位及个体工商户等。非企业性单位和不经常发生应税行为的企业视同小规模纳税人。

（四）增值税的课税对象

增值税的课税对象包括销售或进口货物，提供加工修理修配劳务，销售服务、无形资产或者不动产。实务中属于征收范围的特殊项目包括货物期货、银行销售金银的业务、典当业的死当物品销售业务和寄售业代委托人销售寄售物品的业务、电力公司向发电企业收取的过网费。

（五）增值税税率和征收率

1. 增值税税率

我国增值税采用比例税率,2019 年 4 月 1 日后,设有 13％、9％、6％和 0 四档税率。

（1）13％税率。该税率适用于一般纳税人销售或进口货物、提供加工和修理修配劳务、提供有形动产融资租赁与经营租赁服务。

（2）9％低税率。该税率适用于一般纳税人销售农产品(含粮食)、自来水、暖气、石油液化气、天然气、食用植物油、冷气、热水、煤气、居民用煤炭制品、食用盐、农机、饲料、农药、化肥、农膜、沼气、二甲醚、图书、报纸、杂志、音像制品、电子出版物等,提供交通运输服务、邮政服务、基础电信服务、建筑服务、不动产融资租赁和经营租赁服务,销售不动产,转让土地使用权。

（3）6％低税率。该税率适用于一般纳税人提供有形动产租赁服务外的现代服务业、增值电信服务、金融服务和生活服务。其中,有形动产租赁服务外的现代服务包括:研发技术服务、信息服务技术、文化创意服务、物流辅助服务、鉴证咨询服务、广播影视服务、商务辅助服务及其他现代服务。生活服务包括:文化体育服务、教育医疗服务、旅游娱乐服务、餐饮住宿服务、居民日常服务及其他生活服务。

（4）0 税率。该税率适用于出口货物和跨境销售国务院规定范围内的服务、无形资产。

从税率来看,我国增值税的标准税率在世界上 160 多个实施增值税的国家和地区属于中游水平。

2. 增值税的征收率

小规模纳税人以及选择简易计税的一般纳税人计算税款时使用征收率。征收率设有 3％和 5％两档,一般是 3％,财政部和国家税务总局另有规定的除外。此外,还有两个优惠的情况:一是个人出租住房,按照 5％的征收率减按 1.5％计算应纳税额;二是销售自己使用过的固定资产、旧货,按照 3％征收率减按 2％征收。

国务院决定,自 2019 年 1 月 1 日起,对主要包括小微企业、个体工商户和其他个人的小规模纳税人,将增值税起征点由月销售额 3 万元提高到 10 万元,实施期限暂定 3 年。

（六）增值税应纳税额的计算

目前,我国增值税的计算方法可分为一般纳税人应纳税额的计算,小规模纳税人应纳税额的计算,进口货物应纳税额的计算。

（1）一般纳税人在计算增值税应纳税额时,实行发票扣税法。其计算公式为:

$$应纳税额 = 当期销项税额 - 当期进项税额$$
$$销项税额 = 当期销售额 \times 适用增值税税率$$

（2）小规模纳税人应纳税额的计算公式为:

$$应纳税额 = 销售额 \times 征收率$$

由于小规模纳税人销售货物只能开具普通发票,上面标明的是含税价格,需换算为不含税销售额。其计算公式为:

不含税销售额 ＝ 含税销售额 ÷（1＋征收率）

一般销售方式下的销售额正确计算应纳增值税额，需要首先核算准确作为增值税计税依据的销售额。销售额是指纳税人销售货物或者提供应税劳务向购买方（承受应税劳务也视为购买方）收取的全部价款和价外费用，但是不包括收取的销项税额。

价外费用（实属价外收入）是指价外向购买方收取的手续费、补贴、基金、集资费、返还利润、奖励费、违约金（延期付款利息）、包装费、包装物租金、储备费、优质费、运输装卸费、代收款项、代垫款项及其他各种性质的价外收费。

（3）进口货物应纳增值税额的计算公式为：

$$进口货物应纳增值税额 ＝ 组成计税价格 × 适用增值税税率$$
$$组成计税价格 ＝ 关税完税价格 ＋ 关税 ＋ 消费税$$

纳税人进口货物，按照组成计税价格和适用税率计算应纳增值税额，不得抵扣任何税额，即在计算进口环节的应纳增值税额时，不得抵扣发生在我国境外的各种税金。进口货物增值税税率与增值税一般纳税人在国内销售同类货物的税率相同。

进口货物增值税的组成计税价格中包括已纳关税税额，如果进口货物属于消费税应税消费品，其组成计税价格中还要包括进口环节已纳消费税额。一般贸易项下进口货物的关税完税价格是指以海关审定的成交价格为基础的到岸价格。

二、消费税

（一）消费税的概念与特点

消费税是对我国境内生产、委托加工和进口应税消费品征收的一种税。它是 1994 年我国税制改革在流转税制中新设置的一个税种。消费税与增值税相配合，形成双层次调节，即增值税发挥普遍调节作用，保证财政收入的稳定增长；消费税作为特殊调节税种，选择少数消费品再征收一道消费税，目的是调节产品结构、引导消费方向、增加财政收入。按照税收理论分析，消费税的税款最终由消费者承担。

与其他流转税相比，消费税具有以下特点。

1. 征收范围具有较强的选择性

消费税的征收范围是根据国家的产业政策、消费政策的要求，有选择地对部分消费品征收的。征收范围具有弹性，可根据经济情况及消费结构变化进行调整。

2. 征收环节单一

只在生产销售环节和进口环节征税。

3. 实行差别较大的比例税率或定额税率

消费税税率的设计有明显的政策意图，现有税率中，比例税率最高 56％，最低 1％。

4. 从价定率与从量定额征收

在计税方法上，除主要实行从价定率征收外，对某些价格差异不大、计量单位规范的消费品实行从量定额征收。卷烟、白酒实行从量定额和从价定率相结合的复合计税办法。

（二）消费税的纳税人

在中华人民共和国境内生产、委托加工和进口应税消费品的单位和个人，为消费税纳税义务人。

（三）消费税的课税对象

消费税的课税对象为生产、委托加工和进口的应税消费品，具体包括 15 个税目，① 烟；② 酒；③ 高档化妆品；④ 贵重首饰及珠宝玉石；⑤ 鞭炮、焰火；⑥ 成品油；⑦ 摩托车；⑧ 小汽车；⑨ 高尔夫球及球具；⑩ 高档手表；⑪ 游艇；⑫ 木制一次性筷子；⑬ 实木地板；⑭ 电池；⑮ 涂料。

（四）消费税的税率

我国现行消费税对不同的应税消费品采用了三种税率形式：一是对一些供求基本平衡、价格差异不大、计量单位规范的消费品采用定额税率，有利于简化征纳手续，稳定税收负担。适用的有黄酒、啤酒、汽油、柴油四种液体消费品。二是对白酒、卷烟实行从量定额和从价定率相结合的复合计税办法。白酒的定额税率为每千克 1 元，比例税率为 20%；卷烟的定额税率为 0.003 元/支，比例税率为甲类卷烟 56%，乙类卷烟 36%。三是对其他应税消费品选择了价税联动、差别较大的比例税率，有利于平衡不同价格的消费品之间的税收负担。

（五）消费税应纳税额的计算

在正常销售情况下，实行从价定率计征办法的应税消费品以销售额为计税依据。即：

$$应纳税额＝应税消费品的销售额×消费税税率$$

企业外销应税消费品，实行从量定额计征的，其计税依据是应税消费品的实际销售数量。其应纳税额的计算公式为：

$$应纳税额＝销售数量×单位税额$$

在确定销售数量时，如果实际销售的计量单位与《消费税税目（税额）表》规定的计量单位不一致时，应按规定标准进行换算。

复合计税办法下的应税消费品应纳税额为：

$$应纳税额＝销售数量×定额税率＋销售额×比例税率$$

三、关税

（一）关税的概念与特点

关税是对进出国境或关境的商品征收的一种税。国境是一个主权国家全面行使主权的境域，包括领土、领海、领空。关境，是指海关征收关税的领域。一般情况下一国的关境与国境是一致的。若在国境内设有免征关税的自由港或自由贸易区时，关境就小于国境。当几个国家结成关税同盟时，成员国之间货物进出国境不征收关税，只对来自和运往非同盟成员国的货物进出共同关境时征收关税，这时各成员国的关境就大于国境。我国海关除关税外，还代征某些国内税费，如代国家税务机关征收进口环节的增值税、消费税等；代交通部门征收船舶吨税等，这些税费都不是关税，称为代征税。征收关税的目的：一是筹集财政收入；二是保护民族经济，促进本国的对外贸易。

关税依据不同的标志可以进行不同的划分：① 以通过关境的流动方向划分，关税可分为进口税、出口税和过境税。进口税是海关对进入本国的货物或物品征收的关税；出口税是海关对输出本国的货物或物品征收的关税;过境税是对外国运经本国关境到另一国家的货物征收的一种关税,目前只有极少数国家征收过境税。② 以关税的计征方式划分,关税可分为从量税、从价税、复合关税、选择性关税。从量税是以征税对象的数量为标准,按每单位数量预先制定的应纳税额计征的关税;从价税是以征税对象的价格为标准,按一定比例的税率进行计征的关税;复合关税是对同一种货物同时制定从价、从量两种税率,分别计算税额,以两个税额之和作为应征税额的关税;选择性关税是对同一种货物在税则中规定从价、从量两种税率,在征税时选择其中一种来征收的关税。为免因物价波动而影响关税收入,可就高税额征收;也可以就低税额征收。此外,以关税的差别划分,关税还可以分为歧视关税(反倾销税、反补贴税、报复关税)和优惠关税(互惠关税、特惠关税、最惠国关税、普遍优惠制关税)等。

关税的特点主要表现如下。

1. 以进出国境或关境的货物为征税对象

关税的征税对象是进出国境、关境的货物。根据我国征收关税的有关法规,这种货物分为两大类:属于外贸进出口的,称为货物;属于入境旅客携带的、个人邮寄的、运输工具服务人员携带的以及用其他方式进口个人自用的,称为物品。它们同以销售额、所得额、财产额等为征税对象的其他税种不同。

2. 执行统一的对外经济政策

关税是国家的一个重要税种,它不仅是为了取得财政收入,更重要的是贯彻统一的对外经济政策和实现其他政治经济目的。在我国现阶段,需要实行保护国内幼稚产业的保护关税政策,关税被用来争取实现平等互利的对外贸易,保护并促进国内工业生产发展,为社会主义现代化建设服务。关税具有很强的涉外性。

3. 征收关税与海关的其他职责密切相关

监督管理、征收关税、查缉走私是我国海关的三项基本任务,而且是统一的、有机联系的,缺一不可的。

(二)关税的纳税人

我国 2004 年 1 月 1 日实施的《中华人民共和国进出口关税条例》规定,我国关税的纳税人为进口货物的收货人、出口货物的发货人、进境物品的所有人,承担纳税义务。在外贸企业逐步实行进出口业务代理制度以后,由外贸企业代理进出口业务的,该外贸企业为纳税人;自营进出口业务的,仍由收、发货人自行申报,缴纳关税。

(三)关税的课税对象

我国关税的征税对象是进出国境或关境的商品。一是贸易性商品,是我国的进出口机构向外国出售或从外国进口的商品;二是非贸易性商品,包括旅客随身携带的行李物品、个人邮寄物品、各种运输工具上的服务人员携带进口的自用物品和馈赠物品,以及以其他方式进入国境的个人物品。出口货物一般不征税,仅对少量货物征收出口关税。

(四)关税的税率

根据关税条例规定,关税的税率分为进口税率、出口税率和暂定税率。

1. 进口税率

我国的进口关税税率设置最惠国税率、协定税率、特惠税率、普通税率和关税配额税率。对进口货物在一定期限内可以实行暂定税率。

原产于共同适用最惠国待遇条款的世界贸易组织成员的进口货物,原产于与中国签订含有相互给予最惠国待遇条款的双边贸易协定的国家或地区的进口货物,以及原产于中国境内的进口货物,适用最惠国税率。原产于与中国签订含有关税优惠条款的区域性贸易协定的国家或地区的进口货物,适用协定税率。原产于与中国签订含有特殊关税优惠条款的贸易协定的国家或地区的进口货物,适用特惠税率。原产于以上所列以外国家或地区的进口货物,以及原产地不明的进口货物,适用普通税率。按照国家规定实行关税配额管理的进口货物,关税配额内的,适用关税配额税率。任何国家或地区违反与中国签订或者共同参加的贸易协定及相关协定,对中国在贸易方面采取禁止、限制、加征关税或者其他影响正常贸易的措施的,对原产于该国家或地区的进口货物可以征收报复性关税,适用报复性关税税率。

2. 出口税率

出口关税设置出口税率。对出口货物在一定期限内可以实行暂定税率。

3. 暂定税率

适用最惠国税率的进口货物有暂定税率的,应当适用暂定税率;适用协定税率、特惠税率的进口货物有暂定税率的,应当从低适用税率;适用普通税率的进口货物,不适用暂定税率。适用出口税率的出口货物有暂定税率的,应当适用暂定税率。

（五）关税应纳税额的计算

关税应纳税额的计算公式为:

$$应纳税额 = 单位完税价格 \times 应税进出口货品数量 \times 适用税率$$

进口货物以海关审定的成交价格为基础的到岸价格（CIF 价格）作为计税依据。到岸价格包括货价加上货物运抵中华人民共和国关境内输入地点起卸前的包装费、运费、保险费和其他劳务费用等。成交价格不能确定时,完税价格由海关依法估定。

出口货物完税价格是指海关审定的成交价格为基础的对外离岸价格扣除出口关税后的金额,即:

$$完税价格 = \frac{离岸价格}{1 + 出口税率}$$

第三节　所　得　税

所得税是以所得额为征税对象的税种的总称。政府对所得课税,具有筹集公共财政收入、稳定经济和公平社会成员之间的分配差距等重要功能,因此,所得税系是政府税制体系中的主体税系。我国所得税课税体系包括企业所得税和个人所得税。

一、企业所得税

企业所得税是对我国境内除个人独资企业和合伙企业以外的企业和其他组织,就其应税收入而征收的一种税。

（一）企业所得税的纳税人

在中华人民共和国境内，企业和其他取得收入的组织（以下统称企业）为企业所得税的纳税人，依法缴纳企业所得税。企业分为居民企业和非居民企业。这里，居民企业是指依法在中国境内成立，或者依照外国（地区）法律成立但实际管理机构在中国境内的企业。非居民企业是指依照外国（地区）法律成立且实际管理机构不在中国境内，但在中国境内设立机构、场所的，或者在中国境内未设立机构、场所，但有来源于中国境内所得的企业。

居民企业应当就其来源于中国境内、境外的所得缴纳企业所得税。非居民企业在中国境内设立机构、场所的，应当就其所设机构、场所取得的来源于中国境内的所得，以及发生在中国境外但与其所设机构、场所有实际联系的所得，缴纳企业所得税。非居民企业在中国境内未设立机构、场所的，或者虽设立机构、场所但取得的所得与其所设机构、场所没有实际联系的，应当就其来源于中国境内的所得缴纳企业所得税。

（二）企业所得税的税率

企业所得税实行 25% 的比例税率。非居民企业在中国境内未设立机构、场所的，或者虽设立机构、场所但取得的所得与其所设机构、场所没有实际联系的，应当就其来源于中国境内的所得缴纳企业所得税，适用税率为 20%。居民企业中符合条件的小型微利企业，减按 20% 的税率征收企业所得税。国家重点扶持的高新技术企业，减按 15% 的税率征收企业所得税。自 2018 年 1 月 1 日起，对经认定的技术先进型服务企业（服务贸易类），减按 15% 的税率征收企业所得税。

（三）企业所得税应纳税额的计算

企业所得税采用按年计算，按月或按季预缴，年终汇算清缴，多退少补的征收办法。应纳税额是企业依照税法规定向国家缴纳的税款。其计算公式为：

$$应纳税额＝应纳税所得额×适用税率$$

企业每一纳税年度的收入总额，减除不征税收入、免税收入、各项扣除以及允许弥补的以前年度亏损后的余额，为应纳税所得额。用公式表示为：

$$应纳税所得额＝收入总额－不征税收入、免税收入、各项扣除以及允许弥补的以前年度亏损的金额$$

1. 收入总额的确定

收入总额是指企业以货币形式和非货币形式从各种来源取得的收入。包括销售货物收入，提供劳务收入，转让财产收入，股息、红利等权益性投资收益，利息收入，租金收入，特许权使用费收入，接受捐赠收入和其他收入。收入总额中的下列收入为不征税收入：财政拨款；依法收取并纳入财政管理的行政事业性收费、政府性基金和国务院规定的其他不征税收入。

企业的下列收入为免税收入：国债利息收入，符合条件的居民企业之间的股息、红利收入，在中国境内设立机构、场所的非居民企业从居民企业取得与该机构、场所有实际联系的股息、红利收入，符合条件的非营利公益组织的收入等。

2. 扣除项目

企业实际发生的与取得收入有关的、合理的支出，包括成本、费用、税金、损失和其他支出，准予在计算应纳税所得额时扣除。企业发生的公益性捐赠支出，在年度利润总额

12%以内的部分,准予在计算应纳税所得额时扣除。

在计算应纳税所得额时,下列支出不得扣除:① 向投资者支付的股息、红利等权益性投资收益款项。② 企业所得税税款。③ 税收滞纳金。④ 罚金、罚款和被没收财物的损失。⑤ 不符合扣除规定的捐赠支出。⑥ 赞助支出。⑦ 未经核定的准备金支出。⑧ 与取得收入无关的其他支出。

在计算应纳税所得额时,企业按照规定计算的固定资产折旧,准予扣除。下列固定资产不得计算折旧扣除:① 房屋、建筑物以外未投入使用的固定资产。② 以经营租赁方式租入的固定资产。③ 以融资租赁方式租出的固定资产。④ 已足额提取折旧仍继续使用的固定资产。⑤ 与经营活动无关的固定资产。⑥ 单独估价作为固定资产入账的土地。⑦ 其他不得计算折旧扣除的固定资产。

在计算应纳税所得额时,企业按照规定计算的无形资产摊销费用,准予扣除。下列无形资产不得计算摊销费用扣除:自行开发的支出已在计算应纳税所得额时扣除的无形资产,自创商誉,与经营活动无关的无形资产,其他不得计算摊销费用扣除的无形资产。在计算应纳税所得额时,企业按照规定摊销的长期待摊费用准予扣除,包括:已足额提取折旧的固定资产的改建支出,租入固定资产的改建支出,固定资产的大修理支出,其他应当作为长期待摊费用的支出。

企业对外投资期间,投资资产的成本在计算应纳税所得额时不得扣除。企业使用或者销售存货,按照规定计算的存货成本,准予在计算应纳税所得额时扣除。企业转让资产,该项资产的净值,准予在计算应纳税所得额时扣除。

收入及扣除的具体范围、标准和资产的税务处理的具体办法,由国务院财政、税务主管部门规定。

企业在汇总计算缴纳企业所得税时,其境外营业机构的亏损不得抵减境内营业机构的盈利。企业纳税年度发生的亏损,准予向以后年度结转,用以后年度的所得弥补,但结转年限最长不得超过 5 年。国家对小型微利企业实施所得税优惠政策,按照年应纳税所得额减半征税。自 2010 年 1 月 1 日至 2019 年 1 月 1 日,连续 8 次调整,不断放宽可享受企业所得税优惠的小型微利企业标准(减半征税上限),同时加大所得税优惠力度,如表 7-1 所示。

表 7-1

小型微利企业所得税优惠政策调整情况

调整生效时间	减按征税上限	优惠措施
2010 年 1 月 1 日	≤3 万元	
2012 年 1 月 1 日	≤6 万元	
2014 年 1 月 1 日	≤10 万元	
2015 年 1 月 1 日	≤20 万元	年应纳税所得额减半征税
2015 年 10 月 1 日	≤30 万元	
2017 年 7 月 1 日	≤50 万元	
2018 年 1 月 1 日	≤100 万元	

（续表）

调整生效时间	减按征税上限	优惠措施
2019 年 1 月 1 日	≤300 万元	不超过 100 万元的部分,减按 25% 计入应纳税所得额
		超过 100 万元但不超过 300 万元的部分,减按 50% 计入应纳税所得额

二、个人所得税

个人所得税是政府通过税收对个人收入进行调节,增加财政收入的一种手段。它最早于 1799 年在英国创立,目前世界上已有 140 多个国家开征了这一税种。

（一）个人所得税的概念与特点

个人所得税是对个人（自然人以及具有自然人性质的企业）取得的各项应税所得征收的一种税。我国个人所得税主要有以下特点。

1. 实行综合与分类征收相结合

世界各国的个人所得税制大体可分为三种类型:分类所得税制、综合所得税制和混合所得税制。我国现行个人所得税采用的是综合与分类相结合的混合所得税制。我国现行个人所得税将个人取得的各种所得划分为 9 类,居民个人取得的综合所得（包括工资、薪金所得,劳务报酬所得,稿酬所得,特许权使用费所得）按纳税年度合并计算个人所得税;其余项目分别适用不同的费用减除规定、不同的税率和不同的计税方法分类课征。

2. 累进税率与比例税率并用

分类所得税制一般采用比例税率,综合所得税制通常采用累进税率。比例税率计算简便,便于实行源泉扣缴;累进税率可以合理调节收入分配,体现公平。我国现行个人所得税根据各类个人所得的不同性质和特点,将这两种形式的税率综合运用于个人所得税制。其中,对综合所得、经营所得采用累进税率,实行量能负担。对利息、股息、红利所得、财产租赁所得、财产转让所得和偶然所得,采用比例税率,实行等比负担。

3. 费用扣除额较宽

各国的个人所得税均有费用扣除的规定,只是扣除的方法及额度不尽相同。我国现行个人所得税采用费用定额扣除和定率扣除两种方法。对工资、薪金所得,每月除减除费用 5 000 元,还享有专项扣除以及专项附加扣除;劳务报酬所得、稿酬所得、特许权使用费所得每次收入不超过 4 000 元的,减除费用 800 元;每次收入在 4 000 元以上的,减除费用 20%。其中,稿酬所得的收入额减按 70% 计算。按照这样的标准减除费用,实际上等于对绝大多数的工资、薪金所得予以免税或只征很少的税款,也使得提供一般劳务、取得中低劳务报酬所得的个人大多不用负担个人所得税。

4. 采取课源制和申报制两种征纳方法

我国《个人所得税法》规定,对纳税人的应纳税额分别采取由支付单位源泉扣缴和纳税人自行申报两种方法。对凡是可以在应税所得的支付环节扣缴个人所得税的,均由扣缴义务人履行代扣代缴义务;对于没有扣缴义务人的,以及个人在两处以上取得工资、薪金所得的,由纳税人自行申报纳税。此外,对其他不便于扣缴税款的,亦规定由纳税人自行申报纳税。

(二)个人所得税的纳税人

个人所得税的纳税义务人,可分为居民纳税人和非居民纳税人。凡在中国境内有住所,或者无住所而一个纳税年度内在中国境内居住累计满 183 天的个人,为居民纳税人。居民纳税人应就其从境内境外取得的全部所得缴纳个人所得税。凡在中国境内无住所又不居住,或者无住所而一个纳税年度内在中国境内居住累计不满 183 天的个人,为非居民纳税人。非居民纳税人应就其从中国境内取得的所得缴纳个人所得税。

个人所得税以所得人为纳税人,以支付所得的单位或者个人为扣缴义务人。取得综合所得需要办理汇算清缴的个人,取得应税所得没有扣缴义务人或是扣缴义务人未扣缴税款的个人,取得境外所得的个人,因移居境外注销中国户籍的个人,从中国境内两处以上取得工资、薪金所得的非居民个人等必须依法自行申报纳税。

(三)个人所得税的课税对象

个人所得税以个人所得为课税对象,具体征税项目有 9 个:工资、薪金所得,劳务报酬所得,稿酬所得,特许权使用费所得,经营所得,利息、股息、红利所得,财产租赁所得,财产转让所得,偶然所得。我国现行个人所得税制度是一种综合与分类相结合的个人所得税制,即对部分劳动所得实行综合征税。综合征税的课税对象是纳税人的综合所得,具体征税项目包括工资、薪金所得,劳务报酬所得,稿酬所得,特许权使用费所得。对纳税人的经营所得,利息、股息、红利所得,财产租赁所得,财产转让所得,偶然所得实行分项征税。

(四)个人所得税的税率

个人所得税区分不同所得项目,规定了超额累进税率和比例税率两种形式。

1. 综合所得适用税率

综合所得适用 3%～45% 的七级超额累进税率,具体如表 7-2 所示。

表 7-2

个人所得税税率表(一)

(综合所得适用)

级数	全年应纳税所得额	税率	速算扣除数
1	不超过 36 000 元的	3%	0
2	超过 36 000 元至 144 000 元的部分	10%	2 520
3	超过 144 000 元至 300 000 元的部分	20%	16 920
4	超过 300 000 元至 420 000 元的部分	25%	31 920
5	超过 420 000 元至 660 000 元的部分	30%	52 920
6	超过 660 000 元至 960 000 元的部分	35%	85 920
7	超过 960 000 元部分	45%	181 920

(注 1:本表所称全年应纳税所得额是指依照《个人所得税法》第六条的规定,居民个人取得综合所得以每一纳税年度收入额减除 6 万元以及专项扣除、专项附加扣除和依法确定的其他扣除后的余额。)

(注 2:非居民个人取得工资、薪金所得,劳务报酬所得,稿酬所得和特许权使用费所得,依照本表按月换算后计算应纳税额。)

2. 经营所得适用税率

经营所得适用 5%～35% 的五级超额累进税率,具体如表 7-3 所示。

表 7-3

个人所得税税率表(二)

(经营所得适用)

级数	全年应纳税所得额	税率	速算扣除数
1	不超过 30 000 元的	5/%	0
2	超过 30 000 元至 90 000 元的部分	10/%	1 500
3	超过 90 000 元至 300 000 元的部分	20/%	10 500
4	超过 300 000 元至 500 000 元的部分	30/%	40 500
5	超过 500 000 元的部分	35/%	65 500

(注:本表所称全年应纳税所得额是指依照《个人所得税法》第六条的规定,以每一纳税年度的收入总额减成本、费用以及损失后的余额。)

3. 其他所得项目适用税率

利息、股息、红利所得,财产租赁所得,财产转让所得,偶然所得适用 20% 的比例税率。为了配合国家住房制度改革,支持住房租赁市场的健康发展,从 2008 年 3 月 1 日起,对个人出租房屋取得的所得暂减按 10% 的税率征收个人所得税。

(五) 个人所得税应纳税所得额的确定

个人所得税的应纳税所得额,是指个人取得的各项收入减除税法规定的扣除项目或者扣除金额后的余额,它是正确计算个人所得税应纳税额的基础和前提。由于个人所得税的应税项目不同,因此,计算个人应纳税所得额应按不同应税项目分项计算。以某项应税项目的收入额减去税法规定的该项费用减除标准后的余额,为该项应纳税所得额。

1. 收入的确认

居民个人取得的综合所得,按纳税年度合并计算个人所得税;非居民个人取得的综合所得,按月或者按次分项计算个人所得税。纳税人取得的经营所得,利息、股息、红利所得,财产租赁所得,财产转让所得,偶然所得,则分别计算个人所得税。

2. 费用减除

在计算个人所得税的应纳税所得额时,除股息、红利、利息所得和偶然所得外,一般允许纳税人从收入总额减除一定的费用。

3. 专项扣除

专项扣除包括居民个人按照国家规定的范围和标准缴纳的基本养老保险、基本医疗保险、失业保险等社会保险费和住房公积金等。

4. 专项附加扣除

专项附加扣除包括子女教育、继续教育、大病医疗、住房贷款利息或者住房租金、赡养老人等支出。个人所得税专项附加扣除在纳税人本年度综合所得应纳税所得额中扣除,本年度扣除不完的,不得结转以后年度扣除。专项附加扣除办法详见资料 7-3。

5. 依法确定的其他扣除

（1）捐赠扣除。个人将其所得通过中国境内的公益性社会组织、国家机关向教育、扶贫、济困等公益慈善事业进行捐赠，捐赠额未超过纳税人申报的应纳税所得额（指计算扣除捐赠额之前的应纳税所得额）30％的部分，可以从其应纳税所得额中扣除。个人通过非营利性的社会团体和国家机关向红十字事业、福利性、非营利性老年服务机构、公益性青少年活动场所、农村义务教育（含高中）等的公益性捐赠可以从其应纳税所得额中全额扣除。个人向受赠对象的直接捐赠支出，不得税前扣除。

（2）其他扣除。其他扣除包括个人缴付符合国家规定的企业年金、职业年金，个人购买符合国家规定的商业健康保险、税收递延型商业养老保险的支出，以及国务院规定可以扣除的其他项目等。

资料7-3 个人所得税专项附加扣除办法

个人所得税专项附加扣除遵循公平合理、利于民生、简便易行的原则，根据教育、医疗、住房、养老等民生支出变化情况，适时调整专项附加扣除范围和标准。

子女教育项目按照每个子女每月1 000元的标准定额扣除。扣除范围包括从年满3岁到进入小学的学前教育和从小学到博士研究生阶段的全日制学历教育的相关支出。父母可以选择由其中一方按扣除标准的100％扣除，也可以选择由双方分别按扣除标准的50％扣除，具体扣除方式在一个纳税年度内不能变更。在境外接受教育的，纳税人应当留存境外学校录取通知书、留学签证等相关教育的证明资料备查。

继续教育项目包括学历继续教育和职业资格继续教育。学历继续教育期间按照每月400元定额扣除，扣除期限不能超过48个月。本科及以下学历继续教育，可以选择由其父母或是本人扣除。职业资格继续教育、专业技术人员职业资格继续教育的，在取得相关证书的当年，按照3 600元定额扣除，需要留存相关证书等资料备查。

大病医疗项目的扣除范围和标准是：纳税人发生的医药费用支出，扣除医保报销后个人负担累计超过15 000元的部分，由纳税人在办理年度汇算清缴时，在80 000元限额内据实扣除。纳税人发生的医药费用支出可以选择由本人或者其配偶扣除；未成年子女发生的医药费用支出可以选择由其父母一方扣除。应当留存医药服务收费及医保报销相关票据原件或者复印件备查。

住房贷款利息项目按照每月1 000元的标准定额扣除，扣除期限最长不超过240个月。扣除范围是纳税人本人或者配偶用商业银行或者住房公积金个人住房贷款购买的首套住房贷款利息支出。具体扣除办法：夫妻双方婚前分别购买住房发生的首套住房贷款，婚后可以选择其中一套由购买方按扣除标准的100％扣除，也可以由双方对各自购买的住房分别按扣除标准的50％扣除。婚后购买的首套住房贷款，可以选择由其中一方按扣除标准的100％扣除，也可以由双方分别按扣除标准的50％扣除。具体扣除方式在一个纳税年度内不能变更。纳税人应当留存住房贷款合同、贷款还款支出凭证备查。

住房租金项目的扣除范围和标准如下：纳税人夫妻双方在主要工作城市没有自有住房而发生的住房租金支出，可以按照以下标准定额扣除：直辖市、省会、计划单列市扣除标准为每月1 500元；市辖区户籍人口超过100万的城市，扣除标准为每月1 100元；市辖区户籍人口不超过 100 万的城市,扣除标准为每月 800 元。具体扣除办法是:夫妻双方主要工作城市相同的,只能由一方扣除住房租金支出;夫妻双方主要工作城市不同的,双方各自按所在地的扣除标准扣除。纳税人应当留存住房租赁合同、协议等有关资料备查。

赡养老人项目的扣除范围和标准是:纳税人需要赡养年满 60 岁的父母,或是子女均已去世的年满 60 岁的祖父母、外祖父母,统一按照以下标准定额扣除:纳税人为独生子女的,按照每月 2 000 元的标准定额扣除;纳税人为非独生子女的,由其与兄弟姐妹分摊每月 2 000 元的扣除额度,每人分摊的额度不能超过每月 1 000 元。可以由赡养人均摊或者约定分摊,也可以由被赡养人指定分摊。约定或者指定分摊的须签订书面分摊协议,指定分摊优先于约定分摊。具体分摊方式和额度在一个纳税年度内不能变更。

（六）个人所得税应纳税额的计算

居民个人从中国境内和境外取得的综合所得、经营所得,应当分别合并计算应纳税额;从中国境内和境外取得的其他所得,应当分别单独计算应纳税额。

1. 居民综合所得应纳税额的计算

$$应纳税额 = 应纳税所得额 \times 适用税率 - 速算扣除数$$

居民个人的综合所得,以每一纳税年度的收入额减除费用 6 万元以及专项扣除、专项附加扣除和依法确定的其他扣除后的余额,为应纳税所得额。

居民个人取得综合所得,按年计算个人所得税;有扣缴义务人的,由扣缴义务人按月或者按次预扣预缴税款;需要办理汇算清缴的,应当在取得所得的次年办理汇算清缴。

扣缴义务人向居民个人支付综合所得时,按以下方法预扣预缴个人所得税,并向主管税务机关报送《个人所得税扣缴申报表》。年度预扣预缴税额与年度应纳税额不一致的,由居民个人于次年 3 月 1 日至 6 月 30 日向主管税务机关办理综合所得年度汇算清缴,税款多退少补。

（1）工资、薪金所得预扣预缴税款的计算。居民个人的工资、薪金所得,以每一纳税年度的收入额减除费用 6 万元以及专项扣除、专项附加扣除和依法确定的其他扣除后的余额,为应纳税所得额。扣缴义务人向居民个人支付工资、薪金所得时,应当按照累计预扣法计算预扣税款,并按月办理扣缴申报。

累计预扣法是指扣缴义务人在一个纳税年度内预扣预缴税款时,以纳税人在本单位截至当前月份工资、薪金所得累计收入减除累计免税收入、累计减除费用、累计专项扣除、累计专项附加扣除和累计依法确定的其他扣除后的余额为累计预扣预缴应纳税所得额,适用个人所得税预扣率表一（见表 7-4）,计算累计应预扣预缴税额,再减除累计减免税额和累计已预扣预缴税额,其余额为本期应预扣预缴税额。余额为负值时,暂不退税。纳税年度终了后余额仍为负值时,由纳税人通过办理综合所得年度汇算清缴,税款多退少补。具体计算公式如下:

$$本期应预扣预缴税额 = （累计预扣预缴应纳税所得额 \times 预扣率 - 速算扣除数）$$
$$- 累计减免税额 - 累计已预扣预缴税额$$
$$累计预扣预缴应纳税所得额 = 累计收入 - 累计免税收入 - 累计减除费用 - 累计专项扣除$$
$$- 累计专项附加扣除 - 累计依法确定的其他扣除$$

其中:累计减除费用,按照 5 000 元/月乘以纳税人当年截至本月在本单位的任职受雇月份数计算。

表 7-4

个人所得税预扣率表(一)

(居民个人工资、薪金预扣预缴适用)

级数	累计预扣预缴应纳税所得额	税率	速算扣除数
1	不超过 36 000 元的	3%	0
2	超过 36 000 元至 144 000 元的部分	10%	2 520
3	超过 144 000 元至 300 000 元的部分	20%	16 920
4	超过 300 000 元至 420 000 元的部分	25%	31 920
5	超过 420 000 元至 660 000 元的部分	30%	52 920
6	超过 660 000 元至 960 000 元的部分	35%	85 920
7	超过 960 000 元的部分	45%	181 920

(2) 劳务报酬所得、稿酬所得、特许权使用费所得预扣预缴税款的计算。劳务报酬所得、稿酬所得、特许权使用费所得,以每次收入额为预扣预缴应纳税所得额。劳务报酬所得、稿酬所得、特许权使用费所得以收入减除费用(每次收入不超过 4 000 元的,减除费用 800 元;每次收入在 4 000 元以上的,减除费用 20%)后的余额为收入额。其中,稿酬所得的收入额减按 70% 计算。具体预扣预缴方法如下:

扣缴义务人向居民个人支付劳务报酬所得,稿酬所得,特许权使用费所得时,按次或按月预扣预缴税款;属于一次性收入的,以取得该项收入为一次;属于同一项目连续性收入的,以 1 个月内取得的收入为一次。劳务报酬所得适用 20%~40% 的超额累进预扣率(见表 7-5),稿酬所得、特许权使用费所得适用 20% 的比例预扣率。具体计算公式如下:

劳务报酬所得应预扣预缴税额 = 预扣预缴应纳税所得额 × 预扣率 − 速算扣除数。
稿酬所得、特许权使用费所得应预扣预缴税额 = 预扣预缴应纳税所得额 × 20%

表 7-5

个人所得税预扣率表(二)

(居民个人劳务报酬所得预扣预缴适用)

级数	累计预扣预缴应纳税所得额	税率	速算扣除数
1	不超过 20 000 元的	20%	0
2	超过 20 000 元至 50 000 元的部分	30%	2 000
3	超过 50 000 元的部分	40%	7 000

(3) 综合所得应纳税额的汇算清缴。居民个人办理年度综合所得汇算清缴时,应依法计算劳务报酬所得、稿酬所得、特许权使用费所得的收入额,并入年度综合所得计算应纳税款,多退少补。

居民个人从中国境外取得的所得,可以从其应纳税额中抵免已在境外缴纳的个人所得税税额,但抵免额不得超过该纳税人境外所得依照本法规定计算的应纳税额。

居民个人从中国境外取得所得的,应当在取得所得的次年 3 月 1 日至 6 月 30 日内申报纳税。

2. 非居民综合所得应纳税额的计算

非居民个人的工资、薪金所得,以每月收入额减除费用 5 000 元后的余额为应纳税所得额;劳务报酬所得、稿酬所得、特许权使用费所得,以每次收入额为应纳税所得额。其中,劳务报酬所得、稿酬所得、特许权使用费所得以收入减除 20% 的费用后的余额为收入额。稿酬所得的收入额减按 70% 计算。非居民个人取得综合所得,有扣缴义务人的,由扣缴义务人按月或者按次代扣代缴税款,不办理汇算清缴。非居民个人在中国境内从两处以上取得工资、薪金所得的,应当在取得所得的次月 15 日内申报纳税。

扣缴义务人向非居民个人支付工资、薪金所得,劳务报酬所得,稿酬所得和特许权使用费所得时,适用按月换算后的非居民个人月度税率表(见表 7-6)计算应纳税额。具体计算公式如下:

$$非居民个人综合所得应纳税额 = 应纳税所得额 \times 税率 - 速算扣除数$$

表 7-6

个人所得税税率表(三)

(非居民个人工资、薪金所得,劳务报酬所得,稿酬所得,特许权使用费所得适用)

级数	应纳税所得额	税率	速算扣除数
1	不超过 3 000 元的	3%	0
2	超过 3 000 元至 12 000 元的部分	10%	210
3	超过 12 000 元至 25 000 元的部分	20%	1 410
4	超过 25 000 元至 35 000 元的部分	25%	2 660
5	超过 35 000 元至 55 000 元的部分	30%	4 410
6	超过 55 000 元至 80 000 元的部分	35%	7 160
7	超过 80 000 元的部分	45%	15 160

3. 分项征税所得应纳税额的计算

(1) 经营所得应纳税额的计算。经营所得以其应纳税所得额,确定适用税率和速算扣除数计算应纳税额,计算公式为:

$$经营所得应纳税额 = 应纳税所得额 \times 适用税率 - 速算扣除数$$

经营所得,以每一纳税年度的收入总额减除成本、费用以及损失后的余额,为应纳税所得额。收入总额是指纳税人从事生产经营以及与生产经营有关的活动(以下简称生产经营)取得的货币形式和非货币形式的各项收入。成本、费用,是指生产、经营活动中发生的各项直接支出和分配计入成本的间接费用以及销售费用、管理费用、财务费用;损失,是指生产、经营活动中发生的固定资产和存货的盘亏、毁损、报废损失,转让财产损失,坏账损失,自然灾害等不可抗力因素造成的损失以及其他损失。取得经营所得的个人,没有综合所得的,计算其每一纳税年度的应纳税所得额时,应当减除费用 6 万元、专项扣除、专项附加扣除以及依法确定的其他扣除。专项附加扣除在办理汇算清缴时减除。

纳税人取得经营所得,按年计算个人所得税,由纳税人在月度或者季度终了后 15 日内向税务机关报送纳税申报表,并预缴税款;在取得所得的次年 3 月 31 日前办理汇算清缴。

由于经营所得的应纳税额实行按年计算、分月(季)预缴、年终汇算清缴、多退少补的方法,因此,需要分别按月(季)预缴税款。其计算公式为:

$$本月(季)应预缴税额 = [本月(季)累计应纳税所得额×适用税率-速算扣除数]-上月(季)累计已预缴税额$$

$$全年应纳税额 = 全年应纳税所得额×适用税率-速算扣除数$$

$$汇算清缴税额 = 全年应纳税额-全年累计已预缴税额$$

(2)财产租赁所得应纳税额的计算。财产租赁所得以 1 个月内取得的收入为 1 次。每次收入不超过 4 000 元的,减除费用 800 元;4 000 元以上的,减除 20% 的费用,其余额为应纳税所得额。

财产租赁所得适用 20% 的比例税率,但对个人出租的居民住房取得的所得,暂按10% 的税率征税。财产租赁所得应纳税额的计算公式为:

$$应纳税额 = 应纳税所得额×适用税率$$

(3)利息、股息红利所得应纳税额的计算。利息、股息、红利所得以个人每次取得的收入额为应纳税所得额,不得从收入额中扣除任何费用。个人从公开发行和转让市场取得的上市公司股票,持股期限在 1 个月以内(含 1 个月)的,其股息、红利所得全额计入应纳税所得额;持股期限在 1 个月以上至 1 年(含 1 年)的,暂减按 50% 计入应纳税所得额;持股期限超过 1 年的,股息红利所得暂免征收个人所得税。上述所得统一适用 20% 的税率计征个人所得税。应纳税额的计算公式为:

$$应纳税额 = 应纳税所得额(每次收入额)×适用税率$$

(4)财产转让所得应纳税额的计算。财产转让所得,以转让财产的收入额减除财产原值和合理费用后的余额,为应纳税所得额。其计算公式为:

$$应纳税所得额 = 每次收入额-财产原值-合理税费$$

"每次"是指以一件财产的所有权一次转让取得的收入为一次。合理费用是指卖出财产时按照规定支付的有关税费。财产原值,按照下列方法确定:

(1)有价证券,为买入价以及买入时按照规定交纳的有关费用。

(2)建筑物,为建造费或者购进价格以及其他有关费用。

(3)土地使用权,为取得土地使用权所支付的金额、开发土地的费用以及其他有关费用。

(4)机器设备、车船,为购进价格、运输费、安装费以及其他有关费用。

其他财产,参照前款规定的方法确定财产原值。纳税人未提供完整、准确的财产原值凭证,不能按照本条第一款规定的方法确定财产原值的,由主管税务机关核定财产原值。

财产转让所得适用20％的比例税率,其计算公式为:

$$应纳税额 = 应纳税所得额 \times 适用税率$$

(5) 偶然所得应纳税额的计算。偶然所得以个人的每次收入额为应纳税所得额,不扣除任何费用。偶然所得,以每次取得该项收入为一次。除有特殊规定外,每次收入就是应纳税所得额。

偶然所得适用20％的比例税率,应纳税额的计算公式为:

$$应纳税额 = 应纳税所得额(每次收入额) \times 适用税率$$

(七) 减免征收个人所得税的情形

下列各项个人所得,免征个人所得税:

(1) 省级人民政府、国务院部委和中国人民解放军军以上单位,以及外国组织、国际组织颁发的科学、教育、技术、文化、卫生、体育、环境保护等方面的奖金。

(2) 国债和国家发行的金融债券利息。

(3) 按照国家统一规定发给的补贴、津贴。

(4) 福利费、抚恤金、救济金。

(5) 保险赔款。

(6) 军人的转业费、复员费、退役金。

(7) 按照国家统一规定发给干部、职工的安家费、退职费、基本养老金或者退休费、离休费、离休生活补助费。

(8) 依照有关法律规定应予免税的各国驻华使馆、领事馆的外交代表、领事官员和其他人员的所得。

(9) 中国政府参加的国际公约、签订的协议中规定免税的所得。

(10) 国务院规定的其他免税所得。

有下列情形之一的,可以减征个人所得税,具体幅度和期限,由省、自治区、直辖市人民政府规定,并报同级人民代表大会常务委员会备案:

(1) 残疾、孤老人员和烈属的所得。

(2) 因自然灾害遭受重大损失的。

(3) 国务院规定的其他减税情形。

第四节　其　他　税

其他税包括除流转税、所得税等主体税种以外的主要小税种,即资源税、土地增值税、城市维护建设税、印花税、契税、房产税、车船税、车辆购置税、城镇土地使用税、耕地占用税和烟叶税等。这些税种纳税金额较小,但征收范围广泛,具有重要的经济调节效应,是我国税制体系的有机组成部分,是主体税种不可缺少的补充。本节介绍其中的主要税种。

一、资源税

资源税是对我国境内从事应税矿产品开采或者生产盐的单位和个人课征的一种税。为了调节资源级差收入、促进企业平等竞争和保护自然资源，我国 1984 年开征资源税，现行资源税的基本规范是 2011 年 11 月 1 日起施行的《中华人民共和国资源税暂行条例》及其实施细则。

现代资源税按征收目的不同，可分为一般资源税和级差资源税两类。一般资源税是对占用、开发国有自然资源者普遍征收的一种资源税，目的是体现国有资源有偿占用原则；级差资源税是对占用、开发国有自然资源者因资源条件差异而获得的级差收入征收的一种资源税，目的侧重于调节因资源条件差异给纳税人带来的资源级差收入，以利于企业之间平等竞争。在税收实践中，资源税实施"普遍征收、级差调节"的原则，既对占用、开发国有自然资源者普遍征收，又根据资源条件差异对不同纳税人采用差别税收负担，兼具一般资源税和级差资源税的性质。资源税的特点主要表现为对特定资源征税、普遍征收、级差调节和税源课税等方面。

（一）资源税的纳税人

在中华人民共和国领域及管辖海域开采应税矿产品或者生产盐的单位和个人，为资源税的纳税人。

水资源税实施以后，利用取水工程或者设施直接从江河、湖泊和地下取用地表水、地下水的单位和个人，为水资源的纳税人。

（二）资源税的课税对象

资源税的课税对象包括原油、天然气、煤炭、其他非金属矿、金属矿和海盐。

（三）资源税的税率

资源税实行幅度税率，资源税税目税率表，如表 7-4 所示。

表 7-4

资源税税率表

税目		征税对象	税率幅度
一、原油		原矿	6%～10%
二、天然气		原矿	6%～10%
三、煤炭		原煤或洗选煤	2%～10%
四、其他非金属矿	石墨	精矿	3%～10%
	硅藻土	精矿	1%～6%
	高岭土	原矿	1%～6%
	萤石	精矿	1%～6%
	石灰石	原矿	1%～6%
	硫铁矿	精矿	1%～6%

（续表）

税目		征税对象	税率幅度
四、其他非金属矿	磷矿	原矿	3%～8%
	氯化钾	精矿	3%～8%
	硫酸钾	精矿	6%～12%
	井矿盐	氯化钠初级产品	1%～6%
	湖盐	氯化钠初级产品	1%～6%
	提取地下卤水晒制的盐	氯化钠初级产品	3%～15%
	煤层（成）气	原矿	1%～2%
	粘土、砂石	原矿	每吨或立方米 0.1～5 元
	未列举名称的其他非金属矿产品	原矿或精矿	每从量税率吨或立方米不超过 30 元；从价税率不超过 20%
五、金属矿	稀土矿	原矿或精矿	轻稀土按地区执行不同的适用税率，其中，内蒙古为 11.5%、四川为 9.5%、山东为 7.5%；中重稀土资源适用税率 27%
	钨	原矿或精矿	6.5%
	钼	原矿或精矿	11%
	铁矿	精矿	1%～6%
	金矿	金锭	1%～4%
	铜矿	精矿	2%～8%
	铝土矿	原矿	3%～9%
	铅锌矿	精矿	2%～6%
	镍矿	精矿	2%～6%
	锡矿	精矿	2%～6%
	未列举名称的其他金属矿产品	原矿或精矿	税率不超过 20%
六、海盐		氯化钠初级产品	1%～5%

河北省水资源税试点实行从量定额计征，对高耗水行业、超计划用水以及在地下水超采地区取用地下水，适当提高税额标准。

（四）资源税应纳支出税额的计算

资源税的应纳税额，按照从价定率或者从量定额的办法，分别以应税产品的销售额乘以纳税人具体适用的比例税率或者以应税产品的销售数量乘以纳税人具体适用的定额税率计算。计算公式为：

$$应纳资源税税额 = 销售额 \times 比例税率$$

或
$$应纳资源税税额 = 销售数量 \times 定额税率$$

二、土地增值税

土地增值税是对转让国有土地使用权、地上建筑物及其附着物并取得收入的单位和个人，就其转让房地产所取得的增值额征收的一种税。征收土地增值税是进一步改革和完善税制，增强国家对房地产开发和房地产市场调控力度的客观需要，运用税收杠杆抑制炒买炒卖土地投机获取暴利的行为，规范国家参与土地增值收益的分配方式，增加国家财政收入。

（一）土地增值税的纳税人

土地增值税的纳税人是在我国境内转让国有土地使用权、地上建筑物及其附着物并取得收入的单位和个人。外商投资企业和外国企业及外国驻华机构，以及外国公民、华侨、港澳同胞等，均应按规定缴纳土地增值税，是纳税人的组成部分。

（二）土地增值税的课税对象

土地增值税的课税对象是在我国境内转让国有土地使用权、地上建筑物及其附着物。"地上建筑物"是指建于土地上的一切建筑物，包括地上、地下的各种附属设施；"附着物"是指附着于该土地上的不能移动，一经移动即遭损坏的物品。具体征税范围包括转让国有土地使用权和有偿转让房地产两个方面。

（三）土地增值税的税率

土地增值税实行四级超率累进税率：

（1）增值额未超过扣除项目金额50％的部分，税率为30％。

（2）增值额超过扣除项目金额50％、未超过扣除项目金额100％的部分，税率为40％。

（3）增值额超过扣除项目金额100％、未超过扣除项目金额200％的部分，税率为50％。

（4）增值额超过扣除项目金额200％的部分，税率为60％。

（四）土地增值税的应纳税额的计算

土地增值税按照纳税人转让房地产所取得的增值额和规定的税率计算征收。计算公式为：

$$应纳税额 = \sum (每级距的土地增值额 \times 适用税率)$$

这里，"土地增值额"是指纳税人转让房地产所取得的收入额减除按规定扣除项目金额后的余额。纳税人转让房地产的收入包括货币收入、实物收入和其他收入。扣除项目主要包括取得土地使用权所支付的金额；开发土地的成本、费用；新建房屋及配套设施的成本、费用；旧房及建筑物的评估价格；与转让房地产有关的税金和财政部规定的其他扣除项目。

三、车船税

车船税是以车船为征税对象，向拥有车船的单位和个人征收的一种税。车船税属于财产税,在保有环节征收,按年申报缴纳。车船税首先划分车辆与船舶,规定它们各自的定额税率。车辆税采用分类、分项幅度税额,船舶税实行分类、分级固定税额,以保持全国税负的大体均衡。为促进节约能源、使用新能源的汽车产业发展,国务院决定自2012年1月1日起,对节约能源的车船,减半征收车船税;对使用新能源的车船,免征车船税。2015年5月7日起,对享受车船税优惠政策的节约能源以及使用新能源的车船标准作出进一步细化规定。

(一)车船税的纳税人

在中华人民共和国境内,应税车辆、船舶(以下简称车船)的所有人或者管理人,为车船税的纳税人。

车船管理人是指对车船具有管理使用权,不具有所有权的单位。通常情况下,车船的所有人与车船的管理人是一致的。但在我国实践中,经常会出现车船的所有权与管理权分离的情形,如国家机关拥有所使用车船的管理使用权,其所有权属于国家所有。因此,就出现了车船的所有人与车船的管理人是不一致的情况。如果让抽象意义上的国家作为车船的所有人去缴纳车船税,在实践中是无法操作的。所以,车船税法将车船管理人也规定为车船税的纳税人。

从事机动车第三者责任强制保险业务的保险机构为机动车车船税的扣缴义务人,应当在收取保险费时依法代收车船税,并出具代收税款凭证。

(二)车船税的课税对象

凡车船税法规定的车船,不论车船是否应向管理部门登记,都应纳入征税范围。车辆包括机动车辆和非机动车辆。船舶包括机动船舶和非机动船舶。车船税的税目包括乘用车、商用车客车、商用车货车、挂车、其他车辆专用作业车、其他车辆轮式专用机械车、摩托车、船舶机动船舶、船舶游艇。

(三)车船税的税率

车船税实行定额税率,即对征税的车船规定单位固定税额。车船税的适用税额,依照《中华人民共和国车船税法》执行。车辆的具体适用税额由省、自治区、直辖市人民政府依照《车船税税目税额表》规定的税额幅度和国务院的规定确定。船舶的具体适用税额由国务院在《中华人民共和国车船税法》规定的税额幅度内确定。车船税按年申报缴纳。

(四)车船税的应纳税额的计算

$$应纳税额 = 计税依据 \times 适用单位税额$$

乘用车计税依据是排气量。客车、摩托车以辆作为计税依据。货车、专项作业车和轮式专用机械车、挂车以自重为计税依据。机动船舶以净吨位作为计税依据。游艇以艇身长度为计税依据。

四、印花税

印花税是对经济活动和经济交往中书立、使用、领受税法规定的应税凭证的单位和个人征收的一种税。因纳税人主要是通过在应税凭证上粘贴印花税票来完成纳税义务,故名印花税。印花税具有覆盖面广,税率低、税负轻,纳税人自行完税的特点。

（一）印花税的纳税人

印花税的纳税人是在中国境内书立、使用、领受印花税法所列举的凭证并应依法履行纳税义务的单位和个人。按照书立、使用、领受应税凭证的不同，可以分别确定为立合同人（各类合同的纳税人）、立据人（产权转移书据的纳税人）、立账簿人（营业账簿的纳税人）、领受人（权利、许可证照的纳税人）和使用人（在国外书立、领受，但在国内使用的应税凭证的纳税人）五种。

（二）印花税的课税对象

印花税共有13个税目，包括购销合同、加工承揽合同、建设工程勘察设计合同、建筑安装工程承包合同、财产租赁合同、货物运输合同、仓储保管合同、借款合同、财产保险合同、技术合同等10类经济合同，以及产权转移书据，营业账簿，权利、许可证照。

（三）印花税的税率

印花税的税率有比例税率和定额税率两种形式，各类合同以及具有合同性质的凭证、产权转移书据、营业账簿中记载资金的账簿，适用比例税率；"权利、许可证照"和"营业账簿"中的其他账簿，适用定额税率，均为按件贴花，税额为5元。股权转让书据按其书立时证券市场当日实际成交价格计算的金额，由立据双方当事人分别按3‰的税率缴纳印花税（即证券交易印花税）。

（四）印花税的应纳税额的计算

印花税根据应税凭证的性质，分别按合同金额依比例税率或者按件定额计算应纳税额，其计算公式为：

$$应纳税额＝应税凭证计税金额×适用税率$$

或

$$应纳税额＝应税凭证件数×适用税额标准$$

印花税实行由纳税人根据规定自行计算应纳税额，购买并一次贴足印花税票的办法缴纳。为简化贴花手续，应纳税额较大或者贴花次数频繁的，纳税人可向税务机关提出申请，采取以缴款书代替贴花或者按期汇总缴纳的办法。

案　例

税收优惠制度

税收优惠的基本原则：促进科技进步，鼓励基础设施建设，鼓励农业发展、环境保护与节能，支持安全生产，统筹区域发展，促进公益事业和照顾弱势群体等，有效地发挥税收优惠政策的导向作用，进一步促进国民经济全面、协调、可持续发展和社会全面进步，有利于构建和谐社会。

按照上述原则，现行税收优惠政策已将过去以区域优惠为主，调整为以产业优惠为主、区域优惠为辅的税收优惠格局。

一、税收优惠方式

税收优惠包括减税、免税、出口退税及其他一些内容。

1. 减税

即依据税法规定减除纳税义务人一部分应纳税款。它是对某些纳税人进行扶持或照顾,以减轻其税收负担的一种特殊规定,一般分为法定减税、特定减税和临时减税三种方式。

2. 免税

即对某些特殊纳税人免征某种(或某几种)税收的全部税款,一般分为法定免税、特定免税和临时免税三种方式。

3. 延期纳税

即对纳税人应纳税款的部分或全部税款的缴纳期限适当延长的一种特殊规定。

4. 出口退税

即为了扩大出口贸易,增强出口货物在国际市场上的竞争力,按国际惯例对企业已经出口的产品退还在出口前各环节缴纳的国内流转税(主要是增值税和消费税)税款。

5. 再投资退税

即对特定的投资者将取得的利润再投资于本企业或新办企业时,退还已纳税款。

6. 即征即退

即对按税法规定缴纳的税款,由税务机关在征税时部分或全部退还纳税人。与出口退税先征后退、投资退税一并属于退税的范畴,其实质是一种特殊方式的免税和减税规定。目前,中国采取即征即退政策仅限于缴纳增值税的个别纳税人。

7. 先征后返

即对按税法规定缴纳的税款,由税务机关征收入库后,再由财政部门按规定的程序给予部分或全部退税或返还已纳税款。它属于财政补贴范畴,其实质也是一种特定方式的免税或减免规定。目前,中国采取先征后返的办法主要适用于缴纳流转税和企业所得税的纳税人。

8. 税收抵免

即对纳税人来源于国内外的全部所得或财产课征所得税时,允许以其在国外缴纳的所得税或财产税税款抵免应纳税额。它是解决国际间所得或财产重复课税的一种措施。税收抵免是世界各国的一种通行做法。

9. 加计扣除

即对企业为开发新技术、新产品、新工艺发生的研究开发费用和企业安置残疾人员及其他国家鼓励安置就业人员所支付的工资,在实际发生数额的基础上,再加成一定比例,作为计算应纳税所得额时的扣除数的一种优惠政策。

10. 加速折旧

即按税法规定对缴纳所得税的纳税人,准予采取缩短固定资产折旧年限、提高折旧率的办法,加快折旧速度,减少当期应纳税所得额。

11. 减计收入

即对企业综合利用资源取得的收入按一定比例计减应税收入。

12. 投资抵免

即对创业投资企业从事创业投资的投资额和企业购置用于环境保护、节能节水、安全生产等专用设备的投资额,按一定比例抵免应纳税所得额。

13. 起征点

即对征税对象开始征税的起点规定一定的数额。征税对象达到起征点的就全额征税,未达到起征点的不征税。税法对某些税种规定了起征点。比如,根据财政部《关于修改〈中华人民共和国增值税暂行条例实施细则〉和〈中华人民共和国营业税暂行条例实施细则〉的决定》(财政部令第 65 号)规定,自 2011 年 11 月 1 日起,个人销售货物或应税劳务的,增值税起征点幅度为月销售额 5 000～20 000 元;按次纳税的,增值税起征点为每次(日)销售额 300～500 元。确定起征点,主要是为了照顾经营规模小、收入少的纳税人而采取的税收优惠。

14. 免征额

即按一定标准从课税对象全部数额中扣除一定的数额,扣除部分不征税,只对超过的部分征税。

二、现行主要税收优惠政策

1. 促进区域协调发展的税收优惠政策

对深圳、海南、珠海、汕头、厦门和上海浦东新区实行企业所得税过渡期优惠政策,自 2008 年 1 月 1 日起,原享受低税率优惠政策的企业,在新《企业所得税法》施行后 5 年内逐步过渡到法定税率。其中,享受企业所得税 15% 税率的企业,2008 年按 18% 税率执行,2009 年按 20% 税率执行,2010 年按 22% 税率执行,2011 年按 24% 税率执行,2012 年按 25% 税率执行;原执行 24% 税率的企业,2008 年起按 25% 税率执行。原享受企业所得税定期减免税优惠的企业,新《企业所得税法》施行后继续按原优惠办法享受至期满为止;对新疆部分地区和西藏等地区实行特殊的税收优惠政策。例如,在 2010—2020 年期间,对在新疆困难地区新办的属于重点鼓励发展产业目录范围内的企业,给予企业所得税"两免三减半"的优惠政策等;实施西部大开发战略的税收优惠政策,对设在西部地区的鼓励类产业企业,自 2011—2020 年年底,减按 15% 的税率征收企业所得税。同时,民族自治地方的自治机关对本民族自治地方的企业应缴纳的企业所得税中属于地方分享的部分,可以决定减征或者免征。

2. 促进构建社会主义和谐社会的税收优惠政策

服务"三农"的税收优惠政策。对农业生产者销售自产农产品免征增值税。对个人或个体户从事种植业、养殖业、饲养业、捕捞业所得暂不征收个人所得税。对一些涉农项目,如农业机耕、排灌、病虫害防治等免征增值税。对承担粮食收储任务的国有粮食购销企业销售的粮食免征增值税,其他粮食企业经营军队用粮、救灾救济粮、水库移民口粮、退耕还林还草补助粮免征增值税。企业从事税法规定的农作物、中药材和林木种植、农作物新品种选育、牲畜和家禽饲养、林产品采集、远洋捕捞以及农、林、牧、渔服务业项目的所得,减免企业所得税。对金融机构的涉农贷款给予税收优惠政策。

支持教育事业发展的税收优惠政策。对从事学历教育的学校提供教育劳务、学生勤工俭学提供劳务、托儿所和幼儿园提供养育服务取得的收入免征增值税。对政府举办的高等、中等和初等学校举办进修班、培训班取得的收入和职业学校取得的符合规定条件的收入免征增值税。对特殊教育学校举办的企业比照福利企业享受税收优惠政策。对个人取得的教育储蓄存款利息以及教育奖学金,免征个人所得税。

促进文化、卫生、体育事业发展的税收优惠政策。对宣传文化单位,如出版社、演出团体等,给予增值税优惠政策。对改革试点地区的文化单位、经营性文化事业单位转制为企业,在一定期限内减免企业所得税。支持未成年人思想道德建设,对动漫产业比照软件集成电路产业给予增值税优惠政策。对符合规定条件的医院、诊所以及其他医疗机构提供的医疗服务免征增值税。对在我国举办的奥运会、残奥会等大型体育运动赛事的组织者、参与者,在增值税、企业所得税、进口环节关税等方面给予税收优惠政策,对亚运会、亚冬会等洲际赛事以及全国运动会等也给予适当的税收优惠政策。

扶持弱势群体就业、再就业的税收优惠政策。对吸纳下岗失业人员的企业,给予减免增值税、城市维护建设税、教育费附加和企业所得税的优惠政策。对吸纳自主择业的军队转业干部、自谋职业的退役士兵、随军家属以及"两劳"解教人员的企业,给予减免增值税的优惠政策,对上述人员进行自主经营的,免征增值税。对吸纳"盲、聋、哑、肢体、智力"残疾人员的各类福利企业,定额减免增值税;对安置《中华人民共和国残疾人保障法》规定残疾人员的企业,在计算企业所得税时,给予按残疾职工工资加计扣除的优惠。对应届大学生自主创业创办的企业免收税务登记证工本费。

鼓励社会捐赠的税收优惠政策。企业发生的公益性捐赠支出,在年度利润总额 12% 以内的部分,准予在计算应纳税所得额时扣除。

支持小型微利企业发展的税收优惠政策。自 2011 年 11 月 1 日至 2017 年 12 月 31 日,对金融机构与小型、微型企业签订的借款合同,免征印花税。自 2010 年 1 月 1 日至 2019 年 1 月 1 日,不断放宽可享受企业所得税优惠的小型微利企业标准,减半征税上限由年应纳税所得额 3 万元提高至 300 万元。自 2011 年 11 月 1 日起,小规模纳税人的增值税起征点幅度调整为:销售货物或应税劳务的,为月销售额 5 000~20 000 元;按次纳税的,为每次(日)销售额 300~500 元。为进一步支持小微企业,小微企业增值税起征点再次提高:自 2014 年 10 月 1 日至 2017 年 12 月 31 日,对月销售额 2 万(含 2 万)~3 万元的增值税小规模纳税人免征增值税;自 2019 年 1 月 1 日起,对包括小微企业在内的小规模纳税人,增值税起征点由月销售额 3 万元提高到 10 万元,实施期限 3 年。

3. 促进资源节约型、环境友好型社会建设的税收优惠政策

对符合条件的技术研发与转让,实施了免征增值税,免征或者减征企业所得税,以及企业所得税税前加计扣除的政策。

对企业从事符合条件的环境保护、节能节水项目所得实施企业所得税"三免三减半"的政策。

对符合条件的资源综合利用产品,如特定建材产品、风力发电、抽采利用煤层气等,及其企业以《资源综合利用企业所得税优惠目录》规定的资源为主要原料,生产国家非限制和禁止并符合国家和行业相关标准的产品取得的收入,实施了增值税免征、即征即退、先征后返,免征消费税和企业所得税减计收入的政策。

对企业购置并实际使用符合规定条件的环境保护、节能节水、安全生产等专用设备的,该专用设备的投资额的 10% 可以从当年的应纳税额中抵免;当年不足抵免的,可以在以后 5 个纳税年度结转抵免。

对低排量、环保型汽车的消费税给予优惠税率。自2015年10月1日起至2016年12月31日止,对购置1.6升及以下排量乘用车减按5%的税率征收车辆购置税。新能源汽车车辆免征车辆购置税。

4. 促进科技进步和自主创新的税收优惠政策。

鼓励高新技术产业发展的税收优惠政策。对软件产品增值税实际税负超过3%的部分实行即征即退政策,新办软件、集成电路企业自获利年度起实行"两免三减半",软件集成电路企业工资培训费税前全额扣除,集成电路企业实行再投资退税,规划布局重点软件企业适用10%的企业所得税税率。对国家需要重点扶持的高新技术企业,减按15%的税率征收企业所得税。

鼓励企业增加研发投入、提高自主创新能力的税收优惠政策。对企业开发新技术、新产品、新工艺发生的研发费用允许按实际发生额的150%在税前扣除。除国务院财政、税务主管部门另有规定外,企业发生的职工教育经费支出,不超过工资薪金总额2.5%的部分,准予扣除;超过部分,准予在以后纳税年度结转扣除。对企业为生产高新技术产品以及承担国家重大科技专项、国家科技计划重点项目等进口的关键设备以及进口科研仪器和教学用品,免征进口关税和进口环节增值税。

鼓励先进技术推广和应用的税收优惠政策。一个纳税年度内,居民企业技术转让所得不超过500万元的部分,免征企业所得税;超过500万元的部分,减半征收企业所得税。对单位和个人从事技术转让、技术开发业务和与之相关的技术咨询、技术服务业务取得的收入,免征增值税。对转制的科研机构,在一定期限内免征企业所得税、房产税、城镇土地使用税。在一定期限内对科技企业孵化器、国家大学科技园,免征增值税、房产税和城镇土地使用税。

支持科普事业发展的税收优惠政策。对科技馆、自然博物馆、天文馆等科普基地的门票收入,免征增值税。

资料来源:国家税务总局网站 http://www.chinatax.gov.cn/。

案例思考题

1. 我国现行税收优惠制度是以产业优惠为主还是区域优惠为主?为什么?
2. 税收优惠的基本原则是什么?

本 章 小 结

1. 税收制度是国家各种税收法律、法规和征收管理办法的总称。我国现有包括流转税、所得税等主体税种在内的总计18个税种。

2. 流转税以商品和劳务流转额为征收对象,是我国的主体税种。我国的流转税体系包括增值税、消费税和关税。增值税是对生产、销售商品或提供劳务过程中实现的增值额作为计税依据而征收的一种流转税,可分为生产型增值税、收入型增值税和消费型增值税三种类型。消费税的课税对象为生产、委托加工和进口的应税消费品,具体包括15个税目。关税以进出国境或关境的商品为征税对象,按照通过关境的流动方向可分为进口税、出口税和过境税。

3. 所得税是以所得额为征税对象的税种的总称,包括企业所得税和个人所得税。企业所得税是对我国境内除个人独资企业和合伙企业以外的企业和其他组织,就其应税收入而征收的一种税。企业所得税实行 25% 的比例税率;小型微利企业适用 20% 的税率,国家对小型微利企业应纳税所得额实行减按 50%(或 25%)征收的优惠政策。个人所得税以个人所得为课税对象,我国现行个人所得税制度是一种综合与分类相结合的个人所得税制。综合征税的课税对象是纳税人的综合所得,具体征税项目包括工资、薪金所得,劳务报酬所得,稿酬所得,特许权使用费所得。实行分项征税的课税对象包括纳税人的经营所得,利息、股息、红利所得,财产租赁所得,财产转让所得,偶然所得。

4. 其他税包括资源税、土地增值税、城市维护建设税、印花税、契税、房产税、车船税、车辆购置税、城镇土地使用税、耕地占用税、烟叶税和环境保护税等。这些税种纳税金额较小,征收范围广泛,具有重要的经济调节效应。

关　键　词

增值税　营改增　生产型增值税　消费型增值税　消费税　企业所得税　个人所得税　专项扣除　专项附加扣除

思　考　题

1. 我国税制结构有何特点?如何完善我国的税制结构?

2. 流转税与所得税各有哪些特点?

3. 不同类型的增值税对投资与经济增长有什么不同的影响?

4. 如何看待增值税转型对财政收入和经济发展的影响?

5. 为什么要实施营业税改征增值税?主要内容有哪些?

6. 分析我国当前税制改革的主要内容和趋势。

第八章 国际税收

本章导读

　　税收管辖权

　　　　国际重复征税及其处理

　　　　国际税收协定

　　随着国际经济交往的不断发展,资本的国际性流动、劳务的提供及科学技术的交流等,都会引起各种超越国家范围的投资所得和营业所得。由于各个国家都有征税的主权,而各个国家所选择的税收管辖权又不尽相同,各国的税收保护、税收竞争也日益加剧,因此引起了多个国家之间的税收权益的协调问题,国际税收问题相应产生。本章系统地阐述了国际税收的概念、国际税收的产生和发展及国际税收关系,重点分析了国家与国家之间税收关系的处理以及各国政府与跨国纳税人关系的处理,详细介绍了税收管辖权、国际重复征税及其免除以及国际税收协定等内容。

第一节　税收管辖权

一、国际税收的概念

　　国际税收是指两个以上的国家或地区,在对跨国纳税人行使各自的征税权力的过程中,所发生的国家之间的税收分配关系。要准确理解国家税收的概念,需把握以下几点。

　　(一)国际税收是国家间的税收分配关系

　　国际税收涉及的纳税人是跨国的纳税人,跨国纳税人的经济活动跨出国界,并负有对有关国家政府的纳税义务,才使相关国家之间发生税收分配方面的国际关系。由此引起的国家之间的财权利益关系,不可能由一国政府单独来解决,必须要有国际之间的协调与合作。因此,国际税收实质上是反映国家间的税收利益分配关系。

　　(二)国家间还存在着税收协调关系

　　征税是一国的主权,一个主权国家有权决定对什么征税以及征多少税,但是,税收又是国际经济发展的一种障碍,商品课税会影响国际贸易,所得课税和财产课税会影响国际投资和国际技术转让,因此,在开放的经济条件下,各国并不能随意行使自己的征税权,在许多问题上必须考虑本国与他国之间的经济关系,这就要求国与国之间在税收制度和税收政策等方面进行一定的协调。国际税收协调包括合作性协调和竞争性协调。

（三）国际税收与国家税收有联系和区别

作为税收的一个分支,国际税收和国家税收一样,都是国家凭借政治权力所进行的一种分配。然而,国家税收与国际税收是有区别的,国家税收是一国政府凭借其政治权力对其所管辖范围之内的纳税人进行的课征,它没有超越一个国家的疆界。国际税收是两个或两个以上的国家政府对同一跨国纳税人的跨国所得或财产进行重叠交叉征税的结果,它依据的是各国的政治权力。世界上并不存在一个在各国之上的超国家的政治权力能在国际范围内强制征税。所以,国际税收不能脱离国家政治权力而单独存在,只能在各国政治权力机构的协调下进行课征。

（四）国际税收是有特定含义的税收活动

凡涉及两个或两个以上国家权益的税收活动才属于国际税收。其纳税人应是从事跨国经济活动,并在两个或两个以上的国家同时负有纳税义务的自然人或法人。其征税对象主要是跨国所得和跨国财产,以跨国所得为主。国际税收不是一种具体的课征形式,所以没有自己单独的税种,它只能涉及一些由各国政府开征的具体税种。

二、国际税收的产生和发展

国际税收是国际经济发展到一定历史阶段的产物,随着国际经济交往的发展与纳税人收入的国际化,纳税人的所得来源没有固定的地域,有时来源于一个国家,有时可能来源于多个国家。因此,国际经济交往的发展与纳税人收入的国际化就成为国际税收形成的经济前提。19 世纪 70 年代后,自由资本主义向垄断资本主义的逐步过渡,至 19 世纪末 20 世纪初,随着国际贸易的快速发展,税收的国际化问题日益突出,国际税收问题逐渐被更多的国家重视起来。同时,所得税的普遍实施,对跨国所得的重叠征税成为推动国际税收形成的直接动因。18 世纪末,英国首创所得税,到 20 世纪初,纳税人收入国际化的现象日益普遍,所得税在世界很多国家得到普遍推行,当一个主权国家依据其所制定的所得税法对纳税人的跨国所得进行征税时,使得这种所得税法就具有了国际性的特征。

国际税收发展大致可以划分为三个阶段,在 1843 年由比利时和法国签订全世界第一个双边税收协定之前,国际税收处于萌芽阶段,此时,国际税收问题尚未引起世界各国政府的广泛关注。随着国际经济交流的不断发展,1843 年由比利时和法国签订了互换税收情报的双边税收协定,标志着国际税收进入了非规范化的税收协定阶段。这一时期,有关国家针对出现的国际间双重税收问题,主要通过双边或多边谈判,共同签订书面协议,以协调相互之间在处理跨国纳税人征税事务和国家之间的财权利益关系。20 世纪 60 年代,真正具有普遍意义并为大多数国家所接受的、规范化的国际税收协定开始出现,国际税收进入了税收协定的规范化阶段,世界上产生了两种国际税收协定的范本,即经济合作与发展组织制定的《关于所得和财产避免双重征税协定范本》和联合国专家小组制定的《关于发达国家与发展中国家间避免双重征税协定范本》。它标志着国际税收活动在深度和广度及规范化、标准化方面的飞跃,使国际税收的发展向前大大地推进了一步。

三、税收管辖权的含义及原则

（一）税收管辖权的含义

国际税收管辖权是指一国政府在税收方面所行使的立法权和征收管理权。体现在一国政府有权决定对谁征税、征何种税、征多少税，是国家主权的重要组成部分。税收管辖权是国际税收的基本范畴，如何选择和确立税收管辖权，是国际税收中非常重要的问题。

（二）税收管辖权的原则

国际上将税收管辖权的确立原则划分为两类：一是"属地原则"，二是"属人原则"。

1. 属地原则

属地原则是一个主权国家以地域为标准确定其行使管辖权范围的一种原则。一般来说，按照地域概念，一个主权国家的政治权力所能达到的范围，是指这个主权国家所属领土的全部空间，即领陆、领水和领空。凡是在一个主权国家领土范围以内的人，不论他们是否是这个国家的公民或居民，只要他们在这个国家领土范围内从事社会活动，就是这个主权国家政治权力行使的对象，就要受这个国家的政治管辖。

2. 属人原则

属人原则是指纳税人与征税国之间存在着人身隶属关系，根据这种隶属关系主权国家有权对具有本国公民和居民身份的人实行税收管辖。公民是指具有本国国籍的，在法律上享有权利和承担义务的人；而居民则是居住在本国境内，并受本国法律管辖的一切人，包括本国公民、外国公民、双重国籍人和无国籍人等。而这种人身隶属关系又因法人和自然人的身份不同而有所区别：自然人主要是根据个人是否拥有征税国的国籍，或者在征税国是否拥有住所、居所；法人主要根据其是否在征税国国内注册登记，或者其总机构、实际管理机构等是否设在征税国境内。按照属人原则，凡是一个主权国家的公民或居民，不论他们是否在这个国家的领土内从事社会活动，他们依然是这个主权国家政治权利行使的对象，就要受这个国家的政权管辖。

四、税收管辖权的类型

根据属地原则和属人原则，可以把税收管辖权分为地域管辖权、居民管辖权和公民管辖权。

（一）地域管辖权

地域管辖权是按照属地原则确立的，是指一国有权对来源于本国境内的一切所得及财产征税，而不管是何人取得该笔所得。根据地域管辖权，跨国纳税人（无论是不是本国公民或本国居民）只要有来源于本国境内的收入、存在于本国的财产，就应依据本国税法履行纳税义务，而其来源于境外的收入、存在于他国的财产不用纳税。

（二）居民管辖权

居民管辖权是按照属人原则确立的，是指一国政府有权对本国税法中规定的居民（包括自然人和法人）的一切所得及财产征税，而不管其所得和财产来源于何处。根据居民管辖权，对于本国居民（包括自然人和法人）来自国内外的一切收入及其在国内外的财产，政府都要行使税收管辖权，依据本国税法征税，而对于本国的非居民，即使其有来源于本国的收入,政府也不行使税收管辖权。

（三）公民管辖权

公民管辖权是按照属人原则确立的,是指一国有权对拥有本国国籍的公民所取得的一切所得及其财产征税。根据公民管辖权,凡是具有本国国籍的公民（包括自然人和法人）,无论其在本国境内或境外居住,其在全世界范围内的全部所得,政府都要行使税收管辖权。

五、世界各国税收管辖权的选择

由于税收管辖权属于国家主权,所以,一国采用何种税收管辖权,一般由该国根据其国家权益、国情、政策和在国际上所处的经济地位等因素决定。同时,由于三种税收管辖对经济的影响有所不同,各国的处理方式往往有不同选择,而这种差别,在发达国家和发展中国家之间最为明显。一般而言,经济发达国家的资本和技术输出较多,引进外资相对较少,其国际收入是大量的,因而多强调居民管辖权和公民管辖权。发展中国家情况则相反,对外投资一般较少,引进外资较多,其进行国际合作产生的各种所得主要来源于本国,因而更多地强调地域管辖权。在具体实施时,有些国家是采用一种税收管辖权,但大多数国家是将两种或三种税收管辖权结合使用,从世界各国的现行税制来看,所得税管辖权的实施主要有以下三种情况。

（一）仅实施地域管辖权

在这种情况下,一国政府只对来源于本国境内的所得行使征税权,其中包括本国居民的境内所得和外国居民的境内所得,而对本国居民的境外所得不行使征税权。目前,行使单一地域管辖权的国家和地区主要有阿根廷、哥斯达黎加、肯尼亚、赞比亚和中国香港等。

（二）同时实施地域管辖权和居民管辖权

在这种情况下,一国要对本国居民的境内所得、境外所得以及外国居民的境内所得这三类所得都行使征税权。其中,对本国居民境外所得征税所依据的是居民管辖权,对外国居民在本国境内所得征税依据的是地域管辖权。目前,我国以及世界上大多数国家都采取这种地域管辖权和居民管辖权并行的做法,这样做的目的主要是从国家税收利益的角度考虑的。因为在开放的国际经济条件下,一方面是本国资本、技术和劳务的输出,另一方面又会有外国资本、技术和劳务的输入。也就是说,一国的所得税课征既要面对本国居民的国外所得,又要面对外国居民在本国的所得,这时如果只实行单一的税收管辖权,势必会有一部分税收收入流失。比如,一国如果只实行地域管辖权,则对本国居民的国外所得就不能征税,而如果只实行居民管辖权,则对外国居民在本国的所得也无法征税,所以,为了扩大本国的财政利益,一国把所得税的征税权同时扩大到本国居民的外国所得和外国居民的本国所得是必要的。

（三）同时实行地域管辖权、居民管辖权和公民管辖权

这种情况主要发生在美国、墨西哥等个别十分强调本国征税权范围的国家,其个人所得税除了实行地域管辖权和居民管辖权之外,还坚持实行公民管辖权。比如,美国税法规定,美国公民即使长期居住在国外,不是美国的税法居民,也要就其一切所得向美国政府

申报纳税。美国政府对居住在国外的美国公民也行使征税权,主要是考虑到这些在国外居住的美国公民也能享受到美国政府给他们带来的利益,因而他们也有义务向美国政府纳税。

第二节 国际重复征税及其处理

国际重复征税是不同国家的税收管辖权交叉重叠的结果。国际重复征税会加重纳税人的税收负担,会减少从事国际经济活动的企业或个人的税后利益,不利于国际间的正常经济交往。因此,减轻或消除国际重复征税是国际税收关系的核心问题。

一、国际重复征税的概念

国际重复征税是指在同一时期内,两个或两个以上的国家,对同一纳税人或不同纳税人的同一课税对象征收相同或类似的税收。

国际重复征税按性质不同,可分为法律性重复征税和经济性重复征税,两者的区别主要在于纳税人是否具有同一性。法律性重复征税是指不同征税权力主体对同一纳税人的同一课税对象的重复征税,而经济性重复征税是指不同征税权力主体对不同纳税人的属于同一税源的课税对象的重复征税。

比如,有一跨国自然人 A,他是甲国的居民,甲国依据居民管辖权对其来自全球范围的所得征税。在某一纳税年度,跨国自然人 A 在乙国提供劳务并取得一笔劳务所得,乙国根据地域管辖权对其来自乙国的这笔劳务所得征税。跨国纳税人 A 的同一笔劳务所得同时承担了甲、乙两国的纳税义务,这是两个征税权主体对同一自然人的同一笔所得征收两次税,这时形成的国际重复征税即为法律性国际重复征税。

又如,某跨国公司为 X 国居民法人,他在 Y 国的子公司为 Y 国的居民法人。某一年度,子公司在缴纳了 Y 国公司所得税后,将税后利润的一部分以股息方式支付给母公司。X 国依据居民管辖权对母公司的全球所得征税,使得母公司取得的来自子公司的股息所得要向 X 国缴纳所得税。这样,同一笔所得受到了两国的税收管辖,这是两个征税权主体对不同纳税人(母公司和子公司)的同一笔所得(母公司取得的但属于子公司的一部分利润)征收两次税,这时形成的国际重复征税即为经济性国际重复征税。

二、国际重复征税产生的原因

国际重复征税是由于不同国家的税收管辖权同时叠加在同一笔所得之上引起的,国与国之间的税收管辖权的叠加可以分为两种情况:一种是相同的税收管辖权的相互重叠;另一种是不同税收管辖权的相互重叠。

(一)两国同种税收管辖权的交叉重叠

国与国之间同种税收管辖权的相互重叠,主要是由于有关国家认定所得来源地的标准或判断居民身份的标准相互冲突而造成的。一旦同一笔所得同时被两个国家确认为来源于本国,那么这两个国家的地域管辖权便会重叠;一旦同一纳税人被两个国家同时确认为本国居民,那么这两个国家的居民管辖权便会重叠。

1. 地域管辖权的重叠

在行使地域管辖权的过程中,由于不同的国家对收入来源地的判断标准不同,这往往会造成国际重复征税。目前国际上常用的判断经营所得来源地的标准主要有常设机构标准和交易地点标准,判断劳务所得来源地的标准主要有劳务提供地标准和劳务所得支付地标准,对于同一笔所得,因为判断标准的不同,可能同时被两个国家确认为来源于本国,那么这两个国家的地域管辖权便会重叠。

例如,甲国一公司在乙国有常设机构,甲国在判断经营所得来源地时采用交易地点标准,而乙国采用常设机构标准,在这种情况下,如果该公司通过其在乙国的常设机构销售货物,而销售合同是该公司在甲国签订的,这时,甲国就会根据交易地点标准确认这笔销售利润来源于本国,并据此对该公司征税;而乙国则会根据常设机构标准确认这笔销售利润来源于本国,也会对该公司设在乙国的常设机构征税。

在判断劳务所得来源问题上,如果甲国采用劳务提供地标准,乙国采用劳务所得支付地标准,这时如果一乙国居民到甲国为一家公司提供劳务,但其劳务所得由甲国公司设在乙国的分支机构支付,那么,甲国按照劳务提供地标准,确认其劳务所得来源于本国;乙国按照劳务所得支付地标准,确认其劳务所得来源于本国,该居民的劳务所得就会被甲、乙两国都确认为来源于本国,都要行使征税权,便会发生重复征税。

2. 居民管辖权的重叠

在行使居民管辖权的过程中,由于不同的国家对居民身份的认定标准不同,可能会出现两国同时确认同一自然人或同一法人为本国的居民,两国同时对其拥有居民管辖权,造成两国之间居民管辖权的交叉重叠。目前国际上常用的自然人居民身份的判断标准主要有住所标准、居所标准和停留时间标准,法人居民身份的判断标准主要有注册地标准、管理和控制地标准、总机构所在地标准和资本控制标准等。如某人在甲国有永久性住所,但因公被派遣到乙国工作了1年,甲国根据住所标准确认该自然人为本国居民,而乙国根据停留时间标准确认该自然人为本国居民,这时,甲、乙两国的居民管辖权就叠加到了该自然人身上。而对于法人居民,如果甲国实行的是注册地标准,而乙国实行的是管理机构所在地标准,这时,一个在甲国注册成立而管理机构设在乙国的公司,就会同时被甲、乙两国确认为本国居民,也会发生居民管辖权的重叠。

(二) 两国不同税收管辖权的交叉重叠

国家之间不同种税收管辖权相互重叠主要有三种情况,即居民管辖权与地域管辖权的重叠、公民管辖权与地域管辖权的重叠以及居民管辖权与公民管辖权的重叠。由于世界上大多数国家都同时实行地域管辖权和居民管辖权,因此这两种税收管辖权的交叉重叠最为普遍。比如,一甲国居民在乙国从事经济活动并在当地有一笔所得,甲国依据居民管辖权有权对这笔所得征税,乙国依据地域管辖权也有权对这笔所得征税,这样,甲、乙两国的税收管辖权就在该甲国居民的同一笔所得上发生了重叠。

国际重复征税会加重纳税人的税收负担,这不仅有悖于各国税收立法中的税负公平性原则,而且会给跨国纳税人造成额外的负担,从而削弱跨国纳税人在国际竞争中的地位,损害其参与国际经济活动的积极性,也会阻碍国际间资本、技术、文化等交流,因此,世界各国都在积极地寻求减除国际重复征税的方法。

三、消除和减轻国际重复征税的基本方法

由于绝大多数国家同时实行地域管辖权和居民管辖权,因此不同种税收管辖权的重叠中,最主要、最常见的是两个国家居民管辖权和地域管辖权的重叠,因此解决国际重复征税的关键问题就是避免居民管辖权和地域管辖权的重叠。从目前的情况看,这一问题的解决办法大体可以概括为:承认地域管辖权优先,即实行居民管辖权的国家承认所得来源国的优先征税地位,并在行使本国征税权的过程中采取某种方式减轻或免除国际重复征税。目前减除国际重复征税的基本方法主要有免税法、扣除法和抵免法、低税法四种。

（一）免税法

免税法是指居住国对本国居民来自国外并已由外国政府征税的那一部分所得,完全免征或部分免征本国所得税。免税法的实质在于,居住国对于本国纳税人来源于国外的所得完全由非居住国实行地域管辖,居住国完全放弃或部分放弃本国的居民税收管辖。这就从根本上消除了因两种税收管辖权冲突而导致的国际重复征税,因此,免税法是一种较为彻底地消除国际重复征税的方法。

按照免税法的具体计算方法,可把免税法分为全额免税和累进免税。全额免税是指居住国向本国居民征税时,对其来源于国外并已纳税的那部分所得给予剔除,仅就来自国内的所得征税。其计算公式为:

$$应纳税额＝纳税人的国内所得×本国适用税率$$

累进免税是指居住国向本国居民征税时,对其来自国外并已纳税的那部分所得给予免税,但计算本国应纳税时,将其全部国内外所得汇总按本国累进税率征税。其计算公式为:

$$应纳税额＝居民的总所得×适用税率×\frac{国内所得}{总所得}$$

免税法作为一种彻底消除国际重复征税的方法,获得了国际上的认可,在联合国和经合组织两个税收协定范本中,均将免税法作为各国免除国际重复征税的可供选择的基本方法之一。免税法的优点在于其完全免除了国际重复征税,而且计算简单,管理便利。但是免税法也有不足之处,主要表现为:第一,由于居住国对跨国纳税人的国外所得不予征税,这就有可能导致跨国纳税人利用这一点进行国际偷逃税和国际避税;第二,实行免税法也不利于国家组织财政收入,有可能给居住国带来少征税额的损失,损害居住国利益。由于采用免税法的国家实际上是放弃了本国的居民管辖权,大多数国家并不愿意这么做,因此,目前国际上采用免税法的国家并不多,即使实行一般都会有许多严格的限定条件。如对已征税的国外所得才给予免税,或国外所得必须全部汇回居住国才给予免税等。

（二）扣除法

扣除法是指一国政府允许居民将境外所得的已纳税额作为费用从境外所得税中扣除,仅就余额征税。

扣除法的具体计算方法是,将跨国纳税人的全部所得汇总,减去其来源于国外那部分所得承担的所在国税额,其余额乘上本国适用税率即为应纳税额。其计算公式为:

$$应纳税额＝（纳税人全部所得－外国已纳税额）×居住国税率$$

由于扣除法只是将跨国纳税人的国外已纳税额作为一种费用扣除，跨国纳税人来源于国外的那部分所得并没有获得相应的免税或扣除，仍然承担了双重纳税义务，从而还存在重复征税。因此，扣除法只能减轻国际重复征税，不能免除国际重复征税。扣除法往往和下面的抵免法共同构成一国免除国际重复征税方法的体系。目前，单独适用扣除法来消除国际重复征税的国家比较少见。

（三）抵免法

抵免法是指一国政府对本国居民的国外所得征税时，允许其用国外已纳税款抵扣在本国应缴纳的税额，即"别国先征，本国补征"。但抵免法的实行通常都附有"抵扣限额"规定，这是因为，由于收入来源国可能采用比居住国更高的税率，因而本国居民就境外所得已在收入来源国缴纳的税款在国内抵扣时，其抵扣数以按本国税率计算的应纳税额为限，超额部分不能抵扣。计算抵免的方法有两种：一是全额抵免，即本国居民（公民）汇总境内、境外所得，按照本国税法的规定计算出的应缴纳所得税或一般财产税，可以全额扣除在境外所缴纳的税款。二是普通抵免，即本国居民（公民）在汇总境内、境外所得计算缴纳所得税或一般财产税时，允许扣除其来源于境外的所得或一般财产收益按照本国税法规定计算的应纳税额，即通常所说的抵免限额，超过抵免限额的部分不予扣除。显然，抵免法可以有效地减轻国际重复征税。我国主要采用抵免法，这也是世界上大多数国家为了避免双重征税而选用的方法。这种方法最大的优点是在来源地管辖权优先的基础上，兼顾到了居民税收管辖权，既避免了双重征税，又维护了国家的税收权益。

（四）低税法

低税法是指一国政府对本国居民的国外所得征税时，按照单独制定的较低税率征税。对纳税人来说，依然存在一定的国际重复征税。因此，低税法只能减轻而不能消除国际重复征税。

【例8-1】 甲国一居民公司某纳税年度取得总所得400万元，其中总公司来自居住国甲国的所得是300万元，分公司来自非居住国B国的所得是100万元，甲国的企业所得税税率是40％，乙国的企业所得税税率是30％，假如实行低税法的情况下，甲国对来源于境外的所得征收20％的低税。现分别计算甲国政府在采取免税法、扣除法、抵免法和低税法的情况下，该公司应向甲国政府缴纳的税款。

$$该公司在乙国已纳税款＝100×30％＝30（万元）$$

（1）免税法：

$$该公司在甲国应纳税额＝300×40％＝120（万元）$$
$$该公司全部纳税额＝30＋120＝150（万元）$$

（2）扣除法：

$$该公司在甲国应纳税额＝（400－30）×40％＝148（万元）$$
$$该公司全部纳税额＝30＋148＝178（万元）$$

（3）抵免法：

$$该公司在甲国应纳税额＝400×40％－30＝130（万元）$$

　　　　　该公司全部纳税额＝30＋130＝160(万元)

（4）低税法：

　　　　　该公司在甲国应纳税额＝300×40％＋100×20％＝140(万元)

　　　　　该公司全部纳税额＝30＋140＝170(万元)

第三节　国际税收协定

一、国际税收协定的概念和分类

（一）国际税收协定的概念

国际税收协定，从广义上讲是指国与国之间签订的有关税收问题的具有法律效力的书面协议。这种广义的国际税收协定涉及的内容很广泛，其中既包括避免所得和财产重复征税的协定，也包括双边或多边缔结的关税协定、空运企业和海运企业国际运输收入互免税收的协定等一些关于特定税种或特定项目的税收协定。从狭义上讲，国际税收协定一般特指避免所得和财产重复征税的国际协定。本章介绍的主要是狭义的国际税收协定，即国与国之间为了解决所得和财产重复征税问题达成的具有法律效力的书面协议。

（二）国际税收协定的分类

1. 按照缔约国的数量

（1）双边国际税收协定。凡由两个国家参加签订的协定，即双边国际税收协定。

（2）多边国际税收协定。凡由两个以上国家参加签订的协定，即多边国际税收协定。

2. 按照税收协定涉及的内容

（1）单项税收协定。单项税收协定是以解决特定行业或项目的税收问题为缔约目标，并不涉及全面协调缔约国之间的税收管辖关系。单项税收协定签约的形式比较灵活。既可以就某项税收问题达成单项税收协定，也可以经双方同意，在《海运协定》《通商航海条约》《航空运输协定》以及《贸易协定》等中列入税收条款，甚至也可以用双方政府部门间换文或换函形式达成协议。

（2）综合税收协定。综合性税收协定是以协调国家间税收管辖关系为调整对象，调整范围相当广泛，具有相当大的全面性和综合性，如国家间签订的关于对所得和财产避免双重征税和防止偷漏税的协定。

国际税收协定的基本任务在于约束缔约国各方对协调相互间的税收关系承担义务。其作用主要表现在四方面：第一，划分征税权，协调国家之间的税收权益；第二，避免国际重复征税，消除跨国纳税人的不合理负担；第三，加强国家间税收合作，互通税收情报，防止国际偷税避税；第四，避免国际税收歧视，保护纳税人的税收利益。

二、国际税收协定及其范本的产生

（一）国际税收协定的产生

国际税收协定是随着税收国际化而逐渐产生和发展起来的。税收国际化是经济、贸易国际化的重要组成部分，经济、贸易的国际化以及跨国公司的出现使得国家之间的税收利益发生矛盾和冲突,协调国家之间的税收利益,对国家的征税权加以约束,就成为各国政府必须面对和解决的问题,国际税收协定就是这种在国际经济环境下产生和发展的。

据记载,国际上第一个国际税收协定是1843年在比利时和法国之间签订的,第一个避免对遗产税的双重征收的协定是在1872年8月由瑞典与英国签订的,第一个综合性的避免对所得双重征税的协定是1899年6月奥地利与普鲁士之间签订的。从20世纪20年代起国际税收协定已得到普遍关注,例如,1925年,奥地利与意大利签订了避免双重征税协定;1926年,英国与爱尔兰签订了避免双重征税协定;1931年,德国和瑞士也签订了避免双重征税协定。

但是,早期的国际税收协定并无一定之规,缔约双方一般要根据本国的税制情况和可接受的征税原则进行相互协商,然后将双方达成一致的内容写进协定。由于并无一定的范本可遵循,所以早期的国际税收协定从具体内容上看相互之间都存在着较大的差异。

（二）国际税收协定范本的产生

为了规范国际税收协定的内容,简化国际税收协定的签订过程,一些国家和国际性组织很早就开始研究和制定国际税收协定范本。早在1921年,联合国的前身——国际联盟就委托4位经济学家对国际双重征税所涉及的经济问题进行研究。1922年,国际联盟又成立了一个由高级税务官员组成的工作组,专门研究国际双重征税和国际避税所涉及的管理和实际问题。在1923—1927年期间,该专家工作组起草了4部双边税收协定范本,并于1928年10月在日内瓦召开的有27国出席的避免双重征税和防止国际逃税政府专家大会上,研究了这4个双边税收协定范本。

随后,国际联盟不断根据需要修订并起草了一些新的税收协定范本草案（如1935年的协定草案）,1940年6月和1943年7月,国际联盟财政委员会在墨西哥城举行了两次区域性税务会议,对1928年的税收协定范本进行修订,签订了《墨西哥范本》。

1946年3月,国际联盟财政委员会在伦敦开会,复议墨西哥双边税收协定范本,拟订了《关于避免对所得和财产双重征税的协定范本》,简称为《伦敦范本》。

上述范本促使了不少欧美国家相互缔结了双边税收协定,对当时避免和消除国际双重征税起到一定的积极作用。但由于这些协定范本的部分原则及内容同各国税法不够协调,条款设计和内容方面存在一些问题,所以没有得到世界各国全面一致的接受。

（三）《经合组织范本》和《联合国范本》的产生

目前真正具有广泛影响力的国际税收协定重要范本有两个:一个是《经济合作与发展组织关于对所得和资本避免双重征税的协定范本》,即《经合组织范本》;另一个是《联合国关于发达国家和发展中国家间避免双重征税的协定范本》,即《联合国范本》。

为了协调其成员国之间的税收分配关系,避免和消除国际重复征税,1963年,经合组织首次公布了《经合组织范本》草案,该范本草案是以1946年《伦敦范本》为主要参考资料,结合有关国家谈判和签订双边税收协定的实践起草而成的。1977年,经合组织发表了该草案的修订本,即《经合组织范本》。该范本比较强调居民管辖权,对收入来源地管辖权有所限制,但由于经合组织成员国经济实力比较接近,资金、技术和人员流向基本均等,所以该范本能为这些经济发达国家所接受,并产生了广泛的国际影响。

另一个与《经合组织范本》有着同样广泛影响的是《联合国范本》。20 世纪 60 年代以来,有大批发展中国家加入联合国,他们认为《经合组织范本》倾向于发达国家利益,没有全面反映发展中国家的要求。为此,联合国经济与社会理事会于 1967 年 8 月专门成立了一个由发达国家与发展中国家代表组成的专家小组,多次开会,最后于 1979 年通过了《联合国范本》。这一范本参考了已有的《经合组织范本》,并作了一定的修改,在某些政策上有较大差异,照顾了发展中国家的利益,比如,该范本较为注重收入来源国的税收管辖权,其主要目的在于促进发达国家和发展中国家之间签订双边税收协定,同时也促进发展中国家之间相互签订双边税收协定,使各国进一步关心双重征税问题,较公平地划分收入来源国与居住国的税收管辖权,加速国际资本流动,促进世界经济发展。

三、国际税收协定的主要内容

目前各国之间缔结的避免双重征税协定,在结构安排和条款顺序上基本一致,都要参照《经合组织范本》和《联合国范本》。从这两个税收协定范本看,国际税收协定的主要内容可以分为以下五个方面:

(1) 国际税收协定适用的范围,主要包括两个方面:一是协定适用于哪些纳税人(包括自然人和法人);二是协定适用于哪些税种。

(2) 协定基本用语的定义,包括两类:一是与协定适用范围有关的基本用语和与协定大部分内容有关的基本用语;二是只涉及特定条款的专门用语。

(3) 对税收管辖权的划分,即对国际税收协定中涉及的营业所得、劳务所得、投资所得、财产及其他所得四种所得的税收管辖权的划分。

(4) 规定避免消除国际重复征税的办法。这是国际税收协定的主要内容之一。

(5) 有关的特别规定,即有关税收无差别待遇、建立相互协商程序和情报交换等方面的一些特别规定。

四、中国对外签订的税收协定

中国同外国缔结税收协定的工作,是自 1978 年实行对外开放政策以后才开始的。最早签订的单项税收协定是 1979 年 1 月 23 日在巴黎签订的《中华人民共和国政府和法兰西共和国政府关于互免航空运输企业税捐的协定》。为了适应对外开放,引进外资和技术及对外发展经济合作的需要,从 1981 年起,中国对外开始进行缔结综合税收协定的工作,最早签订的综合税收协定是 1983 年 9 月 6 日在北京签订的《中华人民共和国政府和日本国政府关于对所得避免双重征税和防止偷漏税的协定》。

我国实行改革开放以来,对外签订避免双中征税协定的工作取得了很大进展,截至 2018 年 12 月 12 日,我国已对外正式签署 107 个避免双重征税协定,其中 100 个协定已生效,和香港、澳门两个特别行政区签署了税收安排,与台湾签署了税收协议。

近年来,我国国际税收合作与协调全面加强。为加强双边及多边税收征管合作,我国于 2013 年签署了《多边税收征管互助公约》,于 2015 年签署了《金融账户涉税信息自动交换多边主管当局间协议》(AEOI)。为督促金融机构履行尽职调查程序,规范其报告行为,2017 年,财政部、国家税务总局及一行三会联合发布《非居民金融账户涉税信息尽职调查管理办法》。2017 年,我国又签署了另一个多边税收合作法律工具——《实施税收协定相关措施以防止税基侵蚀和利润转移(BEPS)的多边公约》,为征管协作提供程序和信息保障。作为指导工具,它可以帮企业解决税务争议,并对税收协定实施产生影响,进而影响中国国际税收规则体系。

案　例

牵手 120 个国家(地区) 国际税收合作助力跨境投资

伴随着对外开放的逐步深化,我国的国际税收工作在吸引外资、促进我国企业"走出去"、维护国家税收利益等方面发挥了日益重要的作用。

"四十年来,我国国际税收事业的发展适应了对外开放不同阶段的需要,持续完善的涉外税收制度、覆盖主要经济体的税收协定网络以及国际税收合作的不断深化,为我国深入推进改革开放发挥了积极作用。"2018 年 11 月 29 日,在由中国国际税收研究会主办的"纪念改革开放 40 周年国际税收研讨会"上,相关专家表示。

根据会上发布的《中国国际税收 40 年》数据,1992 年涉外税收收入 107 亿元,而 2000 年,这一数字增至约 2 217 亿元,涉外税收占全国税收收入比重高达 17.5%,为经济发展提供了雄厚财力保障。

在中国国际税收研究会顾问王力看来,国际税收作为国家税收工作的国际方面,面对新机遇和挑战,将进一步构建更具国际竞争力的税收制度、优化税收营商环境和加强国际税收合作,服务推动形成全面开放新格局,引领新时代税收现代化。王力认为,改革开放以来,中国国际税收走过了从涉外税收发展阶段,到服务"引进来"与"走出去"并重战略的国际税收发展阶段,再到助推构建开放型经济新体制的大国税收发展阶段。

国务院发展研究中心研究员倪红日说,"没有改革开放就没有涉外税收的建立和国际税收的发展。我国通过积极参与税收规则制定,参与 G20 框架下国际税收改革,主动引领'一带一路'税收合作,广泛开展双边税务交流等,推动了中国国际税收加速走向国际舞台中心。"

近年来,我国不断扩大税收协定网络,服务对外开放。据国家税务总局国际税务司副司长蒙玉英介绍,目前国家税务总局已同经济合作与发展组织(OECD)、国际货币基金组织(IMF)、联合国国际税务专家委员会等 25 个国际组织建立了紧密合作关系。我国还与包括"一带一路"建设参与国家(地区)在内的 120 个国家(地区)税务主管当局建立了双边税收合作关系,基本覆盖了我国主要投资目的地和投资来源地,为跨境投资创造了确定、有利的税收法律环境。

中国国际税收研究会会长张志勇表示,"当前,中国国际税收与我国国际地位提升相匹配,具体表现在双边协定网络扩大并更有效执行;兼顾'引进来'和'走出去';税基安全逐步巩固;参与国际规则制定;双边、多边国际合作有效展开。国际税收合作在促进生产要素有序流动、资源高效配置、市场深度融合等方面发挥了重要作用。"

2018年省级国税局和地税局合并之后,各省单独设立了国际税收管理处,明确了相应的职能职责,为国际税收管理提供更有力的组织保障。

事实上,在国际税收竞争加剧的背景下,深入研究国际税制改革对中国资本流动和产业结构的影响,将提高我国税收政策适应性和税制竞争力。比如为了鼓励境外投资者扩大在华投资,中国今年出台了对境外投资者以分配利润直接投资暂不预提所得税的优惠政策。

与会专家表示,随着中国特色社会主义进入新时代,面对经济全球化进入新的发展阶段带来的机遇和挑战,未来我国的国际税收事业要在推动"一带一路"倡议,参与国际税收规则制订,加强国际税收合作与协调等方面将进一步深入推进,为构建对外开放新格局,构建"人类命运共同体"上发挥更大的作用。

资料来源:张智,华夏时报,2018-12-1。http://www.chinatimes.net.cn/article/82184.html。

案例思考题

我国国际税收如何适应竞争加剧带来的影响?

本 章 小 结

1. 国际税收是指两个以上的国家或地区,在对跨国纳税人行使各自的征税权力的过程中所发生的国家之间的税收分配关系。

2. 税收管辖权是指一国政府在税收方面所行使的立法权和征收管理权。税收管辖权的确立原则有"属地原则"和"属人原则"。税收管辖权的类型可以分为地域管辖权、居民管辖权和公民管辖权。世界各国税收管辖权的选择主要有三种情况,仅实施地域管辖权、同时实施地域管辖权和居民管辖权、同时实施地域管辖权、居民管辖权和公民管辖权。

3. 国际重复征税是指同一时期内、两个或两个以上的国家,对同一纳税人或不同纳税人的同一课税对象征收相同或类似的税收。国际重复征税产生的原因包括两国同种税收管辖权的交叉重叠以及两国不同税收管辖权的交叉重叠。消除和减轻国际重复征税的基本方法有免税法、扣除法、抵免法和低税法。

4. 国际税收协定是指国家之间为了解决所得和财产重复征税问题达成的具有法律效力的书面协议。国际税收协定是随着税收国际化而逐渐产生和发展起来的。国际税收协定的主要内容参照《经合组织范本》和《联合国范本》,大致包括适用范围、基本用语、对税收管辖权的划分、规定避免消除国际重复征税的办法及有关的特别规定五个方面的内容。

关 键 词

税收管辖权 地域管辖权 居民管辖权 公民管辖权 国际税收协定

思 考 题

1. 什么是国际税收？其实质是什么？
2. 什么是税收管辖权？它分为几种类型？
3. 什么是国际重复征税？造成国际重复征税的原因有哪些？
4. 如何减轻或消除国际重复征税？
5. 国际税收协定的作用是什么？其主要内容有哪些？

第九章 国债与国债管理

本章导读

国债概述

　国债制度

　　国债管理

国债是政府以信用为基础,通过借款或发行债券方式取得的债务收入,本章在介绍国债的概念、性质、功能、分类的基础上,分析了国债的发行、偿还制度以及国债市场,并对国债的管理和外债的管理进行了分析。

第一节　国债概述

一、国债的概念和特征

（一）国债的概念

在信用经济高度发达的当今社会,举债已成为十分普遍的经济现象。有以私人和企业为主体举借的债务,称为民间债务或私债;也有以政府为主体举借的债务,称为国债或公债。通常将中央政府债务称为国债,地方政府债务称为公债。国债是整个社会债务的重要组成部分,具体是指以国家政府自身的信用为基础,通过向国内外发行债券或向外国政府和银行借款筹集财政资金所形成的债务。我国从 2015 年开始实施的《预算法》第 35条规定:经国务院批准的省、自治区、直辖市的预算中必需的建设投资的部分资金,可以在国务院确定的限额内,通过发行地方政府债券举借债务的方式筹措。举借债务的规模,由国务院报全国人民代表大会或者全国人民代表大会常务委员会批准。因此,目前我国的政府债务不仅包括中央政府发行的"国债",也包括地方政府发行的"公债"。本章主要介绍中央政府发行的国债。

国债是以政府作为信用关系的债务人进行的举债活动。中央政府与债权人之间形成的公共借贷关系主要通过两种方式来建立:一种是通过借款合同向金融机构或外国政府直接借款;另一种是通过发行有一定票面金额的书面凭证向国内外社会公众借款,这类书面凭证即为国债券。随着现代化交易方式的出现,这种凭证式有形国债券已被记账式无形债券所替代。

政府发行国债主要是为了筹集财政资金,通过发行国债筹集的资金大多用于经济建设和弥补财政赤字。另外,为了加强对基础产业和公共设施的投资,政府也可以采用发行国债的办法获得追加资金。政府发行国债筹集到的财政资金,首先必须纳入财政预算,然后经过分配成为经济建设资金。

国债又是一种非经常性的财政收入,因为国家发行债券或借款实际上是筹集资金,意味着政府可支配资金的增加。但是,发行国债必须遵循有借有还的信用原则,债券或借款到期要还本付息,中央政府需要依靠财政资金来偿还国债。因国债具有偿还性,所以,它又是一种预期的财政支出。

国债还是一个特殊的债务范畴,它与私债的本质区别在于发行的依据或担保物不同。民间借债一般须以财产或收益为担保,人们只有在确信借债者具有履行还本付息的能力的情况下才会出借。而国债的担保物并不是财产和收益,而是政府的信誉,在一般情况下,国债比私债要可靠得多,而且其发行无须向证券监督管理机构申请报批,因此,通常又被称为金边债券与豁免债券。

（二）国债的特征

一般来说,国债具有自愿性、有偿性和灵活性三方面的特征。

1. 自愿性

自愿性表现为国债的发行或认购应建立在认购者自愿承受的基础上,是否认购或者认购多少应完全由认购者视其个人或单位的情况自主决定。自愿性特征使国债与税收有着明显的区别。我们知道,税款的征收是以国家的政治权力为依托,任何单位和个人都必须依法纳税,否则就要受到法律的制裁。因此,税收的重要特性就是强制性。而国债的发行是以国家或政府的信用为依托,以借贷双方自愿互利为基础,按照一定条件与认购者结成债权债务关系的一种行为。中央政府是债务人,而债务人是不能向债权人即认购者实行"派购"的。每个认购者（个人或单位）都有独立的经济利益,他们自然要从自己的经济利益出发,对国债自主决定买与不买或买多买少。

2. 有偿性

有偿性表现为通过发行国债筹集的财政资金,政府必须作为债务而按期偿还。除此之外,还要按事先规定的条件向认购者支付一定数额的暂时让渡资金使用权的报酬,即利息。有偿性也是国债区别于税收的重要特征。政府通过征收税款取得的财政收入,国家既不需要偿还,也不需要对纳税人付出任何代价。因而,税收的特征之一就是它的无偿性。而国债的发行是中央政府作为债务人以还本和付息为条件,向国债认购者借取资金的暂时使用权,因而政府与认购者之间必然具有直接的返还关系。因此,政府在利用国债筹集的资金提供公共产品与服务的过程中,并未减少私人财富的实际数量。

3. 灵活性

灵活性表现为国债发行与否以及发行多少,一般完全由中央政府根据具体情况灵活地加以确定,而非通过法律形式预先规定。这种灵活性,是国债所具有的一个突出特征。税收是按照国家法律（主要指税法）规定的标准征收的,即在征税之前,就要通过法律形式预先规定课征对象和征收数额之间的数量比例。这个数量比例一旦确定,不经国家批准便不能随意改变。只要纳税人取得应税收入或发生应税行为,就必须按照法律规定的固定数量比例纳税。国债的发行则完全不同,其发行与否以及发行多少,并没有一个较为固定的国家法律规定,基本上由政府根据财政资金状况灵活加以确定。国债既不具有发行时间上的连续性,也不具有发行数额上的固定性,而是何时需要就何时发行,需要多少就发行多少。当然,国债的灵活性也是相对而言的,绝不能机械地、片面地理解。许多国家的立法机关都根据政府的财政负担能力而规定一个"负债"的最高限额,从而对国债总量加以适当控制。如我国《预算法》明确规定,中央一般公共预算中必需的部分资金,可以通过举借国内和国外债务等方式筹措,举借债务应当控制适当的规模,保持合理的结构。对中央一般公共预算中举借的债务实行余额管理,余额的规模不得超过全国人民代表大会批准的限额。

国债的这三个特征密切相关。国债的自愿性决定于国债的有偿性,因为如果是无偿的,也就谈不到国债的自愿认购了。国债的自愿性和有偿性又要求发行上的灵活性。否则,政府可以按照固定的数额每年连续发行国债,而不管客观经济条件和政府财政负担能力。其结果,或是一部分国债推销不掉而需派购,或是通过国债筹措的财政资金处于闲置,不能发挥应有效益,政府因而无力偿付本息。因此可以说,国债是自愿性、有偿性和灵活性的统一,三者缺一不可。

国债的产生离不开商品经济向信用经济的发展。恩格斯说,随着文明时代的向前发展,设置捐税也不够用了,国家就发行期票、借债,即发行国债。可见,国债的产生和发展与政府职能的扩展密切相关,同时又以社会经济的发展及信用制度的发展为前提。如果社会上没有较为充裕的闲置资金,国债就成为无源之水。国债制度是在私债的基础上发展和演变而来的,产生于奴隶社会。到了封建社会,借债规模有所扩大,但发展十分缓慢,直到商品经济和信用经济高度发达的资本主义社会国债才迅速发展起来。

二、我国国债的起源与发展

我国古代,国家支出主要依靠赋税徭役以及平时积蓄,国家长期不存在债务。直至清朝末年,开始出现国债。1894 年,清政府发行了中国历史上的第一次债券——息借商款,当时发行的目的是为了应付甲午战争的军事支出需要。此后的北洋军阀政府和国民党政府也曾多次举债。旧中国的国家债券带有明显的半封建半殖民地的特点。新中国建立以后,政府曾多次发行国债,大致可分为三个阶段:

第一阶段是 20 世纪 50 年代。时为新中国成立初期,百废待兴,国家财政非常困难,物价波动严重。为了制止通货膨胀、稳定市场物价、弥补财政赤字,中央人民政府于 1950 年发行了总价值约为 302 亿元的"人民胜利折实公债";1954—1958 年,为了进行社会主义经济建设,分五次发行了总额为 3 546 亿元的"国家经济建设公债"。这些国债的发行对解决财政困难、平衡财政收支、回笼货币、抑制通货膨胀、稳定经济、调整经济结构和奠定工业化基础起到了重要作用。

第二个阶段是 20 世纪 80 年代至 90 年代中期。改革开放后,大规模的重点建设和渐进的体制改革使财政支出迅速增加,1979 年之后几年,财政连年出现赤字。我国及时从理论上矫正了所谓"既无内债,又无外债是社会主义的优越性"的错误思想,积极完善国债制度,科学地确定国债规模,并按照社会主义市场经济的要求,确定发行种类。政府从

1981年起发行国库券。另外,还发行了国家重点建设债券、财政债券、保值公债等,并向外国政府、国际金融机构、外国银行等借入大量外债。这一时期,国债的发行目的主要是弥补财政赤字、支持经济建设。

第三个阶段是20世纪90年代末期至今,我国市场经济体制已经确立,经济发展进入一个新的时期。伴随着国民经济总量的不断增长与经济结构发生的重大变化,经历了由低级到高级、由严重失衡到基本合理的发展变化轨迹,已由传统的农业国转变为门类齐全、初步实现工业化的发展中国家,整体经济已完成初级工业化任务,并进入中期工业化阶段。与此同时,也出现了一些困难,如价格持续走低、居民消费不旺等,亚洲金融危机的后期效应又进一步影响了我国的进出口贸易。在经济处于低谷的形势下,政府和社会各界对国债的宏观调控功能寄予了热切期望。政府不断增发国债,并配合其他经济政策拉动经济增长。特别是1998—2002年期间,以及2008年国际金融危机发生后,我国实施积极的财政政策,连年增发长期国债对扩大内需起到了积极作用。2011年10月17日,经国务院批准,制定了《2011年地方政府自行发债试点办法》,上海市、浙江省、广东省、深圳市开展地方政府自行发债试点,开始了地方政府发行债券的历史。2015年,随着新的《预算法》的实施,地方政府发行债券成为地方政府弥补公益性资本不足的一个重要手段,地方政府发债进入了一个新的阶段。

目前,国债的发展早已远远超出了发达资本主义国家的范围。不管社会制度怎样,不论经济发展水平如何,几乎所有国家,都将国债作为政府筹集财政资金的重要形式和发展经济的重要手段。

三、国债的性质和功能

(一)国债的性质

国债是国家以还本付息为条件从国内外市场筹集资金的信用行为,其实质是一种债务的形式。这种性质使得国债既是一种特殊的借贷行为,同时又是一种特定的财政行为。

1. 国债是一种特殊的信用

这种特殊性体现在以下几个方面:第一,国债是以国家为主体的借贷行为,它以国家信用作为还本付息的保障,使得国债的风险远远小于其他市场主体之间的信用形式风险。第二,国债作为一种特殊的信用形式,吸收社会闲散资金,可以弥补投资缺口。当国债通过金融机构发行时,金融机构购买国债,政府增加一笔存款收入,虽然金融机构的资金减少,但当金融机构需要流动性时,可以通过抵押其国债从中央银行获得再贷款,从而向市场提供借贷资本。第三,国债创造信用的扩张能力较强。由于国债的安全性较高,中央银行在公开市场上往往以国债作为吞吐基础货币的工具,这使得国债运动所创造的信用扩张能力远远要大于市场主体借贷行为所产生的信用扩张能力。

2. 国债是一个特殊的财政范畴

国债作为一种特殊的财政范畴,与国家取得财政收入的主要形式税收有着很大的不同:第一,国债具有有偿性、自愿性和灵活性的特征,使得它与具有无偿性、强制性和固定性的税收有着本质不同。第二,国债的负担落在发行国债后的纳税人身上,而税收的负担落在当期的纳税人身上。

（二）国债的功能

1. 弥补财政赤字

弥补财政赤字是国债最基本的功能。尽管世界各国财政赤字形成的原因不同,但一般都用发行国债筹措资金弥补财政赤字。

一般来讲,弥补财政赤字可以采用增加税收、向银行透支或发行国债的办法。增加税收是取之于民、用之于民的做法,但增加税收有一定的限度,如果税负过重,超过企业和个人的承受能力,将不利于生产的发展,并会影响今后的税收,而且增加税收必须先调整税法,但税收法律和法规的频繁变动是不利于经济稳定的。向银行透支解决财政收入不足,会造成中央银行增加赤字性的货币发行,由此会导致严重的通货膨胀,对经济带来严重的负面影响,而《中国人民银行法》明确规定,禁止中国人民银行向财政透支。在增税有困难,又不能向银行透支的情况下,采用发行国债弥补财政赤字是一项可行的办法。政府通过适度发行国债可以吸收单位和个人的闲置资金,既不会涉及法律的变动,也不会造成货币发行增加、诱发通货膨胀。因此,通过发行国债这种筹资的方式弥补财政赤字是一种副作用较小的措施。

2. 筹集建设资金

国家要进行基础设施和公共设施建设,需要大量的中长期资金。通过发行中长期国债,可以将一部分短期资金转化为中长期资金,用于国家大型项目的建设,以促进经济的发展。一些投资大、建设周期长、见效慢的项目,如能源、交通等重点建设,往往是制约国民经济发展的"瓶颈",需要政府积极介入和投资,国债的发行就可以帮助政府满足这些支出的需要。比如,1987年我国开始发行的重点建设债券和重点企业建设债券(其中包括电力债券、钢铁债券、石油化工债券和有色金属债券),其发行目的就是要集中资金保证重点项目的建设,具有很强的筹集资金的功能。在"八五"期间,我国的国债资金重点支持了三峡工程、上海浦东新区建设、京九铁路、沪宁高速公路、吉林化工、北京地铁、北京西客站等能源、交通等重点建设项目以及城市公用设施建设。

3. 调节经济运行

国家通过发行国债,可以将社会上的闲置资金变为生产建设资金,扩大社会的积累规模,有助于调节积累与消费的比例关系,调整投资结构和产业结构,促进国民经济的协调稳定发展。同时,用国债弥补财政赤字,就使得社会总供给和社会总需求的关系得到了平衡。

作为可自由流动的有价证券,国债在调节金融市场,维护经济稳定方面也发挥着积极的作用,中央银行可以根据经济状况随时买卖国债,灵活调节资金市场的松紧度,从而使国债成为中央银行公开市场业务的重要手段和对象。作为财政政策和货币政策配合的结合点,扩大国债的发行规模是国家实施积极财政政策的主要手段,国债特别是短期国债是中央银行进行公开市场操作唯一合适的工具。在经济过热、需要减少货币供应量时,中央银行通过公开市场业务卖出国债,收回金融机构或公众持有的一部分货币,从而控制经济的过热运行;当经济萧条需要增加货币供应量时,中央银行通过公开市场业务买入债券,增加货币的投放。国债的总量、结构对公开市场操作的效果有重要的影响,如果国债规模过小,央行在公开市场上的操作对货币供应量的控制能力就非常有限,不足以使利率水平的变化达到中央银行的要求;如果国债品种单一,持有者结构不合理,中小投资者持有国债比例过大,公开市场操作也很难进行。

4. 形成市场基准利率

在市场经济下,利率是整个金融市场的核心价格,对股票市场、期货市场、外汇市场等市场上金融工具的定价均产生重要影响。国债是一种收入稳定、风险极低的投资工具,这一特性使得国债利率处于整个利率体系的核心环节,成为其他金融工具定价的基础。国债的发行与交易有助于形成市场基准利率。国债的发行将影响金融市场上的资金供求状况,从而引起利率的升降。在国债市场充分发展的条件下,某种期限国债发行时的票面利率就代表了当时市场利率的预期水平,而国债在二级市场上交易价格的变化又能够及时地反映出市场对未来利率预期的变化。

5. 机构投资者短期融资的工具

由于国债素有"金边债券"的美誉,机构投资者一方面可以把短期资金配置成国债这种信用等级较高的资产。另一方面,当其亟须流动性时,可以通过回购交易等形式调剂自身的资金余缺。

四、国债的分类

按照不同的标准,国债可作如下分类。

(一)按举借债务方式划分

按举借债务方式,国债分为国家债券和国家借款。

国家债券是通过发行债券形成国债法律关系。国家债券是国家内债的主要形式,我国发行的国家债券主要有国库券、国家经济建设债券和国家重点建设债券等。国家借款是按照一定的程序和形式,由借贷双方共同协商,签订协议或合同,形成国债法律关系。国家借款是国家外债的主要形式,包括外国政府贷款、国际金融组织贷款和国际商业组织贷款等。

(二)按发行期限划分

按发行期限,国债划分为短期、中期、长期和不定期国债。

短期国债通常是指发行期限在 1 年以内的国债。中期国债是指发行期限在 1 年以上、10 年以下的国债。长期国债是指发行期限在 10 年以上的国债。不定期国债是指国家发行的不规定还本付息期限的国债。这类国债的持有人可按期获得利息,但没有要求清偿债务的权利,如英国曾发行的永久性国债即属此类。

(三)按发行地域划分

按发行地域,国债划分为内债和外债。

内债是指在国内发行的国债,其债权人多为本国公民、法人或其他组织,还本付息均以本国货币支付。外债是指国家在国外举借的债,包括在国际市场上发行的国债和向外国政府、国际组织及其他非政府性组织的借款等。国家外债可经双方约定,以债权国、债务国或第三国货币筹集并还本付息。

（四）按发行性质划分

按照发行性质，国债划分为自由国债和强制国债。

自由国债又称任意国债，是指由国家发行的由公民、法人或其他组织自愿认购的国债。它是当代各国发行国债普遍采用的形式，易于为购买者接受。强制国债是国家凭借其政治权力，按照规定的标准，强制公民、法人或其他组织购买的国债。这类国债一般是在战争时期或财政经济出现异常困难或为推行特定的政策、实现特定目标时采用。

（五）按使用用途划分

按照使用用途，国债划分为赤字国债、建设国债和特种国债。

赤字国债是指用于弥补财政赤字的国债。在实行复式预算制度的国家，纳入经常预算的国债属赤字国债。建设国债是指用于增加国家对经济领域投资的国债。在实行复式预算制度的国家，纳入资本（投资）预算的国债属建设国债。特种国债是指为实施某种特殊政策在特定范围内或为特定用途而发行的国债。

（六）按是否可以流通划分

按是否可以流通，国债划分为上市国债和不上市国债。

上市国债又称出售国债，是指可在证券交易场所自由买卖的国债。不上市国债是不可出售国债，是指不能自由买卖的国债。这类国债一般期限较长，利率较高，多采取记名方式发行。

（七）按发行的凭证划分

1. 无记名（实物）国债

无记名（实物）国债是一种实物债券，以实物券的形式记录债权，面值不等，不记名，不挂失，可上市流通。发行期内，投资者可直接在销售国债机构的柜台购买。在证券交易所设立账户的投资者，可委托证券公司通过交易系统申购。发行期结束后，实物券持有者可在柜台卖出，也可将实物券交证券交易所托管，再通过交易系统卖出。1993 年以前我国发行的国库券均为实物国债，随着国债市场投资条件和环境的改善，财政部从 1998 年开始停止了实物国债的发行，从根本上杜绝了假券产生的源头。

2. 储蓄国债

储蓄国债是指政府面向个人投资者发行、以吸收个人储蓄资金为目的、满足长期投资需求、不可流通且记名的国债品种。按照记录债权形式的不同又可以分为凭证式国债和储蓄国债（电子式）。

（1）凭证式国债。凭证式国债属于储蓄国债的一种，我国从 1994 年开始发行凭证式国债。凭证式国债是指国债承销机构采取不印刷实物券，而给国债购买者填制"中华人民共和国凭证式国债收款凭证"的方式通过银行的储蓄网点发行的国债。该凭证是投资者通过商业银行购买凭证式国债的一种证明。这种国债的特点是可以记名，可以挂失，不能上市流通，到期需到原购买机构或地点进行兑付，可以提前兑取。2012 前，机构投资者可以购买凭证式国债，2012 年财政部、中国人民银行发文，不允许机构投资者购买。

（2）储蓄国债（电子式）。储蓄国债（电子式）属于储蓄国债的一种。储蓄国债（电子式）是我国财政部面向境内中国公民储蓄类资金发行的，以电子方式记录债权不可交易流通的人民币债券。这种债券只面向境内中国公民，不向机构投资者发行，同时设立了单个账户单期购买上限,充分考虑并保护了个人投资者特别是中小投资者的利益。购买时采用实名制,不可流通转让。与其他非国债投资品种相比,储蓄国债(电子式)具有信用等级最高,安全性最好;利息免税,收益稳定;购买方便,管理科学;变现灵活等优点。我国2006年开始发行储蓄国债(电子式)。

储蓄国债(电子式)和凭证式国债的主要不同之处是:①认购手续不同。投资者购买储蓄国债(电子式),需开立个人国债账户并指定对应的资金账户后,使用资金账户中的存款购买。投资者购买凭证式国债,不需开立个人国债账户,可使用现金或银行存款直接购买。②购买情况记录方式不同。储蓄国债(电子式)以电子记账方式记录投资者购买情况。凭证式国债以开立"中华人民共和国凭证式国债收款凭证"方式记录投资者购买情况。③投资者起息日不同。储蓄国债(电子式)从发行公告中规定的发行期开始日起息,即无论投资者在发行期哪一天购买,起息日统一为发行期开始日。凭证式国债从投资者购买当日开始起息。④付息周期和方式不同。储蓄国债(电子式)按年付息。财政部通过储蓄国债承销团成员,于付息日营业开始前向投资者资金清算账户足额支付当期利息。凭证式国债到期一次还本付息,利息在投资者办理兑付时支付;投资者于到期日后兑付凭证式国债,利息计算至到期日前一日止,逾期不加计利息。⑤到期兑付方式不同。储蓄国债(电子式)到期时,财政部通过储蓄国债承销团成员于还本日营业开始前将本金和最后一次利息转入投资者资金账户。凭证式国债到期后,投资者需前往储蓄国债承销团成员网点办理兑付。

3. 记账式国债

记账式国债以记账形式记录债权,是由财政部使用无纸化方式通过证券交易所的交易系统发行和交易,以电脑记账方式记录债权,并可以上市交易的债券,可以记名、挂失。投资者进行记账式证券买卖,必须在证券交易所设立账户。由于记账式国债的发行和交易均无纸化,所以效率高,成本低,交易安全。与凭证式国债和1年期定存相比,记账式国债提前兑现不损失利息,而凭证式国债和定期存款都有一定的利息损失。

记账式国债分为记账式附息国债和记账式贴现国债。记账式贴现国债是指以低于面值的价格贴现发行、到期按面值还本、期限为1年以下的国债。记账式附息国债是指定期支付利息、到期还本付息、期限在1年或1年以上的国债。

记账式国债和储蓄国债的区别在于:①发行对象不同。储蓄国债面向个人投资者发行。记账式国债面向全社会发行,个人投资者可以通过记账式柜台交易试点商业银行和证券交易所市场购买部分期次记账式国债。②利率确定方式不同。当前,储蓄国债利率由财政部和中国人民银行比照储蓄存款基准利率,结合金融市场情况确定;记账式国债利率通过记账式国债承销团成员招投标确定。近年来,同期限记账式国债利率一般低于储蓄国债利率。③流通性不同。储蓄国债不可以上市流通,记账式国债可以上市流通。④变现方式不同。储蓄国债可以按照有关规定,通过提前兑取、质押贷款等方式变现。记账式国债可通过上市交易、回购等方式变现,交易价格随市场变化波动。⑤到期前终止投资的收益预知程度不同。储蓄国债投资者可通过提前兑取方式提前终止投资。储蓄国债提前兑取条件在发行时就已明确规定,因此投资者提前兑取所能获得的收益是可以预知的,不承担市场利率变动带来的价格风险。记账式国债投资者可通过二级市场卖出方式提前终止投资,但二级市场交易价格跟随金融市场变化而波动,有可能高于或低于发行面值。因此,购买记账式国债于到期前卖出,收益是不能预知的,投资者要承担市场利率变动带来的价格风险。

五、国债的效应

国债在经济生活中发挥着重要的作用,其效应表现在刺激需求效应、收入分配效应和挤出性效应等方面。

(一)刺激需求效应

国债的刺激需求效应表现在,首先,国债的发行,使得政府投资扩大,这就相应地拉动了投资需求,产生了乘数效应;其次,政府持有国债就等于持有财富,国债的投资又会刺激消费需求,提高货币收入的消费倾向。所以,国债的发行对于投资需求和消费需求等均有一定的刺激作用。

(二)收入分配效应

发行国债会扩大收入分配差距。首先,国债会改变当代人之间的收入分配关系。因为国债是有偿的,所以购买国债会取得一定的收益,给购买者增加收入。富有者可能会多买,从而取得的收入多一些,贫穷者可能少买或者不买,由此就少得或没有收入,这样就扩大了收入分配的差距。其次,国债还会影响代际之间的收入分配关系。因为国债体现一定的分配关系,是一种"延期的税收",还本付息的来源是靠今后的税收收入。政府举债后如果使用效率高,促进经济稳定增长,就会有利于后代人,给后代人造福;反之,如果国债负担过重,或者没有实现经济增长,就会加重后代人的负担。

(三)挤出性效应

发行国债会积聚社会闲置资金,减少民间投资和消费,部分资金被"挤出"民间,造成民间经济的效率损失。中央银行的公开市场业务操作,也会产生"挤出性效应",引起民间投资水平的下降。

第二节 国债制度

一、国债的发行

国债的发行是指国债出售或由投资者认购的过程。

(一)国债的发行条件

1. 国债发行额

国债的发行额是指国债发行的数量。国债的发行数量由国家所需的资金数量、市场的资金能力、政府信誉等因素决定。国债的年度发行额必须经立法机构审议批准并列入财政预算,因此在确定国债发行额时要进行科学的预测,以免发行过多,造成销售困难,对政府的信誉带来不良影响。

自 2006 年起,我国参照国际通行做法,采取国债余额管理方式管理国债发行活动,以科学地管理国债规模,有效防范财政风险。国债余额管理是指立法机关不具体限定中央政府当年国债发行额度,而是通过限定一个年末不得突破的国债余额上限以达到科学管理国债规模的方式。国债余额包括中央政府历年预算赤字和盈余相互冲抵后的赤字累积额、向国际金融组织和外国政府借款的统借统还部分(含统借自还转统借统还部分)以及经立法机关批准发行的特别国债累计额,是中央政府以后年度必须偿还的国债价值总额,能够客观反映国债负担情况。

2015 年新预算法实施后,允许地方政府发行债券,财政部于 2015 年 12 月 21 日下发了《关于对地方政府债务实行限额管理的实施意见》(财预〔2015〕225 号),该意见对地方政府债务提出了相关的要求。第一,合理确定地方政府债务总限额。对地方政府债务余额实行限额管理。年度地方政府债务限额等于上年地方政府债务限额加上当年新增债务限额(或减去当年调减债务限额),具体分为一般债务限额和专项债务限额。第二,逐级下达分地区地方政府债务限额。第三,严格按照限额举借地方政府债务。第四,将地方政府债务分类纳入预算管理。地方政府要将其所有政府债务纳入限额,并分类纳入预算管理。其中,一般债务纳入一般公共预算管理,主要以一般公共预算收入偿还,当赤字不能减少时可采取借新还旧的办法。专项债务纳入政府性基金预算管理,通过对应的政府性基金或专项收入偿还;政府性基金或专项收入暂时难以实现,如收储土地未能按计划出让的,可先通过借新还旧周转,收入实现后即予归还。2018 年中央财政国债余额限额为 156 908.35 亿元,2018 年全国地方政府债务限额为 209 974.30 亿元。其中,一般债务限额 23 789.22 亿元,专项债务限额 86 185.08 亿元。截至 2018 年年末,全国地方政府债务余额 183 862 亿元,控制在全国人大批准的限额之内。其中,一般债务109 939亿元,专项债务 73 923 亿元;政府债券 180 711 亿元,非政府债券形式存量政府债务 3 151亿元。

2. 国债发行期限

国债的期限是指从国债发行日到偿清本息日止的这段时间。确定发行哪种期限的国债,要受到政府对资金的需求时间长短、市场利率的发展趋势、认购者的取向、流通市场的发达程度等因素的影响。国债期限的确定要有利于改变其偿债结构,降低举债成本,避免和缓解偿债高峰压力。

3. 国债发行价格

国债的发行价格是指国债的出售价格或购买价格。国债的发行价格不一定是面值,它可能高于或低于面值。根据国债发行价格和面值的关系,一般可将国债的发行价格分为三类,即平价发行、折价发行和溢价发行。

第一,平价发行。

平价发行是指国债的发行价格与面值相等,即政府按面值出售,认购者按面值购买,国债的发行收入与偿还本金的支出相等。国债的平价发行一方面要求政府有良好的信用,人们在对政府信用认同后才可能按面值去购买国债;另一方面要求市场利率与国债发行利率基本一致,这样政府出售国债、个人在认购国债时才不至于遭受损失,国债才能顺利出售。国债的平价发行对政府是最有利的,因为这种方式的预期收入是稳定的,政府除按照票面价格支付本金、按正常的利息率支付利息外,不会有任何的额外负担,并且不会影响市场利率,有利于经济稳定。

第二,折价发行。

折价发行是指国债的发行价格低于面值,认购者按低于面值的价格购买国债,认购者除到期获得利息外,还可以得到发行价格与购买价格之差的额外收益。政府采取折价发行的方式出售国债,主要是由于国债的票面利率低于实际的市场利率,政府为了稳定经济,避免市场利率的波动,因而才降低发行价格,吸引投资者。折价发行显然会对政府的预期收入、政府的额外支出和市场利率等造成不利的影响。

第三,溢价发行。

溢价发行是指国债的发行价格高于面值,国债按高于面值的价格出售给认购者。国债的溢价发行主要是由于国债的票面利率本来就高于市场利率,或出售以后市场利率出现了下降,导致国债的供不应求,从而使得政府能够按照高于票面价值的价格顺利出售国债,而投资者也愿意接受。溢价发行虽然能为政府带来一定的差价收入,但对市场利率的要求较高,并且不利于财政收支的计划管理。

4. 国债利率

国债的利率是指国债的利息与国债本金的比率。国债要顺利发行,就必须确定一个合适的国债利率。一般来说,期限较长的国债,利率就会高一些;高利率的国债发行会较为顺利,但意味着政府支付利息的增加。因此,利率的选择既要考虑发行的需要,也要兼顾偿还的可能,权衡政府的经济承受能力和发行的收益与成本的对比。通常,国债的利率水平要受到市场利率水平、银行利率水平、政府的信誉、国债期限的长短、社会闲置资金的充裕程度、认购者对国债的接受程度等因素的影响。

此外,国债的发行条件还包括国债的付息方式、面值、发行目的、发行对象、经销方式等。

(二)国债的发行方式

1. 固定收益出售方式

即在金融市场上按预先确定的发行条件发行国债。采取这种方式认购期限较短;发行条件固定,利率与国债面值的联系固定,由财政部与有关包销财团谈判确定,或按金融市场行情确定;发行机构不限,财政部门、银行、邮政储蓄均可代理。这种方式主要用于可转让的中长期债券的发行。采用这种方式的有利之处是,在金融市场利率稳定的条件下,政府既可据此预测市场容量,确定国债的收益条件和发行数量,也可灵活选择有利的推销时间。但如果金融市场利率易变或不稳定,采用这种方式就有一定的弊端,即政府不易把握金融市场行情并据此确定国债的收益条件及发行数量;即使勉强确定,也会因金融市场在国债推销时间发生变动而与市场需求不相适应,难以保证预定国债发行任务的完成。

2. 公募拍卖(招标拍卖)方式

即在金融市场上通过公开招标发行国债。这种方式也叫做竞价投标方式。这种方式的发行条件是通过投标决定的,发行机构是财政部门或中央银行,拍卖过程由发行机构负责组织。主要用于中短期政府债券,特别是国库券的发行。采取这种发行方式的优点在于,当市场利率不稳定时,可避免国债发行条件与市场行情脱节,从而完成发行任务;缺点在于,政府处于被动地位,价格或利率可能过高或过低,常常要附加某些限制性条件,其中主要是规定最低标价(出售价格)和最高标价(国债利率),低于最低标价或高于最高标价的投标,发行机构不予接受。

招标拍卖的方法是多种多样的。从招标竞争标的物看,存在缴款期、价格和收益率招标三种形式;从确定中标的规则看,有单一价格(荷兰式)招标与多种价格(美国式)招标等。缴款期招标指投标人以缴款时间作为竞争标的物,发行者按由近及远的原则确定中标者,直至发行额募满。该种形式多在发行价格或票面利率已定的条件下采用,一般适用于招标机制并不健全的情况。价格招标是指进行价格招标时,发行者先将发行票面利率确定,然后根据投标价格由高到低的顺序确定中标者和中标额。收益率招标是以债券投资收益率为投标竞争标的物,发行者按由低到高的顺序确定中标者。荷兰式招标是指标的为利率时,最高中标利率为当期国债的票面利率;标的为利差时,最高中标利差为当期国债的基本利差;标的为价格时,最低中标价格为当期国债的承销价格。美国式招标是指标的为利率时,全场加权平均中标利率为当期国债的票面利率,各中标机构依各自及全场加权平均中标利率折算承销价格;标的为价格时,各中标机构按各自加权平均中标价格承销当期国债。

3. 连续经销方式

即发行机构(包括经纪人)受托在金融市场上设专门柜台经销。这是一种较为灵活的发行方式,也叫做出卖发行法。其特点是经销期限不定,发行条件也不定,不预先规定债券的出售价格,而由财政部或其代销机构根据推销中的市场行情相机确定,且可随时进行调整。主要通过金融机构和中央银行以及证券经纪人经销。这种方式主要是用于不可转让债券,特别是对居民家庭发行的储蓄债券。其主要特点是可灵活确定国债的发行条件及发行时间,从而确保国债发行任务的完成。

4. 直接推销方式

即由财政部门直接与认购者举行一对一谈判出售国债的方式。主要特点是发行机构只限于政府财政部门,而不通过任何中介或代理机构;认购者主要限于机构投资者,其中主要是商业银行、储蓄银行、保险公司、各种养老基金和政府信托基金等;发行条件通过直接谈判确定。这种方式主要用于某些特殊类型的政府债券的推销。如比利时和瑞士的专门用于吸收商业银行资金的可转让债券,以及有些国家对特定金融机构发行的专用债券等,就是通过这种方式发行的。这种方式的优点是可以充分挖掘各方面的社会资金;可与认购者进行一对一的谈判,了解投资者的意向,发行不同条件的债券。缺点是只适合于有限范围采用,不适用一般债券;只适用机构投资者,不能扩大到个人投资者。

5. 综合方式

这是一种综合上述各种方式的特点而加以结合使用的国债发行方式。在某些国家的国债发行过程中,有时可不单纯使用上述的任何一种方式,而是将这些方式的其中一些特点综合起来,取其所长,结合运用。英国是一个典型的例子。在英国,国债的发行往往采取先拍卖后连续经销方式。即最初先将国债以公募拍卖方式出售,由于拍卖期限较短,且有最低标价规定,难以避免投标数量不足。拍卖余额由英格兰银行(中央银行)负责购入,其后再以连续经销方式继续出售,直到完成预定的发行任务。英国的这种发行方式就是综合了公募拍卖和连续经销两种方式的特点,取各自之长,弥补各自的不足,也具有相当的灵活性。

二、我国国债的发行方式

我国自 1981 年恢复国债的发行工作以来,国债发行方式经历了 20 世纪 80 年代的行政分配、90 年代初的承购包销,到定向发售、承购包销和招标发行并存的发展过程,总的变化趋势是不断趋向低成本、高效率的发行方式,逐步走向规范化与市场化。

(一)定向发售

定向发售是指定向养老保险基金、失业保险基金、金融机构等特定机构发行国债的方式,主要用于国家重点建设债券、财政债券、特种国债等品种。

(二)承购包销

承购包销始于 1991 年,主要用于不可流通的凭证式国债,是由各地的国债承销机构组成承销团,通过与财政部签订承销协议来决定发行条件、承销费用和承销商的义务,因而是带有一定市场因素发行方式。

(三)招标发行

招标发行是指通过招标来确定国债的承销商和发行条件的方式。

在国债的招标发行方式中,我国目前主要采用"荷兰式"招标和"美国式"招标方式。

1."荷兰式"招标

"荷兰式"招标是我国国债公开招标发行的主要方式之一。"荷兰式"招标的特点是"单一价格"成交。按照投标人所报买价自高向低的顺序选择中标承销机构,直至满足预定发行额为止。中标价格通常是中标承销机构报出的最低价,所有中标承销机构均按照相同价格(即最低中标价)来认购中标的国债发行份额。

"荷兰式"招标发行方式下,标的为价格时,全场最低中标价格为当期国债的发行价格,各中标机构均按发行价格承销国债。标的为利率时,最高中标利率为当期国债票面利率,各中标承销机构均按面值承销国债。

2."美国式"招标

"美国式"招标的特点是"多种价格"。标的为价格时,全场加权平均中标价格为当期国债发行价格,中标机构按各自中标标位的价格承销国债。标的为利率时,全场加权平均中标利率为当期国债票面利率,中标机构按各自中标标位利率与票面利率折算的价格承销国债。

作为两种不同的招标方式,荷兰式招标和美国式招标既有相同点也有区别。两者的相同点主要有:① 都属于国债的招标发行方式。② 选择中标人的规则相同,均是按照投标人所报买价自高到低排序,满足发行规模为止。③ 标的物均可以是价格、利率。二者的差异主要有:① 特点不同。荷兰式招标是单一价格成交,美国式招标是多种价格成交。② 发行价格的确定方法不同。荷兰式招标的发行价格是所有中标人的最低报价,美国式招标的发行价格是所有中标价格的加权平均价格。③ 承销价格的确定方法不同。荷兰式招标的承销价就是发行价格,即所有中标人的最低报价;美国式招标的承销价格是各自的报价。

三、国债偿还

（一）国债的偿还方法

1. 买销偿还法

买销法是指政府通过购进国债的方式偿还国债的一种方法。这种方法主要是在国债具有流通性的前提下，由政府委托证券公司或其他有关机构，根据市场行情和政府的经济状况，从流通市场上以市场价格购进国债。政府在采取这种方法时，虽然要向证券公司等支付手续费，但不需要花费宣传费用，操作简单，可以以市场时价买进国债，偿还成本低，还可以体现政府的经济政策。

2. 比例偿还法

比例偿还法是指政府按照国债的数额，分期按比例向国债持有者直接进行偿还的一种方法。这种方法的优点是能够严格遵守信用契约，缺点是偿还期限固定，政府机动性小。

3. 抽签偿还法

抽签偿还法是指政府通过抽签随机确定应偿还国债的一种方法。抽签一般以国债的号码为依据，或者采用分次抽签完成，每偿还一次就抽签一次，如我国1954—1958年发行的国家经济建设公债；或者采用一次性抽签完成，即公开抽签号码后，各年度所有相同号码的国债都同时予以偿还，如我国1981—1984年发行的四期国库券。

4. 一次性偿还法

一次性偿还法是指政府对到期国债按照面额一次进行还本付息的方法。我国1985年以后发行的国库券及政府其他债券一般都采用这种偿还方法。

5. 轮次偿还法

轮次偿还法是指政府按照国债号码的一定顺序分次偿还的方法。这种方法在国债发行时就规定了其固定的偿还期限，由认购者自己选择。

（二）国债偿还资金的来源

1. 偿债基金

偿债基金即政府在预算中每年划出一定数量的专款，由专门机关管理，严格用于清偿国债。因为偿债基金是有稳定的资金来源的，可以用于逐年减少债务，因此又称"减债基金"，它保证了债权人的利益，提高了国债的可信赖度和信誉，但是偿债基金的设立又限制了国债的调控功能，而且操作起来有一定的困难，往往形同虚设。

2. 发行新债

发行新债即政府通过发行新债来偿还旧债。这虽然是偿还旧债的一种便捷方法，但从根本上说，发行新债偿还旧债会增加政府的债务规模，这种方法的使用是有限度的，一般只在政府出现财政困难时使用，而且必须严格控制，否则就会造成政府债务的无限延续。

3. 预算拨款

预算拨款即政府从预算中安排一笔资金来偿还当年到期国债的本息。这种方法可以有效地保证偿债资金，预算拨款的具体数额取决于当年到期国债本息的数额。

4. 预算盈余

预算盈余即政府以预算盈余资金作为偿债资金来源。这种方法的前提是政府预算有盈余,但从目前世界各国的财政收支状况看,这个前提条件并不具备,因而这种方法不具实践价值。

四、国债市场

证券市场是有价证券的交易场所,国债作为一种非常重要的有价证券,政府的财政部门需要通过证券市场发行和偿还证券,投资者也需要在证券市场中进行国债的交易,所以国债的交易需要在国债市场上进行,使得国债市场成为证券市场重要的子市场。

(一)国债发行市场

国债发行市场又称国债一级市场或初级市场,是政府发行债券、筹集资金的场所,它是国债交易的初始环节,具体决定国债的发行时间、发行金额和发行条件,并引导投资者认购及办理认购手续、缴纳款项等。一级市场的交易一般发生在政府与证券承销机构之间,证券承销机构包括投资银行、承销公司、信托公司等,通常由证券承销机构一次全部买下发行的国债。国债直接发行时,政府一般会自行办理国债的发行手续;国债间接发行时,政府则会委托中介机构办理相应的发行手续。国债的发行市场实际上是无形市场或观念上的市场,并没有集中的具体场所。

1981—1991年期间,我国没有真正意义上的一级市场。在国债发行初期,发行方式基本上是依靠政治动员和行政分配相结合的办法,由政府直接向企业和居民个人摊派出售,带有明显的强制性。当时的国债发行方式是在特定的历史阶段下形成的,存在着很多弊端,如销售成本高,不适应市场需求,不能调动投资人的积极性,并且缺少机构投资人等。我国真正意义上的国债发行市场始建于1991年。1991年4月,财政部第一次组织了国债承销团,有70多家国债中介机构参加了国债承销,第一次实现了承购包销的国债发行方式,从而在一定范围内改变了通过行政分配认购发行国债的办法。这反映了国债市场发展的客观需要。1993年,我国建立了一级自营商制度,当时有19家金融机构参加,承销了1993年第三期记账式国债。

1993年12月31日起实施的《中华人民共和国国债一级自营商管理办法(试行)》,目的是为了完善我国国债发行与流通的市场机制,推动国债市场的发展。国债一级自营商可直接向财政部承销和投标国债,并通过开展分销、零售业务,促进国债发行,维护国债市场顺畅运转。

(二)国债交易市场

国债交易市场又称国债二级市场或流通市场,是投资者买卖国债的场所。二级市场的交易一般是国债承销机构和投资者之间的交易,也包括国债持有者与政府或国债认购者之间的交易。在国债交易市场上,投资人可以根据对国债行情的分析,随时买进或卖出国债。国债的交易市场一般是有形市场,具有明确的交易场所。

国债交易一般分为证券交易所交易和场外交易两类。除此之外,国债交易还有“第三市场”和“第四市场”两种新型交易类型。

场内交易是指证券经纪商和交易商在证券交易所进行的国债的买卖。一种是证券经纪商代理客户买卖国债,赚取手续费,不承担交易风险;另一种是交易商为自己买卖国债,赚取差价,承担交易风险。场内交易一般以代理买卖为主。因为在证券交易所中进行买卖的只限于交易所的会员,买卖证券的双方均不能进入交易所直接进行交易,因此投资人若要利用证券交易所买卖政府债券,只能委托交易所成员的经纪人或证券公司代为办理,并按规定支付一定的佣金。在交易过程中,投资人要首先向经纪人发出市价、有效期限等指令;然后,经纪人根据委托人的要求,在交易所中采取公开竞价的方式寻找买主或卖主,促成交易。场内交易的国债转让价格是通过竞争形成的,交易中遵循"价格优先"和"时间优先"的竞价原则。场内交易有完善的交易设施和较高的操作效率,有较严密的组织和管理规定,有集中、固定的交易时间和场所,采用公开竞价交易方式,是一种较为普遍的交易方式。

场外交易是指在证券交易所以外的市场进行的债券交易,又称柜台交易或店头交易。场外交易的证券多为未在交易所挂牌上市的证券,也包括一部分上市证券。场外交易的程序是,证券公司或各级银行金融机构用其自有资金从投资者手中买入未到期证券,再以略高的价格卖给想购买债券的投资者,从中赚取差价。场外交易规则灵活,手续简便,既可以吸引更多的个人投资者,为投资者提供更方便的条件,又有利于商业银行低成本、大规模地买卖国债,并且有利于促进各市场之间的价格、收益率趋于一致,同时交易覆盖面大,价格形成机制比较灵活,便于中央银行公开市场操作。

第三市场是指在柜台市场上从事已在交易所挂牌上市的证券交易。第三市场准确地讲既是场内交易市场的一部分,又是场外交易市场的一部分,近年来这类交易数量增加较大,地位日益提高。

第四市场是指各种机构投资者和个人投资者完全绕开证券商,相互间直接进行国债的买卖交易。这种市场虽然也有第三方介入,但一般不直接介入交易过程,也无须向公众公开其交易情况。目前,第四市场只在美国有所发展,其他一些国家正在尝试或刚刚开始。

国债发行市场和交易市场共同构成了完整的国债市场,两者之间是紧密联系、相辅相成的。一方面,国债发行市场是国债交易市场的前提和基础,发行市场上如果没有一定品种和数量的国债,交易市场就成了无源之水;发行市场上国债的发行条件、发行方式、发行时间、发行价格、发行利率等,对交易市场上国债的价格和流动性都有着重要的影响。另一方面,交易市场又促进着发行市场的发展,交易市场使国债的流动性得以实现,为发行市场发行的国债提供了变现场所,流动性好、变现性强的国债会增加投资者的兴趣,从而有利于新国债的发行;交易市场上形成的国债价格及流动性等,又为新国债发行提供了参考,从一定意义上又决定着发行市场上新发国债的规模、条件、期限等各种因素。所以,国债的发行市场和交易市场是一个有机统一的整体,国债发行机制和交易机制的一体化,是合理的国债市场体系的发展趋势和必然结果。1988 年以前,我国还没有国债交易市场。1988 年是我国国债交易市场发展史的一个重要转折点,当年 4 月,我国首先允许沈阳等 7个城市进行国库券流通转让的试点工作,随后又扩大到 61 个城市,当时的试点主要是在证券中介机构进行国债的柜台交易。1991 年,我国又进一步扩大了国债流通市场的开放范围,允许全国 400 个地区市一级以上的城市进行国债流通转让,从此,我国的国债交易市场进入了快速发展阶段。

我国的国债交易方式主要有以下几种。

1. 贴现

贴现国债是指国债持有者将未到期的国债在原购买机构或国债服务机构出售,国债购买机构再出售给其他投资者,以完成国债的流通。在贴现业务中,国债的买卖不一定会在同一时间、同一地点进行。

2. 现货交易

国债的现货交易是指真实的国债(实物券或非实物券)的转让。一般在证券交易所或国债服务机构进行,交易价格严格遵循"时间优先、价格优先"的竞价原则进行。

3. 回购交易

国债回购依据交易方向的不同分为正回购与逆回购。正回购是指国债持有人在卖出一笔国债的同时,与买方签订协议,承诺在约定期限后按约定价格购回同笔国债的交易活动。如果交易程序相反,则称为逆回购。国债回购是在国债交易形式下的一种融券兼融资活动,具有金融衍生工具的性质。国债回购为国债持有者、投资者提供融资,是投资者获得短期资金的主要渠道,也为公开市场操作提供工具,因而对国债市场的发展具有重要的推动作用。国债回购的券种限于国库券,期限不超过1年。

4. 期货交易

国债的期货交易是指交易双方达成债券买卖契约后,并不即时付款和交割国库券,而是按约定的品种、价格和数量,在约定的未来某一时点上实际交割的交易方式。期货合同有四个要素:约定的时间、约定的价格、约定的国债品种、约定的交易数量,其约定的国债品种即为期货交易的标的国债。国债期货市场是买卖双方经过公开竞价,使国债价格不断随供需状况而变化,并在市场上传递。期货市场有两大功能:一是价格发现,二是套期保值。由于期货市场价格是众多买者与卖者的意愿,是具有代表性的价格,因而对于当前与未来的价格走势都有指导作用;国债投资者可以在期货市场和现货市场上同时就某一品种国债做数量相同、买卖相反的操作,以求期货市场与现货市场的盈亏相补或相抵,从而实现保值。1992年10月,我国推出了国债期货交易,但由于发展国债期货市场的条件还不成熟,又加上法规建设的滞后,在监管部门采取提高保证金比率、实行涨跌停板制度、规定最高持仓量等措施后,仍难以走上正轨,国务院于1995年5月宣告国债期货的试点暂停。2013年9月6日,伴随首批国债期货合约在中国金融期货交易所挂牌上市,中国成为全球国债期货市场上一名重要的"新成员"。

第三节　国债管理

一、国债管理

（一）国债负担

各国的经济实践已经充分证明,国债不仅存在一个负担问题,而且如何衡量处理国债负担也是财政理论与实践的重要内容。国债的负担可以从三个方面来理解:一是认购人负担。国债作为认购者收入使用权的让渡,这种让渡虽然是暂时的,但对其经济行为会产生一定的影响,所以认购人必须考虑自己的负担能力。虽然国债偿还会给债权人带来回报,有时这种回报甚至超过认购者的边际损失,最终抵消国债负担,但就国债发行和认购这一环节来说,国债负担总是客观存在的。二是债务人负担。国家借债是有偿的,到期要还本付息,尽管国家借债时获得了经济效益,但偿债却体现为一种支出,借债的过程也就是国债负担的形成过程,所以国家借债要考虑偿还能力,只能量力而行。三是纳税人负担。不论国债资金的使用方向如何、效益高低,还债的收入来源最终还是税收,即国家债务最终是由纳税人负担的。马克思所说的国债是一种延期的税收,就是指国债与税收的这种关系。

（二）国债的规模

确认国债的规模,要分析政府的偿还能力、投资人的认购能力、国债的使用效益等因素。如果国债的还本付息负担超过了实际的偿债能力,就意味着国债的负担过重了,可能给经济增长和政治稳定带来副作用。因此,国债是有限度的,国债限度一般是指国家债务规模的最高额度或者国债的适度规模。国债规模实际上可以归结到三点:一是历年累积债务的总规模;二是当年发行的国债总额;三是当年到期需还本付息的债务总额。国债不仅形成当前的社会负担,而且在一定条件下还会向后推移,有些偿还期限较长、使用效益低下的国债,如果连年以新债还旧债,就会不断扩大债务规模,形成国债的"代际负担"问题。

判断一个国家的国债规模是否适度,不能仅看国债的绝对值,因为它不能准确地反映一个国家的偿债能力与财务负担状况,还必须联系其他经济指标来考察。目前,国际上通用的衡量指标有国债负担率、国债依存度和国债偿还率等。

1. 国债负担率

国债负担率是指当年的国债余额占当年国内生产总值的比重,表明每百元产值负担的债务程度,反映国债累积规模的大小。用公式表示为:

$$国债负担率 = \frac{国债余额}{国内生产总值} \times 100\%$$

在所有影响国债规模的因素当中,最主要的就是国内生产总值,因此考察国债规模一般使用较多的是国债负担率。

国债负担率是衡量国债规模的最主要指标之一。国外经济学家多数认为,国债负担率应当控制在45%以内,欧盟成员国根据《马斯特里赫特条约》的规定,其成员国国债负担率不得超过60%。

2. 国债依存度

国债依存度是指当年国债收入占当年财政支出的比重,即财政支出对国债收入的依赖程度。用公式表示为:

$$国债依存度 = \frac{当年国债发行额}{当年财政支出额} \times 100\%$$

如果一个国家国债依存度在不断上升,就表明债务风险在不断增加,国债的发行规模就不适度了。

3. 国债偿还率

国债偿还率是指当年的国债还本付息额与当年财政收入的比例,是用来衡量国家财政偿还国债能力的指标。用公式表示为:

$$国债偿还率 = \frac{当年国债还本付息额}{当年财政收入} \times 100\%$$

国债规模要受到财政资金状况的制约,因为债务收入是有偿的。因此,国债的规模必须与财政收入总额相适应。

此外,居民的应债能力也可作为衡量国债规模的一个重要指标。居民应债能力指当年国内债务发行额占当年居民储蓄存款余额的比重,从居民的储蓄水平来衡量认购国债的能力。

居民应债能力与国债发行规模成正向关系。城乡居民存款和手持现金是购买国债的主要来源,如果居民的存款较多,应债能力也就较强,国债发行也就有了基础。

(三) 国债的结构

国债的结构是指一个国家各种性质债务的互相搭配,以及各类债务收入来源和发行期限等的有机组合。在国债结构中,对经济影响最大的是国债的期限结构、持有者结构和利率结构,国债的各类结构都要求做到多样化,以分散风险。

1. 期限结构

国债一般是由各种不同期限的国债组成的,包括短期国债、中期国债、长期国债等。短期国债主要起弥补财政赤字和筹集建设基金的作用,而长期国债则通常用于周期较长的基础建设或重点项目建设。合理的国债期限结构应该是长中短期合理搭配,能使国债年度还本付息分散化、均衡化,避免偿债高峰的形成,并满足不同类型投资者的需要。当社会经济运行良好,社会资金充裕时,国家可以发行长期国债,以便于在较长的期限内使用国债资金,安排好长期的大型建设项目,同时也可以更好地安排偿还资金。而中期国债和短期国债在这些方面的作用就会受到一定的限制。对于更看重国债流动性和变现能力的认购者来说,会更倾向于购买中短期国债,对于更看重国债高收益率的认购者来说,则会更倾向于购买中长期国债。

2. 持有者结构

国债持有者结构是与应债主体结构密切相联系的。应债主体的存在是国债发行的前提。应债主体结构是指社会资金或收入在社会各经济主体之间的分配格局,即各类企业和各阶层居民各自占有社会资金的比例。国债持有者结构是政府对应债主体实际选择的结果。当国债持有者比较集中时,就表明社会财富和资金为少数企业和个人所掌握,贫富差距较大;当国债持有者比较分散时,就表明社会资金较为分散,财富比较平均。

在国债市场较发达的国家,国债持有者通常以专业机构、政府部门为主,个人持有国债的比例较低。比如,美国个人持有国债的比例仅为 10% 左右,日本也不超过 30%。而目前我国国债的持有者中,个人投资者的比例在 60% 以上。长期以来,我国国债持有者结构极为单一,在相当大的程度上制约了国债市场的发展。一般来说,个人、各种基金和机构投资者是国债比较稳定的持有者,企业、机关靠负债和拨款运营,只能是短期国债的持有者。因此,我国在国债持有者结构的选择中,应按照个人和机构投资者并重、其他投资者适量发展的模式进行。

3. 利率结构

一般而言,国债利率是国债利息与国债票面金额的比率。国债利率高低对于国家而言表示负担的大小,对于国债认购者来讲表明收益的多少。国债期限不同,就会有不同的利率,所以国债的利率结构对于国债的发行是很重要的。

国债利率必须与市场利率保持大体相当的水平才能使国债的发行更有吸引力,这在西方发达国家是一种通行的做法。我国的国债利率在 1995 年以前是属于行政确定方式,主要参考的是银行同期储蓄存款利率,一直处于上升趋势。1995 年首次引入国债招标发行以后,我国国债利率的市场确定方式才被更多地采用。从长期目标看,我国还要继续调整国债利率结构,增强国债利率弹性,以充分发挥国债利率机制在市场经济中的作用。

二、我国的国债规模

我国从 1981 年恢复发行内债以来,国债规模呈现不断扩大的趋势。1990 年,我国国债发行额 39.5 亿元,1991 年达到 400 亿元。1994—1998 年由于财政赤字增加,经济建设急需资金支持,国债发行额在 1994 年突破 1 000 亿元大关,达到 1 175.25 亿元。近几年,随着我国不断实施的积极财政政策,我国国债的规模也上升较快,2017 年,我国的国债发行额达到 40 096.00 亿元,国债负担率、国债依存度、国债偿还率分别是 16.29%、19.74%、16.91%,见表 9-1 所示。国债规模的不断扩大,既是平衡财政收支和筹集建设资金的需要,也是加强宏观调控、改善经济结构和促进经济平稳可持续发展的要求。

表 9-1

我国国债发行规模

单位:亿元

年份	国债余额	国债发行额	国债负担率	国债依存度	国债偿还率
2011	72 044.51	15 609.80	14.72%	14.29%	12.42%
2012	77 565.70	14 527.33	14.35%	11.53%	9.44%
2013	86 746.91	16 949.32	14.57%	12.09%	7.8%
2014	95 655.45	17 876.57	14.85%	11.78%	8.24%
2015	106 599.59	21 285.06	15.47%	12.1%	8.68%
2016	120 066.75	30 869.32	16.15%	16.44%	13.03%
2017	134 770.15	40 096.00	16.29%	19.74%	16.91%

资料来源:根据《中国统计年鉴(2018)》及财政部《历年中央财政国债余额情况表》进行整理计算。

资料 9-1　2018 年政府债务问题

我国目前地方政府债务风险总体是可控的。到 2018 年年末,我国地方政府债务余额是18.39万亿元,债务余额和综合财力比例是76.6%,远低于国际通行100%到120%的警戒线。加上纳入预算管理的中央政府债务余额14.96万亿元,全国政府债务余额是33.35万亿元,政府债务和GDP相比,负债率是37%,远低于欧盟60%的警戒线,也低于主要市场经济国家和新兴市场国家的水平。所以,从这几个数字上看,中国在这方面的风险是非常低的。

2018年全国政府债务限额是36.69万亿元,全国政府债务余额是33.35万亿元。所以,不管是中央还是地方,实际的法定债务余额都低于法定限额。当然,确实有个别地方政府仍然存在在法定限额外通过融资平台公司违法违规或变相举借债务,也就是所谓的政府隐性债务,政府已经采取严格的措施,不允许发生新的隐性债务,对各地财政包括融资平台公司进行监控、问责,同时稳妥化解已经发生的存量债务。

下一步,按照国务院部署,将严堵违法违规举债的"后门",给地方政府债务戴上"紧箍咒",坚决打好防范化解重大风险的攻坚战。有几个方面工作要做:

一是遏制增量。严禁违法违规融资担保行为,严禁以政府投资基金、政府和社会资本合作、政府购买服务等名义变相举债,不能变相举债。加大了财政约束力度,有效抑制地方不具还款能力的项目上马建设。同时,管控好新增项目融资的金融"闸门",对没有稳定经营性现金流作为还款来源或没有合法合规抵质押物的项目,金融机构不得提供融资,各级政府等出资者不得出资。政府对各类出资人提出了要求。

二是化解存量。坚持中央不救助原则,坚持谁举债谁负责,做到"谁家的孩子谁家抱"。建立了市场化、法治化债务违约处置机制,依法实现债权人、债务人共担风险,继续整治违法担保,纠正政府投资基金、PPP、政府购买服务中的不规范行为。目前看化解存量的状况也是比较好的。

三是推动转型。推动融资平台公司公开透明、合法合规运作,严禁新设融资平台公司,分类推进融资平台公司市场化转型,剥离融资平台公司政府融资职能,坚决制止地方政府将公益性事业单位变成融资平台。因为对债务的管理,预算法有严格的规定,我们现在是严格按照法律进行规范,所以必须推动融资平台公司转型。

四是监督问责。健全了监督问责机制,坚决查处和问责违法违规行为,发现一起、查处一起、问责一起、终身问责、倒查责任,牢牢守住不发生系统性风险的底线。

资料来源:根据2019年两会期间财政部部长答记者问的内容进行整理。

三、外债管理

(一)外债的含义

按照国际货币基金组织和世界银行的定义,外债是"包括一切对非当地居民以外国货币或当地货币为核算单位的有偿还责任的负债"。

(二)外债的类型

按照不同的角度,外债可以进行不同的分类。

按债务人不同,外债可分为国家债务与非国家债务,又称主权债务与非主权债务。按债务期限的不同,外债可分为长期债务与短期债务。按债权人的不同,外债可分为政府贷款(又称双边贷款)、国际金融组织贷款(又称多边贷款)、外国商业银行贷款,以及外国证券投资者。按贷款利率的不同,外债又可以分为固定利率贷款与浮动利率贷款。此外,还可以按照借款者利益、币种等不同来划分。

（三）外债的规模

外债也有一个负担与限度问题。确定合理的外债规模是外债管理的重要内容,目的是确保债务负担与偿债能力相适应,避免出现债务危机,保证经济的顺利发展。合理的外债规模是通过具体的相对指标确定的。目前国际上通用的指标包括以下几种。

1. 外债偿债率

外债偿债率是衡量一个国家对外债偿还能力的指标,是指当年外债还本付息额与当年贸易和非贸易外汇收入之比。偿债率是反映一个国家外债水平的中心指标,也是作为判断债务国清偿能力的高低和对它贷款风险大小的标志。国际上公认的偿债率指标在20%以下是安全的,最高不超过25%。

2. 外债负债率

外债负债率指当年未清偿外债余额与当年 GDP 之比。说明一个国家新创造的价值中被外国资本所占的比重。国际上公认的负债率安全线应小于20%。

3. 外债债务率

债务率指外债余额与当年贸易和非贸易外汇收入（国际收支口径）之比,反映的是外债规模与出口收入之间的关系。按照国际公认标准,这一比值应该小于100%,否则就说明债务国债务负担过重。

（四）外债的结构

根据外债的不同要素特征,外债结构包括期限结构、币种结构、来源结构、利率结构、借入者结构等。合理的外债结构,就是要坚持外债来源的多元化,保持多元币种结构和合理的期限结构,在既定的外债规模之内提高外债的使用效益,分散外债风险。

1. 外债的期限结构

外债期限结构是指政府借入的不同偿还期限的债务之间的比例和关系。在对外债进行期限结构选择和调整时,应有利于外债的还款和使用,一方面防止短期外债的比例过大;另一方面要保证未来偿债压力的相对均衡,防止在特定年份出现偿债压力过大的偿债高峰年份。同时要将长、中、短期外债进行合理搭配,以适应不同的需求。一般来说,中长期外债便于国家根据国民经济发展的需要,做出统筹安排,有利于管理,不像短期债务那样变动不定。短期债务虽然利率较低,但容易受国际经济、国际金融市场波动的影响,风险较大。国际上通常认为一个国家的短期债务占全部外债比率的警戒线为25%,我国以不超过20%为宜。

2. 外债的币种结构

外债币种结构是指一国外债总额中货币币种的构成比例。由于外债从举债到偿债之间有一段时间,国际金融市场的汇率变化莫测,因而汇率风险是客观存在的。为了减少和避免对外借款由于汇率变化而引起的损失,应使主要通货保持一定比例,这样可以在一定程度上抵消汇率变化引起的盈亏。为了规避汇率风险,对外借款的币种结构要和本国出口创汇的币种结构保持相对一致,这是一条重要原则。例如,20 世纪 80 年代中期,我国的外债主要集中于美元和日元,美元和日元的汇率变化就曾经增加我国的债务负担。因此,加强外债币种结构管理,采用各种保值手段防范和化解债务风险是非常重要的。

3. 外债的来源结构

外债的来源结构:一是指债务资金的地区、国别来源;二是指债务资金的机构来源。从债务资金的地区、国别来源看,应注意选择的多样化,不能严重依靠某些资金大国,以保证资金供应,避免世界经济、政治形势局部巨变的不利影响。从债务资金的机构来源看,国际金融组织贷款和外国政府贷款条件一般比较优越,或者低息或者无息,而且偿还期限较长,虽然贷款用途会受到一定的限制,但还是应该提高这两种贷款的比例,以求降低借债成本、优化外债期限。目前我国的外债来源中,国际金融组织和外国政府贷款的比重一直保持在 30% 左右,这样的结构对于稳定外债来源是有重要作用的。国际商业贷款限制条件较少,资金来源比较充裕,但贷款利息较高,且受金融市场波动的影响较大,会增加债务风险,因此应控制比例。一般认为,国际商业银行贷款占外债总额的比重以低于 60% 为宜。因此,在对外借款中,我国应更多地争取外国政府和国际金融组织的优惠贷款,尽量少借用国际商业贷款,以降低借债成本。

4. 外债的利率结构

外债利率结构是指一国对外负债总额中浮动利率债务与固定利率债务的构成比例。该指标是否合理,关系到利息支付总额与偿还能力的高低。按照国际经验,一个合理的利率结构是以固定利率计算的债务额占外债总额的比重为 70%～80%,而浮动利率的外债比重应在 20%～30% 为宜。采用固定利率,在市场利率上升时,可以避免利率风险,当然,也得不到利率下降的好处。但从长远来看,资金成本测算可能较为容易。采用浮动利率,必须根据市场变化确定偿还期利率水平,风险不容易被控制,同时由于债务总额变化不定,也不利于一国对外债进行宏观调控。目前,我国外债仍以固定利率债务为主,浮动利率债务为辅,这对于准确测算我国的外债规模和外债负担是有利的,同时也有利于避免因利率变动而带来的潜在损失。

5. 外债的借入者结构

外债借入者结构是指债务国内部借款人(公共部门、私人部门和金融机构)的构成及相互间的关系。公共部门借款主要是指政府部门、国有企业的借款;私人部门借款主要是指私营企业、事业单位的对外借债;金融机构借款主要是指各种银行和其他金融组织的对外借债。通常外债借款人与外债的使用投向是紧密联系的。如果债务国内部借款人结构合适,外债资金的投向就合理,使用效益会比较好,也不太容易出现债务支付困难;反之,则容易造成还债困难。国家应对借入者结构进行适当的计划和控制,以防债务负担过重。

四、我国的外债

根据 2003 年发展改革委、财政部、外汇局联合发布的《外债管理暂行办法》规定,我国外债是指"境内机构对非居民承担的以外币表示的债务",未包括人民币对外负债,在口径上较国际标准范围偏窄。近年来,跨境人民币业务迅猛发展,人民币外债规模不断增加,为了更全面反映我国外债总体规模,国家外汇管理局前期已经按照 SDDS 对我国外债进行分类和统计,并在公布国际投资头寸表(IIP)时公布了全口径外债总量数据。2014 年年末,国家外汇管理局按照国际货币基金组织"数据公布特殊标准"(SDDS)的分类标准公布我国外币外债数据,并将特别提款权(SDR)分配纳入外债统计。为全面采纳 SDDS,从 2015 年起,国家外汇管理局按季对外公布我国全口径外债数据,便于社会各界更全面了解我国外债情况。将人民币外债纳入总体外债统计,仅是外债统计方法上的调整,不会增加实际的对外债务偿付金额。经过上述调整,我国对外公布的外债数据口径将进一步完善,实现了与最新国际标准的接轨,有利于进一步提高我国外债的数据标准和国际可比性。

（一）我国外债的类型

1. 按照债务类型划分

按照债务类型划分,我国的外债分为外国政府贷款、国际金融组织贷款和国际商业贷款。

外国政府贷款是指中国政府向外国政府举借的官方信贷。国际金融组织贷款是指中国政府向世界银行、亚洲开发银行、联合国农业发展基金会和其他国际性、地区性金融机构举借的非商业性信贷。国际商业贷款是指境内机构向非居民举借的商业性信贷。包括向境外银行和其他金融机构借款;向境外企业、其他机构和自然人借款;境外发行中长期债券(含可转换债券)和短期债券(含商业票据、大额可转让存单等);买方信贷、延期付款和其他形式的贸易融资;国际融资租赁;非居民外币存款;补偿贸易中用现汇偿还的债务;其他种类国际商业贷款。

2. 按照偿还责任划分

按照偿还责任划分,我国的外债分为主权外债和非主权外债。

主权外债是指由国务院授权机构代表国家举借的、以国家信用保证对外偿还的外债。非主权外债是指除主权外债以外的其他外债。

（二）我国外债的规模

我国在 2014 年对外债统计口径进行了调整,因此,2014 年后我国外债数据与 2013 年以前的外债数据不可比。截至 2017 年年末,我国外债余额为 17 106 亿美元,外债风险各项指标均处于国际安全线内,如表 9-2 和表 9-3 所示。

表 9-2

我国的外债风险指标

年份	外债偿债率	外债负债率	外债债务率
1990	8.7%	13.4%	91.6%
1995	7.6%	14.6%	72.4%
2000	9.2%	12.1%	52.1%
2005	3.1%	13.1%	35.4%
2010	1.6%	9.1%	29.2%
2011	1.7%	9.3%	33.3%
2012	1.6%	8.7%	32.8%

（续表）

年份	外债偿债率	外债负债率	外债债务率
2013	1.6%	9.1%	35.6%
2014	2.6%	17.2%	69.9%
2015	5.0%	12.5%	58.6%
2016	6.1%	12.7%	64.6%
2017	6.9%	14.0%	70.6%

资料来源:《中国统计年鉴(2018)》。

注:1. 2015 年,我国按照国际货币基金组织数据公布特殊标准(SDDS)调整了外债统计口径并对外公布全口径外债数据,将人民币外纳入统计,并按照签约期限划分中长期和短期外债。为保证数据的可比性,将 2014 年年末外债数据相应调整为全口径外债数据,之前年份未做调整。

2. 负债率是指年末外债余额与当年国内生产总值的比率;债务率是指年末外债余额与当年国际收支统计口径的货物与服务贸易出口收入的比率;偿债率是指当年外债还本付息额(中长期外债还本付息额加上短期外债付息额)与当年国际收支统计口径的货物与服务贸易出口收入的比率。

在确定合理的外债规模时,除了要考虑上述几个指标外,还要考虑针对所借外债的国内相应的配套能力。国内一定的人力、财力和物力不仅是举借外债的基础,而且还是制约外债规模的重要因素。这些配套能力主要包括三个方面:一是资金配套。引进国外设备需要借用外债,同时还要有相应的国内资金配套用来兴建土木工程、水、电、交通等配套设施以及购买原材料。如果缺少配套的资金,引进的项目和设备就不能发挥应有的作用,更谈不上形成生产力,就会造成巨大浪费;二是措施配套。一般来讲,措施配套包括税收、海关、外汇管理、经济立法、引进必要的技术人才和管理人才等。只有各个方面相互协调,才有可能使外债发挥有效作用;三是物资配套。国内土建材料、生产原料、燃料、设备等资源的数量和承受能力是引进关键设备和技术的基础和依据,因此,政府在举借外债时,要切实从实际出发来确定合理的规模。

表 9-3

我国的外债余额情况

单位:亿美元

债务类型		2014 年末	2015 年末	2016 年末	2017 年末
总计		17 799	13 830	14 158	17 106
期限结构	长期外债余额	4 817	4 955.7	5 497.6	6 115.8
	短期外债余额	12 982	8 874.1	8 660.4	10 990.4
机构部门	广义政府债务	1 134	1 114	1 239	1 687
	中央银行	427	430	555	234
	其他接受存款公司	9 166	6 120	6 042	8 455
	其他部门	5 125	4 272	4 277	4 555
	直接投资:公司间贷款	1 948	1 894	2 045	2 175

（续表）

债务类型		2014 年末	2015 年末	2016 年末	2017 年末
债务工具	货币与存款	5 030	3 316	3 112	4 358
	债务证券	1 449	2 332	2 300	3 379
	贷款	5 719	3 215	3 244	3 914
	贸易信贷与预付款	3 344	2 721	2 883	2 871
	SDR 分配	101	97	94	100
	直接投资:公司间贷款	1 948	1 894	2 045	2 175
	其他债务负债	208	255	479	309

资料来源:国家外汇管理局网站。

案　　例

地方专项债新规

为进一步指导有关方面做好贯彻落实工作,中央办公厅、国务院办公厅近日印发《关于做好地方政府专项债券发行及项目配套融资工作的通知》(以下称《通知》)。就此,按照党中央、国务院文件规定和要求,财政部、发展改革委、人民银行、审计署、银保监会、证监会有关负责人回答了记者提出的问题。

1.《通知》的出台背景

党中央、国务院高度重视地方政府债务风险防范。按照国务院决策部署,以及《预算法》等法律制度规定,国务院有关部门加快建立健全规范的地方政府举债融资机制,强化限额管理和预算管理,部署发行地方政府债券置换存量债务、完善地方政府专项债券制度、开展债务风险评估和预警、建立应急处置机制、实行分类违约处置、推进政府债务信息公开、构建常态化监督机制、依法查处问责违法违规融资担保行为,逐步形成覆盖地方政府债务管理各个环节的"闭环"管理体系。截至 2018 年年末,我国地方政府债务为 18.39 万亿元,地方政府债务率(债务余额/综合财力)为 76.6%。加上纳入预算管理的中央政府债务 14.96 万亿元,两项合计我国政府债务为 33.35 万亿元。按照国家统计局公布的我国 2018 年 GDP 初步核算数 90.03 万亿元计算,我国政府债务负债率(债务余额/GDP)为 37%,低于主要市场经济国家和新兴市场国家水平,风险总体可控。同时,各地区、各部门认真贯彻落实党中央、国务院决策部署,完善管理制度,建立政府举债终身问责、倒查责任机制,从严整治举债乱象,坚决遏制隐性债务增量,当前地方政府违法违规无序举债的势头初步得到遏制。

防范化解地方政府债务风险必须用改革的办法解决发展中的矛盾和问题,坚持疏堵并重,把"开大前门"和"严堵后门"协调起来,在严格控制地方政府隐性债务、坚决遏制隐性债务增量、坚决不走无序举债搞建设之路的同时,鼓励依法依规通过市场化融资解决项目资金来源。

2.《通知》的主要内容

一是支持做好专项债券项目融资工作。《通知》提出合理明确金融支持专项债券项目标准,资金支持精准聚焦国家重点领域和重大项目,积极引导金融机构对符合标准的项目提供配套融资支持,允许将专项债券作为符合条件的重大项目资本金,确保落实专项债券项目和市场化融资项目到期债务偿还责任。

二是进一步完善专项债券管理及配套措施。《通知》要求大力做好专项债券项目推介,保障专项债券项目融资与偿债能力相匹配,强化信用评级和差别定价,提升地方政府债券发行定价市场化程度,丰富地方政府债券投资群体,合理提高长期专项债券比例,加快专项债券发行使用进度。

三是依法合规推进重大项目融资。《通知》要求支持重大项目市场化融资,合理保障必要在建项目后续融资,多渠道筹集重大项目资本金。

四是加强组织保障。《通知》强调严格落实工作责任,加强部门监管合作,推进债券项目公开,建立正向激励机制,依法合规予以免责,强化跟踪评估监督。

3.专项债券项目融资工作的要求

一是合理明确金融支持专项债券项目标准。《通知》明确,对没有收益的重大项目,通过统筹财政预算资金和地方政府一般债券予以支持。对有一定收益且收益全部属于政府性基金收入的重大项目,由地方政府发行专项债券融资;收益兼有政府性基金收入和其他经营性专项收入(以下简称专项收入,包括交通票款收入等),且偿还专项债券本息后仍有剩余专项收入的项目,可以由承担专项债券项目建设任务的企业法人项目单位(以下简称项目单位)根据未纳入预算管理的剩余专项收入情况向金融机构市场化融资。

二是精准聚焦重点领域和重大项目。《通知》提出,鼓励地方政府和金融机构依法合规使用专项债券和其他市场化融资方式,重点支持京津冀协同发展、长江经济带发展、"一带一路"建设、粤港澳大湾区建设、长三角区域一体化发展、推进海南全面深化改革开放等重大战略和乡村振兴战略,以及推进棚户区改造等保障性安居工程、易地扶贫搬迁后续扶持、自然灾害防治体系建设、铁路、收费公路、机场、水利工程、生态环保、医疗健康、水电气热等公用事业城镇基础设施、农业农村基础设施等领域以及其他纳入"十三五"规划内符合条件的重大项目建设。

三是积极鼓励金融机构提供配套融资支持。《通知》提出,对应实行企业化经营管理的项目,鼓励和引导银行机构以项目贷款等方式支持符合标准的专项债券项目建设。鼓励保险机构为符合标准的中长期限专项债券项目建设提供融资支持。允许项目单位发行公司信用类债券,支持符合标准的专项债券项目。

四是允许将专项债券作为符合条件的重大公益性项目资本金。《通知》提出,对于专项债券支持、符合中央重大决策部署、具有较大示范带动效应的重大项目,主要是国家重点支持的铁路、国家高速公路和支持推进国家重大战略实施的地方高速公路、供电、供气项目,在评估项目收益偿还专项债券本息后其他经营性专项收入具备融资条件的,允许将部分专项债券资金作为一定比例的项目资本金,但不得超越项目收益实际水平过度融资。地方政府按照一一对应原则,将专项债券资金严格落实到实体政府投资项目,不得将专项债券作为政府投资基金、产业投资基金等各类股权基金的资金来源,不得通过设立壳公司、多级子公司等中间环节注资,避免层层嵌套、层层放大杠杆。

4. 采取合理措施防范专项债券及项目配套融资风险

一是区分不同类型情况,分类合理明确金融支持标准。严格执行党中央、国务院文件规定,专项债券必须用于有一定收益的项目。对没有收益的重大项目,通过统筹财政预算资金和地方政府一般债券予以支持。对有一定收益且收益全部属于政府性基金收入的重大项目,由地方政府发行专项债券融资;收益兼有政府性基金收入和其他经营性专项收入,且偿还专项债券本息后仍有剩余经营性专项收入的重大项目,可以由有关企业法人项目单位根据未纳入预算管理的剩余其他经营性专项收入情况向金融机构市场化融资。对收益中不含其他经营性专项收入或偿还专项债券本息后其他经营性专项收入没有剩余的重大项目,不得向金融机构市场化融资,防止形成新增隐性债务。

二是从严设定政策条件,严禁利用专项债券作为重大项目资本金政策层层放大杠杆。允许将部分专项债券资金作为一定比例的项目资本金应当同时具备三项条件:第一,应当是专项债券支持、符合党中央国务院重大决策部署、具有较大示范带动效应的重大项目;第二,涉及领域主要是国家重点支持的铁路、国家高速公路和支持推进国家重大战略实施的地方高速公路、供电、供气项目;第三,评估项目收益除偿还专项债券本息后,其他经营性专项收入具备向金融机构市场化融资条件的项目。

同时,《通知》明确不得超越项目收益实际水平过度融资,要求地方政府将专项债券严格落实到实体政府投资项目,不得将专项债券作为政府投资基金、产业投资基金等各类股权基金的资金来源,不得通过设立壳公司、多级子公司等中间环节注资,避免层层嵌套、层层放大杠杆。

三是加强风险评估论证,确保项目融资与偿债能力相匹配。《通知》要求,地方政府、项目单位和金融机构加强对公益性项目融资的可行性论证和风险评估,充分论证项目预期收益和融资期限及还本付息的匹配度,合理编制项目预期收益与融资平衡方案,反映项目全生命周期和年度收支平衡情况,使项目预期收益覆盖专项债券及市场化融资本息。需要金融机构市场化融资支持的,地方政府指导项目单位比照上述要求开展工作,向金融机构全面真实及时披露审批融资所需信息,准确反映偿还专项债券本息后的其他经营性专项收入,使项目对应可用于偿还市场化融资的其他经营性专项收入与市场化融资本息相平衡。金融机构严格按商业化原则审慎做好项目合规性和融资风险审核,在偿还专项债券本息后的其他经营性专项收入确保市场化融资偿债来源的前提下,按商业化原则对符合条件的重大公益性项目积极予以支持,自主决策是否提供融资及具体融资数量和比例并自担风险。

四是严格偿债资金管理,确保落实到期债务偿还责任。《通知》明确,省级政府对专项债券依法承担全部偿还责任。组合使用专项债券和市场化融资的项目,项目收入实行分账管理。项目对应的政府性基金收入和用于偿还专项债券的其他经营性专项收入及时足额缴入国库,确保专项债券还本付息资金安全;项目单位依法对市场化融资承担全部偿还责任,在银行开立监管账户,将市场化融资资金以及项目对应可用于偿还市场化融资的其他经营性专项收入,及时足额归集至监管账户,保障市场化融资到期偿付。市场化转型尚未完成、存量隐性债务尚未化解完毕的融资平台公司不得作为项目单位。严禁项目单位以任何方式新增隐性债务。

五是强化跟踪评估监督,重大事项及时请示报告。《通知》要求,地方各级政府、地方金融监管部门、金融机构动态跟踪政策执行情况,总结经验做法,梳理存在问题,及时研究提出政策建议。国务院有关部门按职责加大政策执行情况的监督力度,尤其是对将专项债券资金作为项目资本金的项目要加强跟踪评估,重大事项及时按程序请示报告。

5. 2019 年以来地方政府债券发行使用情况

2019 年 1～5 月,新增债券累计发行 14 596 亿元,其中新增专项债券 8 598 亿元;发债规模已占 2019 年新增地方政府债务限额 3.08 万亿元的 47.4%,发行进度接近一半,超过序时进度。

同时,各地发行的新增债券主要用于在建项目建设,积极支持打赢三大攻坚战,有力支持国家重大区域发展战略,着力推进棚户区改造、自然灾害防治体系建设、铁路、国家高速公路、水利工程、乡村振兴、生态环保、城镇基础设施、农业农村基础设施等方面重大项目建设,稳定投资效果明显。

资料来源:节选自六部委有关负责人就两办地方专项债新规答记者问,中国证券网,2019－06－11。http://www.cnstock.com/v_news/sns_bwkx/201906/4386222.htm。

案例思考题

1. 地方专项债新规出台的背景是什么?

2. 如何采取合理措施防范专项债券及项目配套融资风险?

本 章 小 结

1. 国债是指以政府自身的信用为基础,通过向国内外发行债券或向外国政府和银行借款筹集财政资金所形成的债务。国债具有自愿性、有偿性和灵活性的特征。国债具有弥补财政赤字、筹集建设资金、调节经济运行、形成市场基准利率、成为机构投资者短期融资的工具等功能。国债可以按不同的标准分为不同的类型。国债具有刺激需求效应、收入分配效应和挤出性效应。

2. 国债的发行条件包括确定发行额、发行期限、发行价格、发行利率。国债的发行方式有固定收益出售方式、招标拍卖发行方式、连续经销方式、直接推销方式和综合方式等。我国国债的发行主要采用公开招标发行方式,其中主要采取“荷兰式”招标和“美国式”招标。国债偿还方法有买销偿还法、比例偿还法、抽签偿还法、一次性偿还法和轮次偿还法。国债偿还资金的来源有偿债基金、发行新债、预算拨款和预算盈余。国债市场可以分为国债发行市场和国债流通市场。

3. 国债的管理需要考虑国债的负担。确定一国国债规模是否适度,有一些通用的衡量指标,主要包括国债负担率、国债依存度和国债偿还率等。国债的结构包括期限结构、持有者结构和利率结构。外债是“包括一切对非当地居民以外国货币或当地货币为核算单位的有偿还责任的负债”。外债可以从不同的角度进行划分。外债的规模通常采用外债偿债率、外债负债率和外债债务率来进行衡量。外债的结构包括期限结构、币种结构、来源结构、利率结构和借入者结构。

关 键 词

凭证式国债　记账式国债　国债负担率　国债依存度　国债余额管理　外债

思 考 题

1. 简述国债的含义、性质与分类。
2. 国债的功能是什么？
3. 国债具有哪些经济效应？
4. 国债的发行条件有哪些？
5. 我国国债的发行方式有哪些？
6. "荷兰式"招标和"美国式"招标的异同。
7. 衡量国债规模的指标有哪些？
8. 什么是外债？外债有哪些类型？
9. 衡量外债规模的指标有哪些？

第十章　国家预算与预算管理体制

本章导读

国家预算概述

预算管理体制

我国的分税制

作为最早产生的财政范畴之一,国家预算已成为财政体系中不可缺少的组成部分,体现了政府活动的范围和目标。预算管理体制是用以确定中央与地方财权和事权的划分,从而协调各级政府之间财政分配关系的一项根本制度。本章从国家预算的概念、类别入手,结合我国国情,阐述了国家预算的编制、执行、决算过程;从预算管理体制的基本内容入手,重点阐述了1994年的财政分税制改革。

第一节　国家预算概述

一、国家预算的概念

国家预算也称财政预算、政府预算,是指经过法定程序编制、审查、批准的,以收支一览表形式表现的政府年度财政收支计划。从形式看,国家预算就是按一定标准将财政收入和支出分门别类地列入特定的表格,从而使人们清楚地了解政府的财政活动。从内容看,政府预算的编制是政府对财政收支的计划安排,预算的执行是财政收支的筹措和使用过程,决算是政府预算执行的总结。从本质看,国家预算要经过国家权力机构的审查和批准才能生效,是国家的重要立法文件(属于年度立法);预算批准后,必须作出的调整也要按照法定程序,经由立法机关审查批准;预算执行过程中,政府必须接受国家权力机构对其作出的授权和委托,整个活动过程要体现国家权力机构和全体公民对政府活动的制约和监督。

国家预算起源于英国,英国于17世纪编制了第一个政府预算。到了20世纪,绝大多数国家都建立了政府预算制度。新中国成立后,为了加强财政管理,也开始编制政府预算。为了强化预算的法律约束力,规范预算管理程序,《中华人民共和国预算法》于1995年1月1日起施行。此后,历经4次审议,2014年8月31日,全国人大常委会通过了《预算法》修正案,《中华人民共和国预算法》于 2015 年 1 月 1 日起实施。预算法的颁布和实行,标志着我国加快建立全面规范、公开透明的现代预算制度迈出了坚实的一步。

二、国家预算的原则

(一)公开性

国家预算反映政府的活动范围、方向和政策,政府实际上是代表公众来履行职能,这与全体公民的切身利益息息相关。因此,国家预算及其执行情况必须采取一定的形式公布于众。这不仅是政府廉明清正的要求,也便于公众监督和有利于预算效率的提高。

预算信息公开作为政府信息公开的一项重要内容,一直是社会关注的热点,也是国家推进政务公开、扩大民主的一大标志。2008 年 5 月,《政府信息公开条例》实施后,我国的财政公开建设迅速推进。2010 年 3 月 1 日,财政部发布了《关于进一步做好预算信息公开工作的指导意见》,要求中央各部委和各级地方政府部门主动公开自己的财政预算及其执行情况。2011 年 1 月 18 日,财政部下发了《关于深入推进基层财政专项支出预算公开的意见》,要求基层政府进一步加大财政专项支出预算的公开力度。2014 年 3 月,财政部发布的《关于深入推进地方预决算公开工作的通知》中指出,除涉密部门外,地方所有使用财政拨款的部门均应公开本部门预决算。在总结近年来预算公开和透明改革实践经验的基础上,2015 年实施的新《预算法》首次对预决算公开透明进行了全面、明确、具体的规定,确定了预决算公开透明的法律制度框架。

资料 10-1　广州各区政府采购预算首次公开

广州市财政局 2015 年首次要求相关部门公开政府采购预算,并要求市内各区属单位参照执行。这本来是一件开风气之先,得民心顺民意的事情,但实施了之后,引发的却是质疑和猜疑。在公开的预算中,大量采购项目表述笼统、数量不明;近百个单位的预算超标;一些高额采购更是超出常理。其中,被媒体集中关注的"天价优盘",出自广州市天河区天河南街道的政府采购预算表里,在这份预算中,关于"优盘含移动硬盘"这一项的物品采购数量是 27 台,而费用合计是 2.7 万元,平均下来每件商品的价格是 1 000 元。对此,天河区相关部门回应,不排除有些部门或者街道的财务人员不专业,出现了差错。经核查,部分超标项目,如"天价优盘",并未获得财政批复拨款。

对此,中央财经大学政府预算研究中心王雍君主任指出:新《预算法》最大的变化是从原来强调政府对预算的管理,变为强调公众对政府预算的监督。广州市尽管预算公开的质量还不是太高,但是毕竟是第一批公开,从这一点来讲,应该是给予赞许的。当然,暴露出的问题也提供了一个去改正的方向。首先,采购人的采购预算的编制一定要提前,一定要提高质量。其次,采购信息要充分的公开。最后,相关部门特别是财政部门一定要切实地担负起监管的责任。

资料来源:中央电视台"新闻 1+1",2015-10-13。

(二)可靠性

国家预算的安排是详细的、有精确说明的,而且有相应的报表。每一个收支项目的数字指标依据充分,按照科学的方法进行计算,不得假定、估算,更不能任意编造。

（三）完整性

预算的完整性,就是要把所有的政府收支统一纳入预算管理,这是政府预算管理的一项基础性要求。国家预算的一切财政收支都应该在预算中得到反映,即法规规定的预算收支都应该列入国家预算,不得遗留。

我国在 20 世纪 50 年代,作为预算收入的补充形式,出现了"预算外资金"的概念,即相对于预算内资金,是在国家和政府财政预算之外而存在的收支资金。在一定时期内,预算外资金在经济运行中发挥过正面功效,但由于缺乏监管,其负面作用凸显。随着对预算外资金逐年的规范和管理,至 2011 年我国全面取消了预算外资金,所有财政收支全部纳入政府预算,接受人大审查监督。这一实践符合现代预算完整性的要求,体现了建立全口径预算的改革方向。因此,在 2015 年实施的《预算法》中删除了有关预算外资金的内容,并明确规定:政府的全部收入和支出都应当纳入预算。

（四）统一性

整个国家的预算是由各级政府的预算组成的,这就要求设立统一的预算科目,每个科目都要严格按照统一的口径、程序计算和填列。

（五）年度性

国家预算的编制和实现具有时效性,即为规定的财政年度。它是指预算年度起止的有效期限,通常为 1 年。目前世界各国普遍采用的预算年度有两种:一是历年制预算年度,即从每年 1 月 1 日起至同年 12 月 31 日止,我国即实行历年预算年度;二是跨年制预算年度,即从每年某月某日开始至次年某月某日止,中间历经 12 个月,但跨越了 2 个年度,如美国的预算年度是从每年的 10 月 1 日开始,到次年的 9 月 30 日止,而日本的预算年度则从每年的 4 月 1 日开始,到次年的 3 月 31 日止。政府必须按照法定预算年度编制国家预算,这一预算要反映全年的财政收支活动,同时不允许将其他年度财政收支的内容列入本年度的国家预算之中。

三、国家预算的级次

一般言之,有一级政府即有一级财政收支活动主体,就应有一级预算。大多数国家都实行多级预算,从而也就产生了国家预算的级次问题。

我国国家预算的级次是按照一级政权设立一级预算的原则建立的。我国《宪法》规定:国家机构由全国人民代表大会、国务院、地方各级人民代表大会和各级人民政府组成。与政权结构相适应,首先是国家预算由中央预算和地方预算组成,预算管理实行分级分税体制;同时结合我国行政区域的划分,《预算法》规定设立五级预算:中央预算、省(自治区、直辖市)预算、设区的市(自治州)预算、县(自治县、不设区的市、市辖区)预算、乡(民族乡)镇预算。

四、国家预算的类别

最初的国家预算是十分简单的,政府将财政收支数字按一定程序填入特定的表格,国家预算就形成了。因此,通常将国家预算称为政府收支一览表。随着社会经济生活和财政活动逐步复杂化,国家预算也逐步形成了具有多种预算形式和预算方法的系统。对其进行科学、合理的分类,是进一步认识和研究国家预算的前提。

(一)单式预算和复式预算

1. 单式预算与复式预算的概念

按照编制的形式分类,国家预算可以分为单式预算和复式预算。

单式预算是将国家的全部财政收支汇集编入一个总预算内,形成一个收支项目安排对照表。这种编制形式简便易行,可以从整体上反映预算年度内政府的财政收支情况。但是,随着预算职能范围的扩大,单式预算的缺陷也日益突出。由于单式预算把全部的财政收支分列于一个预算表中,各种财政收支没有区分经济性质的差别,而事实上各种收支对经济的影响是不同的,从而不利于经济效率的分析。

复式预算是将国家的全部财政收支按其经济性质汇集编入两个或两个以上的预算,从而形成两个或两个以上的收支对照表。通常可以将国家预算分为经常预算和资本预算两个部分,其中经常预算主要以税收为收入来源,以行政事业项目为支出对象;资本预算则主要以国债为收入来源,以经济建设项目为支出对象。复式预算最大的特点是区分了各项收入和支出的经济性质和用途,从而便于政府进行决策、执行和监督。

2. 单式预算与复式预算的区别

(1) 从形式上来看。单式预算是把财政收支全部列入统一的表格中,复式预算则把财政收支按其经济性质分别编为两个或两个以上的表格,分为两个或两个以上相对独立的预算,通常分为经常预算和资本预算。

(2) 从内容上来看。单式预算的收大于支即为预算结余;反之,则为赤字。复式预算中由于资本预算主要以国债和按规定应当上缴的国有资产收益为收入来源,通常不存在结余或赤字,但往往将经常预算的结余或赤字转入资本预算,使复式预算的结余或赤字的性质含混不清。

(3) 从对国债收支的处理方式上来看。单式预算通常把国内债务收入和债务支出作为一般的收入和支出项目对待,并纳入总的收支项目统一核算财政平衡状况。复式预算的经常预算只列债务利息支出,不列债务本金。

(4) 从对财政活动的反映程度上来看。单式预算具有全面性和综合性,可以较为明确地反映财政活动的总体情况,更符合统一性和完整性的预算原则,但不能明确反映收支的结构性,特别是不能反映经济建设工程效益的具体状况。复式预算则相反,虽然总体功能较弱,但对收支结构和经济建设工程状况的反映较为明确,而这恰恰是实行复式预算的理由所在。由于上述差别,两种预算形式在实际操作中有不同的特点,单式预算简洁、清楚、全面,编制和审批也比较容易。复式预算比较科学、严谨,便于政府对财政活动的分析,特别是有利于对收支的控制。

3. 我国的复式预算

我国是从建国开始编制国家预算,最初采用单式预算的编制形式。从 1992 年起国家预算按复式预算编制,复式预算分为两个部分:经常性预算和建设性预算。经常性预算收入是指国家以社会管理者身份取得的各项税收收入和其他一般性收入;经常性预算支出是指国家用于维持政府活动、保障国家安全和社会秩序、发展各项事业以及用于人民生活和社会等方面的开支。建设性预算收入是指经常性预算结余、专项建设性收入;建设性预算支出是指国家预算中用于各项经济建设活动的支出。

1995年1月1日起施行的《中华人民共和国预算法》中规定,各级政府预算均需采用复式预算形式进行编制。《中华人民共和国预算法实施条例》第二十条规定:"各级政府预算按照复式预算编制,分为政府公共预算,国有资产经营预算、社会保障预算和其他预算"。

2015年实施的《预算法》确立了一般公共预算、政府性基金预算、国有资本经营预算和社会保险基金预算组成的全口径预算体系,并对四本预算功能定位、编制原则及相互关系作出规范。其中,一般公共预算,即常说的公共财政预算,是指以税收为主体的财政收入,主要用于保障和改善民生、推动经济发展、维护国家安全、维持国家机构正常运转等方面的收支预算;政府性基金预算是对依照法律、行政法规的规定在一定期限内向特定对象征收、收取或者以其他方式筹集的资金,专项用于特定公共事业发展的收支预算;国有资本经营预算是对国有资本收益作出支出安排的收支预算;社会保险基金预算是对社会保险缴款、一般公共预算安排和其他方式筹集的资金,专项用于社会保险的收支预算。这四本预算之间保持独立、完整并统筹协调,政府性基金预算、国有资本经营预算、社会保险基金预算应当与一般公共预算相衔接。

(二)零基预算和增量预算

按照依据的内容不同,国家预算可以分为零基预算和增量预算。

零基预算是指新的预算年度财政收支计划指标的确定,不考虑以前年度的收支执行情况,而以"零"为基础,结合经济发展情况及财力可能,从根本上重新评估各项收支的必要性及其所需金额的一种预算形式。因预算方案一切从零开始,故称为"零基预算"。它是由美国卡特政府在1979年首次提出,到1982年美国已经大约有18个州采用了零基预算编制方法。目前世界上许多国家实行零基预算的基础工作已经完成,并在理论上制订了一系列科学的预算定编、定额、定标准的方法。实践表明,零基预算的预算编制不受既成事实的影响,一切从合理性和可能性出发,有利于加强预算管理,提高预算的科学性。

增量预算是指预算年度的财政收支计划指标的确定,以上年财政收支执行数为基础,再考虑新的年度国家经济发展情况加以调整确定。增量预算最大的特点是保持了国家预算的连续性,但是随着财政收支规模的不断扩大,这种方法可能会导致当期预算不科学,预算调整过多、约束性差等一系列问题。

我国各级财政部门在编制国家预算时,主要采用增量预算的方法。比如"收支基数法"和"比例增长法",前者是在编制新年度支出预算时,首先确定上年度支出的基数,在此基础之上,考虑影响新年度各项支出的因素,确定新年度的支出预算;后者是在编制新年度支出预算时,在上年度实际支出数的基础上,根据新年度财政收入状况和影响支出的各种因素,对不同的支出确定一定的增长比例。20世纪90年代以来,我国在部分省级财政,如安徽、河南、湖北、云南以及深圳等地区开始试行零基预算,取得了一定成效。

资料10-2　政府钱袋子每年归零,珠海试验零基预算

零基预算不同于传统预算模式,其编制不再以上一年度的预算额为参考,而是以零为

基点编制,可以提高财政资金使用效率。2014 年,广东省印发了《广东省省级财政零基预算改革方案》,从 2015 年开始在珠海、清远、中山等地市开展改革试点,旨在解决传统预算中既得利益部门化,财政结余结转规模大等痼疾。其中,珠海作为先行者,引入媒体、学者、人大、政协和审计等力量,"面对面"地细审政府部门的"钱袋子"。第一次零基预算的结果是,珠海全部 234 个单位,核减了 17 个亿,砍掉了部门申报的预算额度接近 1/3,比 2013 年减少了 18%,打破了部门预算只增不减的"魔咒"。

　　资料来源:冯叶,朱丽惠.政府钱袋子每年归零,珠海试验零基预算.南方网 http://www.southcn.com,2015-11-29。

(三)中央预算和地方预算

　　按照预算分级管理的要求,国家预算可以分为中央预算和地方预算。中央预算是指中央政府预算,由中央各部门的预算及地方向中央的上解收入、中央对地方的返还或补助数额组成。地方预算是指由地方各级政府预算组成的预算,包括本级各部门的预算及下级政府向上级政府上解的收入、上级对下级政府的返还或给予补助的数额。

　　《中华人民共和国预算法》中规定,我国实行一级政府一级预算,设立五级预算机构,即设立中央,省、自治区、直辖市,设区的市、自治州,县、自治县、不设区的市、市辖区,乡、民族乡、镇五级预算。其中,地方预算由各省、自治区、直辖市总预算组成。地方各级总预算不仅包括本级预算,也包括下级政府的总预算。没有下一级预算的,总预算即指本级预算。

　　为了规范地方政府的债务问题,2015 年实施的《预算法》规定地方各级预算按照量入为出、收支平衡的原则编制,除本法另有规定外,不列赤字。经国务院批准的省、自治区、直辖市的预算中必需的建设投资的部分资金,可以在国务院确定的限额内,通过发行地方政府债券举借债务的方式筹措。举借债务的规模,由国务院报全国人民代表大会或者全国人民代表大会常务委员会批准。省、自治区、直辖市依照国务院下达的限额举借的债务,列入本级预算调整方案,报本级人民代表大会常务委员会批准。举借的债务应当有偿还计划和稳定的偿还资金来源,只能用于公益性资本支出,不得用于经常性支出。

(四)年度预算和中长期预算

　　按照预算作用的时间长短分类,国家预算可以分为年度预算和中长期预算。年度预算是指预算有效期为 1 年的财政收支预算。中长期预算是指预算有效期为 1 年以上的财政收支预算。

　　两者相比,一方面,年度预算缺乏持续性,与经济周期联系不密切,不利于政府的宏观调控。另一方面,年度预算缺少前瞻性,不利于社会了解政府政策的长期目标。我国政府财政一直实行的是年度预算,因此,宜进行中长期预算的编制。

　　此外,按照预算收支的平衡状况分类,可以分为平衡预算和差额预算。平衡预算是指预算收入等于预算支出的预算,差额预算是指预算收入大于或小于预算支出的预算。

五、国家预算的编制、执行和决算

　　国家预算的程序也称预算周期或预算过程,根据预算程序的主体不同,一般包括四个阶段:预算编制、预算批准、预算执行和国家决算。

（一）国家预算的编制

1．国家预算编制的内容

预算编制是整个预算工作程序的开始,在这一阶段的主要任务有两个:一是预算草案的编制;二是概算的核定。

预算的编制一般是由政府行政机关负责,因此预算的编制与政府行政机构体制有着十分密切的关系。根据各国主持编制工作机构的不同,可以将预算草案的编制分为两种类型:一是由财政部主持预算编制工作,而后将预算草案交给有法定预算提案权或国会审议权的机构或个人核定。属于这种类型的国家有英国、德国、意大利、日本、中国等国家;二是由政府特设的预算机关主持预算编制工作,而财政部只负责收入预算。属于这种类型的国家有美国、法国等。

由政府行政机关编制而成的预算草案,在没有经过国家最高权力机关审批之前,通常称为概算。概算首先要交给具有法定预算提案权或国会审议权的个人或机构进行核定。概算的核定与国家的政体相联系,一般可以分为三种类型:一是由总统核定预算草案,比如美国;二是由内阁或国务院核定预算草案,比如英国、法国、中国;三是由委员会核定预算草案,比如瑞士。

2．我国的预算编制

在我国,国家预算的编制程序是自上而下和自下而上相结合,经过多次反复编制而成。基本程序如下:

（1）国务院作出编制预算草案的指示。财政部通常在每年9月份部署下一年度预算编制的要求。指示的具体内容包括:编制预算的方针和任务;编制预算收支的具体要求;预算草案的编制方法及报送程序和期限。

（2）各省（市、自治区）和中央各部门提出预算建议数,报送财政部。其中,建议数是在当年预算收支情况执行数的基础之上,考虑未来的发展目标并加以校正后得出。建议数是从基层预算单位开始,进行逐级汇总。在汇总建议数的过程中,上级对下级的建议数具有修正权。

（3）财政部拟定预算收支指标,经国务院批准后下达。财政部根据预算年度社会经济发展目标的要求,参照预算建议数进行概算,经国务院同意后下达预算草案的控制目标。

（4）各级政府编制预算草案。各预算单位根据下达的控制指标编制单位预算草案,逐级上报,由各级政府的财政部门汇编各级政府的预算草案。

（5）财政部审核各省（市、自治区）及中央各部门的预算草案,并汇编成国家预算草案,报送国务院进行核定。

（二）国家预算的批准

预算的批准是国家预算程序的第二个阶段。批准国家预算的权力属于国家立法机构,在西方国家,预算的批准权力属于议会;在我国,预算的批准权力属于全国人民代表大会。国家预算经权力机构批准后,才具有法律效力。

各级政府财政部门应在每年本级人民代表大会会议举行的一个月前,将本级预算草案的主要内容提交本级人民代表大会的专门委员会进行初审,在人民代表大会举行会议时,向大会作关于预算草案的报告。预算草案经人民代表大会审查和批准,方能成立。其中,中央预算由全国人民代表大会批准,地方各级政府预算由本级人民代表大会审查和批准。

(三)国家预算的执行

预算执行是整个预算工作程序的重要环节。执行预算的机构是政府的行政机构,即各级预算由本级政府组织执行,而具体工作由本级政府财政部门负责。收入入库、支付拨付以及预算调整都必须按照法律和有关规定的程序进行。预算收入征收部门必须依法及时、足额征收应征收的预算收入;有预算收入上缴任务的部门和单位,必须依照法规的规定,将应当上缴的预算资金及时、足额地上缴国库;各级政府财政部门必须依照法律和规定及时、定额地拨付预算支付资金,并加强管理和监督。

预算调整是预算执行的一项重要程序。预算调整是指经批准的各级预算,在执行中因特殊情况需要增加支出或者减少收入,使原批准的收支平衡预算的总支出超过总收入,或者使原批准预算中举借债务的数额变更等。预算调整,应当编制预算调整方案,并提交各级人民代表大会常务委员会审查和批准;未经批准,不得调整预算。各部门、各单位的预算支出应当按照预算科目执行。不同预算科目间的预算资金需要调剂使用的,必须按照国务院财政部门的规定报经批准。地方各级政府预算的调整方案经批准后,由本级政府报上一级政府备案。

对预算执行的监督主要包括两个方面:一是财政监督。即各级政府财政部门负责监督检查本级各部门及其所属各单位预算的执行,并向本级政府和上一级政府财政部门报告预算执行情况;二是审计监督。即各级政府审计部门对本级各部门、各单位和下级政府的预算执行实行审计监督。

(四)国家决算

国家决算是整个预算工作程序的总结。决算草案由各级政府、各部门、各单位,在每一预算年度终了后按照国务院规定的时间编制。编制决算草案的具体事项,由国务院财政部门部署。决算草案的审批和预算草案的审批程序相同,各级政府决算经批准后,财政部门应当向本级各部门批复决算,地方各级政府应当将经批准的决算,报上一级政府备案。一般程序是:由预算执行机构负责编制反映预算年度内预算收支执行情况的决算报告,经审计机构审核,国家立法机构批准之后,就标志着正式决算的成立和整个预算程序的结束。

六、我国预算管理制度改革

作为我国预算管理基本法,《中华人民共和国预算法》规定了我国预算的基本制度。随着我国市场化改革的逐步深化,预算管理制度的改革一直是市场经济体制改革的重要内容。近年来,我国进行了各项政府预算改革,如部门预算、国库集中收付制度等,财政资金运行管理的新机制基本建立,预算执行管理不断加强。

(一)部门预算改革

部门预算改革是整个财政体制改革的核心,它借鉴了市场经济国家的普遍做法,使我国的财政预算管理向科学化、法制化、规范化方向迈进了一大步,积极深化部门预算改革,是今后一个时期预算单位改革和发展的重大课题。

1. 我国部门预算编制的改革历程

部门预算改革与经济体制改革及政府行政管理体制改革紧密相连,具有深刻的时代背景。随着经济管理体制由计划经济向市场经济的过渡,必然带来财政管理体制的变化,即向市场经济体制下的公共财政转变。这种转变体现在财政收入管理领域,主要是在1994 年推行了以分税制为主的财税体制改革,为宏观调控和调节收入分配奠定了基础。相对于财政收入管理的规范化和科学化,财政支出管理改革相对滞后,预算编制范围窄,预算编制较粗放,预算编制程序不规范等等,这些问题的存在直接影响了预算管理的规范性、科学性和有效性。为此,全国人大、审计署提出,要规范和加强预算管理,进一步提高预算管理的规范化和科学化水平。

编制部门预算是发达国家和多数发展中国家的通行做法,也是我国当前改革的主要内容之一。在经过充分的前期准备后,财政部积极开始推行以部门预算改革为核心的预算管理改革。我国的预算编制改革始于 2000 年。在此之前,我国编制的是收入按类别,支出按功能的功能预算。从 2000 年起,中央开始在所有的中央预算单位全面实行部门预算,而且具体的编制内容、方法不断完善,提交全国人大审查的部门数量也不断增加。

2. 部门预算的含义

部门预算作为编制政府预算的一种制度和方法,是当前财政管理体制改革的重要内容。它是由政府的各个部门编制,并反映每个部门所有的收入和支出的政府预算。即由部门依据国家有关政策规定及其行使职能的需要,由基层预算单位编制,逐级上报、审核、汇总,经财政部门审核后提交立法机关依法批准的涵盖部门各项收支的综合财政计划。

部门预算应该是反映一个部门全部收支状况的预算,分为收入预算和支出预算两部分。其中,支出预算由基本支出预算和项目支出预算组成。

(1) 收入预算的编制。收入预算是指部门及所属单位所有的预算收入。部门应根据历年收入情况和下一年度收入增减变动因素,按照本部门取得的各项收入(不含国家税收)类别逐项测算、编制,其中部门自行组织的行政性收费要列明具体的单位和项目。具体包括财政预算安排拨款、事业收入、事业单位经营收入及其他收入。

(2) 基本支出预算的编制。基本支出预算是指部门及所属单位的人员经费和机关运转的公用经费。各部门要根据国家现有的经费政策和规定测算本部门的人员经费和公用经费;要按照预算年度所有因素和事项,分别轻重缓急测算每一级科目支出需求。

人员经费包括基本工资、补助工资、其他工资、职工福利费和社会保障费等。人员经费预算应按机构编制主管部门批准的人员编制内的实有人数和国家规定的工资、津贴、补贴标准测算。

公用经费包括公务费、小型设备购置费和修缮费、业务费和业务招待费等。各部门和单位应根据现有的公共资源情况和业务工作性质,按照财政部核定的公用经费单项定额标准和调整系数测算、编制。

(3) 项目支出预算的编制。专项支出预算是指部门单位在基本支出预算之外为完成特定的目标安排的支出。包括行政事业单位公用经费中的大型修缮费、购置费等;列入部门预算中的国家专门设立的事业发展项目支出;基本建设、挖潜改造、科技三项费用、支援农村生产性支出等建设性专项支出。部门申报项目时要进行可行性论证,对提出的项目从技术、财务、成本费用、组织机构、社会效益等方面进行分析,并列入项目备选库,财政部根据各部门事业发展需要和国家财力可能统筹安排。

3. 部门预算编制方法和程序

部门预算的编制采用零基预算法。首先,对本部门、本单位的所有可供使用的资源进行清理和计算,产生本年度的收入和可供使用的资源预算。其次,对部门和单位的本年度人员机构和所有提出的各项工作任务进行排队,根据轻重缓急,确定本年度本部门、本单位必须做的几项工作,同时计算每项工作的实际成本,确定每项工作完成后所达到的最终效果。最后,核定每项工作所需经费,并在预算编制时和预算执行过程中考核每项工作经费的使用效果和效率,采取一定的方法对预算执行过程中的资金使用情况实行追踪问效制度。

总之,部门预算需经过两上两下的编制程序:一上是由部门(或单位)按照财政部门的布置,根据本地区财力状况、宏观经济发展目标和本部门的工作需要,按照人员经费支出定额标准和公用经费定额标准,采取规定的预算编制方法,编制预算建议数,上报财政部门;一下是由财政部门对部门的预算建议数审核后下达预算控制数;二上是部门根据预算控制数编制本部门预算报送财政部门;二下是财政部门根据人代会批准的预算下达部门预算。

(二)国库集中收付制度改革

作为政府预算执行的关键性制度,美国、日本、英国、法国、加拿大等市场经济国家都普遍实行了国库集中收付制度。建立一套规范的、适合我国国情的国库集中收付制度,也是我国政府预算执行改革的一个重要目标。

1. 我国国库集中收付制度改革的历程

"国库集中收付制度"是市场经济国家普遍实行的现代国库管理制度。2001 年,国务院批准《财政国库管理制度改革方案》时,要求"十五"期间全面推行财政国库管理制度改革。按照这一要求,中央和地方着力推进国库集中收付制度改革,2001 年 9 月,财政部率先在水利部、科技部、财政部、国务院法制办、中国科学院和国家自然科学基金会等 6 个中央部门及所属 136 个基层预算单位进行了首批试点改革,至今全国 36 个省、自治区、直辖市和计划单列市全部实施了国库集中收付制度改革。推行国库集中收付制度改革,是与国际惯例接轨的要求,是构建社会主义公共财政框架的必然要求。

2. 国库集中收付制度的内容

国库集中收付制度是财政资金支出改革的重大举措之一,是国家预算执行和财政管理制度的重大创新。国库集中收付制度又称国库单一账户制度,是建立、规范国库集中收付活动的各种法令、办法、制度的总称,由国库集中收入制度和国库集中支付制度组成。国库集中收付就是政府将所有财政性资金集中在国库或在国库制定的代理银行开设账户,所有的财政支出均通过这一账户进行拨付。国库集中收付制度是政府预算执行的重要环节,包括三方面的主要内容:一是集中收入管理,即所有政府预算收入的缴付者将各项收入直接地缴入国库或其授权的代理银行,再经过银行清算将款项划入国库;二是国库集中支付,即财政部门在中央银行设立一个统一的银行账户,原则上所有预算单位的一切财政性支出都只有在实际支付行为发生时,才能由专门的国库资金支付机构从国库单一账户中直接支付给商品供应商或劳务提供者;三是集中账户管理,即设置与国库单一账户配套使用的国库分类账户,集中反映各预算单位的预算执行情况。

由于将所有的财政性资金全部集中到国库单一账户,所有的财政支出由国库单一账户支付,因此国库集中收付制度也是对财政资金从预算分配、预算拨付及收款人账户实行财政直接全过程监督、控制的一种制度。进行国库集中收付制度改革的目的是最大限度地减少财政资金在各级预算单位自有账户中的分散管理和滞留,全部集中在国库单一账户体系内,以保证资金的有效运转和使用,同时也保证每笔财政资金的使用都处于有效的监督管理中。实行国库集中收付有助于从根本上减少财政资金拨付的中间环节,缩短资金在途时间,及时、足额将财政资金拨付给用款人或用款单位,从源头上预防财政性资金在拨付过程中被截留、转移、挪用等现象发生。

第二节　预算管理体制

一、预算管理体制的含义

国家预算管理体制是在中央与地方政府之间,以及地方各级政府之间划分预算收支范围和预算管理权限的一项重要制度。国家预算管理体制是财政管理体制的一个重要组成部分,也是预算制度的一个组成部分。预算管理体制的实质是正确界定各级预算主体独立自主的程度,正确处理预算资金分配和管理上集权与分权、集中与分散的关系。

国家预算管理体制在国家财政管理体制中占主导地位。从经济基础角度看,国家预算管理体制以制度的形式处理中央与地方政府之间的集中与分散的分配关系;从上层建筑角度看,国家预算管理体制解决中央与地方政府之间的集权与分权问题。集权与分权问题是带有普遍性的问题。从历史上来看,各个国家都曾遇到这个问题。国家预算管理体制中集权与分权的问题,主要是通过在中央与地方政府之间的收支划分来解决的。因此,在各级政府之间的收支划分就成为预算管理体制的核心问题。

二、预算管理体制的内容

预算管理体制的根本任务是通过划分预算收支范围和规定预算管理职权,促使各级政府明确各自的责权利,发挥各级政府理财积极性,促进国民经济和社会事业发展。预算管理体制的内容主要包括以下几个方面。

（一）确定预算管理的主体和级次

一般是一级政权构成一级预算管理主体。我国的政权机构分为五级,相应的预算管理主体也分为中央、省、市、县、乡五级。

（二）预算收支范围的划分

明确国家财力在中央与地方及地方各级政府之间如何分配,这是预算管理体制的核心内容。在财力总规模一定的前提下,如何划分收支范围直接决定一级财政拥有财力的多少。为提高资源配置效率,调动中央和地方两个积极性,收支范围划分往往按照"统筹兼顾,全面安排""事权与财权相统一""收支挂钩,责权结合"等原则来确定。

（三）预算管理权限的划分

确定各级人民代表大会、各级人大常委会和各级政府在预算的编制、审批、执行、监督等方面拥有的权限和应负的责任。

（四）预算调整制度和方法

在预算执行中,当社会经济情况发生变化,特别是不可预料的情况发生时,往往需要对已批准的预算或是对已经确定的各级政府的收支范围进行必要的调整。为避免这些调整的随意性或主观性,需要规定相应的制度或调整、批准程序。一般由财政部门提出并编制预算调整方案,经同级人大常委会审查批准后方可执行,并报上一级政府备案。

三、预算管理体制的建立原则

（一）统一领导、分级管理原则

在财政管理体制中,统一领导与分级管理就是中央集权和地方分权的关系问题。统一领导是指中央政府拥有统一的领导权,在此前提下决定地方政府的职责。只有在中央政府统一领导下的地方分权,才能保证财政职能的有效实施。中国是统一的、多民族、人口众多、地域辽阔的国家,应全面安排,保证重点,照顾一般。

（二）与国家政权结构及经济管理体制相适应原则

首先,财政的分级管理必须与国家政权结构相一致。一级政权就应建立一级财政,因为一级政权及相应的行政管理机构承担着职权范围内的经济和社会文教建设等方面的义务和责任,必须赋予相应管理财政收支的权力和财力,才能保证其职能的实现。

其次,作为整个国民经济管理体制的重要组成部分,财政管理体制必须随着国家经济管理体制的发展变化而变化。这是因为国民经济管理体制的变革,一方面涉及财力、财权的分配;另一方面也关系到各地方、各部门、企业及广大群众的经济利益,要求财政管理体制相应变革。

（三）财权与事权统一、权责结合原则

财权与事权统一,即各级政府有什么职权、什么事权,就有相应的财权。财权与事权的统一,离不开权责的结合。反映在财政体制上,就是要使各级财政都有各自的收入来源和支出范围。例如,应让中央预算保证国防、外交和进行重点经济建设的支出,而地方预算也应有较稳定的收入来保证其资金需要。

四、预算管理体制的类型

（一）统收统支

统收统支是指地方政府负责组织的收入统一上缴中央,地方政府的各项支出统一由中央拨付,也称收支两条线的办法。

（二）分类分成

分类分成是指将地方政府组织的全部预算收入,分解成若干个项目,逐项确定中央与地方的分成比例的方法。

（三）总额分成

总额分成是指将地方政府组织的全部收入，按一定比例在中央与地方之间进行分成，分成比例一般按中央批准的地方预算支出总额占其收入总额的百分比确定。

（四）包干办法

包干办法是指在核定预算收支的基础上，对于收大于支的地区，将收入的一部分采用一定办法包干上解中央；支大于收的地区，对其收不抵支的差额由中央包干补助。

（五）分税制

分税制是指在国家各级政府之间明确划分事权及支出范围的基础上，按照事权和财权相统一的原则，结合税种的特性，划分中央与地方的税收管理权限和税收收入，并辅之以补助制的预算管理体制模式。

五、我国预算管理体制的演变

新中国成立以来，我国的预算管理体制经历了多次变动。总的趋势是由高度集中的管理体制逐步过渡到实行各种形式的在中央统一领导下的分级管理体制。历次预算管理体制多次改革的目的，就是为了适应政治经济形势的需要，处理财权的集中和分散，调整中央与地方之间的预算收支范围以及财力分配等关系。

（一）1950—1952 年"统收统支"体制

"统收统支"体制也称高度集中的预算管理体制，是 1950—1952 年国民经济恢复时期实行的预算体制。在新中国成立初期，为了便于集中有限的财力，尽快实现国民经济的全面恢复，实行了高度集中的预算管理体制。基本特征是财力、财权高度集中于中央，地方组织的一切收入全部逐级上缴中央；地方一切开支由中央核定，逐级拨款，年终地方结余全部交还中央；费用开支标准、预决算和会计制度等统一由中央制定，地方只能照章执行，财权很小。即财力集中在中央，预算收支由中央统一掌握和分配。这种体制是在特殊的历史背景下实行的，在当时收到了良好的效果。除新中国成立初期之外，在 3 年调整时期和"文化大革命"的部分年份里也实行过这种体制。这种体制适应特定的历史条件，不能长期运用。

（二）1953—1979 年"统一领导、分级管理"体制

这种体制的主要特征是：（1）中央统一制定预算政策和预算制度，地方按预算级次实行分级管理。（2）主要税种的立法权、调整权、减免权集中于中央，各级收入分为固定收入和比例分成收入，由地方统一组织征收，分别入库。（3）由中央按照企事业行政隶属关系确定地方预算的支出范围。（4）由中央统一进行地区间的调剂，收大于支的地方向中央财政上解收入，支大于收的地方则由中央财政给予补助。（5）地方预算基本上是以支定收，结余可以留用。

1953 年，我国进入了第一个五年计划时期，开始有计划地进行经济建设。为了调动地方财政增收节支的积极性，促进地方经济的发展，在坚持中央集权的前提下，开始留给地方一部分财权财力，实行"分级管理，收入分类分成"的预算体制。预算收入划分为固定收入、固定比例分成收入、调剂收入三类；预算支出则按企业、事业单位的隶属关系和业务范围划分为中央预算支出、地方预算支出。采取这样的体制，地方财政有了比较稳定的财政收入来源，但仍然以集中为主。

1958 年,我国进入第二个五年计划时期,为了进一步扩大地方财政的财权财力,促进地方的经济发展,预算管理体制作了重大改革,开始实行"以收定支,五年不变"体制。即地方可以根据收入情况统筹安排支出,多收可以多支,少收就要少支。这种预算体制是旨在扩大地方自主权的一次重大改革,但由于 1958 年以后经济工作指导思想的失误,经济比例失调和经济困难,财力下放过多,使中央财政难以承受,重点建设受到影响,财政收支出现失衡。在这种情况下,1959 年又将预算管理体制改为"总额分成,一年一定"的做法。

1961 年,我国对国民经济进行第一次调整,实行"调整、巩固、充实、提高"的方针,以解决经济失误和财力过于分散的问题。预算管理体制又作了重大调整,实行比较集权的管理体制。

在财政管理体制上加强集中统一,对克服当时的经济困难是很有成效的,国民经济调整的任务在 3 年内就完成了。在此基础上又下放了一部分权限,继续实行在中央统一领导下分级管理的财政管理体制,从而促进了经济的发展。但是在"十年动乱"阶段,经济工作受到严重冲击,财政管理处于半计划、半无政府的状态。1971 年开始实行企业下放,财政收支实行大包干。由于当时经济管理体制存在严重的问题,与此相适应的财政管理体制也没有收到良好的效果。在这样一个特殊的历史条件下,国务院于 1979 年又提出了第四个五年计划纲要,对经济体制进行改革。

(三)1980—1993 年"划分收支、分级包干"体制

"十年动乱"过后,我国进入了一个新的历史时期。1978 年,中共十一届三中全会召开,提出经济建设是全党全国的重心,我国进入经济全面改革开放的时期。在 1978—1993 年,中央和地方政府的财政分配关系经历了 1980 年、1985 年、1988 年三次重大的改革。这三次体制改革具有一定的共性,都是实行对地方政府放权让利的财政包干体制。

1980 年,中国全面的经济体制改革以财政体制改革作为突破口率先进行。为了改革过去中央政府统收统支的集中财政管理体制,在中央和各省之间的财政分配关系方面,对大多数省份实行了"划分收支,分级包干"的预算管理体制,建立了财政包干体制的基础。从 1982 年开始逐步改为"总额分成,比例包干"的包干办法。1985 年实行"划分税种,核定收支,分级包干"的预算管理体制,以适应 1984 年两步利改税改革的需要。1988 年为了配合国有企业普遍推行的承包经营责任制,开始实行六种形式的财政包干,包括"收入递增包干""总额分成""总额分成加增长分成""上解递增包干""定额上解"和"定额补助"。

实行财政包干体制改变了计划经济体制下财政统收统支的过度集中管理模式,中央各职能部门不再下达指标,地方政府由原来被动安排财政收支转变为主动参与经济管理,体现了"统一领导、分级管理"的原则。但是,包干体制注重政府间收入在所有制关系下的划分,缺乏合理依据,是政府间财政分配关系不稳定的重要原因之一。同时,财政包干体制缺乏必要的公开性,基数核定方法不科学,缺乏横向公平性,财力分散,中央政府缺乏必要的宏观调节能力。

(四)1994 年以来的分税制

1994 年至今,根据传统预算管理体制的弊端,我国在借鉴国际经验的基础上,结合我国的实际情况,从 1992—1993 年,在辽宁、天津等九个地区进行了分税制的改革试

点。在总结试点经验的基础上,从 1994 年开始正式实行在分税制基础上的分级预算管理体制。

第三节　我国的分税制

1994 年,我国实行了"分税制"的改革,从我国的实际出发,借鉴市场经济国家的分税预算体制,初步形成了具有中国特色的多级预算体制。分税制的核心是根据各级政府的事权来确定相应的财权,并按税种划分中央政府和地方政府的财政收入。分税、分权、分征、分管是分税制的特征。

一、我国分税制改革的指导思想

根据中共十四届三中全会的决定,为了进一步理顺中央与地方的财政关系,更好地发挥国家财政的职能,增强中央的宏观调控能力,促进社会主义市场经济体制的建立,国务院决定从 1994 年 1 月 1 日起改革当时的地方财政包干体制,对各省、自治区、直辖市和计划单列市实行分税制财政管理体制。根据建立社会主义市场经济体制的基本要求,并借鉴国外的成功做法,要理顺中央与地方的分配关系,必须进行分税制改革。分税制财政体制改革应有利于以下方面。

(一)正确处理中央与地方的分配关系,调动两个积极性,促进国家财政收入合理增长

既要考虑地方利益,调动地方发展经济、增收节支的积极性,又要逐步提高中央财政收入的比重,适当增加中央财力,增强中央政府的宏观调控能力。为此,中央要从今后财政收入的增量中适当多得一些,以保证中央财政收入的稳定增长。

(二)合理调节地区之间财力分配

既要有利于经济发达地区继续保持较快的发展势头,又要通过中央财政对地方的税收返还和转移支付,扶持经济不发达地区的发展和老工业基地的改造。同时,促使地方加强对财政支出的约束。

(三)坚持统一政策与分级管理相结合的原则

划分税种不仅要考虑中央与地方的收入分配,还必须考虑税收对经济发展和社会分配的调节作用。中央税、共享税以及地方税的立法权都要集中在中央,以保证中央政令统一,维护全国统一市场和企业平等竞争。税收实行分级征管,中央税和共享税由中央税务机构负责征收,共享税中地方分享的部分,由中央税务机构直接划入地方金库,地方税由地方税务机构负责征收。

(四)坚持整体设计与逐步推进相结合的原则

分税制改革既要借鉴国外经验,又要从我国的实际出发。在明确改革目标的基础上,办法力求规范化,但必须抓住重点,分步实施,逐步完善。当前,要针对收入流失比较严重的状况,通过划分税种和分别征管堵塞漏洞,保证财政收入的合理增长;要先把主要税种划分好,其他收入的划分逐步规范;作为过渡办法,现行的补助、上解和有些结算事项继续运转;逐步提高中央财政收入占全部财政收入的比例,逐步调整地方的利益格局。总之,通过渐进式改革先把分税制的基本框架建立起来,在实施中逐步完善。

二、分税制改革的具体内容

(一)中央与地方事权和支出的划分

根据现在中央政府与地方政府事权的划分,中央财政主要承担国家安全、外交和中央国家机关运转所需经费,调整国民经济结构、协调地区发展、实施宏观调控所必需的支出以及由中央直接管理的事业发展支出。具体包括:国防费,武警经费,外交及援外支出,中央级行政管理费,中央统管的基本建设投资,中央直属企业的技术改造和新产品试制费,地质勘探费,由中央财政安排的支农支出,由中央负担的国内债务的还本付息支出,以及中央本级负担的公检法支出和文化、教育、卫生、科学等各项事业费支出。

地方财政主要承担本地区政权机关运转所需支出以及本地区经济、事业发展所需支出。具体包括:地方行政管理费,公检法支出,部分武警经费,民兵事业费,地方统筹的基本建设投资,地方企业的技术改造和新产品试制经费,支农支出,城市维护和建设经费,地方文化、教育、卫生等各项事业费,价格补贴支出以及其他支出。

(二)中央与地方收入的划分

根据事权与财权相结合的原则,按税种划分中央与地方的收入。将维护国家权益、实施宏观调控所必需的税种划为中央税;将同经济发展直接相关的主要税种划为中央与地方共享税;将适合地方征管的税种划为地方税,并充实地方税税种,增加地方税收收入。税款收入按照管理体制分别入库,分别支配,分别管理。中央税归中央政府管理和支配,地方税归地方政府管理和支配。

资料 10-3　国税地税合并,中央地方收入划分更要抓紧

2019 年两会通过的机构改革方案,税收征管体制改革是一个亮点——把省级和省级以下国税与地税合并。这是适应我国经济转型升级趋势,降低企业纳税负担的一个重大举措。

税收征管体制如何设置,需要服务于特定发展阶段的实际情况。1994 年,我国分税制改革后,为了便于税收征管,避免中央收入和地方收入混淆,把当时统一的税收征管体系一分为二,分为国税和地税。这套系统适应了当时中央地方收入划分的要求。当然,这套税收征管体系也是有成本的。比如,增加了一套税收征管队伍;再比如,企业在办理纳税事项,需要同时跑国税和地税,加大了纳税的成本。从实际看,由于国地税信息系统不兼容以及沟通协调不畅等问题,纳税人需要向国税、地税重复报送涉税资料,接受两个机构的税务检查,加大了纳税成本。

随着我国经济发展水平的不断提升,税收改革的不断推进,技术水平的不断提升,国税和地税分设的前提条件开始发生重大变化。一是营改增后,地方税收征管任务明显减轻,庞大的征管成本超过了税额本身。二是"金税工程"的推进,使得中央收入和地方收入混淆的情况在技术上可以得到解决,通过分开征收的方式已经没有必要。即便是在中央地方推进新的收入划分改革后,也不需要通过一套专门的征管系统来组织不同层级政府的收入。

此外,国税地税改革不仅仅是降低纳税成本,它还带来了更大的改革需求。其中一个

需求就是要求加快推动中央地方收入划分改革,明确中央地方的财力。"抓紧制定收入划分改革方案",写入了今年的政府工作报告。征管改革后,所有的税收收入都由一个税收系统来组织实施。那么收上来后,如何在不同层级的政府间进行分配,需要有一套制度性的方案。这既涉及进一步完善分税制,也涉及相关的财政改革。因此,税收征管体制改革,将形成继续深化财政体制改革的新动力。

资料来源:搜狐网,2018-3-20。

1994 年实施分税制时,财政部对中央和地方的收入进行了明确划分。后来在分税制多年的实施过程中又对企业所得税、个人所得税、增值税、证券交易印花税等税种进行了多次收入划分的调整,进一步理顺了中央和地方的分配关系。截至目前,中央与地方政府的财政收入划分情况如下所述。

1. 中央固定收入

中央固定收入主要包括:关税;海关代征的消费税和增值税;消费税;证券交易印花税;车辆购置税;个人所得税中的储蓄利息所得税;地方银行和外资银行及非银行金融企业所得税;各银行总行、各保险总公司等集中交纳的收入(包括企业所得税、利润和城市维护建设税);海洋石油企业缴纳的企业所得税、资源税;中央企业上缴利润等。

2. 地方固定收入

地方固定收入主要包括:地方企业上缴利润;城镇土地使用税;城市维护建设税(不含各银行总行、各保险总公司集中交纳的部分);房产税、车船税、印花税、耕地占用税、契税、遗产和赠与税、国有土地有偿使用收入等。

3. 中央与地方共享收入

中央与地方共享收入主要包括:增值税、资源税、企业所得税和个人所得税。

(1) 增值税。2016 年 5 月 1 日"营改增"全面试点后,为保持现有中央和地方财力格局总体稳定,进一步理顺中央和地方收入划分,结合税制改革,国务院于 2016 年 4 月发布了《全面推开营改增试点后调整中央与地方增值税收入划分过渡方案的通知》。通知指出,在全面推开营改增试点后 2～3 年的过渡期内,以 2014 年为基数核定中央返还和地方上缴基数;所有行业企业缴纳的增值税均纳入中央和地方共享范围,中央分享增值税的50％、地方按税收缴纳地分享增值税的 50％;中央上划收入通过税收返还方式给地方,确保地方既有财力不变;中央集中的收入增量通过均衡性转移支付分配给地方,主要用于加大对中西部地区的支持力度。

(2) 资源税。按不同的资源品种划分,大部分资源税作为地方收入,海洋石油资源税作为中央收入。

(3) 企业所得税和个人所得税。除了国家邮政、国有商业银行和政策银行、海洋石油等特殊行业企业缴纳的企业所得税作为中央收入外,其他企业所得税和个人所得税(不含储蓄利息所得税)实行中央与地方按比例分享,中央 60％、地方 40％。同时,以 2001 年为基期,按确定的分享范围和比例计算,地方分享的所得税收入,如果小于地方实际所得税收入,差额部分由中央作为基数返还地方;如果大于地方实际所得税收入,差额部分由地方作为基数上解中央。

（三）中央财政对地方税收返还数额的确定

为了保持现有地方既得利益格局，逐步达到改革的目标，中央财政对地方税收返还数额以 1993 年为基期年核定。按照 1993 年地方实际收入以及税制改革和中央与地方收入划分情况，核定 1993 年中央从地方净上划的收入数额（即消费税＋75％的增值税－中央下划收入）。1993 年，中央的净上划收入，全额返还地方，保证现有地方既得财力，并以此作为以后中央对地方税收返还基数。1994 年以后，税收返还额在 1993 年基数的基础上逐年递增，递增率按各地区增值税和消费税的平均增长率的 1：0.3 系数确定，即上述两税各地区平均每增长 1％，中央财政对地方的税收返还增长 0.3％。如果 1994 年以后中央净上划收入达不到 1993 年基数，则相应扣减税收返还数额。

（四）原体制中央补助、地方上解以及有关结算事项的处理

分税制在重新划分中央财政收入与地方财政收入的基础上，相应地调整了政府间财政转移支付数量和形式，除保留原体制下中央财政对地方的定额补助、专项补助和地方上解外，根据中央财政固定收入范围扩大、数量增加的新情况，着重建立了中央财政对地方财政的税收返还制度。具体办法是：中央税收上缴完成后，通过中央财政支出，将一部分收入返还给地方使用。

为顺利推行分税制改革，1994 年实行分税制以后，原体制的分配格局暂时不变，过渡一段时间再逐步规范化。原体制中央对地方的补助继续按规定补助。原体制地方上解仍按不同体制类型执行：实行递增上解的地区，按原规定继续递增上解；实行定额上解的地区，按原确定的上解额，继续定额上解；实行总额分成的地区和原分税制试点地区，暂按递增上解办法，即按 1993 年实际上解数，并核定一个递增率，每年递增上解。

原来中央拨给地方的各项专款，该下拨的继续下拨。地方 1993 年承担的 20％部分出口退税及其他年度结算的上解和补助项目相抵后，确定 1 年数额，作为一般上解或一般补助处理，以后年度按此定额结算。

（五）转移支付制度

转移支付制度是均衡各级预算主体间收支规模不对称的预算调节制度，是指政府间的财政资金转移，是中央政府支出的一个重要部分，是地方政府重要的预算收入，是分税制预算管理体制的重要组成部分。根据分级预算管理体制，上下级预算主体间、同级预算主体间的收支规模是不对称，通常会产生中央与地方以及地方之间财政收支的不平衡，转移支付制度就是以不同级别政府之间的调节预算来实现各地公共服务趋于均等化。转移支付的模式主要有三种：一是自上而下的纵向转移，二是横向转移，三是纵向与横向转移的混合。规范转移支付制度的原则是：公平原则、效率原则和法治原则。

根据 IMF《政府财政统计手册》中的支出分析框架，政府转移支付有两个层次：一是国际的转移支付，包括对外捐赠、对外提供商品和劳务、向跨国组织缴纳会费；二是国内的转移支付，既有政府对家庭的转移支付如养老金、住房补贴等，又有政府对国有企业提供的补贴，还有政府间的财政资金的转移。

目前，我国中央对地方的财政转移支付制度体系由两大类构成：一类是财力性转移支付，这部分中央不规定具体用途，由地方政府根据自己的需要安排。财力性转移支付又分为一般性转移支付、民族地区转移支付、县乡财政奖补资金、调整工资转移支付、农村税费

改革转移支付和年终结算财力补助。另一类是专项转移支付,是中央政府为了实施其宏观政策目标,以及对地方政府代行一些中央政府职能进行补偿设立的补助地方的专项资金。主要类型:一是属于中央政府的职责,但委托地方政府具体组织实施,中央把需要的开支通过专项转移支付分配给地方。二是中央政府承担的再分配职责。三是属于中央地方共同承担的职责,由地方具体办理,中央将应由中央承担的部分支付给地方。专项转移支付重点用于教育、医疗卫生、社会保障、支农等公共服务领域。财政转移支付体系不断完善,尤其是财力性转移支付的确立和完善,改变了分税制财政管理体制改革前中央财政与地方财政"一对一"谈判、"讨价还价"的财政管理体制模式,增强了财政管理体制的系统性、合理性,减少了中央对地方补助数额确定过程中的随意性。但随着转移支付规模的不断增加,也出现了专项转移支付设置过多、配套资金压力过大、资金下达不及时等问题,2015年实施的《预算法》从三个方面规范了财政转移支付制度。一是明确了转移支付的功能定位,即以推进地区间基本公共服务均等化为目标,以一般性转移支付为主体。二是规范了专项转移支付,要求设立要有法律依据、运行要有定期评估和退出机制、资金配套要有严格限制。三是规范了转移支付的预算,要求编制要符合规定的标准要求,下达时间要符合规定的时限等。

我国推行分税制财政体制已有二十余年,其改革成效主要表现在两个方面:一是按照市场经济下的分权原则,划分各级政府的职责,初步规范了中央与地方的财政分配关系;二是较大幅度提高了中央财政占全部财政收入的比重,增加了全国性基础设施和公共工程投入,加大了对西部地区和部分贫困地区的财政转移支付力度。但是,分税制还有许多不尽如人意之处,需要继续深化改革。

案　　例

2019 年日本年度预算

2018 年 12 月 21 日,日本政府召开内阁会议,通过了 2019 年度预算案,预算总额为 101.456 4 万亿日元(约合人民币 6.2 万亿元),连续 7 年创新高。另外,2019 年日本的防卫相关费用增加 1.3%,达到 5.257 4 万亿日元(约合人民币 3 213 亿元),也是连续 7 年增加。

预算案中,用于偿还借款本息的国债费增加 0.9% 至 23.508 2 万亿日元,3 年来首次增加。养老金、医疗等社会保障费增加逾 1 万亿日元,总额超过 34 万亿日元。

在防卫费用方面,日本为实现海上自卫队护卫舰"出云"号事实上的航母化,列入了调查战机起降时对船体影响的调查费 7 000 万日元。为强化导弹防御体系,列入 1757 亿日元作为陆上部署型导弹拦截系统"陆基宙斯盾系统"的一部分购置费。

资料来源:新京报,2018-12-21。

案例思考题

1. 请结合日本财政预算审批程序,说明与我国的预算流程有何不同。

2. 根据日本 2019 年的政府预算报告,分析其 2019 年政府收支的侧重点是什么。

本 章 小 结

1. 国家预算是指经过法定程序编制、审查、批准的,以收支一览表形式表现的政府年度财政收支计划。国家预算的原则有公开性、可靠性、完整性、统一性和年度性。

2. 对国家预算进行科学、合理的分类,是进一步认识和研究国家预算的前提。按照国家预算编制的形式分类,可以分为单式预算和复式预算;按照国家预算依据的内容不同,可以分为零基预算和增量预算;按照预算分级管理的要求分类,可以分为中央预算和地方预算。

3. 国家预算的程序也称预算周期或预算过程,一般包括四个阶段:预算编制、预算批准、预算执行和国家决算。

4. 近年来,我国进行了各项政府预算改革,如部门预算、国库集中收付制度等,财政资金运行管理的新机制基本建立,预算执行管理不断加强。

5. 国家预算管理体制是在中央与地方政府之间,以及地方各级政府之间划分预算收支范围和预算管理权限的一项重要制度。我国从 1994 年开始正式实行在分税制基础上的分级预算管理体制。

关 键 词

国家预算　复式预算　零基预算　增量预算　预算管理体制　分税制　转移支付制度

思 考 题

1. 何谓国家预算? 国家预算的原则有哪些?
2. 公开国家预算的意义是什么?
3. 国家预算有哪些分类?
4. 编制部门预算的意义及其主要内容有哪些?
5. 国库集中收付制度的基本内容有哪些?
6. 预算管理体制的确立应遵循哪些原则?
7. 简述中国分税制改革的主要内容。
8. 中国分税制在哪些方面有待完善?

第十一章 财政政策

　　在市场经济条件下,政府通常要借助财政政策来实现对国民经济的宏观调控。本章从财政平衡入手,分析了财政赤字的作用,进而阐述了财政政策的基本内容,以及与货币政策的搭配方式,最后阐述了财政政策在我国的实践过程。

第一节　财政平衡与财政赤字

一、财政平衡

　　财政平衡是指在一定时期(预算年度)内,财政收支在量上的对比关系。财政收支的对比有三种结果:一是收大于支,表现为结余;二是支大于收,表现为赤字;三是收支相等。由于国家的经济状况是不断变化的,预算也不可能在实现全部财政收入后再做安排,因此,在理论上讲,财政收支相等是可以成立的,但在经济的实际运行中,财政收支完全相等的情况几乎是不存在的,而财政收支不等的状况却是普遍的。

　　就财政本身而言,当年财政收支平衡是最理想的状态,财政资金得到充分利用。如果收大于支,结余过多,或者每年都有结余,意味着财政资金没有得到充分运用,对经济建设和社会发展不利。相反,财政支大于收,超过收入的支出部分会形成社会购买力,增加社会总需求,有可能导致社会总需求与社会总供给的不平衡,引发通货膨胀。因此,在其他条件不变的情况下,政府应尽量实现财政收支平衡。

　　财政平衡对于政府理财而言固然重要,但如果一味为了财政平衡而平衡财政收支,造成国民经济的不平衡运行,这种财政平衡并没有多大意义。因此,对财政平衡的概念应全面地理解。

（一）财政平衡是一种相对的平衡

对财政平衡不能作绝对的理解，实际上也不存在绝对的平衡。只要财政结余或赤字不超过一定的数量界限，就可以视为是财政收支的平衡形态。一般认为：如果财政收支的差额占财政收入的 3%，即只要处于 [-3%，+3%] 这个区间，财政收支就属于平衡状态。在实际生活中，略有结余和略有赤字都应视为基本平衡，两者都是财政平衡的表现形式，因而财政平衡追求的目标是基本平衡或大体平衡。

（二）财政平衡是一种动态平衡

静态平衡是从当年角度实现财政平衡，而动态平衡则是从长远观点寻求财政平衡。同任何事物的发展一样，财政平衡是在收与支不断变化的过程中实现的。因此，我们要以动态的观点看待财政平衡，不应只局限于一个财政年度内的收支对比状况，更要考虑年度之间的联系和相互衔接，研究未来财政年度收支的发展趋势，研究经济周期对财政的影响以及财政对经济周期的调节作用，以求得一个时期的内在平衡。

（三）财政平衡是一种综合平衡

研究财政平衡要有全局的观点，不能就财政平衡论财政平衡。财政是宏观调控的重要工具，而财政平衡则是实现经济总量平衡的重要手段。经济宏观调控的一个重要目标是维持社会总供给与社会总需求的基本平衡。财政平衡有利于实现社会供需总量平衡，但财政平衡作为经济总量平衡的一个局部平衡，财政平衡与否不是决定经济总量平衡的唯一因素。

二、财政赤字

（一）财政赤字的概念

财政平衡是具有相对性的，在预算年度中，经常会存在结余或赤字。其中，财政赤字已经成为一种世界性的经济现象而广泛存在。但是，财政赤字不能简单地等同于财政支出大于收入的差额，不同的赤字概念具有不同的经济含义。

从赤字出现的时间先后看，有预算赤字和决算赤字之分。所谓预算赤字是指在编制预算时在收支安排上就有赤字，但这并不意味着最后预算执行的结果也一定有赤字，因为政府在预算执行过程中可以采取增收节支的措施，实现收支的平衡。而决算赤字是指预算的执行结果出现支出大于收入导致的赤字，决算有赤字，可能是因为预算编制时就有赤字，也可能是预算是平衡的，但在预算执行过程中出现新的减收增支的因素而导致赤字。

预算赤字或决算赤字，从财政政策的指导思想上看，都并不是有意识地安排赤字，在每一个财政年度中也并非都出现，只是由于一些客观不可预测的因素影响而导致的个别年度或少数年度存在赤字。而赤字政策则完全不同，赤字政策是政府有意识、有计划地利用赤字调节经济的一种政策。即通过财政赤字扩大政府支出，实行扩张性财政政策，刺激社会有效需求的增长，因而赤字政策表现为连续多年安排预算赤字。赤字政策源于英国经济学家约翰·梅纳德·凯恩斯的政府干预论，在西方市场经济国家曾被广泛地运用，作为调节经济运行的一种重要手段。

（二）财政赤字的计算方法

财政赤字的计算方法不同，得出的财政收支所处的状态也会有所差别，计算财政赤字

（或结余）通常有以下两种不同的方法：

$$赤字（或结余）＝（经常收入＋债务收入）－（经常支出＋债务支出） \qquad (11\text{-}1)$$

$$赤字（或结余）＝经常收入－经常支出 \qquad (11\text{-}2)$$

通常将第一种方法计算的赤字称为"硬赤字"，而将第二种方法计算的赤字称为"软赤字"。一般来说，按照"软赤字"计算的结果要比按照"硬赤字"计算的结果大得多。这两种方法的主要区别在于，债务收入是否作为财政的经常收入，以及债务支出是否作为财政的经常支出。按第一种方法，将债务收入视为经常收入，相应的债务还本付息也列入经常支出。按第二种方法，债务收入不列为经常收入，相应的债务的偿还也不作为经常支出，但将利息的支付列入经常支出。各个国家采用的财政赤字计算方法各不相同。比如前苏联历来将债务收入作为经常收入。日本则把国债按照用途的不同分为建设国债和赤字国债，将赤字国债的收入作为经常收入。绝大多数的国家采用的是第二种方法，比如美国等西方国家一般不将债务收入列为经常收入。第二种方法还被国际货币基金组织所采用，国际货币基金组织编制的《政府财政统计年鉴》就是按照这种方法来计算各国的财政赤字或结余，具体定义为：

$$财政赤字（或结余）＝（总收入＋无条件赠款）－（总支出＋净增贷款）$$

其中，总收入包括税收收入和非税收入（不含债务收入），无条件赠款包括外国政府和本国其他各级政府的赠款和国际组织赠款。总支出包括行政、国防、文教卫生、社会福利、经济事务和服务支出以及国债利息等支出。净增贷款是指本期政府对国内其他各级政府、国内金融机构、国内非金融公共企业的贷款和对国外的贷款减去各项贷款还款后的余额。按照国际货币基金组织出版的《国际金融统计年鉴》中的解释：在确定赤字或结余时，将贷款减去还款列为支出，是因为这种贷款被认为是追求政府政策目标的一种手段。

在我国的实践中，不同时期采用了不同的财政赤字（或结余）计算方法。1950 年发行人民胜利折实公债和 1981 年发行国库券，都明确发行国债的目的是为了弥补财政赤字，在预算上不将国债收入列为正常收入。1954 年发行国家经济建设公债，以及 1981—1993 年一直将国债收入列入预算收入，相应地把国债的还本付息列入预算支出。为了更准确地反映财政收支状况，1994 年，我国调整了财政赤字的计算方法，债务收入不作为财政收入，债务的本息支出也不包含在财政支出中，而是单独编制"国家债务预算"，减轻了此前对财政赤字的低估程度，但是由于债务的利息支出未列入经常支出，实际上在一定程度上仍低估了赤字。2000 年，我国进一步调整，将债务的本金与利息分离，将利息支出列入经常性支出。

（三）财政赤字的类型

1. 总赤字与原始赤字

从计算方法的角度可以将财政赤字分为总赤字与原始赤字。经济学在研究财政赤字与经济运行的关系时，通常将不包含国债利息的赤字叫做原始赤字或基本赤字；原始赤字加上债务利息支出就是总赤字。在理论上，提出和分析基本赤字的主要意义在于探讨财政赤字规模的极限，特别是长期赤字的可行性问题。

2. 周期性赤字与结构性赤字

从产生的经济背景和原因可以将其分为周期性赤字与结构性赤字。周期性赤字是指经济运行的周期性引起的赤字。在经济衰退期间，财政支出增加而税收收入减少，它体现经济运行对财政平衡的决定作用，随着经济周期的波动而增减。而结构性赤字是由非周期性因素引起的财政赤字，即发生在已给定的充分就业水平条件下的赤字，它体现财政政策变量对经济的影响。现实中的财政赤字是由结构性赤字和周期性赤字两部分构成。

（四）财政赤字规模的衡量指标

财政赤字的数额说明了当年财政收支的执行结果，但不能说明这种结果对经济运行有什么影响和有多大的影响，也不能进行国际比较。因此，应该选择相对的指标来衡量财政赤字的规模。

通常有两个指标可以衡量财政赤字的规模：一是赤字依存度，即财政赤字占财政支出的比例；二是财政赤字率，即财政赤字占国内生产总值（GDP）的比例。这是两个不同的指标，反映的经济内涵是不同的，前者说明一国在当年的总支出中有多大比例是依靠赤字来实现的；后者说明一国在当年以赤字支出的方式动用了多大比例的社会资源。

资料 11-1　美国 2018 财年财政赤字创 6 年来新高

2018 年 10 月 16 日，美国财政部发布的财政报告显示，2018 财年（去年 10 月 1 日至今年 9 月 30 日）美国联邦政府财政收入比上一财年增加 0.4% 至约 3.329 万亿美元，财政支出增长 3.2% 至约 4.108 万亿美元，财政赤字增长 17% 至约 7 790 亿美元。财政赤字占美国国内生产总值（GDP）的比重从 2017 财年的 3.5% 升至 3.9%。经济学家普遍认为，美国国会去年底通过的大规模减税法案和特朗普政府大幅增加联邦政府支出是导致美国财政赤字增加的主要原因。财政赤字大幅上升将继续推高美国公共债务水平，引发外界对美国财政和公共债务可持续性的担忧。

资料来源：新华网，http://www.xinhuanet.com，2018-10-16。

三、财政赤字对经济的影响

（一）财政赤字与货币供给

财政赤字和通货膨胀并没有必然的联系，财政赤字是否会引发通货膨胀，与赤字规模大小有关，但更主要的还取决于赤字的弥补方式。一般弥补财政赤字的方法有两种：债务化融资和货币化融资。是否会带来通货膨胀，关键要看这种弥补方式是否具有"创造货币"的性质。

1. 债务化融资

当财政入不敷出时，可以通过发行国债的方式来弥补，这种方法可以称为债务化融资。若居民、企业和商业银行购买国债，一般来说只是购买力的转移或替代，不产生增加货币供给的效应，但会导致 M_1 和 M_2 的结构变化，对市场均衡会产生一定影响。因为居民、企业和商业银行购买国债，购买时表现为商业银行在中央银行的准备金减少，但财政支出后，准备金又会恢复，准备金不变，则货币供给规模也不变，因而财政赤字只是替代了其他部门需求而构成总需求的一部分,并不增加总需求规模,一般不会导致通货膨胀。当然在特殊的情况下,政府不得已将赤字债务化转变为赤字货币化时,那么通过发行国债融资的财政赤字仍然会导致通货膨胀。

2. 货币化融资

政府拥有货币发行的垄断权,还可以通过货币创造的方式弥补财政赤字。货币创造有两种方式:一种是直接的方式,即财政部直接向中央银行借款或透支;另一种是间接的方式,即财政部向公众出售国债,随后中央银行在公开市场上购入国债。这两种方法都是政府通过增加基础货币为财政赤字融资,因而称为货币化融资。

通过货币创造为财政赤字融资会直接增加基础货币量,进而按照货币乘数的作用扩大货币供应量,因而通过货币创造财政赤字融资,是增加了新的需求叠加在原有需求之上,从而对总需求具有较强的扩张作用,因而极有可能导致通货膨胀。但是否会导致通货膨胀,则不是肯定的,还需要进行具体分析。若财政借款未突破这个基础货币增量,就不会产生货币供给过度和通货膨胀。

我国在 1995 年之前,一部分财政赤字是通过向中央银行直接借款或透支弥补。1995年通过的《中华人民共和国中央银行法》中规定:中央银行不得向财政提供借款和透支,亦不得直接购买政府债券。因此发行国债是我国唯一的弥补赤字的方法,当然中央银行还可以通过在公开市场业务购买国债,间接地为财政赤字融资。

(二) 运用 IS-LM 模型对财政赤字效应的分析

现代经济学通过 IS-LM 模型来研究商品市场和货币市场的相互作用,运用 IS-LM 模型可以全面地表达财政赤字的经济效应。

IS-LM 模型中的 IS 曲线和 LM 曲线在固定的价格水平条件下决定总产出和利率。其中 IS 曲线描述了商品市场均衡条件下利率和总产出的组合,LM 曲线描述了货币市场均衡条件下利率和总产出的组合。由于利率上升将导致投资支出下降从而引起均衡产出下降,因此 IS 曲线向下倾斜。由于总产出增加将导致货币需求增加从而引起均衡利率上升,故 LM 曲线向上倾斜。在 IS 和 LM 曲线的交点,货币市场和商品市场同时达到均衡,决定均衡的利率和产出。运用 IS-LM 模型可以分析不同的赤字弥补方式带来的不同的经济效应,如图 11-1 所示。

1. 债务化融资的经济效应

如图 11-1 所示:商品市场和货币市场在 A 点同时达到均衡,此时决定的利率为 r_1,潜在水平的产出为 Y_1。如果通过向居民、企业和商业银行发行国债来弥补赤字,则一般货币供给量不会发生变化,那么假定 LM 曲线基本保持不变,图 11-1 描述了扩张性财政政策对总产出和利率的影响。财政赤字的增加使 IS_1 曲线移至 IS_2,商品市场和货币市场的均衡点也移至 B 点,这样财政赤字增加的结果导致产出增加至 Y_2,利率升至 r_2。由此可见,财政赤字增加直接增加了总需求,总需求增加又促进了产出的增加,而产出的增加相应地增加了货币需求。但是,由于利率相应地由 r_1 提高至 r_2,抵消了货币供应量的增加,因而债务化融资不会带来货币供给量的扩张并导致通货膨胀。

2. 货币化融资的经济效应

如果中央银行通过增加基础货币的方式为财政赤字融资,那么财政赤字的增加会使

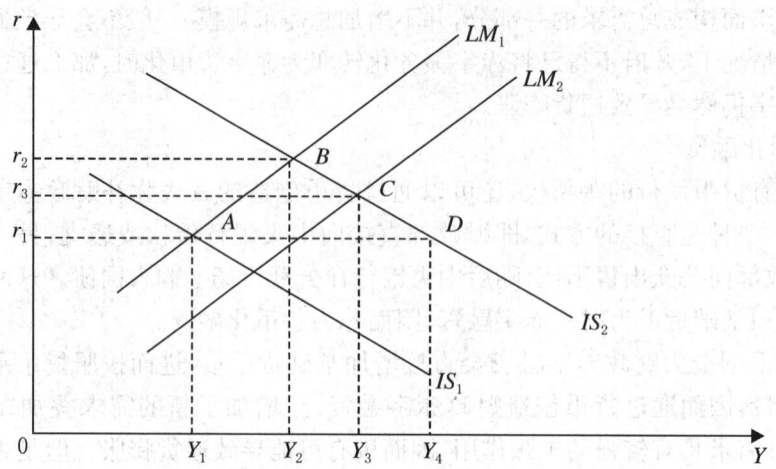

图 11-1　运用 IS-LM 模型分析财政赤字的经济效应

产出以更大的幅度增加，同时利率的上升幅度更小，甚至保持不变或降低。如图 11-1 所示：由于为弥补财政赤字，中央银行增加了基础货币，货币供应量随之扩大，于是 LM_1 就相应右移到 LM_2，相应的均衡点为 C 点。与交点 B 相比，产出更大，利率降低。这是因为，政府支出增加导致产出的增加，产出的增加促使货币需求量上升，由于中央银行通过增加货币供应满足了货币需求的增长，抑制了利率的上升，也抑制了利率上升对私人支出的紧缩效应，但由此却可能导致通货膨胀。

（三）财政赤字的"排挤"效应

采用增加财政支出的方法来扩大社会总需求并不是没有争议的，在某些情况下，财政赤字会产生"排挤"效应。赤字的"排挤"效应一般是指财政赤字对民间消费和投资的排挤性影响，其作用机制为：财政赤字→公债发行→利率上升→民间消费和投资减少。我们同样运用图 11-1 来分析财政赤字的"排挤"效应：

当通过发行国债弥补赤字时，均衡点由 A 上升至 B，这是财政赤字增加了政府支出的结果，同时提高了利率和产出。而均衡点 D 是原始的利率 r_1 和产出 Y_4 的均衡点，说明在利率未提高的条件下，由于财政赤字增加了总需求从而扩大了货币供应量，促进了产出达到较高的 Y_4 水平。由此可见，产出之所以只上升到 Y_2 而没有达到 Y_4 的水平，是因为利率的提高排斥了私人或民间投资或消费，减弱了政府支出增加的扩张效应，即财政赤字产生了"排挤"效应。至于挤出效应的规模会有多大，在不同的情况下也有所不同，总体上是取决于整个经济是否存在大量的闲置生产能力。

如果经济处于充分就业水平，当财政扩张增加需求时，由于经济中没有可以利用的闲置资源，因此财政赤字不能增加总产出，只是提高均衡利率。这样利率上升挤出的民间投资或消费规模正好等于财政赤字。这时采用的扩张性财政政策不带来产出的增加，因而称为完全"排挤"效应。

如果经济没有达到充分就业，一般不会发生完全"排挤"效应。财政扩张将增加总产出，但同时也提高了利率，因此挤出效应是不完全的。总需求增加提高了收入，从而储蓄水平也随之上升。储蓄的增加反过来又有可能为较高的财政赤字融资而不会完全挤出民间支出,这种情况被称为不完全"排挤"效应。

在经济没有达到就业水平时,如果当政府支出增加时,中央银行能够增加货币供应来配合财政的扩张,则因利率可以不升高,从而不会发生挤出现象,这种情况被称为无"排挤"效应。

四、我国的财政收支状况

新中国成立以来在财政工作中一直坚持"收支平衡,略有结余"的方针,但在不少年份仍出现了赤字。按当时的统计口径,1950—1978 年的 29 年中 10 年有赤字,而在 1979—2017 年的 39 年中除 1985 年、2007 年之外,按现行口径计算,每年都有赤字。我国财政平衡情况,如表 11-1 所示。

表 11-1

我国财政平衡情况

单位:亿元

年份	一般公共预算收入	一般公共预算支出	收支差额
1979	1 146.38	1 281.79	−135.41
1980	1 159.93	1 228.83	−68.90
1985	2 004.82	2 004.25	0.57
1990	2 937.10	3 083.59	−146.49
1995	6 242.20	6 823.72	−581.52
2000	13 395.23	15 886.50	−2 491.27
2001	16 386.04	18 902.58	−2 516.54
2002	18 903.64	22 053.15	−3 149.51
2003	21 715.25	24 649.95	−2 934.70
2004	26 396.47	28 486.89	−2 090.42
2005	31 649.29	33 930.28	−2 280.99
2006	38 760.20	40 422.73	−1 662.53
2007	51 321.78	49 781.35	1 540.43
2008	61 330.35	62 592.66	−1 262.31
2009	68 518.30	76 299.93	−7 781.63
2010	83 101.51	89 874.16	−6 772.65
2011	103 874.43	109 247.79	−5 373.36
2012	117 253.52	125 952.97	−8 699.45
2013	129 209.64	140 212.10	−11 002.46
2014	140 370.03	151 785.56	−11 415.53

（续表）

年份	一般公共预算收入	一般公共预算支出	收支差额
2015	152 269.23	175 877.77	−23 608.54
2016	159 604.97	187 755.21	−28 150.24
2017	172 592.77	203 085.49	−30 492.72

资料来源：《中国统计年鉴（2018）》。

我国的赤字与西方国家赤字的原因有所不同。西方经济学中，通常按照产生赤字的原因和经济背景，将财政赤字划分为两类：结构性赤字和周期性赤字。对经济发达国家来说，由于经济体制和经济结构相对稳定，经济活动主要受市场供求和商业周期的影响，这种划分已可基本满足政策性分析的需要。我国财政赤字的复杂性主要来自经济发展和经济体制改革。一方面，改革以来，财政收入占 GDP 的比重已由 1978 年的 31.2% 下降为 1995 年的 10.7%；另一方面，财政支出刚性增长，支出结构僵化，调整的弹性很小。这两个方面的结合，财政赤字就不可避免。

因此，改革和发展中的赤字，是我国财政赤字的主要特征。我国财政赤字在很大程度上属于经济改革和发展的代价，有较强的过渡性特征。

第二节　财政政策的内容

一、财政政策的含义

财政政策是指一国政府为实现一定的宏观经济目标而调整财政收支规模和收支平衡的指导原则及相应的措施。

现代意义上的财政政策始于 20 世纪 30 年代的资本主义经济大萧条时期。在这一时期，资本主义爆发了大规模的经济危机，经济陷入极度萧条之中，当时的美国总统罗斯福实行"新政"，主要是运用财政政策刺激经济的回升，凯恩斯经济理论随之悄然兴起。

凯恩斯理论认为：在纯市场经济模式中，总供给等于消费加储蓄，即 $Y=C+S$；总需求等于消费加投资，即 $Y=C+I$。而在政府参与的市场经济模式中，政府的商品和劳务购买支出（G）也是总需求的决定因素之一，政府的税收（T）通过对民间部门的可支配收入的影响而在一定程度上决定了消费量。因此，在经济均衡状态下，总供求相等，即 $C+T+S=C+I+G$。政府通过改变财政收支的财政政策来管理总需求，从而实现政府对经济运行的全面调节。

就我国情况而言，财政政策作为国家宏观经济调控的重要杠杆，在计划经济和市场经济两种不同的经济体制下，它的内容和作用过程是大不相同的。在计划经济体制下，财政政策对宏观经济的调节，采取了大一统的形式，内容单一，基本上是一个国民收入的统配计划；在市场经济条件下，主要是通过各种政策手段来调节经济的运行，不仅丰富了财政政策的内容，而且增加了财政政策运用的难度。

二、财政政策的目标

财政政策目标就是财政政策所要实现的期望值。首先,这个期望值受政策作用范围和作用强度的制约,超出政策功能所能起作用的范围取值是政策功能的强度所不能达到的,目标也无法实现。其次,这个期望值在时间上具有连续性,在空间上具有一致性要求。通常基本财政政策是一个在较长时期内发挥作用的财政政策,也称其为长期性财政政策。一般性财政政策则是在一个特定时期内发挥作用的政策。财政政策目标从空间上取值,具有层次性特征,它要求各层次财政政策目标取值方向从总体上一致。我国财政政策的目标如下。

（一）物价相对稳定

这是世界各国均在追求的重要目标,也是财政政策稳定功能的基本要求。物价相对稳定,并不是冻结物价,而是把物价总水平的波动约束在经济稳定发展可容纳的空间。物价相对稳定,可以具体释义为,避免过度的通货膨胀或通货紧缩。

（二）收入的合理分配

收入分配既要有利于充分调动社会成员的劳动积极性,同时又要防止过分贫富悬殊,因此,在政策的导向上存在着公平与效率的协调问题。

（三）经济适度增长

适度的含义就是量力而行。其一,要视财力可能（即储蓄水平）制定增长率。储蓄水平主要由收入水平和储蓄倾向两个因素决定。其二,要视物力可能。物力是各种物资资源的总称,物力可能是指能支撑经济增长的物资承受能力。

（四）社会生活质量逐步提高

经济系统的最终目标是满足全体社会成员的需要,需要的满足程度,不仅取决于个人消费需求的实现,而且取决于社会公共需要的实现。这种公共需要的满足,综合表现为社会生活质量的提高。

三、财政政策的工具

为了实现财政政策的目标,必须要有相应的政策工具或手段。财政政策的运作就表现为通过财政收支的具体操作,来实现一定的政策目的。

（一）国家预算

国家预算是一国政府编制的财政年度内财政收支的安排和使用计划,是国家的基本财政计划。通过对年度国家预算的预先制定和在执行过程中的收支平衡变动,可以达到调节国民经济的功能。

通过预算调节经济的作用主要反映在财政收支的规模和收支差额上。赤字预算体现的是一种扩张性的财政政策,在有效需求不足时,可以对总需求的增长起到刺激作用;结余预算则体现的是紧缩性的财政政策,在总需求过旺时,可以对总需求膨胀起到有效的抑制作用;平衡预算体现的是一种均衡的财政政策,在总需求和总供给相适应时,可以保持总需求的稳定增长。

（二）税收

税收是政府强制无偿地取得收入的一种方式。税收作为一种收入的手段,将民间的一部分资源转移至政府部门,以实现资源的重新配置。税收调节经济的作用,主要是通过宏观税率确定、税负分配体现出来。

其一,调节总供求的关系。宏观税率(即税收收入占 GDP)的确定,是财政政策实现调节目标的基本政策度量选择之一。宏观税率高意味着政府集中掌握的财力或动员资源的能力高;反之则低。在经济繁荣时期,适当增加宏观税率,在一定程度上可以减轻总需求过旺的压力;在经济衰退时期,适当减少宏观税率,有利于经济复苏。其二,调节收入分配关系。宏观税率确定后,税负的分配就显得十分重要。税负分配,一方面是由政府部门来进行,主要是通过税种选择和制定不同的税率来实现;另一方面是通过市场活动来进行,主要是通过税负转嫁的形式体现出来。

（三）国债

国债作为一种财政信用形式,最初是用来弥补财政赤字,随着信用制度的发展,目前已成为调节货币供求的重要政策手段。国债调节经济的作用主要体现在下述三种效应上。

其一,由于国债的发行,使民间部门的投资或消费资金减少,从而对民间部门的投资或消费起调节作用,即所谓的"排挤效应";其二,由于国债的发行引起货币供求变动,一方面可能使部分"潜在货币"变为现实流通货币,另一方面则可能把存于民间部门的货币转到政府部门或由于中央银行购买国债增加货币的投放,即所谓的"货币效应";其三,假定国债是由未来年度增加税收来偿还,国债持有人在国债到期时,不仅收回本金而且得到利息。而政府发行国债主要用于社会公共需要,这样,在一般纳税人与国债持有人之间就产生了收入的转移问题。此外国债所带来的收入与负担问题,不仅影响当代人,而且还存在着所谓"代际"的收入与负担的转移问题。即所谓的"收入效应"。

（四）政府购买

政府购买是政府使用财政资金购买商品和劳务,体现"等价交换"的原则。从最终用途来看,可以分为消费性支出和投资性支出。

消费性支出是政府用于产品和劳务的经常性支出,政府通过消费政策的调整可以直接增加或减少社会的总需求,引导民间生产发展方向,从而调节经济的波动;投资性支出指财政用于资本项目的建设支出,它最终将形成各种类型的固定资产。在市场经济条件下,政府投资的项目主要是指那些具有自然垄断特征、外部效应大、产业关联度高、具有示范和诱导作用的基础性产业、公共设施,以及新兴的高科技主导产业。政府的投资能力与投资方向对经济结构的调整起关键性作用。考虑到国民经济基础产业的"瓶颈"制约现状,政府投资所产生的效应,就不局限于自身的投资效益。作为一种诱发性投资,它可将"基础瓶颈"制约所压抑的民间部门的生产潜力释放出来,并使国民收入的创造达到一个较高的水平。这就是政府投资在"基础瓶颈"条件下所产生的"乘数效应"。

由此可见,政府购买支出的增减,将直接影响个人收入的增减和社会总消费的增减,进而影响到国民收入的增减。其影响程度取决于政府购买乘数的大小。

（五）转移性支出

转移性支出是政府将一部分财政资金用于社会保障和财政补贴方面的支付。按照用途的不同,可以分为社会保障支出和财政补贴支出。

社会保障支出是实现收入公平分配的主要工具,而财政补贴分为生产性补贴和消费性补贴,两者调节的效果有所不同。在有效需求不足时主要增加消费性补贴,在总供给不足时,主要增加生产性补贴,可以在一定程度上缓解供求矛盾。

资料 11-2 详解 2019 财政政策要点

2018 年 12 月 19 日至 21 日,中央经济工作会议在北京召开,对 2019 年经济工作进行部署。会议指出,宏观政策要强化逆周期调节,继续实施积极的财政政策和稳健的货币政策,适时预调微调,稳定总需求。其中,积极的财政政策要加力提效,实施更大规模的减税降费,较大幅度增加地方政府专项债券规模。

首先,这次中央经济工作会议强调更大规模减税降费,因此减税降费放到了积极财政政策首位。2019 年将实施更大规模、实质性、普惠性减税降负政策,增值税、个税和社会保险费将是 2019 年减税降费的主力军。其次,这次中央经济工作会议提到宏观政策要强化逆周期调节,稳定总需求。因此,积极财政政策需要较大幅度地方政府专项债券额度,因为专项债券主要的给地方政府筹资用于重大工程、民生等基础设施项目建设,这有利于稳定投资,补充基础设施建设短板,扩大需求,从而稳定经济。

资料来源:新浪财经,http://finance.sina.com.cn 2018-12-21。

四、财政政策的类型

（一）根据财政政策调节经济周期的方式,可分为自动稳定的财政政策和相机抉择的财政政策

1. 自动稳定的财政政策

自动稳定的财政政策是指某些能够根据经济波动情况自动发生稳定作用的政策,它无须借助外力就可直接产生调控效果。财政政策的自动稳定性主要表现在收支两个方面:第一,税收的自动稳定性;第二,政府支出的自动稳定性。

从财政收入来看:税收体系,特别是企业所得税和累进的个人所得税,对经济活动水平的变化反应相当敏感。在经济衰退时,这类税收会产生自动更快的减税结果,从而增加总需求,起着自动促进经济回升的作用;在经济过热时,这类税收会产生自动更快的增税结果,从而抑制总需求的增加,避免通货膨胀。从财政支出来看:社会保障支出是为了在个人收入下降时,为维持最低必要生活水平而提供的。在经济处于衰退阶段时,失业率上升,具备申请失业救济金资格的人数增加,失业救济金发放的数额也将上升,从而可以使总需求不至下降过多;在经济处于繁荣阶段时,失业率下降,失业救济金发放的数额也将下降,可以使总需求不至于过旺。

当然,自动稳定的财政政策发挥作用是有限的,它只能部分地减轻经济周期的波动,而不能百分之百地消除这种波动的影响。因此,仅仅依靠自动稳定的财政政策不足以维持经济的充分稳定。

2. 相机抉择的财政政策

相机抉择的财政政策意味着某些财政政策本身没有自动稳定的作用,需要借助外力才能对经济产生调节作用,即政府根据当时的经济形势,主动采用不同的财政手段有意识地干预经济运行的行为。按照财政政策的早期理论,相机抉择的财政政策包括汲水政策和补偿政策。

汲水政策是对付经济波动的财政政策,是在经济萧条时靠付出一定数额的公共投资使经济自动恢复其活力的政策。汲水政策具有四个特点:第一,汲水政策是一种诱导经济复苏的政策。第二,汲水政策的载体是公共投资。第三,财政支出规模是有限的,不进行超额的支出,只要使民间投资恢复活力即可。第四,汲水政策是一种短期财政政策,随着经济萧条的消失而不复存在。

补偿政策是政府有意识地从当时经济状态的反方向调节经济变动幅度的财政政策,以达到稳定经济波动的目的。在经济繁荣时期,为了减少通货膨胀因素,政府可以通过增收减支等政策减少社会总需求;在经济萧条时期,为了减少通货紧缩因素,政府可以通过增支减收等政策来刺激需求的增加。

由以上可以看出,补偿政策和汲水政策虽然都是政府有意识的干预政策,但其区别也是很明显的:第一,汲水政策只是借助公共投资以补偿民间投资的减退,是医治经济萧条的处方;而补偿政策是一种全面的干预政策,它不仅在经济从萧条走向繁荣中得到应用,而且还可用于控制经济过度繁荣。第二,汲水政策的实现工具只有公共投资,而补偿政策的载体不仅包括公共投资,还有所得税、消费税、转移性支出等。第三,汲水政策的公共投资不能是超额的,而补偿政策的财政支出可以超额增长。第四,汲水政策的调节对象是民间投资,而补偿政策的调节对象是社会经济的有效需求。

(二)根据财政收支对社会经济活动的作用,财政政策分为扩张性财政政策、紧缩性财政政策和中性财政政策

1. 扩张性财政政策

扩张性财政政策又称"松的财政政策",是指通过财政分配活动来增加和刺激社会的总需求,在 IS-LM 模型中表现为 IS 曲线的右移。扩张性财政政策的主要手段有减税和增加财政支出规模。一般而言,流转税的减税在增加需求的同时,对供给的刺激作用更大,所以它的扩张效应主要表现在供给方面。所得税尤其是个人所得税的减税主要是增加人们的可支配收入,它的扩张效应体现在需求方面。

2. 紧缩性财政政策

紧缩性财政政策又称"紧的财政政策",是指通过财政分配活动来减少和抑制总需求,在 IS-LM 模型中表现为 IS 曲线的左移。紧缩性财政政策目标的手段主要是增税和减少财政支出。增加税收可以减少民间的可支配收入,降低人们的消费需求;减少财政支出可以降低政府的消费需求和投资需求。

3. 中性财政政策

中性财政政策是指财政的分配活动对社会总需求的影响保持中性。财政的收支活动既不会产生扩张效应,也不会产生紧缩效应。

五、财政政策乘数

财政政策的效应就是财政政策作用的结果,政策是否有效主要看政策执行的结果如何。财政政策的实施效果可以从财政乘数得到反映,对于某一种国民经济不均衡的状况,我们可以采取不同的财政政策使其恢复到均衡状况,但是由此带来的效果是不同的,这就涉及财政政策的选择问题。

乘数最早是由英国经济学家理查德·卡恩于 1931 年在其《国内投资对于失业的关系》一文中提出,后来凯恩斯对这一概念加以利用,用来研究投资变动对就业量增加的影响。按照凯恩斯的说法,投资增加会引起总收入的增加,而收入的增加将若干倍于投资量,这个倍数就是乘数。经济学家根据这个基本概念,提出了许多专门的乘数。其中,财政政策乘数是用来研究财政收支变化对国民收入的影响,具体包括税收乘数、财政支出乘数和平衡预算乘数。

国民收入决定理论是推导和理解财政政策乘数的基础,假定处于封闭型经济中,则国民收入的决定公式为:

$$Y = C + I + G \tag{11-3}$$
$$C = C_a + bY_d \tag{11-4}$$
$$Y_d = Y - T \tag{11-5}$$

(11-3)式是国民收入决定模型的基本方程式。式中,Y 为国民收入;C 为消费支出;I 为民间投资支出;G 为政府购买支出。(11-4)式和(11-5)式是国民收入的组成部分,式中 C_a 为消费函数的常数项($C_a > 0$);b 为边际消费倾向;Y_d 为可支配收入,即扣除税收后的收入。

将(11-4)式、(11-5)式代入(11-3)式中,可得:

$$Y = C_a + b(Y - T) + I + G$$
$$Y = \frac{C_a - bT + I + G}{1 - b} \tag{11-6}$$

(一)税收乘数

根据(11-6)式,求国民收入 Y 对税收 T 的导数,得到税收乘数:

$$k_T = \frac{-b}{1 - b} \tag{11-7}$$

税收乘数表明的是税收的变动对国民生产总值(GNP)的影响程度。由(11-7)式可知:税收乘数是负值,说明国民收入与税收的变动相反,即当政府增税时,国民收入会成倍地减少。

(二)政府支出乘数

根据(11-6)式,求国民收入 Y 对政府支出 G 的导数,得到政府支出乘数:

$$k_G = \frac{1}{1 - b} \tag{11-8}$$

政府支出乘数表明的是购买性支出的变动对国民生产总值(GNP)的影响程度。由

(11-8)式可以得到以下结论：第一，支出乘数是正值，说明国民收入与税收的变动方向相同；第二，政府增加支出时，国民收入成倍增加；第三，同税收乘数相比，支出乘数大于税收乘数。

（三）平衡预算乘数

不论是税收乘数还是政府支出乘数，都是假定政府支出或税收水平两者中有一个因素不变，而分析另一个因素发生变动的政策效应。实际上这两者都能使财政收支的平衡状况发生变化，如果要维持预算平衡，财政支出和税收就必须在一定的条件下互动。在这一约束条件下，国民收入水平受到的影响可以用平衡预算乘数来表示。

平衡预算乘数是指政府在增加税收的同时，等量增加购买性支出，引起国民收入变化的倍数。将(11-7)式和(11-8)式相加，可得到平衡预算乘数：

$$K_B = K_T + K_G = \frac{-b}{1-b} + \frac{1}{1-b} = 1 \tag{11-9}$$

根据(11-9)式，可知：虽然增加税收会使国民收入减少，但如果同时增加等额的政府支出，则国民收入也会得到等量的增加额。也就是说，即使政府实行平衡预算乘数，仍具有一定的扩张效应，否定了"平衡预算规模变化对国民收入的影响是中性的"这一传统的说法。

第三节　财政政策与货币政策的配合

作为政策工具，财政政策在稳定经济运行方面具有显著的作用。但是，由于市场是一个各个部分有机相连的整体，我们在采用某种财政政策时，应考虑到其他经济变量的变化。而且，在不同的条件下财政政策与货币政策的相对有效性是不同的。因此，财政政策的使用还须与货币政策相配合，才能达到政策效果。

一、货币政策概况

所谓货币政策是指一国政府为实现一定的宏观经济目标所制定的关于调整货币供应基本方针及其相应的措施。它是由信贷政策、利率政策、汇率政策等构成的一个有机的政策体系。在计划经济体制下，由于货币、信用在经济生活中不占重要地位，货币政策是从属于财政政策的，独立性很小。改革开放之后，随着商品货币关系迅速扩展，市场经济化的过程不断推进，货币政策日渐受到人们的重视，已被明确列入宏观经济调控体系之中。

作为国家经济政策的组成部分，货币政策的最终目标与国家的宏观经济目标是一致的。我国的中央银行——中国人民银行，按照《中华人民共和国中国人民银行法》规定的货币政策目标为："保持货币币值的稳定，并以此促进经济增长"，即在"稳定"与"增长"之间具有先后之分。稳定货币是指把货币供应量控制在客观需要量的范围之内。稳定货币是经济发展的必要条件，没有一个良好的、稳定的货币金融环境，要保持经济的稳定发展是不可能的。

　　货币政策目标通过货币政策工具的运用来实现,中央银行使用怎样的货币政策工具来实现特定的货币政策目标,并没有一成不变的固定模式。各国的中央银行都是根据不同时期的经济及金融环境等客观条件而定。我国的货币政策手段有存款准备金制度、信用贷款、公开市场操作和利率政策等。货币政策的核心是通过变动货币供应量,使货币供应量与货币需要量之间形成一定的对比关系,进而调节社会的总需求和总供给。根据货币政策对社会经济活动的作用不同,可以将货币政策分为扩张性、紧缩性和中性的货币政策。其中,扩张性货币政策是指货币供应量超过了经济对货币的实际需要量,有助于社会总需求的增长;紧缩性货币政策是货币供应量小于货币的实际需要量,有助于抑制社会总需求的增长;中性货币政策是指货币供应量基本等于货币的实际需要量。在不同的经济背景下,央行应采取不同的货币政策来调节社会总供求的矛盾。

二、财政政策和货币政策相互配合的必要性

　　货币政策和财政政策是国家调节宏观经济运行的两大政策。它们的共同点在于都是以货币运动为基础,通过影响总需求进而影响产出。货币政策是通过准备金、再贴现、公开市场政策等工具调节货币供应量和利率,进而影响社会总需求;财政政策则是通过国家预算、税率、国债和政府支出等工具影响总需求。虽然两者都能对总供求进行调节,但是两者在运行方式及功能方面具有明显的差异。因此,货币政策和财政政策在实际运行中必须相互协调和配合。

　　（一）作用机制不同

　　财政政策与货币政策是调控社会供需总量和结构不可或缺的工具,财政政策与货币政策在调节社会供需总量和结构过程中的协调配合,是通过相互不同的作用途径与效果体现的:其一,财政政策直接作用于社会经济结构,间接作用于供需总量平衡;而货币政策直接作用于供需总量平衡,间接对社会经济结构产生影响。其二,从财政政策调节看,财政对总供给的调节,首先反映为对社会经济结构的调节,如财政运用必要的税收优惠政策、财政贴息政策;财政对总需求的调节主要通过扩大或缩小财政支出规模,以结构调节为前提,借以达到刺激和抑制社会总需求的目的。而货币政策对社会总需求的调节,是通过中央银行货币投放和再贷款等政策手段控制基础货币量,通过存款准备金率和再贴现率等手段控制货币乘数,从而有效地控制社会总需求,达到货币和物价稳定的目的;与此同时,中央银行在调控社会总需求的基础上也会对社会经济结构产生一定的调节作用,如银行依照产业政策和市场盈利水平,选择贷款投放方向,包括产业间、地区间信贷规模的区别对待,客观上起到调节社会经济的作用。可见,货币政策对社会供需总量的调节是直接的,而对社会经济结构的调节则是间接引导的。

　　（二）作用方向不同

　　从消费需求的形成看,社会消费需求基本上是通过财政支出形成的,因而财政政策在社会消费需求形成中起决定作用,而货币政策主要是通过工资基金的管理和监督以及现金投放的控制,间接地影响个人的消费需求。从投资需求的形成看,虽然财政和银行都向再生产过程供应资金,但两者的侧重点不同。财政政策主要是调整产业结构、促进国民经济结构的合理化,而货币政策的作用则主要在于调整总量和产品结构。

（三）对社会总需求调节的功效不同

财政赤字可以扩张需求，财政结余可以紧缩需求，但财政本身并不具有直接创造需求即"创造"货币的能力，唯一能创造需求、创造货币的是货币信贷。因此，财政的扩张和紧缩效应一定要通过信贷机制的传导才能发生。不仅如此，银行自身还可以直接通过信贷规模的扩张和收缩来起到扩张和紧缩需求的作用，从这个意义上说，银行信贷是扩张或紧缩需求的总闸门。

（四）政策时效方面存在差异

财政政策和货币政策的协调配合也是两种时效长短不同的政策时效搭配。财政政策以政策操作力度为特征，有迅速启动投资、拉动经济增长的作用，但容易引起过度赤字、经济过热和通货膨胀，因而，财政政策发挥的是经济增长引擎作用，用以对付大的或拖长的经济衰退，只能作短期调整，不能长期使用。货币政策则以微调为主，在启动经济增长方面明显滞后，但在抑制经济过热控制通货膨胀方面具有长期成效。因此，要发挥财政政策见效快的特点，同时又要发挥货币政策作用力度大、持续时间长的特点，两者配合，以产生更大的乘数作用。

（五）政策功能方面存在差异

财政政策和货币政策在处理公平和效率的矛盾方面各有侧重。财政政策的公平分配功能要求政府运用税收和社会保障手段，限制收入分配过分集中，适当缩小个人之间、行业之间、地区之间的收入差距，防止两极分化，这是社会稳定的重要条件。而货币政策的效率优先功能则使商业银行偏重于从盈利目标考虑信贷投向，要求货币政策对信贷结构和利率的调节能大体反映市场供求变化，引导资源流向效益好的投资领域，促进生产效率的提高。

正是由于这些不同的特点，在许多情况下，财政政策与货币政策是不能相互完全替代的，只有将它们相互配合，才能产生较好的政策效果。

三、财政政策与货币政策的相对效力

财政政策和货币政策各有自己的特点，在不同的条件下，财政政策和货币政策的相对有效性会有所不同。

（一）财政政策和货币政策的效力

货币政策的操作主要体现在货币供给的变化上。一项扩张性货币政策如果在货币供给的增加时使利率下降的幅度很大，并且对投资有很大的刺激作用，它对总需求的影响就很大。

当政府实施扩张性财政政策时，政府需求增加将通过财政政策乘数效应使 GDP 增加。GDP 的增加又使货币需求增加，即需要更多的货币用于交易。在不改变货币供给的情况下，利率必然上升。利率上升，一方面会抵消由于 GDP 增加而增加的货币需求；另一方面又会减少投资需求，从而抵消一部分政府支出或减税对 GDP 的影响。此外，财政支出乘数是衡量财政政策效力的一个重要指标。

假定在财政政策和货币政策都有效的情况下，我们可以通过 IS-LM 模型来分析它们配合的效果，如图 11-2 所示。

在图 11-2 中，如果 IS 曲线与 LM 曲线相交于 A 点，所决定的均衡利率是 r_0，均衡国民收入水平为 Y_0，低于充分就业状态下的国民收入水平 Y_f。如政府单独采用财政政策，

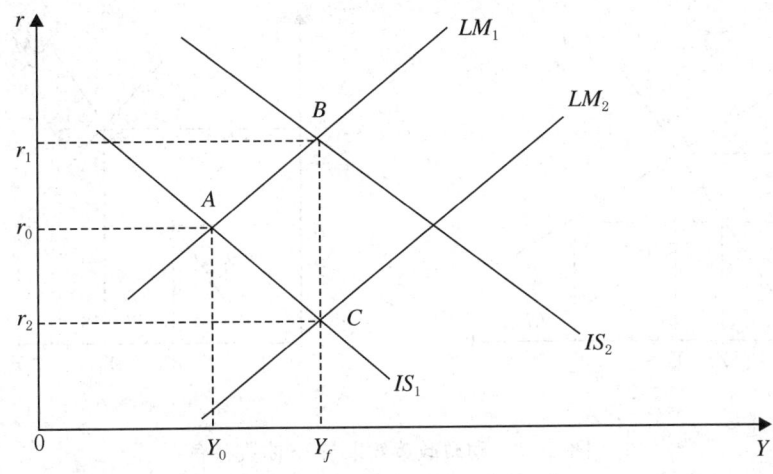

图 11-2 财政政策与货币政策配合的效果

即扩张性的财政政策,将使 IS 曲线向右上方位移,这时 LM_1 曲线与 IS_2 曲线相交于 B 点。在利率水平由 r_0 升高至 r_1 的同时,充分就业水平得以实现。

如果政府单独采用货币政策,即扩张性的货币政策,将使 LM 曲线向右下方位移,此时 IS_1 曲线与 LM_2 曲线相交于 C 点。在利率水平由 r_0 降低至 r_2 的同时,充分就业水平实现。

如果政府同时采用扩张性的财政政策和货币政策,将会使新的 IS 曲线和 LM 曲线在 BC 区间相交。相比单独采用财政政策或货币政策,两者协调配合能更快地实现充分就业。但是,在某些情况下,财政政策或货币政策是无效或更有效。一般而言,财政政策与货币政策的政策力度或者政策的有效程度取决于两个因素:第一,投资的利率弹性,即投资需求对利率的敏感程度;第二,货币需求的利率弹性,即货币需求对利率的敏感程度。这可以使用 IS-LM 模型来说明:如果投资的利率弹性越大,则 IS 曲线越平缓,这是因为利率的较小变化就会带来投资需求的较大变化;相反,如果投资需求对利率不敏感,则 IS 曲线会比较陡峭。那么,如果货币需求的利率弹性越大,则 LM 曲线越平缓,这是因为利率作为持有货币的机会成本,较小的变化就会带来货币需求的较大变化;相反,如果货币需求对利率不敏感,则 LM 曲线会比较陡峭。在这时,就要求政府在进行政策配合时,应确定以哪种政策为主。

(二)财政政策的相对有效性

就财政政策而言,如果投资的利率弹性越小,即 IS 曲线比较陡峭时,财政支出的增加所推动的利率上升不会大量降低投资水平,从而产生较小的挤出效应,财政政策的效果较大;如果货币需求的利率弹性越大,即 LM 曲线比较平缓时,财政支出的增加引起的货币需求不会令利率猛增,从而抑制投资产生较大的挤出效应,财政政策的效果较大。相反当 IS 曲线较平缓或 LM 曲线较陡峭时,财政政策的效果较小。这可以通过 IS-LM 模型来表示。

如图 11-3 所示,当 LM 曲线斜率不变时,IS 曲线越陡峭,则挤出效应越小,财政政策的效果越大;而 IS 曲线越平缓,则挤出效应就越大,财政政策的效果就越小。在图中,由于采用扩张性财政政策,政府支出增加,IS_0 移至 IS_1,如果利率不变,则国民收入将会增加 Y_0Y_2,由于 LM 曲线维持原状,利率从 r_0 上升到 r_1,因而收入中增加 Y_0Y_1,Y_1Y_2 为财

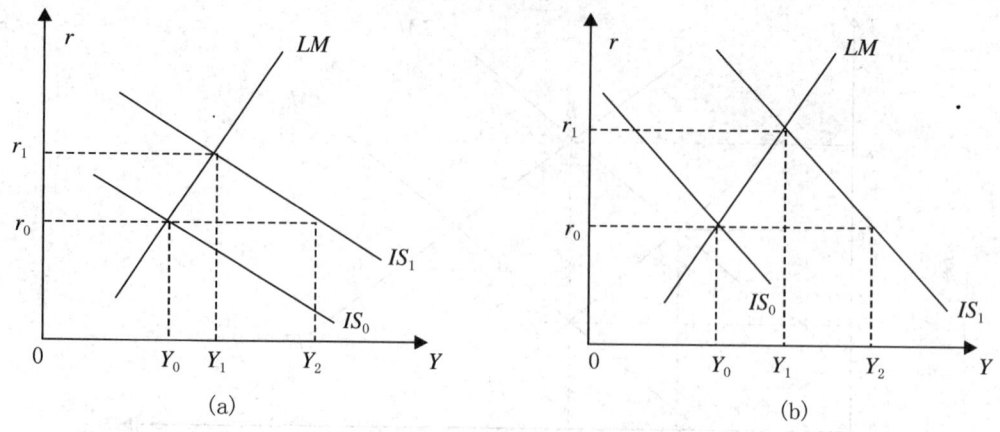

图 11-3　财政政策效果与 IS 曲线斜率

政政策的挤出效应。从图 11-3 中可知,当 IS 曲线比较陡峭,即当投资需求对利率弹性较小时,财政政策效果较好。

　　如图 11-4 所示,当 IS 曲线斜率不变时,LM 曲线越平缓,则挤出效应越小,财政政策的效果越大;相反,LM 曲线越陡峭,则挤出效应越大,财政政策的效果越小。这是因为 LM 曲线较平缓说明货币需求对利率变动较敏感,即当货币需求较大变动才引起利率的较小变动,因而政府支出引起的货币需求增加时,只会引起利率较小幅度的上升,对私人投资的排挤较小,财政政策的效果较好。

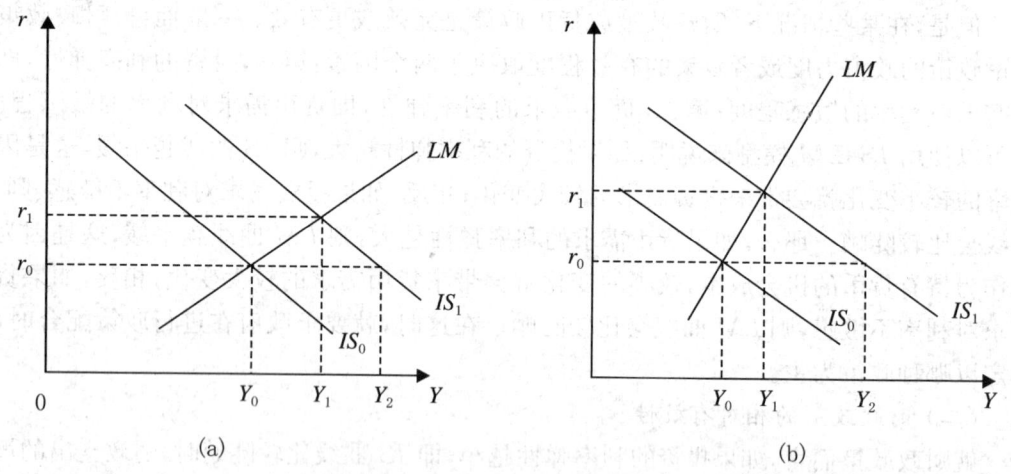

图 11-4　财政政策效果与 LM 曲线斜率

（三）货币政策的相对有效性

　　货币政策的操作主要体现在货币的供给上。就货币政策而言,如果投资的利率弹性越大,即 IS 曲线比较平缓,利率的下降就会使投资受到极大鼓励,则采用货币政策的效果较好。或者当货币需求对利率的敏感程度很低,即 LM 曲线较陡峭,货币供给的增加使利率下降很大,货币政策对总需求的影响效力就强。这可以通过 IS-LM 模型来表示。

如图 11-5 所示,在 IS 曲线较为平缓或 LM 曲线较为陡峭时,货币政策的效力较强;相反,在 IS 曲线较为陡峭或 LM 曲线较为平缓时,货币政策的效力较弱。

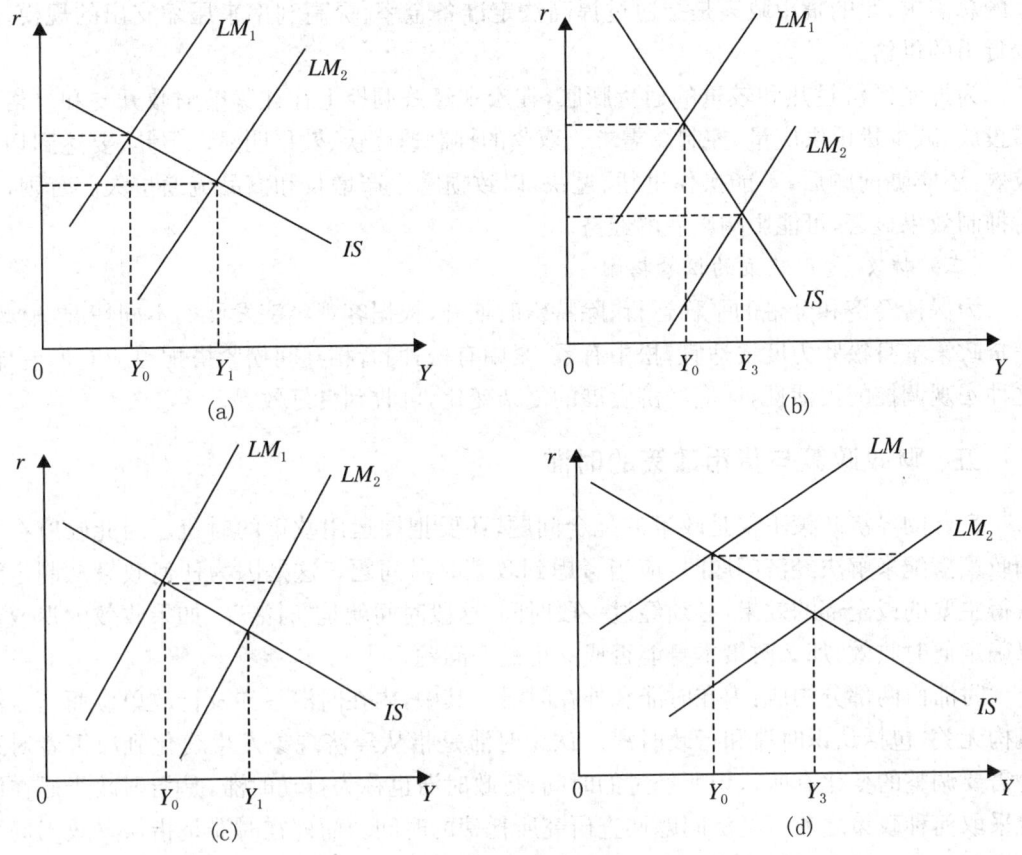

图 11-5　货币政策的效应

四、财政政策与货币政策的搭配

货币政策主要是调节货币供求总量,解决通货膨胀问题,而财政政策的侧重点则是解决财政赤字和结构性平衡问题。因此,财政、货币政策各有其长、各有其短,应针对不同经济情况、不同经济条件和不同调控目标要求,两者适当搭配、相互结合,可以发挥较好效果。

(一)松的财政政策和松的货币政策,即"双松"政策

松的财政政策是指通过减少税收和扩大政府支出规模来增加社会的总需求;松的货币政策是指通过降低法定准备金率、降低利息率来扩大信贷支出规模,增加货币供给。

为促进经济增长的较快速度,在宏观经济调控上,往往增加财政支出、扩大财政赤字,增加银行信贷,扩大货币供应量。但是,要达到这个要求,收到效果,必须有足够的未被利用的物资资源和人力资源。同时,还要有先进的生产技术、科学的经营管理和健全的经济运行机制。前者可推动较快的生产发展,后者可推动产生经济效益,取得有质量的、实在的增长速度。否则,投入大量资金,无相应条件配合,欲速则不达,反而可能出现消极后果。

（二）紧的财政政策和紧的货币政策，即"双紧"政策

紧的财政政策是指通过增加税收、削减政府支出规模等，来限制消费与投资，抑制社会的总需求；紧的货币政策是指通过提高法定准备金率、提高利率来压缩支出的规模，减少货币的供给。

为抑制经济过热和较重的通货膨胀，在宏观经济调控上往往紧缩财政开支和严格货币投放，减少货币供应量，控制总需求。双紧的抑制速度快、效果明显。但是，要达到切实成效，还应瞻前顾后，不能操作过猛、过快，以致损害生产增长和商品流通扩大。否则，一时抑制效果显著，可能影响以后的经济。

（三）财政、货币政策的松紧搭配

为保持经济和金融的平稳运行，除特殊时期外，根据客观经济发展的不同情况，财政、信贷政策本身松紧力度要适宜，松中有紧、紧中有松，两者相互间松紧搭配也应有所差异。这种宏观调控的灵活性，适应经济发展的复杂变化，可收到良好效果。

五、财政政策与货币政策的时滞

良好的经济政策不仅是政策的配合问题，还要把握运用政策的时机。因此政府在利用政策搭配来解决经济问题时，应当考虑到政策时滞问题。这是因为任何政策从制定到获得主要的或全部的效果，必须经过一段时间，这段时间就是"时滞"。如果收效太迟或难以确定何时收效，那么政策本身能否成立也是个问题。

时滞由两部分构成：内在时滞和外在时滞。其中，内在时滞只涉及行政单位而与立法机构无关，包括认识时滞和行政时滞。认识时滞是指从经济现象发生变化到决策者对这种需要调整的变化有所认识所经过的时间；行政时滞也称为行动时滞，是指财政当局在制定采取何种政策之前对经济问题调查研究所耗费的时间。而外在时滞是指从财政当局采取措施到这些措施对经济体系产生影响的这一段时间。由决策时滞、执行时滞、效果时滞构成。决策时滞是指财政当局将分析的结果提交给立法机构审议通过所占用的时间；执行时滞是指政策议案在立法机构通过后交付有关单位付诸实施所经历的时间；效果时滞是指政策正式实施到已经对经济产生影响所需要的时间。

第四节　我国财政政策的实践

一、我国财政政策的演变历程

1993 年以来，随着市场逐步在资源配置中发挥基础性作用，我国政府不断深化对宏观调控的认识，丰富完善财政政策手段和方式，充分发挥财政政策的调控作用，促进了经济和社会又好又快地发展。当然，在面临更加复杂的经济状况下，任何单一政策都难以实现多重调控目标，财政政策和货币政策既要根据经济形势的需求致力于各自目标的实现，又要注重协同配合，形成政策合力，才能更好地促进经济发展。我国政府根据实际的经济发展状况，与经济总量和结构、体制改革密切结合，及时调整两大政策的组合方式。1993年以来财政政策和货币政策组合的演变过程，如图 11-6 所示。

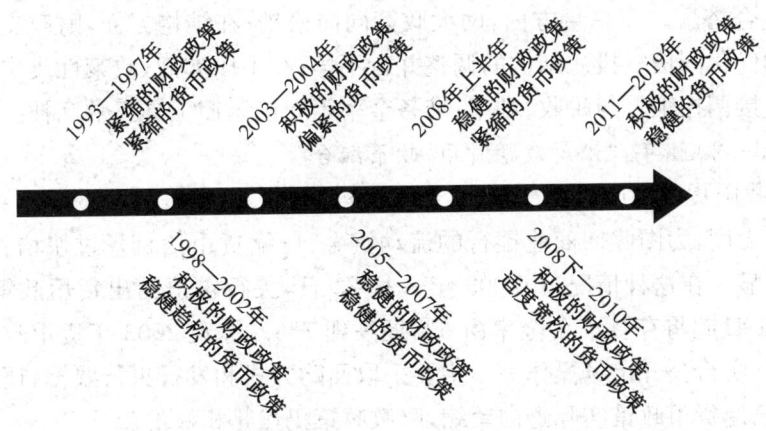

图 11-6　1993 年以来我国财政政策和货币政策组合的演变过程

（一）1993—1997 年：总体上"双紧"的财政货币政策

针对 1988 年出现的经济过热和严重的通货膨胀，1989 年，中央提出了"治理整顿"的方针，实行财政与货币政策的"双紧"配合，减少固定资产投资和现金投放。1990—1992年，实行"双紧"基调下的"双松"配合。银行增加货币供给，并三次下调存贷款利率；财政通过增加基础设施和支农支出，调整经济结构，但由于财政支出增长过快，致使赤字大幅增加，通胀率达 21.7%。1993—1997 年，再次实行"双紧"配合，财政结合分税制改革，强化了增值税、消费税的调控作用，并通过发行国债，引导社会资金流向；金融严控信贷规模，大幅提高存贷款利率，定期收回乱拆借资金，使宏观经济在快车道上稳刹车，最终实现了"软着陆"。

这一阶段在我国宏观调控史上起着承上启下的作用，政府运用财政和货币政策调控宏观经济的能力取得巨大提高，两大政策的协调配合机制开始形成。这一时期财政政策的措施开始多样化，并通过增加基础设施投资和支农支出来调整经济结构；货币政策中的利率机制开始发挥作用，改变了以前主要依靠货币发行和控制贷款规模调节经济运行的简单模式；国债发行作为两大政策的结合点开始出现，使得两大政策的运作空间大大拓展。

（二）1998—2002 年：积极财政与稳健趋松货币政策

1998 年，面临东南亚金融危机、通货紧缩、有效需求不足的国际国内环境，我国采取了积极财政与稳健偏松的货币政策。财政加快"费改税"进度，对某些产品提高出口退税率，同时加大政府投资的力度并积极引导社会投资；银行取消贷款限额控制，降低法定存款准备金率，连续 5 次下调存贷款利率，扩大对中小企业贷款利率的浮动幅度等。1998年下半年，中央又实行更积极的财政政策，向国有商业银行发行 1 000 亿元长期国债，国有商业银行增加 1 000 亿元配套贷款，定向用于公共设施和基础产业建设。1999 年，进一步加大财政政策的调控力度，大幅提高职工工资，开征储蓄存款利息所得税等。

这一阶段实行的积极财政与稳健货币政策，在我国经济宏观调控史上具有划时代的意义，政府运用两大政策调控经济运行的能力趋于成熟，两大政策的协调配合机制已基本形成。这一时期两大政策的实施，既有总量和结构调控措施上的协调，又有间接和直接调控手段上的组合搭配。在总量方面,两大政策同向松动;在结构方面,财政支出结构与税收对象结构的优化同信贷投入结构的调整并行不悖;在手段方面,政策性支出、信贷规模、外汇管制等直接调控工具与税收、利率、准备金率等间接调控工具互融互补。

（三）2003—2004 年:"松财政紧货币"政策配合

2003 年,我国货币供应量增长较快,金融机构贷款大幅增加。2003 年下半年,央行加大票据的发行力度,力图收回商业银行的流动资金,压缩货币信贷量过快增长的态势,然而效果并不明显。在这种情况下,2003 年 8 月 23 日,央行被迫给出货币政策的一剂"猛药",从 9 月 21 日起将存款准备金率由 6% 提高到 7%。综观 2003 年货币政策实施的全过程,无论央行实行公开市场操作——主要采取回购方式和发行央行票据,还是提高存款准备金率,都已使货币政策实际走向紧缩,财政政策仍然是积极的。

（四）2005—2007 年:"双稳健"政策配合

2003 年以来,我国经济步入了快速增长的轨道,为抑制投资过热,防止物价全面上涨,应实施稳健趋紧的货币政策。2005 年,开始实行稳健的财政和货币政策,时任财政部长的金人庆将稳健的财政政策解释为"控制赤字、调整结构、推进改革、增收节支"的十六字方针。"双稳健"政策的提出和灵活运用,标志着具有中国特色的财政与货币政策配合协调机制已经形成,政府驾驭宏观经济的能力明显提高,面对市场失灵的宏观调控艺术趋于成熟。

随着贸易顺差过大、信贷投放过多、投资增长过快问题突出,价格上涨压力持续增大,我国经济形势发生了较大的变化。2007 年下半年,由于经济从偏快转向过热的趋势依然明显,以及为了防止价格由结构性上涨演变为明显通货膨胀,货币政策在 2007 年的年中调整为"稳中适度从紧"。这两次货币政策的调整主要是面对新的经济形势所采取的相应的政策应对。

（五）2008 年:宏观经济政策灵活调整

由于受宏观经济态势和国际金融危机的影响,2008 年的宏观经济政策及时进行了灵活的调整,宏观政策由 2008 年年初的稳健财政政策与从紧货币政策,转向 2008 年年底的积极财政政策与适度宽松货币政策的配合。

由于中国经济形势已有较大不同,基于对物价连续上涨、货币信贷增长过快等宏观形势的判断,在 2007 年年底召开的中央经济工作会议上,指出将于 2008 年开始实施"从紧的货币政策和稳健的财政政策",稳定物价、防止经济过热。2008 年上半年,受制于通胀持续走高,货币政策紧缩,提高存款准备金率,大量发行央票,紧缩货币供应。

2008 年下半年,尤其是 9 月后,随着金融危机的恶化,世界经济受到严重冲击,对我国的影响正在不断加重加深,各种宏观经济数据都发出了橙色警报,经济下滑远超预期。在这样的背景下,中央决定对宏观经济政策作出重大调整,将稳健的财政政策调整为积极的财政政策,把从紧的货币政策调整为适度宽松的货币政策。我国还重启积极的财政政策,实施十项扩大内需政策,并出台了 4 万亿元的投资计划,彰显中央力保经济平稳较快增长的信心和决心。与此同时,实施适度宽松的货币政策,从 9 月中旬至年底,央行密集下调存贷款基本利率。

（六）2009—2010 年：积极财政政策与适度宽松货币政策

随着世界经济金融危机日趋严峻，为抵御国际经济环境对我国的不利影响，采取灵活审慎的宏观经济政策十分重要。在 2008 年 12 月召开的中央经济工作会议指出，2009 年要继续实行积极的财政政策和适度宽松的货币政策。在财政政策方面，出台更加有力的扩大国内需求措施，加快民生工程、基础设施、生态环境建设和灾后重建，提高城乡居民特别是低收入群体的收入水平，促进经济平稳较快增长。在货币政策方面，适当增加货币、信贷投放总量，综合运用利率、存款准备金率、公开市场操作等政策工具灵活调节资金供求；宏观经济政策的灵活调整对于切实解决经济发展中存在的突出矛盾和问题，保持经济社会平稳较快发展，防止出现大的起落具有重要意义。

基于世界经济的影响，外部环境不确定，不稳定的因素依然很多，2010 年中国政府继续实施了积极的财政政策和适度宽松的货币政策，以保持宏观经济政策的连续性和稳定性。财政收入方面，继续实施结构性减税政策；财政支出方面，继续实施应对国际金融危机的一揽子计划，完成在建项目、加强薄弱环节、推进改革、改善民生、维护稳定等都需要增加投入。

（七）2011—2019 年：积极财政政策与稳健货币政策

2010 年中国经济逐渐复苏企稳，特别是进入下半年，我国经济平稳较快发展的势头进一步巩固，前三季度经济同比增长 10.6%；体现经济活力的"制造业采购经理指数"连续 4 个月出现上涨。然而，中国经济的企稳回升，通货膨胀的压力也日渐加剧。2010 年年末，中共中央政治局召开会议，确立中国 2011 年的货币政策立场将从"适度宽松"回归"稳健"，这是货币政策基调的重大转变。货币政策的回归说明管理好通胀预期已经成为当前宏观调控的重点所在，既要把稳定价格放在突出位置，同时又要防止经济过快下行出现"二次探底"。未来，我国将以一种更为稳健、灵活的货币政策来推动经济增长。

在财政政策方面，由于中国仍处于重要战略机遇期，发展面临的形势仍然十分复杂。基于此，中国政府明确提出，继续实施积极的财政政策。在政策的着力点上，更加注重促进经济结构调整优化，更加突出保障和改善民生，财税政策在结构性减税上有更多的措施，继续保持调整经济结构的导向。

二、1998 年积极财政政策的实施

（一）实施背景

在改革开放后相当长的时期，财政政策总体上相对低调，谈不上改革举措，20 世纪 90 年代后发挥了重大作用。由于我国经济发展长期受到通货膨胀的影响，1992 年 GDP 的增长速度达到 14.2%，而 1993 年的通货膨胀率为 13.2%，经济呈现明显的"高增长、高通胀"态势。为了抑制通货膨胀，我国从 1993 年开始实施"适度从紧"的"双紧"政策。经过 3 年的治理整顿，于 1996 年实现了国民经济的"软着陆"。此后，我国的经济发展遭遇到前所未有、极其复杂的国际国内环境影响：一是受亚洲金融危机的影响，中国外贸出口的难度日益加大，出口对经济增长的拉动作用明显减弱；二是中国经济经过 20 年的高速增长，"短缺"现象基本消失，大部分制成品已由卖方市场转变为买方市场。同时，随着改革的不断推进，经济运行中长期掩盖的一些深层次矛盾，特别是投资结构不合理、重复建设

严重、增长方式粗放等问题更加突出地暴露出来。此外,国有企业由于尚未实现经营机制的根本性转变,对国内外市场需求变化缺乏足够的应变能力,经济效益下滑,职工下岗压力加大。

这些内外因素的影响,直接导致我国经济的增长速度不断下滑,鉴于宏观经济疲软,我国政府在 1996 年实施"松"的货币政策,采取了降低存贷款利率、降低存款准备金率、取消商业化贷款指令性指标等多项措施。但是,在市场低迷的条件下,货币政策的调节力度明显乏力,难以推动经济复苏。针对上述情况,我国政府在全面分析国内外经济发展形势、权衡各种利弊因素的基础上,于 1998 年实施积极财政政策,以扩大内需、开拓国内外市场和保持汇率稳定。

(二) 主要措施

1998—2003 年,我国采取的积极财政政策分为两轮:第一轮积极财政政策为 1998—2000 年,即为了应对东南亚金融危机的冲击,1998 年增发了 1 000 亿元中长期建设性国债,赤字规模相应扩大到 1 673 亿元,比上年增加 542 亿元。1999 年经济形势继续严峻,当年分两次增发国债 1 100 亿元,同时增加赤字 689 亿元。2000 年经济形势出现好转,虽然为了保证在建项目的资金需要,继续增发 1 500 亿元建设性国债,但当年赤字只增加了 129 亿元,扩张力度明显削弱。2001 年年初预算的赤字虽然继续有所增加,但执行结果却比 2000 年减少了 22 亿元。不难发现,始于 1998 年的积极财政政策已经表现出了淡出痕迹。第二轮积极财政政策始于 2002 年。美国"9·11"恐怖事件之后,美国经济走势呈下抛物线,增速显著下降。绝大多数世界权威预测机构也调低了对主要经济体的增长预测,国际经济形势再次严峻起来。为了应对外部经济环境的明显恶化以及"入世"带来的新竞争的不确定性,我国政府再次启动了新一轮扩张性财政政策,措施主要包括:一是继续增发国债,稳定国债投资的增长。二是进一步降低税费,减少农民、企业和消费者的支出负担。三是继续采取增加城乡居民收入的政策。不仅要在适当时候给国家机关事业单位员工增加工资,同时要提高离退休人员的工资水平,提高弱势群体的三条保障线水平。四是增加基础教育经费,适当扩大国防预算规模。

中国政府及时、有效地采取了积极财政政策,抑制了经济不断下滑的趋势,促进了经济的稳定增长。1998—2003 年,GDP 增长率分别为 7.8%、7.1%、8.0%、7.3%、7.8%和 9.1%,保持了持续高增长的良好势头。在实施过程中,积极财政政策实施的力度一直在变化,主要包括以下几个政策要点:

(1) 增加基础设施投资。自 1998 年起,我国开始实施积极的财政政策,6 年多增发长期建设国债 9 100 亿元,用于基础设施投资,包括农田水利设施、公路铁路交通设施、邮电通信设施、城市基础设施、城乡电网改造和建设工程、绿化和生态环境建设、国家储备粮库建设等项目。公共投资的大幅度增加,有力地拉动了内需,每年拉动经济增长 1.5～2 个百分点,促进了国民经济健康平稳运行。

(2) 调整收入分配政策。1998 年大幅度地增加了国有企业下岗职工的基本生活费、离退休人员养老金等支出。自 1999 年 7 月 1 日起,进一步提高国有企业下岗职工、失业人员以及城镇居民最低生活保障对象等低收入者的生活保障水平,增加机关事业单位职工工资,提高离退休人员待遇。这次调整提高了城镇中低收入阶层的收入,受益面大约有

8 400 万人,促进了消费需求的稳定增长。

(3) 扩大商品出口。从 1998 年开始,财政部和国家税务总局先后提高了部分产品出口退税率,将出口商品综合退税率由 12.56% 提高到 15% 左右。1999 年 7 月以后,出口扭转了下降的趋势,实现了外贸出口的稳步回升。

(4) 促进民间投资。为了鼓励企业投资,政府自 1999 年对固定资产投资方向调节税按现行税率减半征收,后于 2000 年对新发生的投资暂停征收;对国家鼓励项目的国产设备投资实行按照一定比例抵免企业所得税。由此,固定资产投资增长率明显提高。

(三) 积极财政政策的淡出

财政政策是国家调控经济运行最重要的政策工具之一。当经济处于收缩阶段时,政府通过扩张性财政支出刺激需求,促进经济增长;而当经济启动后,政府财政支出就应相应减少。因此,实施积极的财政政策是特定条件下采取的特定政策,其目标是扭转需求不足、经济衰退的宏观经济运行状态。从中、长期来说,应当坚持财政收支基本平衡的原则,并逐步缩小财政赤字。我国的财政政策从"积极"转向"稳健",正是顺应了这一变化。

中共中央政治局在 2004 年 12 月 1 日的会议指出,根据我国宏观经济形势的发展变化和巩固宏观调控成果的要求,2005 年要实行稳健的财政政策和货币政策。这意味着,稳健的财政政策于 2005 年全新登场。稳健的财政政策意味着既不扩张,也不紧缩,在预算收支上"有保有控",保持基本平衡。

三、2005 年稳健财政政策的实施

(一) 背景

财政政策由"积极"转向"稳健",取决于我国经济运行的实际情况。我国积极财政政策实施 7 年来,拉动了经济增长,促进了经济结构调整,取得了令人瞩目的成效。但宏观经济环境所发生的变化以及宏观财政运行所客观存在的隐忧,需要相应地调整财政政策,为此,积极财政政策的"淡出"和稳健财政政策的实施是顺时应势之举。一方面,近年来我国社会投资明显地增加,尤其从 2003 开始,固定资产投资持续高速增长。在这种投资规模过大、增速过快的宏观形势下,积极财政政策的继续实施,必然会对已经过热的投资形成"火上浇油"之势。另一方面,财政收入也持续攀升,国家财力充沛。此外,用高国债、高财政赤字的方法,可以拉动国内经济,但容易诱发财政风险。自 2002 年起,财政赤字跃居 3 000 亿元以上,并接连创出新中国成立以来新高。连续 3 年,我国赤字率(财政赤字占 GDP 的比重)都逼近了国际上公认的警戒线,即 3%。这一系列变化,给积极财政政策的退出创造了合适条件。

(二) 稳健财政政策的基本内容

稳健财政政策是财政政策的重要类型之一。在总量上,财政收支基本平衡,在结构上则是"有松有紧,有保有控",其实质是协调发展政策。实施稳健财政政策要注重投资政策导向调整,注重税收政策的结构性调整,注重促进科技进步,注重构建促进可持续发展的政策体系,注重与货币政策的恰当配合。实行稳健的财政政策,政策核心是松紧适度,着力协调,放眼长远。具体来说,就是注重把握"控制赤字、调整结构、推进改革、增收节支"十六个字。

（三）稳健财政政策的具体措施

稳健财政政策将着力结构调整和协调发展，并加强与货币政策和产业政策的协调与配合，把控总量、稳物价、调结构和促平衡有机结合起来，努力防止经济增长由偏快转为过热，防止价格由结构性上涨演变为明显通货膨胀，促进经济又好又快发展。实施稳健的财政政策主要措施包括：

（1）适当减少财政赤字和国债资金规模。2008 年计划安排中央财政赤字 1 800 亿元，比 2007 年实际赤字减少 200 亿元，比 2007 年预算赤字减少 650 亿元，占 GDP 的比重预计下降到 0.6%。安排国债投资 300 亿元，减少 200 亿元。同时，适当增加中央预算内经常性基本建设投资规模。中央建设投资进一步优化结构，重点用于改善农村生产生活条件，加强水利建设、生态环境保护，支持社会事业发展，以及重大基础设施建设。

（2）积极促进经济结构调整优化。加大对"三农"的投入力度，促进农村经济发展、农业增产、农民增收。大力支持科技创新，推进节能减排工作，促进产业结构优化调整。进一步落实好支持西部大开发等财税政策，加大转移支付力度，促进地区协调发展。支持重大装备国产化、东北老工业基地调整改造、重点产业结构优化升级和资源枯竭型城市发展后续产业。完善出口退税、加工贸易、进出口关税等相关政策措施，抑制高耗能、高污染、资源性产品出口，支持高附加值产品出口，鼓励资源性、节能降耗、关键零部件等产品进口。实施鼓励节能环保、自主创新的进口税收优惠政策。支持企业创新对外投资与合作方式，开展国际化经营。

（3）大力保障和改善民生。进一步调整优化财政支出结构，保障优先发展教育，加大医疗卫生投入，完善社会保障体系，帮助解决城市低收入家庭住房困难，促进保障民生。

（4）发挥财税政策稳定物价的作用。进一步运用财税杠杆，大力支持粮油肉奶蔬菜等农产品生产，保障基本生活必需品的供应，抑制物价过快上涨。要积极做好必需商品进口以及储备物资投放等相关工作，促进市场供求平衡和物价基本稳定。与此同时，我们将密切关注价格上涨对民生的影响，特别是对城乡低收入群体生活的影响，及时完善和落实好各项财政补贴的政策，切实保障这些比较困难的群体基本生活。

（5）大力推进依法理财，抓好增收节支。依法加强税收征管，规范非税收入管理，严格控制减免税，严厉打击偷骗税等违法行为。全面清理取消不合法、不合理的收费、基金。要进一步加强支出管理，优化和调整支出结构，保证"三农"、教育、医疗卫生、社会保障等方面的重点支出，要坚决控制和压缩一般性支出，努力降低行政成本，努力提高财政资金的使用效率。总之，要实施好、落实好稳健的财政政策，积极发挥财政职能作用，加强和改善财政宏观调控，促进国民经济又好又快地发展。

四、2008 年积极财政政策的重启

（一）实施背景

2008 年 9 月 15 日，以美国雷曼兄弟宣布破产为标志，国际金融危机在美国率先爆发，并迅速向全世界蔓延，演变为 20 世纪大萧条以来最严重的一场金融危机。受国际金融危机的冲击，我国经济增长开始急剧下滑，2008 年第三、第四季度 GDP 增长分别为 9%和 6.8%，9～12 月工业增加值分别为 11.4%、8.2%、5.4%和 5.7%。当经济增速呈现急

剧下滑的苗头和倾向时,政府于2008年11月9日宣布,我国开始实行积极的财政政策和适度宽松的货币政策。从此,实行了4年之久的稳健财政政策淡出人们的视野,积极财政政策重新走向前台。这是继1998年积极财政政策实施10年之后,我国宏观调控再一次出现"积极财政政策"。

（二）主要措施

本轮积极财政政策在扩大投资、扩大消费和实行结构性减税政策方面,做到"三管齐下",其政策力度之大、范围之广、作用之深,都是前所未有的。具体措施如下所述。

（1）扩大政府公共投资,大力促进消费需求。增加国债规模,扩大政府公共投资,并与刺激消费、统筹发展、深化改革等有机结合起来,优化政府公共投资结构,重点安排民生工程、基础设施、生态环境和灾后恢复重建,带动和引导消费需求,迅速拉动经济增长。同时,充分发挥财政资金拉动经济增长作用直接有效的优势,通过家电下乡补贴、增加物资储备、农机购置补贴等多种方式,促进消费增长。

（2）推进税费改革,减轻企业和居民负担。税收是调节经济和收入分配的重要手段。结合改革和优化税制,实行结构性减税,采取减免税、提高出口退税等方式减轻企业和居民税收负担,促进企业扩大投资,增强居民消费能力。合理实施减税政策,从短期看会带来财政减收,但能缓解企业困难,有利于促进经济平稳较快发展,从长远看将为财政收入增长奠定基础。

（3）增加财政补助规模,提高低收入群体收入。提高居民收入在国民收入分配中的比重和劳动报酬在初次分配中的比重,缩小居民收入分配差距,有利于促进消费,增强对经济增长的拉动作用,提高经济运行的稳定性和可持续性。要充分发挥财税政策在调整国民收入分配格局中的作用,重点增加城乡低保对象等低收入者收入,提高其消费能力。

（4）进一步优化财政支出结构,保障和改善民生。加快以改善民生为重点的社会建设,可以稳定和改善居民消费预期,促进即期消费,拉动消费需求。要进一步调整财政支出结构,严格控制一般性支出,重点加大"三农"、教育、就业、住房、医疗卫生、社会保障等民生领域投入,并向中西部地区倾斜。根据社会事业发展规律和公共服务的不同特点,积极探索有效的财政保障方式,建立健全保障和改善民生的长效机制。

（5）大力支持科技创新和节能减排,推动经济结构调整和发展方式转变。加大财政科技投入,完善有利于提高自主创新能力的财税政策,建设创新型国家。大力支持节能减排,稳步推进资源有偿使用制度和生态环境补偿机制改革,建立资源集约、节约利用长效机制,促进能源资源节约和生态环境保护。加快实现经济增长由主要依靠增加资源等要素投入,向主要依靠科技进步、劳动者素质提高和管理创新转变,推动经济社会又好又快发展。

（三）政策特点

与1998年实施的积极财政政策相比,本轮政策在内容方面更加丰富,同时使用了税收和支出两种手段。

本轮政策的特点:第一,由建设财政向民生财政转移,出台了大量与收入分配、民生发展相关的措施;第二,为配合经济发展方式的转变和产业结构的优化升级,出台了大量支持科技创新型企业和节能减排型企业的政策,这也是本轮政策的重心;第三,体现在税收政策的配合调整上。自 2008 年以来,积极的财政政策以综合性的需求改革和结构性减税为主。当时,我国的财政收入已经占 GDP 的 20%,充足的财力保障为政府提供了比较大的调控空间。所以,税收调控在本轮积极财政政策中发挥着非常关键的作用。

近年来,世界经济仍处在国际金融危机后的深度调整期,国际金融市场波动加大,大宗商品价格波动,地缘政治等非经济因素影响加大,因此积极财政政策远未到退出时机。2015 年,全国财政工作会议提出将继续实施积极的财政政策,并适当加大力度。而 2016 年更积极的财政政策阀门也已开启,明确提出实行减税政策。面对经济下行的压力,要在加大支出结构调整的同时,适度加大赤字,为减税扩大空间,促进经济发展动力顺利转换。

案　例

英国宣布终结八年财政紧缩

2018 年 10 月 29 日,英国财政大臣哈蒙德在下议院公布秋季财政预算案时宣布英国已持续 8 年的财政紧缩时代即将走向终结。这份预算案将 2019 年 GDP 增长预期从 1.3% 调高至 1.6%,并预计 2020 年和 2021 年 GDP 增长将达到 1.4%,2022 年和 2023 年分别为 1.5% 和 1.6%。财政赤字也将显著下降。从 2019 年 4 月到 2020 年 3 月的财政年度,赤字将从预估的 339 亿英镑降至 318 亿英镑,占 GDP 比例下降至 1.4% 以下;到 2023—2024 年间,赤字占比将下降至 0.8%。

新预算案带给人们的实惠包括:从 2019 年 4 月开始,个人免税额从目前的 1.185 0 万英镑提高到 1.250 0 万英镑,征收 40% 个人所得税的门槛也从目前的 4.635 1 万英镑提高至 5 万英镑,这比原计划提前 1 年。最低工资标准也将从 7.83 英镑/小时上调 4.9%,至 8.21 英镑/小时。对于应税价值低于 5.1 万英镑的小公司,政府将削减其营业税的 1/3。新增公共开支方面,还将增加 17 亿英镑,用于保护失业者的工作津贴福利,向学校额外投入 4 亿英镑,投入 4.2 亿英镑解决道路坑洼问题,额外投入 6.5 亿英镑用于社会护理,并创建一个 6.75 亿英镑的基金,帮助商业零售业和本地社区日益凋敝的商业大街。

资料来源:师琰:"英国宣布终结八年财政紧缩",21 世纪经济报道,2018-10-31。

案例思考题

1. 请结合案例说明英国政府为何要终结紧缩的财政政策。
2. 有哪些主要手段可以印证英国政府拟推行的不是紧缩的财政政策?

本 章 小 结

1. 财政平衡是指在一定时期(预算年度)内,财政收支在量上的对比关系。财政收支的对比有结余、赤字、平衡三种结果。

2. 财政赤字的计算方法不同,得出的财政收支所处的状态也会有所差别,计算财政赤字(或结余)通常有两种不同的方法,即"硬赤字"或"软赤字"。在我国的实践中,不同时期采用了不同的财政赤字(或结余)计算方法。

3. 财政政策是指一国政府为实现一定的宏观经济目标而调整财政收支规模和收支平衡的指导原则及相应的措施。为了实现财政政策的目标,必须要有相应的政策工具或手段,其采用的工具有国家预算、税收、国债、政府购买和转移性支出等。

4. 根据财政政策具有调节经济周期的方式,可分为自动稳定的财政政策和相机抉择的财政政策;根据财政收支对社会经济活动的作用,财政政策分为扩张性财政政策、紧缩性财政政策和中性财政政策。

5. 财政政策和货币政策是国家调节宏观经济运行的两大政策。针对不同经济情况、不同经济条件和不同调控目标要求,两者适当搭配、相互结合,可以发挥较好效果。两者的搭配有双松、双紧以及松紧搭配。

关 键 词

财政平衡　赤字政策　赤字依存度　硬赤字　软赤字　财政政策　自动稳定财政政策　相机抉择财政政策　积极财政政策　稳健财政政策

思 考 题

1. 如何理解财政平衡?

2. 预算赤字、决算赤字、赤字政策有何区别?

3. 如何运用财政政策的工具?

4. 为何财政政策与货币政策必须互相搭配? 它们有哪些政策组合形式?

5. 请分析财政政策和货币政策的相对有效性。

6. 结合 2008 年国际金融危机对我国的影响,谈谈我国财政政策出台的背景及其主要内容、实施效果。

主要参考文献

1. 陈共.财政学[M].北京:中国人民大学出版社,2017.
2. 邓子基.财政学[M].北京:中国人民大学出版社,2018.
3. 梁俊娇.税法[M].北京;中国人民大学出版社,2019.
4. 张素勤.财政学[M].上海:立信会计出版社,2017.
5. 冯宗容.财政学[M].成都:四川大学出版社,2003.
6. 辛波,朱智强.财政学[M].北京:中国金融出版社,2011.
7. 中华人民共和国政府采购法释义[M].北京:中国法制出版社,2002.
8. 吴俊培,许建国,杨灿明.现代财政学[M].北京:中国财政经济出版社,2001.
9. 梁朋,岳树民.公共财政学[M].北京:首都经济贸易大学出版社,2003.
10. 孔淑红,安玉华.公共财政学[M].北京:对外经济贸易大学出版社,2003.
11. 朱青.国际税收[M].北京:中国人民大学出版社,2004.
12. 杨斌.国际税收[M].上海:复旦大学出版社,2003.
13. 马海涛.中国税制[M].北京:中国人民大学出版社,2004.
14. 郭庆旺,赵志耘.财政学[M].北京:中国人民大学出版社,2002.
15. 杨斌.财政学[M].大连:东北财经大学出版社,2007.
16. 牛淑珍.财政学案例[M].上海:复旦大学出版社,2008.
17. 寇铁军.财政学教程[M].大连:东北财经大学出版社,2012.
18. 中国统计年鉴.
19. 中国财政部网站.
20. 国家税务局网站.
21. 中国政府采购网.
22. 中央政府网站.
23. 中国财经报网.
24. 国家统计局网站.
25. 中国农业部网站.